신자유주의의 부상과 미래

David M. Kotz

The Rise and Fall of **Neoliberal Capitalism**

신자유주의의 부상과 미래

데이비드 M. 코츠 지음 | 곽세호 옮김

나름북스

차례

데이터 및 그 출처

이 책의 그래프와 표에 사용된 데이터들은 미국의 주요 정부 기관 및 국제기구에서 얻은 것이다. 데이터의 출처는 각각 그림 및 표 아래에 명시되어 있다. 그림 및 표 아래에 약어로 NIPA라고 적힌 것은 미국 경제분석국U.S. Bureau of Economic Analysis이 제공하는 국내 소득 및 생산 계정(National Income and Product Accounts)의 표에 기반을 둔 것임을 뜻한다. 이 책에서 인용된 경제 데이터들은 대부분 그 출처를 명시했지만, 잘 알려진 데이터들의 경우 (GDP나 실업률처럼) 지나친 중복 인용을 피하고자 때에 따라 출처를 생략하기도 하였다.

이 책을 위한 데이터 분석이 거의 완료된 시점에 미 상무부 경제분석국(BEAU.S Commerce Department's Bureau of Economic Analysis)은 주요 데이터들을 개정했다. BEA는 GDP를 비롯하여 널리 이용되는 거시 변수들의 데이터 열을 생산하는데, 이 책의 많은 그림과 표들도 바로 BEA의 자료를 이용한 것이다. BEA는 주기적으로 데이터 가공의 방법론을 개정하며, 이는 종종 광범위하게 사용되는 경제 변수들의 정의에 대한 조정을 수반하기도 한다. 2013년 7월 30일부터, BEA는 지적 자산 투자에 대한 확장된 범주를 포함한 기업 투자의 새로운 정의를 도입했다. 그 이전까지 BEA는 오직 한 가지의 지적 자산, 즉 컴퓨터 소프트웨어만을 기업 투자에 포함해 왔다.

이 책의 데이터 분석 대다수가 2013년 6월 30일 이전에 시행된 것이므로, BEA 자료를 인용한 이 책의 그림과 표는 개정 이전의 정의를 따른 것이다. 그중 자본축적률을 나타내는 그림 5.17만은 예외인데, 개정 이전의 데이터로는 2011년까지의 수치밖에 도출되지 않기 때문이다. 2012년 이후의 경우에는, 지적 자산 투자에 대한 개정된 자료를 사용하면서 추가적인 추정 절차를 거쳐야 했는데, 그래야만 개정 이전의 투자에 대한 정의와 상통하기 때문이다. 필요할 경우, 필자에게 요청하면 추정 절차에 대한 자세한 설명을 제공할 용의가 있다.

그림 및 표 일람

[그림]

[표]

이 책은 대략 1980년 전후에 나타나 오늘날까지 영향을 미치고 있는 세계 자본주의의 중대한 전환을 분석하고 있다. 정부의 적극적 경제 관리와 강력한 노동조합을 특징으로 하는 '혼합경제'는 제2차 세계대전 이후부터 수십 년간 지속되었다가, 1980년 이후부터 자유 시장 형태의 자본주의에 그 자리를 빠르게 내어 주기에 이른다. 그 후부터 국가의 복지 지출은 삭감되고, 기업 및 금융 관련 규제가 철폐되었으며, 공기업 및 공공 서비스들이 민영화되었다. 노동조합은 없는 것이나 마찬가지로 취급되었고, 실업 억제를 위한 케인시언 정책이 폐기되었으며, 노동시장이 '유연화'되고 누진 소득 체계가 약화되었다. 이러한 일련의 변화가 1970년대 말 미국과 영국에서 발생하기 시작해 전 세계로 퍼졌다.

'신자유주의 시대'는 이를 옹호하는 이들이 공언했던 투자 증진과 고도성장을 가져오는 데 실패했고, 대신 저투자와 저성장, 불평등의 급격한 확대, 그리고 심지어 일부 국가에서는 평균 임금의 하락으로 귀결되었다. 북미와 서유럽의 경제성장은 투기적 자산 거품 및 가계와 금융 부문의 부채에 기반을 둔 것이었다. 이는 2008년의 대 파국으로 이어졌고, 전 세계 금융 시스템이 붕괴하면서 심각한 불황이 시작되었다.

이 책은 1980년 전후에 신자유주의가 왜 발생했고 어떤 식으로 작동했으며, 이것이 어째서 대규모 경제 위기와 이를 뒤따르는 경제 침체, 그리고 미래의 잠재적 변화로 이어지는지를 살펴보고 있다. 이 책의 원고는

2013년 12월에 완성되었지만, 원래 이러한 종류의 책들이 출판까지 걸리는 시간이 워낙 길기 때문에, 2015년 2월에 가서야 겨우 책으로의 형태를 갖추게 되었다. 그 과정에서 2013년 말 이후의 몇몇 상황 변화에 관한 분석도 포함할 수 있게 되었다.

나는 이 책에서 2008년 금융 위기 및 경제 위기를 기점으로 신자유주의적 자본주의가 더 이상 정상적인 경기 확장을 창출할 능력을 상실했다고 주장하고 있다. 다시 말해 마치 19세기 말이나 1930년대 혹은 1970년대처럼, 우리는 지금 특정 형태의 자본주의의 구조적 위기 과정 안에 있다는 뜻이다. 과거의 이러한 구조적 위기들은 모두 자본주의의 전격적 재구조화를 통해서만 비로소 위기 국면이 해소되고, 정상적 경제성장 궤도를 회복할 수 있었다. 마찬가지로 현재의 구조적 위기 또한, 그만한 재구조화가 이뤄질 때까지는 경제 침체와 경제적 불안정이 지속할 것이다.

이 책은 앞으로 일어날 경제 재구조화의 가능성으로, 국수주의에 기반을 둔 우익 주도의 재구조화와 자본-노동 간 타협에 따른 사회민주주의적 재구조화, 그리고 자본주의 체제를 넘어 새로운 사회주의로의 이행이라는 세 가지 가능성을 제시하고 있다. 현재의 구조적 위기가 지속된다면, 우파와 좌파가 각각 지지 세력을 확장하면서 정치적 불안정은 더욱 심해질 것이다.

2013년 이후 세계 경제는 침체 일로에 있다. 미국의 국내총생산 증가율은 연간 2% 수준에서 비틀대다가 결국 최근에는 그 이하로 떨어지면서 미국 유수의 거시 경제학자들이 장기 침체에 관한 연구들을 쏟아내고 있다. 서유럽의 경제는 침체와 불황을 오가고, 세계 경제를 견인하던 중국의 고성장도 연간 7% 수준으로 보폭이 줄어든 상태다. 상품commodity 시세의 급락이 선진국 경기의 촉진에 별 도움이 못 되는 상황에서, 브라질이나 러시아를 비롯한 천연자원 수출국들은 이 때문에 불황으로 빠져들고 있다. 한국 역시 2012년 이래로 성장률이 3%대로 떨어졌다.

많은 국가에서 높은 실업률과 경기 침체가 지속되고, 이는 포퓰리즘과 국수주의에 호소하는 극우 정당 및 극우주의 운동을 신장시키고 있다. 이들 극우 세력은 권위주의적이고 어쩌면 군국주의적이기까지 한 '해법'을 제시하려 한다. 이미 이런 식의 사태 진전은 필리핀, 터키, 오스트리아, 프랑스, 브라질, 그리고 미국에서 현실로 나타났다. 미국에서는 부동산 개발업으로 백만장자가 된 도널드 트럼프가 인종주의, 외국인과 여성 혐오라는 천박한 물결에 편승하여 공화당 경선에서 승리하고 백악관을 차지했다. 라틴 아메리카에서는 우파 세력이 확장하며 그 물결이 중도 좌파 정부들을 급격히 갈아치우고 있다.

일반적인 주류가 왼쪽으로 이동하는 현상 역시 점증하고 있다. 미국에서는 사회주의자를 자처하는 버니 샌더스 상원의원의 도전이 사실상 민주당 대선 후보로 여겨지던 힐러리 클린턴에게 상당한 위협을 가하기도 했다. 그리스, 영국, 그리고 스페인에서는 좌파 정당과 인사들이 선거에서 승리하거나 저력을 발휘하고 있다.

오늘날 세계 곳곳에서 국수주의의 확산, 정치적 억압으로의 회귀, 그리고 열강 간의 긴장이라는 위험한 추세가 점차 확산하고 있는 것 같다. 이러한 위험 요소는 1930년대 대공황처럼 과거에 있었던 장기간의 경제 위기에도 나타났던 것들이다. 이 책은 지금과 같은 시기가 바로 전격적인 경제적 재구조화가 일어날 소지가 클 때라고 주장한다. 그러나 구체적인 구조 재편의 방향을 예측할 수는 없다. 미래란 어디까지나 전 세계에 걸친 여러 계급과 집단 간의 복잡한 투쟁의 결과물이기 때문이다.

나는 세계 대다수 민중이 민주적인 제도와 함께 모두가 경제적으로 안정된, 평화로운 세계를 갈망해 왔다고 생각한다. 구조적 위기는 어쩔 수 없이 잠재적인 위험을 내포할 것이며, 또한, 현 체제의 결점이 더욱 확장되는 계기도 될 것이다. 그러나 이는 동시에 대안을 만들기 위한 시도에 동력을 불어넣을 것이다. 점차 현실화되는 기후 재앙은 지금과 같은 위험천만한 궤도로부터 이탈하여, 더 나은 세계를 위한 전 지구적 협력 요구의 목소리에 힘을 실을 것이다.

데이비드 M. 코츠
매사추세츠 앰허스트에서

서문

1950년대 뉴욕시 근교에서 어린 시절을 보낼 무렵, 나는 19세기 노동자들의 처참한 삶이 묘사된 책을 읽은 적이 있다. 내게 그 책은 마치 딴 세상의 이야기만 같았다. 위험천만한 작업 환경과 긴 노동시간, 가족을 부양하기에는 턱없이 낮은 품삯, 형편없는 공동 주택, 그리고 구걸하는 노숙자들의 이야기가 책 속에 있었던 것이다. 어느 날 친구들과 함께 뉴욕이라는 '시내'에 갔다가 바워리Bowery가에서 술에 전 노숙자들을 보며, 나는 마치 자본주의 초기 시대를 전시한 박물관에 와 있는 것처럼 느껴졌다.

당시 내가 살던 동네의 공립 고등학교는 매년 우등반을 개설하고 전문 분야의 교사들을 충원했는데, 어떨 때는 심지어 박사 학위를 가진 과학 교사가 부임해 오기도 했다. 경제적으로 다양한 가정환경의 아이들이 모인 학교였지만, 고등학교만 마치면 구태여 대학 진학을 고집하지 않아도 선배들처럼 괜찮은 직장을 잡을 것이라는 확신이 있었다.

1960년대에 학부와 대학원에서 미국 경제를 공부했을 때, 자본주의 체제는 (늘 똑같은 것이 아니라) 대략 제2차 세계대전 이후부터 급격하게 변화해 온 것임을 알게 되었다. 평균적인 블루칼라 노동자 가족은 가장이 벌어들인 임금만으로도 당시에는 그럭저럭 편히 살아갈 수 있었고, 강력한 노조 덕분에 고용의 안정과 합리적인 노동 조건이 제공되었다. 다수의 노동자가 공동 주택이 아닌 정원이 딸린 개인 주택과 자가용을 보유했고, 여가용 보트를 소유하는 경우도 있었다. 노동 시장에서 성공의 길을 찾지 못한 이들도 정부의 사회복지 프로그램에 기댈 여지가 있었다. 물론 모든 이가 이런 진보의 혜택을 누린 것은 아니었고, 빈곤도 그 정도만 덜했을 뿐 사라진 것은 아니었다. 게다가 소수 인종의 임금 수준은 백인보다 낮았고, 여성은 남성에 비해 적은 임금을 받았다. 그래도 정의로운 경제 질서를 향해서 뭔가 의미 있는 진보가 이뤄지고 있는 것만은 분명해 보였다.

하지만, 이런 번영과 안온함이 영원히 지속하지 않을 것임을 그때는 누구도 알지 못했다. 경제적으로 문제투성이였던 1970년대를 거치면서, 미국 경제의 성격은 완전히 변해 버렸다. 대략 1980년 전후를 기준으로 그 이전까지 지속된 경향들이 이제는 정반대 방향으로 치달았다. 그 첫 번째 조짐이라면, 우선 노숙자들을 보기 위해 구태여 뉴욕의 바워리가를 찾아갈 필요가 없어졌다는 것이다. 미국의 모든 주요 도시에서 갑자기 노숙자가 늘기 시작했다. 물론 (어릴 때 보던 책처럼) 19세기 수준으로의 추락이야 아니었지만, 임금은 매년 인상은 고사하고 해가 갈수록 감소하기만 했다. 가계는 가장 한 명의 벌이로도 부족해 맞벌이해야 했고, 그나마도 수지를 맞추기가 힘들어졌다. 괜찮은 제조업 일자리들이 미국 밖으로 떠났고, 사회안전망은 잘려나갔다. 공교육을 포함한 공공 서비스 지출은 해마다 쥐어짜듯 줄어들었고, 학교 현장에서의 예체능 교육은 축소되거나 사라졌다. 빈부의 차이가 급속히 벌어졌다.

당시 대학의 소장 경제학자였던 나는 뜻이 맞는 동료들과 함께 이런 예상 밖의 사태 전개를 이해해 보고자 노력했다. 처음에 우리는 이와 같은 변화들이 그저 대중을 위한 (기존의) 진보의 길에서 파생되어 나온 일시적인 이탈일 뿐이라고 생각했다. 당시로써는 달리 어떻게 생각할 수 있었겠는가? 그땐 모두가 결실을 공유하는 경제적 진보가 자본주의 체제를 안정시키면서, 자본주의가 오래도록 살아남을 것처럼 보였던 시기였다. 자본주의란 것이 과연 소수의 경제 엘리트 말고 다수를 위해 작동할 수 있는 것이냐며 회의적 태도를 보였던 비판자들을 당시에 이뤄낸 성취를 통해서 이미 좌절시킨 듯 보였었는데 말이다.

그런데 (80년대 이후에 나타나기 시작한) 이 변화는 일시적인 것이 아니었다. 오히려 그 경향은 시간이 지날수록 강화된 것은 물론이고 전 세계로 퍼져 나가기 시작했다. 1990년 후반부터 나는 소위 '자유 시장' 또는 '신자유주의적' 형태의 자본주의의 원인과 결과에 대해서 연구를 시작했다. 내 연구는 UC버클리 경제학 박사과정 시절 로버트 애런 고든Robert Aaron Gordon 교수가 가르쳐 준 원칙을 충실히 따르는 것이다. 그것은 미리 상정한 가정의 틀에 경험적 증거를 끼워 맞추지 말고, 오히려 경험적 증거들이 내포하는 메시지에 귀를 기울여야 한다는 것이다. 비록 불평등을 심화시키는 신자유주의적 자본주의를 개인적으로는 좋아하지 않지만, 어떤 면에서는 그 체제가 꽤 효율적으로 작동했다는 증거들도 분명 존재하는 것이 사실이다. 신자유주의적 자본주의는 비록 성장률 자체가 높지는 않았어도, 장기간의 경제적 팽창을 가져왔고, 인플레이션을 억제했다. 이 주제에 관한 연구가 유효성을 획득하려면, 문제점뿐만 아니라 성공 요인 또한 설명할 수 있어야 한다.

2008년 금융 부분에서 시작해 광범위하게 확산한 경제 위기는 1930 년대 대공황 이후 가장 심대한 것으로, 옛날에나 있었음 직한 경제 문제들이 다시금 우리 앞에 나타나게 하는 계기가 되었다. 이는 신자유주의적 자본주의에 관한 이해라는 연구 과제의 시급성을 한층 더하는 것이고, 그런 의미에서 이 책은 나의 오랜 프로젝트의 최종 결실이다. 이 책에서는 신자유주의적 자본주의의 출현 이후 나타난 일련의 변화들, 1980년을 전후한 경제적 급변과 이에 뒤따른 불평등의 확산 및 줄어드는 공공 서비스, 그리고 2008년 심각한 경제 위기의 발발과 지지부진한 회복의 과정들에 관해 설명할 것이다. 물론 경제학이란 학문은 논쟁이 그치지 않는 분야이고, 현재의 경제 위기에 관해서도 다양한 견해가 경합하는 것이 사실이다. 이 책에서 제시하는 분석의 적합성에 대해서 독자들은 스스로 판단해 볼 수 있을 것이다.

이 책은 주로 미국의 신자유주의적 자본주의에 초점을 맞춰 분석적이고 역사적인 설명을 제시할 것이다. 이 주제에 관심이 있는 사람이라면 누구라도 진지하게 이 문제를 파악할 수 있도록 (평이하게) 설명하고자 한다. 보통 강단 경제학자들은 되도록이면 소수의 전문가 집단을 대상으로 하는 연구에만 전념하는 것이 권장되는데, 내가 볼 때 이는 부적절한 관행이다. 경제의 변화는 그것이 옳든 그르든 공공의 후생에 심대한 영향을 미친다. 경제를 이해하는 것을 업으로 삼고 제도적으로 이를 위한 시간과 자원을 쓸 기회가 주어진 사람이라면, 연구의 성과물을 일반 대중에게 전달해야 할 의무가 있다. 나는 이 책을 통해 독자들이 우리가 직면한 경제 문제의 원인 및 다양한 해법에 대해 평가할 수 있는 기준을 얻는 데에 도움이 되기를 바란다.

데이비드 M. 코츠
매사추세츠 앰허스트에서
2013년 11월

감사의 글

이 책 출판을 가능하게 한 연구 프로젝트에 많은 분과 기관이 조언과 도움을 주었다. 댄 클로슨Dan Clawson, 바버라 엡스타인Barbara Epstein, 테런스 맥도너Terrence McDonough, 캐런 파이퍼Karen Pfeifer와 더불어 하버드대학교 출판부의 편집자 마이클 에런슨Michael Aronson 및 다른 익명의 두 리뷰어는 유용한 코멘트를 해 주었다. 댄 클로슨, 메리 앤 클로슨Mary Ann Clawson, 알레한드로 로이스Alejandro Reuss, 그리고 제프 포Jeff Faux는 관련 사건들에 관한 일차적, 이차적 문헌 출처 또는 직접적인 정보들을 제공해 주었다. 로런스 미셸Lawrence Mishel은 일반적인 정부 기관 웹 사이트에서 제공하지 않는 데이터들을 가공하여 인용하는 데 도움을 주었다. 미미 아브라모비츠Mimi Abramovitz, 제임스 크로티James Crotty, 테런스 맥도너, 그리고 마틴 울프슨Martin Wolfson과 지난 여러 해에 걸쳐 나눈 토론은 이 책에서 제시한 분석을 발전시키는 데 심대한 공헌을 했다. 제니퍼 프론츠 Jennifer Fronc, 로라 러벳Laura Lovett, 그리고 로브 위어Rob Weir는 이 책의 주제와 관련된 최근의 역사 문헌들에 관해 전문적 식견을 제공해 주었다. 올리비아 가이거Olivia Geiger는 연구 조교로서 매우 큰 공헌을 해 주었고, 미셸 로젠필드Michelle Rosenfield 역시 문헌 탐색 및 기술적 조언으로 큰 도움을 주었다. 내가 재직하는 앰허스트의 매사추세츠대학교 경제학과 동료 교수들은 내가 이 책의 주제와 관련된 연구를 발표했을 때 귀중한 코멘트를 해 주었고, 매사추세츠대학교의 경제학과와 정치경제연구소PERI:

Political Economy Research Institute는 이 프로젝트에 재정적인 뒷받침을 해 주었다. 하버드대학교 출판부의 캐슬린 드러미Kathleen Drummy는 출판 과정의 기술적 측면에 관한 나의 수많은 질문에 골머리를 앓으면서도 답변을 해 주었다. 물론, 여기에 언급한 분들과 기관들은 이 책의 분석 및 결론에 관해 어떤 책임도 없음을 밝힌다.

1장

들어가기

●

2008년 미국에서 극심한 금융 위기가 발생했다. 이는 경제 위기로 광범위하게 번져 나갔고, 다시 전 세계의 금융, 경제체제 전반으로 급속히 확산했다. 5장에서 자세히 살펴보겠지만, 이는 1930년대 대공황 이후 가장 심각한 수준의 경제 위기였다. 사태 초반의 급격한 금융 붕괴와 경제의 수직 낙하 이후 곧바로 발생한 불경기와 불안정한 상황이 이 글을 쓰고 있는 위기 발발 5년 후까지도 계속되고 있다. '위기crisis'라는 단어는, 현재도 지속되고 있는 미국 및 세계 여러 국가의 경제 상황을 잘 포착한다고 할 수 있다.

이제 자본주의경제에서 더 이상의 불황이 발생하지 않을 것이라던 미국의 상당수 유력 경제학자들과 정책 수립자들에게 이 위기는 놀라운 일이었다. 자유 시장을 신봉하는 시카고학파의 대표적 경제학자 로버트 루카스Robert Lucas의 경우, 2003년 전미경제학회AEA: American Economic Association 회장 취임 연설에서 "불황 타개를 위한 주요 문제들은 실천적인 측면에서는 이미 다 해결됐으며, 그렇게 된 지도 사실상 수십 년이 되었다"고 했고,[1] 프린스턴대학의 유명한 경제학 교수이자 2006년 미 연준 의장으로 지명된 벤 버냉키Ben Bernanke의 경우도, 그해 3월 연준 인사들과의 회의 석상에서 "주택 시장 때문에 경제성장이 궤도를 이탈할 것으로 보이지는 않는다"고 한 바 있다. UC버클리대학의 경제학 교수 출신으로 훗날 벤 버냉키의 연준 의장직을 계승한 재닛 옐런Janet Yellen도 같은 자리에서 한마디 거들었다. "물론 주택 시장은 경제에서 비교적 작은 부분에 불과하고, 설사 주택 경기 후퇴에 직면한다 해도 결국 자기 교정self-correcting에 이를 것이다."[2] 이처럼 미국 경제학계의 주류에 속한 대표 인사들조차 다가오는 경제 위기를 전혀 내다보지 못했고, 많은 이들이 심각한 수준의 위기가 발생할 리 없다고 확신했다.

이 위기는 최근 수십 년을 지배해 온 소위 자유 시장, 혹은 신자유주의적 자본주의neoliberal capitalism라고 불리는, 매우 특정한 형태의 자본주의에서 발생한 것이다.[3] 신자유주의적 자본주의는 1980년경에 미국과 영국

---

1 루카스의 이 발언은 여러 곳에서 조금씩 다른 문장으로 인용되고 있다. 여기서의 인용은 크루그먼(2009a)에 의한 것이다.

2 *New York Times*, January 13, 2012, A3. 옐런이 연준 의장으로 지명되었을 당시 언론에서는 옐런이 오래전부터 심각한 주택 시장발 불황이 있을 것이라고 예견했다는 주장이 제기되었으나, 옐런이 이러한 선견지명을 발휘했던 것은 아니고, 또 기록을 통해 뒷받침되는 주장도 아니다(*New York Times*, October 10, 2013, A19). 2005년 10월 21일 연설에서 당시 샌프란시스코 연방준비은행장이었던 옐런은 다음과 같은 질문을 받는다. "만약 (주택 시장의) 거품이 스스로 꺼지면 경제에 미치는 파급 효과가 예외적으로 클 것이라 말할 수 있는가?" 이에 대한 옐런 의장의 답변은 "아니오"였고, "아마 도로에서 꽤 큰 과속 방지턱을 넘는 느낌의 상당한 충격이 있겠지만, 경제 자체는 이런 충격을 흡수할 수 있을 것이다"라고 주장했다(Yellen, 2005).

3 '신자유주의'라는 용어는 현시대 자본주의에 대한 학술 문헌들과 미국 이외의 대중 매체에서

에서 태동하여, 현재의 자본주의와는 상당히 다른 형태였던 그 직전의 '규제 자본주의regulated capitalism'를 대체한 것이다. 그리고 이는 (비록 세계 전체라고는 할 수 없어도) 많은 국가로 확산했고, 전 세계적 차원에서 한 시대를 규정하는 경제 제도로서 지배적 위치를 점하게 된다.

자세한 설명은 2장에서 살펴보겠지만, 신자유주의적 자본주의와 규제 자본주의의 차이를 간략하게 말하면, 신자유주의적 자본주의는 시장 관계market relation와 시장력market force이 대체로 자유롭게 작동하여 경제 현상을 지배하는 반면, 규제 자본주의는 시장 관계와 시장력의 역할을 억제하고, 대신 국가를 비롯해 기업의 관리 조직corporate bureaucracies과 노동조합 같은 비시장적 제도들이 경제 현상 규율의 중심 임무를 수행하는 자본주의 형태를 말한다.[4] 이 책의 목적은 신자유주의적 자본주의 내부에서 이 위기의 원인을 찾고, 나아가 이 위기를 배태했던 신자유주의적 자본주의 형태 그 자체의 합당한 이해를 제공하는 것이다. 이를 위해 우리는 다음의 몇 가지 질문을 심사숙고할 필요가 있다. 과연 신자유주의란 무엇인가? 그 이전까지 수십 년간 존속했던 규제 자본주의는 ― 지금의 위기만큼이나 많은 분석가의 예상을 깨는 과정을 거치면서 ― 어째서 새로운 형태의 자본주의로 대체되어야만 했는가? 1980년 전후에 탄생한 현재의 자본주의 형태는 어째서 역사적으로 장기간에 걸친 경기 확장economic expansion

---

널리 사용하고 있다. 하지만 상대적으로 미국에서는 그만큼 널리 사용하지 않는 편이고, 용어 사용에 혼동의 여지가 있는 것도 사실이다. 이에 대해서는 2장의 앞부분을 보라.

4 2장에서 살펴보겠지만, 자본주의적 시장 관계가 사유재산 개념에 기반해 이를 보호하는 것을 국가의 기능으로 삼는 한, 자본주의경제에서 국가는 늘 중요한 역할을 수행해 왔다. 그러나 국가의 경제적 역할은 제한될 수도 있고, 단순히 재산권 보호의 범위를 넘어 확장될 수도 있다.

과 낮은 수준의 인플레이션, 동시에 높은 불평등과 부채 수준을 기록할 수 있었나?

이와 같은 의문들에 답하는 것은 곧 2008년에 시작된 위기의 성격과 근본 원인, 그리고 그에 대한 국가의 대응을 이해하는 작업과 직결되는 것이다. 그뿐만 아니라 이 책에서 제시하는 분석을 따라가다 보면, 지금의 자본주의 형태는 앞으로 중대한 경제, 정치적 변화에 직면할 것이라는 결론에 이르게 된다. 미래의 확정적인 발전 경로를 미리 예단하기란 불가능하지만, 작금의 위기를 타개할 경제적, 정치적 변화들의 가능성에 분석의 초점을 맞출 것이다.

이 책에서는 자본주의를 진화하는 체제, 즉 시간에 따라 변화한다는 관점을 따를 것이다. 그 변화가 꼭 부분적이거나 점진적인 것은 아니다. 자본주의 내에는 수백 년 전 태동기부터 자신을 규정한 근본적 특질들이 엄존하지만, 또한 시간에 따라 확연히 구별되는 일련의 제도적 형태들이 있다고 볼 수 있다. 각각의 자본주의 형태는 그 내부의 경제, 정치적 제도들과 지배적 사상들이 서로를 강화하며 내적인 정합성을 만들어 낸다. 각각의 자본주의 형태는 짧게는 십 년에서 길게는 수십 년까지 상당 기간 지속하며, 하나의 자본주의 제도 형태가 다음 단계로 넘어가는 과정에서 위기와 재구조화restructuring 과정을 지나게 된다.

자본주의를 규정하는 근본적 특징은 전체 인구 중 소수에 해당하는 집단, 즉 자본가들이 기업의 소유권/통제권을 지니고, 임금 노동자들을 고용함으로써 시장 판매를 통한 이윤을 목적으로 상품을 생산하는 것이다. 그러나 이는 하나의 사회경제체제에 관한 상당히 거친 규정에 지나지 않으며, 자본주의는 역사 단계마다 매우 다양한 경제, 정치적 제도들을 발생시켜 왔다. 이처럼 자본주의에서는 서로 정합적인 제도 집합들이 상당 기간 지속한다고 주장하는 두 개의 이론적 관점이 1970년대 말과 80년대 초에 나타나는데, 사회적 축적 구조 이론Social Structure of Accumulation Theory과 조절 이론Regulation Theory이다. 전자는 미국(Gordon et al., 1982; Kotz et al., 1994)에서, 후자는 프랑스(Aglietta, 1979)에서 출현했다.

이 책에서는 사회적 축적 구조라고 간주할 수 있는, 자본주의 역사의 각 단계를 규정하는 정합적 제도 구조들이 이윤 창출과 안정적 자본축적 과정을 중심으로 작용한다는, 다소 수정된 사회적 축적 구조론의 관점을 따를 것이다(Wolfson and Kotz, 2010).[5] 십 년 혹은 수십 년 동안 각각의 사회적 축적 구조는 이윤 창출 및 안정적인 자본축적 과정을 촉진하는 구조로 기능하다가 경제 공황의 시기에 진입하면서 이제 오히려 이윤 창출과 자본축적에 장애물로 작용하게 된다. 그리고 이 위기는 새로운 축적 구조가 만들어질 때까지 지속된다. [사회적 축적 구조 이론이나 조절 이론 같은 - 옮긴이] 이러한 이론적 접근은 사실 그 자체만으로 왜 특정한 형태의 자본주의가 그 기간, 바로 그 시점에 심각한 공황을 발생시켰는지까지 구체적으로 설명하지는 못한다. 대신 위기의 근원을 파헤치기 위한 하나의 작업

---

5   원래 사회적 축적 구조 이론은 하나의 사회적 축적 구조가 안정적으로 기능할 경우, 노동자를 포함한 사회 전반에 자본가계급의 통제력이 강화되어 이윤 몫이 상승하고, 안정적 투자 여건이 만들어지면서 자본축적의 활성화 및 '급속한' 경제성장을 가져온다고 이야기한다. 그러나 신자유주의적 자본주의의 경우에는 자본가계급의 이윤 몫이 회복되고 장기간의 경기확장을 가져오긴 했지만, 그 이전 시대만큼의 높은 성장률을 회복하지는 못했다. 따라서 이 책의 저자는 사회적 축적 구조가 반드시 '급속한 성장'을 가져오지 않을 수도 있으며, 특히 역사적으로 자유주의적liberal 형태의 자본주의 시기에는 규제적 형태의 자본주의에 비해 대체로 성장률이 낮았으므로, 사회적 축적 구조의 패턴을 규제적 축적 구조와 자유주의적 제도 구조로 세분화해야 한다고 주장한다. -옮긴이

틀은 제시해 준다.

이전의 다른 자본주의 형태들과 마찬가지로, 신자유주의적 자본주의 역시 특정한 경제적, 정치적 제도와 지배적인 경제 이론 및 사상들로 이 뤄진 구성체configuration라고 할 수 있다. 울프슨과 코츠(Wolfson and Kotz, 2010)에 의하면, 각각의 사회적 축적 구조는 자본주의에서 파생되기 마련 인 주요 갈등과 문제점들을 안정화할 수 있어야 한다. 여기에는 자본가와 노동자 사이의 갈등, 그리고 자본가계급 내부의 갈등이 포함된다. 아울러 사회적 축적 구조는 이윤의 창출과 안정적 자본축적을 위해서, 팽창하는 자본주의적 생산물을 수용해낼 수 있는 시장의 성장도 보장할 수 있어야 한다. 경제에서 국가가 수행하는 역할은 각각의 사회적 축적 구조에서 중 심 위상을 차지한다.[6]

사회적 축적 구조 이론은 자본주의 체제의 성장과 위기에 관한 이론 논쟁에 역사의 특정 국면 분석을 접목한다. 이 책에서 가장 중요한 행위 자는 **개인**이 아니라, 각 경제적 국면마다 자신들의 이익을 위해 투쟁하고, 동맹하며, 담합하는 **집단**과 **계급**이다(강조는 역자). 이중 가장 광범위한 행 위 주체는 자본가와 노동자, 즉 계급이다. 물론 자본가계급이라고 해서 동 질적인 집단은 아니며, 이 책에서는 자본 분파 내부의 이해 충돌에 대해 서도 충분히 주의를 기울일 것이다.

신자유주의 시대에는 무수한 논쟁을 일으킨 두 가지 큰 변화가 있었 는데, 세계화globalization와 금융화financialization가 바로 그것이다. 원래 자

---

6   Gordon et al.(1982)에 의하면 사회적 축적 구조는 자본가계급이 노동자의 노동 시간과 물 적 요소들을 구매하여 생산 과정에 투입하고, 마지막으로 산출된 최종재를 판매하는 자본주 의적 이윤 창출의 각 단계를 반드시 안정화할 수 있어야 한다고 밝히고 있다.

본주의라는 것이 태생부터 전 지구적 규모로 확장되는 경향을 지닌 것이지만, 신자유주의 시대의 자본주의는 어떤 측면에서 과거보다 훨씬 더 전지구적인 규모로 통합되어 갔다. 신자유주의적 자본주의의 또 다른 특징은 소위 '금융화'라는 애매한 이름으로 불리는 현상인데, 이는 "국내 및 국제경제에서 금융적 목적, 금융시장, 금융업 종사자 및 금융기관의 역할이 확대되어 온(Epstein 2005, 3)" 것을 의미한다. 경우에 따라서는 이 시기 경제체제의 특징을 '신자유주의' 대신에 이처럼 '세계화'와 '금융화'라는 프레임을 통해 바라보기도 한다. 앞으로 2장에서 우리는 신자유주의가 현재와 같은 형태의 자본주의를 이해하는 데 가장 유용한 틀이며, 세계화와 금융화 현상은 신자유주의적 자본주의를 이루는 하나의 특질로 간주할 때만 가장 잘 이해할 수 있음을 보게 될 것이다.

사실 꽤 많은 책이 이미 신자유주의적 자본주의 또는 신자유주의 경제체제의 위기 분석을 제시하고 있다. 예를 들어 하비(Harvey, 2005, 2010), 뒤메닐과 레비(Dumenil and Levy, 2004, 2011), 스티글리츠(Stiglitz, 2010), 포스터와 맥도프(Foster and Magdoff, 2009), 스위지(Sweezy, 1994), 팰리(Palley, 2012), 하워드와 킹(Howard and King, 2008), 그리고 로저스(Rogers, 2011) 등이 그 예다. 이 책은 어떤 점에서는 이 연구들에 동의하지만, 의견이 다른 지점도 분명 존재한다. 이러한 연구들과 이 책은 접근법에서 차이가 있다. 이 책에서 채택하는 사회적 축적 구조 이론은 자본주의를 특정 시기에 걸쳐 경제적 팽창을 거친 후 위기를 맞는 일련의 제도적 형태들의 교차로 바라보면서, 이론적 접근과 역사적 접근을 병행하는 방법론으로서, 계급 간, 그리고 계급 내 분파들의 상호 작용에 초점을 맞춘다. 이러한 접근법은 자본주의 사회의 과거, 현재, 그리고 미래에 관한 통찰을 얻을 수 있다는 점에서 여타 방법론적 접근들과 구별된다고 할 수 있다.

이 책이 말하고자 하는 바는, 2008년에 시작된 경제 위기가 단순한 금융 위기이거나 정도가 심한 불황, 혹은 이 둘의 혼합 정도가 아니라 신자유주의적 형태의 자본주의 그 자체의 구조적 위기라는 점이다. 구조적 위기라는 말은, 위기가 현재 경제체제의 구조적 형태 자체에서 발생했다는 것뿐 아니라, 현재와 같은 구조 형태로는 이 위기를 해결할 수 없다는 것을 의미한다. 심지어 공공 지출 확대처럼 케인스 경제학에 기반을 둔 공격적 재정 팽창조차 경제성장 및 일자리 창출을 잠깐 촉진할 수는 있어도 장기적 이윤 창출 및 경제성장이라는 정상적 궤도로의 복귀를 방해하는 구조적 문제 그 자체를 해결할 수는 없다. 그보다는 경제 제도 그리고 그와 연관된 사회제도 자체에 대한 근본적인 구조 변화만이 현재의 위기를 해결할 수 있는 유일한 경로를 제공한다고 할 수 있다. 이는 1930년대의 대공황처럼 자본주의 체제의 구조적 위기를 수습했던 역사를 통해 뒷받침되는 결론이다.

앞으로 우리는 2, 3, 4장에 걸쳐 신자유주의적 자본주의가 무엇이고, 어떻게 탄생했으며, 어떤 식으로 작동했는지 분석할 것이다. 5장에서는 현재 경제 위기의 근본 원인과 그 특성, 그리고 이에 대한 국가의 대응 과정을 살펴볼 것이다. 6장에서는 과거 자본주의 초기의 제도적 형태가 어떻게 새로운 모습으로 변천해 갔는지, 그리고 이것이 오늘날의 위기에 어떤 시사점을 주는지 살펴보고자 한다. 7장은 장차 어떤 형태의 정치·경제적 변화가 나타날지 그 가능한 경로들을 논의하며 결론을 맺고자 한다.

이 책은 주로 미국의 경우에 초점을 맞출 것이다. 분명 미국은 경제적, 정치적, 군사적 패권을 지녔을 뿐 아니라 상당한 문화적 영향력까지 행사하는 국가다. 신자유주의적 자본주의 자체가 미국과 영국에서 태동했고, 전 세계에 신자유주의적 제도와 정책이 퍼져 나간 것 자체가 미국의 영향력 때문이었으며, 지금의 경제 위기도 미국에서부터 발생한 것이다. 하지만 신자유주의적 자본주의와 그 위기가 이미 국제적 차원의 문제이므로, 이 책의 분석은 이와 관련한 국제 정치경제상의 주요 변화들을 대상으로 할 것이다.

신자유주의적 자본주의의 분석을 위해 우리는 여러 종류의 경제 데이터들을 살펴볼 필요가 있다(데이터의 출처는 부록을 참고하라). 따라서 우리는 신자유주의적 자본주의 시대와 바로 직전의 '규제 자본주의' 시대의 데이터를 수시로 비교할 것이다. 두 시기의 데이터를 이용할 경우, 각 시기의 시작과 끝을 어떻게 잡을 것인지가 매우 중요한 문제라고 할 수 있다. 왜냐하면, 각 기간의 종료 시점을 신중하게 선택하지 않으면 장기간의 경제적 성과를 비교하는 데에 단기적인 경기 순환이 왜곡을 일으킬 수 있기 때문이다. 이 왜곡을 배제하는 방법은 각 시기의 시점과 종점을 택할 때 각 경기 순환의 정점을 택하는 것이다.

이 책에서 규제 자본주의는 대체로 1940년대 말부터 시작해 1970년대 말까지 지속한 것으로 간주하고, 신자유주의적 자본주의는 1980년대 초부터 시작해 현재까지 지속된 것으로 본다. 앞서 밝힌 대로, 이 책의 접근법에 따르면 각각의 자본주의 형태는 사회적 축적 구조가 효율적으로 작동하여 경제성장과 이윤 창출을 촉진하는 기간을 거친 후, 더는 사회적 축적 구조가 제대로 작동하지 않는 구조적 위기 단계에 진입하게 된다. 다수의 데이터를 통해 판단할 때, 미국의 규제 자본주의 형태는 1966년부터 이윤율이 하락하기 시작해, 대체로 1973년 무렵부터 그 효율적 작동을 멈춘 것으로 보인다. 따라서 경기 정점을 기준으로, 1948년부터 1973년이 규제 자본주의 시스템이 제대로 기능하던 시기이고, 1973년부터 1979년이 규제 자본주의의 구조적 위기의 시기라고 규정할 수 있다. 단, 이윤율 데이터만을 근거로 하면 1948년부터 1966년을 규제 자본주의의 작동 시기로, 그리고 1966년부터 1979년까지를 구조적 위기의 시기로 간주할 수 있을 것이다.[7]

사실 신자유주의적 자본주의는 1980년대 초반까지도 제대로 된 틀을 갖추지 못한 측면이 있지만, 여기서는 두 경기 정점을 기준으로 1979년부터 2007년까지를 신자유주의 사회적 축적 구조의 작동 기간으로 보려 한다. 1979년이 다소 이르기는 하지만, 그다음의 경기 전환점인 1990년은 신자유주의적 제도가 형성되고도 너무 많은 시간이 지난 시점이 되어 버리므로, 여기서는 1979년을 시점으로 잡는다.[8] 1979년은 여러 경제 데이터를 놓고 봤을 때, 두 개의 서로 다른 자본주의 형태 사이에서 중대한 전환점을 이루는 해라고 볼 수 있다. 2007년의 경기 고점을 지나면서 미국

---

7   1966년 미국 경제는 3.8% 수준의 낮은 실업률과 더불어 다른 경제 변수들 역시 호황의 정점을 이루고 있었다.

8   공식적으로는 또 하나의 경기 정점이 1981년 7월에 있었는데, 이는 제2차 세계대전 이후 경기변동의 경향으로 볼 때 여러 가지 측면에서 상당히 변칙적인 것이었다. 일단 그에 선행했던 수축기와 확장기가 짧았다는 점을 들 수 있는데, 1979년의 정점을 (월간 데이터로는 1980년 1월) 뒤따른 수축 국면은 같은 해 7월까지 단 6개월만 지속되었고, 뒤따르는 확장기도 1981년 7월까지 12개월간 지속되었을 뿐이다. 그리고 경제는 1982년 11월까지 다시 하강 국면으로 돌아선다. 월별 실업률은 1979년 5월에 5.6%에서 출발하여, 1981년 7월에는 경기 정점임에도 7.2%까지 상승하며 1982년 12월에는 10.8%에 이른다. 이처럼 1980년부터 1982년까지의 기간 전체는 장기적으로 하나의 불황기에 포함된다고 간주할 만한 근거는 충분하다.

경제는 구조적 위기 단계로 진입했고 이 책을 집필하는 시점까지도 위기가 끝나지 않은 상태다. 이 기간들과 관련된 구체적 시점 구분은 다음의 장들에서 살펴보기로 한다.

2장

신자유주의란 무엇인가

현재의 경제 위기는 1980년대부터 득세한 특정 형태의 자본주의에서 파생된 것이기 때문에 이 위기를 제대로 이해하기 위한 첫 단계는 그 '특정 형태'의 자본주의가 과연 무엇인지부터 파악하는 것이다. 오늘날의 자본주의 형태를 어떻게 특정할 것인지에 관해 많은 논란이 있는데, 이 책에서는 1980년 이후의 자본주의 체제를 '자유 시장' 자본주의 혹은 '신자유주의적' 자본주의라는 틀로서 지칭할 것이다. 물론 오늘날의 자본주의를 '세계화'나 '금융화' 같은 관점으로 규정하려는 연구들도 있기는 하다. 하지만 이 장에서는 대략 1980년 이후부터 나타나서 그 전에 비해 급격하게 변화된 형태를 지닌 현재의 자본주의를 '신자유주의'라는 관점을 통해 바라볼 때만 그 진상이 가장 잘 규정할 수 있을 뿐 아니라, 현재의 경제 위기의 근원을 분석하는 데 가장 적합한 출발점임을 보이려 한다.

'네오리버럴리즘neoliberalismn', 즉 신자유주의라는 용어는 미국식 정치 지형에 익숙한 이들에게는 혼동을 불러일으킬 소지가 있는 표현이다.

왜냐하면 사실 미국에서 '리버럴liberal'이란 기층 민중에게 그 혜택이 돌아가도록 국가의 적극적 경제 개입을 옹호하는 정치 노선을 뜻하기 때문이다. 그러나 자유주의를 내건 정당들이 시장주의적 경제정책을 추구해온 나라들에서는 '리버럴'이라는 용어가 오히려 그 반대의 의미를 내포하고 있다. 미국에서 자유 시장 형태의 자본주의가 재부상하기 시작한 1970년대 후반과 80년대 초반부터 보수주의 경제학, 레이거노믹스, 또는 간단히 자유 시장 경제학 같은 용어들이 혼용되기도 했지만, 대략 2000년대부터 점차 신자유주의라는 용어가 현재와 같은 자본주의, 그리고 이와 관련된 사상과 정책을 폭넓게 지칭하는 용어로 널리 쓰이게 되었다. 연구자들에 따라서는 이 용어를 단지 사상으로서의 신자유주의 혹은 그와 관련된 정책을 지칭하는 데 국한하기도 하지만, 이 책에서 사용하는 신자유주의 혹은 신자유주의적 자본주의라는 용어는 지금과 같은 형태의 자본주의를 구성하는 특정 제도들과 이를 지배하는 사상들 모두를 폭넓게 지칭하는 것이다.[9]

사실 신자유주의, 혹은 자유 시장 자본주의라는 개념이 국가가 경제적으로 아무런 역할을 하지 않음을 뜻하는 것은 결코 아니다. 시장을 구성하는 제반 관계와 거래들에서 사적 소유권을 명확히 규정, 보호하고, 시

---

[9] '자유주의'라는 용어는 상당히 긴 역사를 갖고 있다. 그 기원은 1920-30년대에 사회주의 사상과 국가의 경제 계획의 영향력이 확산하는 것을 우려한 유럽과 미국의 일부 지식인들이 자유주의 사상의 부활을 논의하기 위해 모였던 당시까지 거슬러 올라간다. 더 최근에는 시카고학파 경제학자들이 칠레 피노체트 정권에 기용되어 주도한 정책에 대해, 이를 비판하는 사람들이 '자유주의'라는 용어를 사용했다. 그리고 1980년대와 90년대 라틴아메리카에서는 여러 책과 정기간행물에 이 용어가 더 빈번히 사용되어 2000년대에 이르면 전 세계적으로 통용되는 수준에 이른다(Mirowski and Plehwe, 2009).

장 교환의 핵심적 요소인 계약 이행의 의무를 강제하기 위해서라도 반드시 국가 혹은 국가에 준하는 기능을 가진 제도를 필요로 한다. 모든 대단위의 사회는 국가 및 국가에 준하는 제도를 필연적으로 요청하기 마련이고, 강력한 군사력의 유지는 국가의 합당한 역할에 대한 신자유주의적 관점과도 전혀 모순되지 않는다. 신자유주의적 맥락에서 '자유 시장'이란, 오직 시장 기능이 작동하면서 만들어 내는 관계와 영향력들이 경제 활동을 조절하는 중심 기능을 수행하도록, 경제에서 국가가 수행하는 필수적인 기능을 방기해 버리는 것을 뜻할 뿐이다. 그리고 이미 시장 기능의 작동이라는 것 자체가 어디까지나 국가가 양허한 틀 내에서만 가능하다는 점도 지적되어야 할 것이다.[10]

신자유주의를 단지 보수 정권에만 연결할 필요는 없다. 3장에서 보겠지만, 미국의 신자유주의적 재편은 1970년대 후반 카터 대통령의 민주당 행정부 시절부터 이미 시작된 것이다. 이어서 레이건과 부시 대통령의 공화당 정부 때 그 추세가 더욱 강화되었지만, 클린턴 대통령 집권 후에도 이러한 추세에서 어떠한 반전도 일어나지 않았다. 이 시기에 자유주의 정당에 대항하던 서유럽 각국의 사민주의 정당들도 겉으로는 신자유주의적 추세를 저지할 것을 표방했지만, 일단 집권 후에는 신자유주의적 구조 재편의 방향을 계속 유지했다.[11] 집권 세력의 교체에도 불구하고 유지된 신

---

10 소련 붕괴 직후 벌어진 일들을 보면 국가가 필수적 기능을 포기하고 후퇴할 경우 어떠한 혼돈과 폭력이 발생하는지를 여실히 알 수 있다. 이처럼 재앙에 가까운 사태를 낳은 데에는 많은 원인이 있겠지만, 그중 하나는 여론 주도층 일부에서 국가가 담당해야 할 사회적 역할 같은 것은 사실상 없다는 신념이 확산된 점을 지적할 수 있을 것이다(Kotz and Weir, 1997, 9장과 10장).

11 그렇다고 이것이 꼭 미국 민주당과 공화당 정부 간에, 또는 유럽의 사민주의 정당과 자유주

자유주의의 연속성에 관해서는 이 책의 4장에서 살펴볼 것이다.

그러면 지금의 역사적 상황을 이해하기 위한 필수적 첫 단계로, 우선 신자유주의로의 변천 과정부터 자세히 고찰해 보기로 한다. 신자유주의적 자본주의는 제2차 세계대전 후 수십 년간 존속했던, 현재의 자본주의와 매우 다른 형태의 규제regulated 자본주의의 위기와 그에 대한 대응 과정에서 기원한 것으로 볼 수 있다. 따라서 신자유주의의 특징을 이해하려면 그 이전의 체제에 대한 이해가 선행되어야 한다.

규제 자본주의와 신자유주의는 공히 여러 속성을 내포한 매우 복잡한 실체이다. 이를 위해 이 양자를 제대로 이해하려면 두 시기를 규정한 지배적인 경제사상과 제도부터 고찰해야 한다. 따라서 2장에서는 이러한 논점들을 구성하는 기본 개념을 살펴보고, 3장에서는 각 시대를 지배했던 경제사상과 제도들이 (두 시대를 거치며) 급격히 변화해 간 원인을 살펴볼 것이다.

지배적 경제사상의 급격한 전회

신자유주의 시기를 지배한 경제 이데올로기는 그 이전 규제 자본주의의 경제사상에서 급격히 이탈하면서 나타난 것이다. 제2차 세계대전 이후 규

의/보수주의 정당 간에 별 차이가 없음을 뜻하는 것은 아니다. 이들 사이에도 좌·우파로서의 차이점은 분명 존재하지만, 어떤 형태의 자본주의하에 있느냐에 따라 이러한 견해 차이는 집권하는 순간 상당히 제약을 받을 수 있다는 뜻이다. 클린턴 행정부의 경우 주요 지지층인 노동자, 여성, 그리고 소수 민족에게 혜택이 돌아가는 정책을 시도할 수 있었지만, 경제정책의 근간을 되돌릴 생각 자체는 하지 않았다. 이에 대해서는 4장에서 살펴볼 것이다.

제 자본주의 시대 영미권의 정통 경제사상은 영국 경제학자 존 메이너드 케인스John Maynard Keynes의 경제학과 종종 동일시되곤 했다.[12] 그의 책, 《고용, 이자, 화폐의 일반 이론The General Theory of Employment, Interest, and Money》은 대공황이 한창이던 1936년에 출간되었는데, 케인스 경제학은 자본주의경제 전체가 근본적인 결함을 내장하고 있다는 태도를 견지하는 것이었다.

케인시언에 의하면, 이러한 결함은 자본재 부문에서의 기업 투자의 높은 변동성에서 기인한다. 기업 투자는 기업이 직면할 미래의 경제 상황이 현재 시점에서 근본적으로 불확실unknowable하기 때문에, 이것이 기업의 총투자 수준을 불안정하게 하며, 요동치는 낙관과 비관의 교차에 쉽게 영향받게 한다. 만일 기업 투자가 후퇴할 경우, 결과적으로 경제 내의 총수요 자체가 감소하고 이는 기업의 재고 누적을 초래한다. 이 경우 기업들은 생산을 축소하고 노동자를 해고하는데, 이는 결과적으로 가계 소득 및 지출의 감소와 나아가 경기 후퇴, 경우에 따라서는 심각한 불황까지 초래한다.

거시 경제에 관한 이러한 이론은 자본주의경제 내에서 응당 정부가 수행할 역할에 관하여 새로운 관점을 시사하는 것이었다. 케인스 추종자들은 혁명론자라기보다 개혁주의자였고, 이들은 케인스가 지목한 자본주

---

12 사실 제2차 세계대전 이후의 주류 경제학 교과서가 채택한 설명 방식이 과연 케인스 당사자의 정확한 저작에 기반을 두는지는 논란의 여지가 있다. 케인스의 자본주의 비판은 이보다 훨씬 철두철미하고 급진적이었다는 주장도 있는데, 이에 대해서는 Crotty(1999)를 보라. 이 책에서는 '케인스 경제학'이라는 용어를 제2차 세계대전 이후의 주류 이론이었던 교과서 경제학을 일컫는 의미로 사용한다.

의경제의 결함을 정부의 적극적 경제 개입이라는 처방으로 치료할 수 있다고 주장한 것이다. 이들은 민간의 투자가 감소할 경우, 이를 상쇄하는 수준의 정부 지출 증가를 통해 완전고용 달성에 필요한 총투자 수준을 유지해야 한다고 보았다. 마치 민간 기업이 투자 자금 조달을 위해 차입하는 것처럼 정부도 정부의 지출 증가를 위해 차입을 해야 하는데, 이는 필요할 경우 재정 적자도 감수해야 함을 뜻했다. 그러나 민간 투자가 일단 회복되면, 정부는 총수요에서 정부가 차지하는 비중을 다시 축소할 수 있게 된다.

물론 규제 자본주의 시절의 경제사상이 단순히 적극적 재정 정책에만 의존했던 것은 아니다.[13] 정부 자체가 경제 내의 주요한 행위자로 기능함으로써 공교육, 대중교통, 전력, 통신, 공공 의료 같은 공공재를 적극적으로 공급하고, 이를 통해 경제적 진보를 달성할 뿐 아니라, 민간 부분의 수익성 향상에까지 이바지해야 한다는 인식이 퍼져 나갔다. 또한, 환경 파괴와 같은 시장 실패를 교정하고, 소득 불평등을 완화하며, 경제적인 사회 안전망을 제공할 책임이 국가에 주어지기도 했다.[14] 적어도 제2차 세계대전 후 수십 년간 '자본주의'라는 용어는 공적 담론에서 자취를 감췄

---

13 '재정 정책'이라는 용어는 정부 지출 및 조세를 통한 정책을 일컫는다. 재정 정책은 연방준비제도에 의해 수행되는 통화 정책과는 구별되는데, 연준은 화폐와 신용, 그리고 이자율의 수준을 규율한다.

14 케인스는 경제 전체의 작동, 즉 '거시 경제'에 주안점을 두었다. 하지만 제2차 세계대전 이후의 새로운 주류 경제학은 구식의 '신고전파적' 미시 경제학의 형태를 포함하고 있었다. 후자는 시장 시스템을 자원 배분의 가장 효율적인 수단으로 간주하기는 하지만 '시장 실패'를 국가 개입이 필수적인 중요한 문제로 취급한다. '신고전파-케인시언 종합'이라는 어색한 용어는 바로 제2차 세계대전 이후에 주류가 된 이러한 형태의 경제 이론을 지칭하는 용어다.

고 대신 민간 부분과 국가기구 양자가 함께 활동한다는 의미에서 '혼합경제'라는 용어가 그 자리를 대체했다. 흔히 정부의 경제 안정화 기능으로만 주로 알려졌지만, 이를 넘어 정부의 적극적 시장 개입의 필요성에 대한 신념까지 포괄하는, 이 당시의 지배적 경제사상을 우리는 '케인시언' 경제학Keynesian economics이라고 일컫는다.

이 새로운 형태의 케인시언 경제 이론은 MIT대학의 경제학자 폴 새뮤얼슨이 1948년에 출간한 저명한 교과서, 《경제학Economics》에 잘 구체화되어 있다. 이 책은 그 후 수십 년간 미국 주요 대학 경제학 입문 과정 교과서의 정형화된 틀을 제공했다. 케인시언 경제학의 시대는 케네디와 존슨의 민주당 행정부 집권기인 1960년대에 그 절정을 맞는다. 케인시언 경제 이론의 추종자들이 경제정책 결정의 요직을 차지하면서 정책 논쟁을 주도해 나갔다. 심지어 1971년 공화당 출신 대통령이던 리처드 닉슨마저 "이제 나는 경제학적으로 케인시언이다"라고 선언하기도 했다.[15]

그러나 1970년대 전반에 걸쳐 케인시언 경제학의 지배적 지위는 새로운 경제사상, 즉 자유 시장주의 혹은 신자유주의 경제사상에 의하여 급격하게 대체된다.[16] 신자유주의는 인간 사회에 관한 고도로 개인주의

---

15 *New York Times*, January 4, 1971. "이제 우리는 모두 케인시언이다(We are all Keynesian now)"라는 다소 다른 형태의 발언이 종종 닉슨이 처음 한 것으로 오해받는데, 정확히 말하면 이는 1965년 12월 31일 자 타임지에 실렸던 것으로 시카고대학 교수인 밀턴 프리드먼Milton Friedman이 했던 말이다. 프리드먼은 이 발언이 맥락과 별 상관도 없이 인용되고 있다며 불평하는 식으로 반응했다. 1950년대와 60년대에 케인스 경제학을 상대로 쉴 새 없이 투쟁을 벌인 그의 전력으로 봤을 때, 프리드먼의 이 말은 분명 사실일 것이다.

16 물론 대다수의 주류 경제학자들은 자유 시장주의 경제학자라는 용어 정도는 받아들여도, 신자유주의 경제학자라는 용어에는 동의하지 않는 경우가 대부분이다. -옮긴이

적인 개념에 의존하는 사상이다.[17] 신자유주의에서 개인 선택의 자유는 후생의 절대적 기초이며, 시장은 개인의 선택이 경제를 이끌어 가도록 만드는 제도적 기초다. 반면, 신자유주의자들에게 국가는 개인의 자유의 적이자 사적 재산권에 대한 위협이며, 개인의 노력 위에 붙어 기생하는 기생충에 불과하다.[18] 오랜 시간 지적으로 황폐화되다시피 했던 자유주의 진영의 생존자, 시카고대학교 경제학과의 밀턴 프리드먼은 하이에크Friedrich A. Hayek와 더불어 1970년대 중후반부터 자유주의 경제사상의 위대한 스승으로 떠올랐다.

이 새로운 경제사상에는 다른 이름을 가진 여러 아종亞種이 존재하는데, 합리적 기대 이론rational expectation theory, 공급 측면 경제학supply-side economics, (정부 지출에 대한) 구축 효과 이론crowding-out theory, 그리고 실물 경기변동 이론real business cycle theory이 그것이다. 그러나 이 모든 이론은 공히 국가의 경제 개입은 그 효과가 전무하고 낭비일 뿐이며, 심지어는 사실상 해롭다고 간주한다. 대신 이들 이론은 규제받지 않는 시장에서의 개인 선택을 경제 행동의 중심적 위상으로 승격시키려는 논리에 기반을 두고 있다.[19] 오직 국가에 의한 공공질서 유지 및 국방 기능만이 이러

---

17 영국 전 총리 마거릿 대처Margaret Thatcher가 한 것으로 널리 알려진 "사회라는 것은 존재하지 않습니다. 오직 개인과 그 가족만이 존재할 뿐입니다"라는 말은 아마 다음의 긴 발언이 그 출처일 것이다. "사회라는 것이 대체 누구입니까? 그러한 것은 존재하지 않습니다! 오직 개인으로서의 남녀가 있을 뿐이며, 또한 그 가족이 있을 뿐입니다…" 발언 일시는 명시되어 있지 않지만, 전체 발언의 출처는 The Spectator, April 6. 2013을 보라. 또는 http://blogs.spectator.co.uk/coffeehouse/2013/04/margaret-thatcher-in-quote/.

18 내부 규율을 만들어 내는 직능 단체들이나 노동조합처럼 경쟁적 시장 관계를 저해하는 다른 조직 형태에도 역시 반대한다.

19 신자유주의 경제학자들도 어느 정도의 시장 실패가 있다는 것을 부정하지는 않는다. 하지만 정

한 논리의 예외로 인정될 뿐이다. 신자유주의 이론은 '자유'(사실상 '규제되지 않은'이라는 의미에 가까운) 시장만이 효율성, 소득 분배, 경제성장, 기술진보, 그리고 개인의 자유 수호 등 모든 측면에서 최적의 결과를 보증하는 체제라고 주장한다.[20] 신자유주의는 자본주의경제가 이미 그 자체로 완전고용과 최적 수준의 경제성장을 달성할 수 있다고 주장하며, 구태여 이러한 목표를 의도한 어떠한 국가의 개입도 불필요할 뿐 아니라, 심지어 경제에 악영향을 끼친다고 여긴다.

사실 이 새로운 지배적 경제사상의 출현만으로 향후 신자유주의 시대에 발생했던 모든 정치·경제적 제도 변화를 설명할 수 있는 것은 아니지만, 적어도 그러한 변화에 대한 강력한 정당화를 제공할 수는 있다.[21] 신자유주의 이론은 대략 1980년대 초부터 발생했던 일련의 제도적 변화들이 경제적 번영을 위해 불가피한 것이고, 결국에는 모두에게 혜택이 돌아

부가 이를 교정하려고 나서면 문제를 더 악화시킬 뿐이며 정부 간섭보다는 차라리 시장에 기반을 둔 해법을 내놓는 것이 시장 실패 문제를 다루는 가장 효율적인 방법이라고 이들은 주장한다.

20 제2차 세계대전 이후 수십 년간 신고전파 경제학자들은 경쟁 시장이 최적의 효율성을 지닌 체제라는 것을 수학적으로 증명하려 시도해 왔다. 그러나 이러한 노력은 시장 참여자들의 완벽 정보 같은, 경제학자 자신들조차 비현실적이라 인정하는 가정에 힘입지 않으면 증명할 수 없는 것이었다(Ackerman, 2002). 생산물의 최적 분배에 관한 신고전파 경제학의 주장 중 하나는, 그것이 노동이든 자본이든, 어떤 생산요소인지와 상관없이 생산과정에서 그들이 이바지한 한계 생산만큼을 소득으로 받는다는 것이다. 동시에 소득은 그 생산요소를 공급한 경제주체가 이를 위해 포기한 주관적 한계 가치(예를 들어 여가)를 보상하는 수준에서 결정된다. 이 말이 옳다면 사람들 모두가 결코 달가워하지 않는 직업의 경우, 다른 모든 조건이 같을 때 가장 높은 수준의 보상이 주어지게 된다는, 전혀 비현실적인 결론을 내포하게 된다. 또한, 신고전파 경제학은 주로 균형 상태에 초점을 맞추고 있으므로, 경쟁 시장이 성장과 혁신에 어떻게 이롭게 작용하는지 설명할 수 있는 결정적 명제들을 도출하는 데 많은 어려움을 겪어 왔다.

21 즉 사상의 변화만으로 제도 변화의 원인을 설명할 수는 없더라도, 제도의 변화를 옹호하는 데 사상이 이용될 수는 있었다는 의미다. -옮긴이

가는 것이라 주장한다.

신자유주의는 종종 자유화, 사유화, 그리고 안정화[22]라는 세 가지 정책 패키지의 지적 근거로 묘사된다. 그러나 실상 이러한 개념들로부터 도출되는 구체적 정책들은, 단지 규제 자본주의를 지탱하던 제도들을 신자유주의적인 것들로 대체하기 위한 수단들로 이해하면 정확하다. 신자유주의의 부상과 더불어 초래된 제도적 격변들은 크게 네 가지 측면에서 파악할 수 있는데, 1) 국제경제, 2) 경제에서의 정부의 역할, 3) 자본-노동 관계, 그리고 4) 기업 부문이 그것이다. 이러한 각각의 측면에서 신자유주의적 자본주의 제도와 규제 자본주의 시대의 제도들을 차례로 대응시켜 살펴볼 것이다.

국제경제

규제 자본주의 시대의 국제경제 질서를 규율한 것은 브레턴우즈 체제Bretton Woods system였다. 브레턴우즈 체제는 1944년, 미국 뉴햄프셔New Hampshire 주의 브레턴우즈에서 미국과 연합국들이 전후 국제경제체제의 기본 틀을 재편하기 위해 열었던 회의에서 기원하는데, 여기서 국제통화기금IMF: International Monetary Fund과 세계은행World Bank이 탄생하여 새

---

22 이 책에서 저자가 신자유주의적 자본주의를 설명하면서 '안정화'라는 단어를 사용하는 것은, 케인스 경제학적인 맥락의 경기 안정화를 뜻하는 것이 아니라, 시장 본위의 경제학이 말하는, 균형 수준으로 회복하려는 시장 메커니즘의 경향적 안정성을 말한다. 좀 더 자세한 맥락은 4장의 초반부를 참고하라. -옮긴이

로운 경제 질서의 감독 기능을 맡게 된다. 브레턴우즈 체제 아래에서는 점진적인 상품 무역 장벽의 축소가 권장되었지만, 특정한 조건 아래에서는 상당한 수준의 무역 관세 부과가 허용되었고, 국가는 여러 수단을 통해 자본 이동을 통제할 권리를 갖고 있었다. 이를 통해 국제 무역 측면에서는 어느 정도 개방적이지만, 자본 이동에 대해서는 상당한 장벽을 가진 국제경제체제가 만들어질 수 있었다. 미국 달러화는 고정된 교환 비율을 지닌 금 보유고에 의해 그 가치가 보증되었고, 이로 인해 미국 달러화는 국제 거래의 결제 통화이자 지급 준비금의 역할을 수행하게 되었다. 또한, 다른 주요국들의 통화를 달러화에 고정 환율로 연계시키는 국제통화 시스템이 만들어졌다. 모든 주요국 통화의 상대 가치 변화는 IMF의 승인을 요건으로 하였다.

하지만 1967년부터 1973년까지 브레턴우즈 체제는 차례로 붕괴하여, 1973년 미국 정부가 달러 환율을 국제통화 시장의 수급에 따라 '변동float' 하도록 허용함으로써 최종 붕괴했다. 즉 브레턴우즈 체제의 핵이라 할 수 있는 고정환율 체제가 무너지고, 그 후 1970년대 국제통화 시장의 혼돈기를 거친 후, 1980년대 초반에 이르러 두 가지 특징을 지닌 새로운 통화 체제가 형성되었다. 첫째, '관리 변동managed float 환율'의 도입으로, 각국 정부가 중앙은행을 통해 상당한 수준의 시장 개입을 수행함으로써 시장에 영향을 미치되, 통화 가치 결정의 중심 역할 자체는 국제통화 시장이 수행하도록 허용했다.[23]

---

23 변동 자체는 허용되지만, 정부의 개입에 의해 조종되는 이러한 환율을 종종 "더러운 변동환율 dirty float"이라고 지칭한다. 이는 경제를 움직이는 "깨끗한" 힘은 오직 시장이며, 정부의 손은 필연적으로 "더럽다"는 신자유주의적 관점에 기반을 둔 것이다.

그림 2.1. | 세계 국내총생산 대비 세계 수출액 비중(%), 1950-2009.

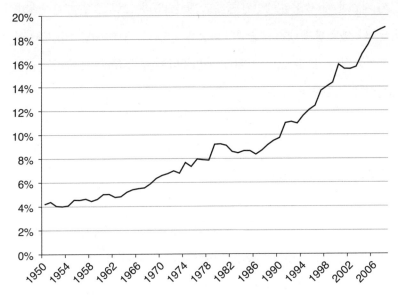

출처: 국제통화기금(International Monetary Fund, 2013b), Maddison, 2010.
참고: 2005년 미국 달러화 기준.

 둘째로 더욱 중요한 것은 새로운 국제경제 질서가 상품과 서비스, 자본 그리고 통화의 자유로운 국가 간 이동을 강조했다는 것이다.[24] IMF와 세계은행은 존속했지만, 이제 그 역할이 변경되어 무역, 투자, 화폐에 걸친 전면적 개방과 여타 신자유주의적 경제 제도의 전 세계적 이식을 강제하는 역할을 수행하게 되었다. 그 밖에도 새로운 국제기구들이 설립되었는데, 특히 중요한 것은 1995년에 탄생한 세계무역기구WTO: World Trade Organization로 자유무역 질서의 실질적 정착이 그 목표였다. 이처럼 신자

---

24   그러나 노동의 자유로운 이동, 즉 자유로운 이민은 새로운 체제의 목표에 포함된 적이 없다.

유주의 시대에 접어들면서 세계 경제 질서는 기존의 규제 자본주의 시대와 비교할 때, 급격히 개방된 형태로 재편되었다. 그림 2.1은 세계 전체의 국내총생산 합계 대비 수출액의 비중을 나타내는데, 1960년 이후부터 이 수치는 증가 추세를 보여 1980년 초반부터 더욱 급격하게 상승하는 것을 확인할 수 있다.

경제에서의 정부의 역할

신자유주의하의 주요한 제도 변천 모두가 정부의 경제적 역할과 관련된 것은 아니지만, 그럼에도 정부의 역할 변화가 신자유주의적 구조 재편의 가장 중요한 부분임은 명백한 사실이다. 일련의 제도적 변화를 거치면서 미국 경제와 정부의 관계에는 급격한 변화가 일어났다. 이는 크게 여덟 가지 측면에 영향을 미쳤는데, 1) 케인시언 경제학에 근거해 수행되어 온 정부의 총수요 관리 정책의 포기, 2) 기간산업의 규제 철폐, 3) 금융 규제 철폐, 4) 환경 규제, 소비자 보호, 고용 안정성 규제 약화, 5) 반독점 규제 약화, 6) 사유화 및 공공 부문의 비중 축소, 7) 사회복지 정책의 철폐 혹은 지출 삭감, 8) 기업 및 부유층 세금 삭감이 바로 그것이다.

첫째, 신자유주의 시기에 접어들면서 케인스 경제학에 근거한 총수요 관리 정책이 폐지되었다. 규제 자본주의 시기에는 연방 정부가 정부 지출, 조세, 그리고 통화 정책 같은 수단들을 통해 민간 부분의 총수요 변동에 대응해 경기를 안정화하고, 낮은 실업률을 유지하며, 인플레이션을 억제하고, 장기 경제성장을 달성하는 역할을 수행했다. 그러나 신자유주의 시기에 이르면, 정부 간섭이란 불필요할 뿐 아니라 해로울 뿐이라고 역설하는 자유주의 경제학자들의 주장에 따라, 기존의 정부 기능 대부분이 포기되고, 균형 재정의 달성이 재정 정책의 공식 목표가 되었다. 통화 정책도 기존처럼 실업률과 인플레이션의 조합을 모두 고려하는 대신, 화폐 가치의 안정을 주요 목표로 삼게 되었다. 1979년 지미 카터Jimmy Carter 대통령이 연방준비제도이사회 의장으로 폴 볼커Paul Volcker를 지명한 것은 이와 같은 변화의 시초였다고 할 수 있다. 볼커는 20% 수준까지 치솟는 금리를 허용해 가면서 당시의 급격한 인플레이션을 잡았지만, 대신 경제를 깊은 침체의 수렁으로 빠트렸고 실업률이 두 자릿수로 폭등하게 했다. 다시 말해 낮은 실업률은 더 이상 연준의 정책 목표가 될 수 없었다.[25]

일부 논자들은 1981년 레이건 정부가 경제성장 촉진을 위해 대규모 감세를 시행하자, 레이건 정부가 기존의 케인시언 재정 정책을 지속할 것이라고 오판하기도 했다. 그러나 레이건 정부의 감세 지적 근거는 소비자들의 호주머니에 더 많은 소득을 채워서 수요를 북돋으려는 케인스 경제학이 결코 아니었다. 레이건 대통령은 1982년 2월 10일의 대 의회 성명에서 "1981년에 역사적인 경제회복세법Economic Recovery Tax Act of 1981이 통과되면서 미국 세법의 결정적인 방향 재정립을 이루었고 … (조세 체계를) 혁신함으로써, 시민들의 근로, 저축, 그리고 투자 의욕을 촉진하게 되었

---

25 2008년 경제 위기 당시 연준의 행동 역시 정부의 재정 정책과 같은 식으로 변화해 간다. 2008년에 연준은 주요 금융기관 및 금융시장의 붕괴를 막는 것을 첫 번째 주안점으로 삼았으나, 이후에 낮은 인플레와 함께 매우 저조한 회복세가 계속되자 경기 부양을 위한 조치들을 취하게 된다. 2008년 이후 정부의 재정 정책은 케인스적 재정 정책을 통한 경기 부양과 신고전파적 긴축 정책 사이에서 들쑥날쑥하게 된다(5장을 보라).

다"고 했다. 즉 레이건의 감세 정책은 가계와 기업 소득에서 세금으로 나가는 비중을 줄여서 기업 투자와 노동에 인센티브를 주려는 것이었다. 신자유주의 이론은 이와 동시에 균형 재정 달성을 위한 급격한 정부 지출의 삭감을 옹호했다.[26] 즉 신자유주의의 근저에는 세입과 세출 양 측면에서 모두 작은 정부가 민간 부분의 성장을 더 촉진한다는 생각이 자리하고 있다.[27]

국가의 경제적 기능에서 두 번째 변화는 기간산업에 대한 정부 규제의 철폐다. 20세기 초까지 철도와 통신 부분은 정부의 규제 아래 효과적으로 통제되고 있었고, 정부 규제 시스템은 후에 전력, 항공, 장거리 운송 및 라디오와 텔레비전 방송에까지 확대되었다.[28] 이와 같은 기간산업 부문은 대표적인 자연독점[29] 산업이었고, 따라서 적정 가격의 안정적 유지

---

26 국방비에 관해서는 레이건 정부 역시 그 지출을 급격히 증가시켰다. 이는 총수요 진작을 통한 경기 부양이라는 측면에서 케인시언들도 충분히 인정할 수 있었다. 1980년대 초의 감세 조치와 국방비 지출 증가가 맞물리면서, 불황이었던 1982년부터 다음 경기 사이클의 정점인 1990년까지 경제는 상대적으로 빠른 속도인 연간 4.0%의 성장률을 보였다.

27 아서 래퍼Arthur Laffer와 같은 신자유주의 경제학자는 세율을 인하하면서 구태여 정부 지출까지 줄여야 할 필요는 없다고 주장하는데, 왜냐하면 소득세율의 인하는 결국 민간 부문의 경제 활동을 활성화하고, 여기에서 발생한 소득세까지 고려하면, 결국 낮은 세율 아래서도 재정 수지는 악화되는 것이 아니라 개선될 수 있다고 여기기 때문이다. 물론 이러한 관점을 수용한 경제학자는 거의 없었고, 가장 이론적인 신자유주의적 경제학자들조차도 이러한 생각을 비웃었다. 하지만 이러한 생각은 1981년 레이건 정부가 대규모 감세 조치를 위하여 의회를 압박할 당시, 대중 선전을 위해 가장 빈번히 인용된 정당화 논리였다. 그리고 실제로 이를 뒤따른 것은 쌓여만 가는 대량의 정부 부채였고, 약속했던 재정 수지의 개선은 결코 일어나지 않았다.

28 또 다른 핵심적 규제 대상은 원유 산업이다. 1970년대 초반 이전에 연방 정부와 주 정부 그리고 주요 석유 회사들이 원유 가격 안정을 위해 보조를 취하는 정교한 체계가 만들어졌는데, 이는 다른 규제 부문들에 비해서는 다소 비공식적인 제도 형태라고 할 수 있다.

29 자연독점自然獨占, natural monopoly은 규모의 경제로 인해 시장의 진입 장벽이 매우 높을 때 발

를 위한 정부의 감독 기능이 요구되었다.[30] 각 산업별로 세부적인 규제의 구조는 달랐지만, 일반적으로 규제 기구들은 가격을 책정하고, 경영 행위를 규제하며, 산업의 신규 진입과 생산 확충을 위한 설비 투자까지 통제했다. 특히 전화 부문 사업자의 경우, 고정된 비율의 투자 이윤을 보장받기까지 했다.

그러나 1970년대 중반부터 정부 규제는 기술 혁신과 효율성 촉진에 방해만 될 뿐이라는 신자유주의 경제학자들의 주장에 따라 전술한 바와 같은 규제가 모두 폐지되기 시작했고, 대신 오직 자연독점이 불가피한 지방의 전력 및 통신 케이블 사업 규제만을 잔존시키게 된다. 화물 운송 및 항공 산업에서의 실질적 규제 철폐는 1970년대 후반 카터의 민주당 행정부에서 본격적으로 시작되었다. 이러한 작업을 위해 코넬대학의 경제학자 알프레드 칸Alfred Kahn이 항공 산업 규제 완화 과정을 이끄는 책임자로 임명되었고, 의회는 운송 부분의 규제 완화 작업을 주도했다. 일단 규제 완화가 시행되자 시장 수급 기능이 빠르게 정부 기능의 자리를 대체하여 작동하기 시작했다.

정부의 경제적 기능 변화 세 번째 측면은 기존의 엄격한 금융 규제에서 탈피한 전면적인 탈규제다. 1933년 은행 시스템이 붕괴했을 당시, 주요 대규모 은행들이 저질렀던 수상적은 행위들이 의회 청문회 과정에서

생한다. 즉 전기, 전화, 수도처럼 막대한 초기의 투자 비용이 필요한 경우, 기업의 산출량은 많이 늘어나게 되고 그만큼 생산 단가는 낮아지게 된다. 이와 같은 규모의 경제 효과는 신규 사업자에게는 진입 장벽으로 작용한다. -옮긴이

30 유럽에서는 이러한 산업들을 민간이 운영하되 정부가 규제하는 방식이 아니라 국가가 그 자체를 국유화하는 방식을 종종 취했다. 심지어 미국에서조차도 전력 산업처럼 국유화된 산업이 존재해 왔다.

드러났고, 이에 연방 정부는 금융 부분 전반에 대한 종합적 규제 시스템을 구축하기에 이르렀다. 이와 같은 일련의 규제들은 은행의 자산 건전성을 보장하고, 은행의 파산과 그로 인한 금융 패닉을 방지하며, 투기 행위를 억제하고, 금융 부분이 생산적 목적을 위해 이용되도록 유도하는 데 그 목적이 있었다. 제2차 세계대전 이후 규제 자본주의 시기에는 은행 산업은 여러 감독, 규제 기구들에 의해 긴밀히 통제되었는데, 이들은 정부가 지정한 대출에 대해서 이자율 상한을 설정하고, 일부 소매 예금 상품에 대하여 허용 가능 이자율을 지정하며, 각각의 금융기관 형태에 따른 영업 부분을 엄격하게 분할했다. 상업은행은 기업 대출을 담당하고, 저축은행이 상업 대출 및 주택 담보 대출을 취급하며, 보험사는 통상적 의미의 보험을 취급하고, 기업의 주식 및 채권의 인수 금융은 투자은행이 담당하되 여신 공여를 엄격히 금지하고 다소 느슨한 규제를 적용하는 방식으로 분리된 금융 체제가 탄생했다. 특히 상업은행과 저축은행 예금은 연방 정부에 의해 예금이 보호되었고, 해당 은행의 회계 장부는 정기적으로 정부 감사를 받아야 했다. 제2차 세계대전 이후부터 1973년까지는 이러한 금융 체제 덕분에 심각한 은행 부분의 위기나 금융 패닉이 발생하지 않았다.

1970년대로 들어서면서, 높은 금리를 지급하는 MMF^Money Market Fund를 비롯한 뮤추얼 펀드 상품 판매가 은행 부분에도 허용되기 시작했다. 또한, 당시의 높은 인플레이션이 최고 이자율 규제를 더 이상 유지하기 어렵게 만들면서 기존의 금융 규제 체제는 조금씩 변질되기 시작했다. 신자유주의 경제학자들은 정부의 금융 규제에 저항하는 논리를 유포하기 시작했고, 기간산업 규제 철폐와 동일한 논리를 동원하여 정부 규제가 금융 부문의 비효율과 혁신의 저해를 초래한다고 강변했다.[31] 그들은 금융 기관들이 시장에서 서로 경쟁하게 두는 것만으로 금융 부분이 최적의 성과를 이루도록 보장한다고 주장했다. 심지어 그들 중 일부는 일반 예금자들이 자신의 예금을 지키기 위해 끊임없이 은행의 행위를 감시할 것이라며, 연방 정부의 예금자 보호 기능 철폐를 주장하기까지 했다.[32]

1980년 카터 행정부 임기 마지막 해에 최초의 은행 규제 철폐 법안이 서명 및 시행되었고, 이어서 1982년 레이건 정부하에서도 다시 한번 은행 부분의 규제 철폐 조치가 단행되었다.[33] 이처럼 은행 부분의 규제 철폐는 2000년까지 차례로 지속되었는데, 특히 1999년에 금융서비스현대화법Financial Service Modernization Act이 시행되면서, 1933년에 제정되어 금융기관을 상업은행, 투자은행, 보험사로 엄격히 분리했던 글래스-스티걸법Glass-Steagall Act은 완전히 철폐되었다. 이는 대공황 이후 최초로 그간 분리됐던 이종異種 금융 분야들이 상호 융합된 대규모 복합 금융 기업을 탄생시켰고, 이를 통해 정부에 의해 보호되는 예금들이 고위험 금융 투자에 동원될 수 있는 길을 열었다. 2000년의 상품선물현대화법Commodity Futures Modernization Act은 파생 금융 상품에 대한 정부 규제를 사실상 금

---

31 금융 규제 완화에 대한 자세한 경제적 설명은 Benson(1983)을 보라.

32 1984년에 필자는 미 하원 주택금융위원회에서 금융 규제 완화의 위험성에 대해 증언하는 자리에서 은행 붕괴와 금융 패닉의 가능성을 경고한 바 있다(Kotz, 1984). 금융의 역사를 아는 사람이라면 이는 너무나 당연한 결론임에도 신자유주의적 경제학자들은 이러한 역사에 전혀 주의를 기울이지 않았다.

33 두 개의 법, 1980년 예금기관탈규제및통화조절에관한법Depositary Institution Deregulation and Monetary Control Act과 가안-생제르맹예금기관법Garn-St. Germain Depository Institution Act은 이 자율 책정 및 금융기관 업무 영역에 관한 정부 규제 철폐의 시작을 알리는 것이었다.

지했고, 이는 2008년의 대규모 자산 가치 증발의 중요한 원인이 되었다.[34] 다시 말해 신자유주의 기간 전반에 걸쳐 금융 시스템은 대규모 금융 철폐를 거치며 재편되었고, 2000년에 이르면 금융기관들은 사실상 어떠한 고위험, 고수익 영업도 자유롭게 영위할 수 있게 되었다.

국가 기능의 급변, 네 번째 측면은 자연독점이나 전술한 주요 산업 및 금융 부문 규제 같은 경제적 측면을 넘어, 사회 전반에 걸쳐 정부가 수행하는 규제 기능 자체의 철폐와 관련된 것이다. 이러한 사회적 규제들은 소비자 보호를 위한 감독 기능, 근로 안전 문제와 환경보호를 위한 정부 개입을 포함한다. 미국에서 정부의 사회적 규제 근원을 거슬러 올라가자면 20세기 초, 또는 그 이전까지 소급되겠지만, 본격적으로 사회적 규제가 확산된 것은 역시 제2차 세계대전 이후 수십 년간이라고 할 수 있다. 소비자 보호 관련 규제는 1906년 제정된 순수식품의약품법Pure Food and Drug Act과 식육검사법Meat Inspection Act을 통해 도입되기 시작했다. 1972년에는 소비자제품안전법Consumer Product Safety Act에 따라 소비자 보호에 관한 연방 정부의 역할이 더욱 확대되었고, 연방공정거래위원회Federal Trade Commission는 1970년대에 걸쳐 소비자 보호에 관한 더욱 적극적인 임무를 수행했다.

---

34 1998년 당시 상품선물위원회Commodity Futures Trading Commission의 책임자인 브룩슬리 본 Brooksley Born은 금융 파생 상품 규제 완화의 위험성을 경고하면서 이와 관련한 논의를 요구했다. 그러나 그녀의 요청은 루빈Rober Rubin 재무장관과 그 후임자인 서머스Lawrence Summers의 방해로 좌절되었다. 서머스는 공화당의 필 그램Phil Gramm 텍사스주 상원 의원이 발의한 상품선물현대화법Commodity Futures Modernization Act을 지지했는데, 이는 파생 상품에 대한 규제를 금지하는 법안으로, 당시의 금융 규제 완화를 사실상 완성하는 법안이었다. 그리고 그 결과는 2000년대 금융 파생 상품의 규제 없는 급팽창이었다. 이에 관해서는 5장을 보라.

비록 미미한 수준이지만 19세기부터, 철도 및 석탄 채굴 같은 고위험 직군의 작업장 안전을 위한 노력이 연방 및 주 정부 차원에서 시작되었고, 1969년 연방석탄광산안전건강법Federal Coal Mine Safety and Health Act 통과 이후 석탄 광산 관련 규제가 더욱 강화되었다. 1970년 의회는 산업안전보건법Occupational Safety and Health Act을 통과시킴으로써 연방 정부가 작업장 안전 문제를 총체적으로 관리하도록 했다.[35]

환경 규제의 경우도 20세기 초까지 소급되는 긴 역사를 지닌다. 특히 1950-60년대에 미 의회는 환경 규제에 관한 연방 법률들을 발효했는데, 이는 1963년과 1970년에 걸친 청정공기법Clean Air Act과 1969년의 국가환경정책법National Environmental Policy Act에서 그 절정을 이룬다. 1970년 닉슨 행정부는 환경보호국Environmental Protection Agency을 설립해 이 법안들의 실행을 맡긴다.

소비자 보호, 근로 안전, 그리고 환경보호의 세 가지 사회적 규제들은 기업 활동이 환경, 소비자, 노동자, 그리고 지역 사회에 끼치는 각종 부작용을 대상으로 한 것이었다. 제2차 세계대전 후 사회적 규제가 급격히 확대된 것은 정부가 직접 나서서 기업의 이윤 추구 행동으로 인한 부작용을 최소화할 것을 기대하는 대중의 요구에 의한 것이었고, 당시의 지배적인 경제사상 역시 기업의 영리 활동으로 발생하는 역효과에 노출될 수밖에 없는 약자를 보호하여 시장 실패를 교정해야 한다는 주장을 정당화하는

---

35 이 법을 통하여 산업안전보건청Occupational Safety and Health Administration이 설립되는데, 그 취지는 "남녀 노동자들에게 안전하고 건강한 작업 환경을 보장하는 것"이었다. (http://www.dol.gov/comliance/laws/composha.htm)

것이었다.[36]

1978년에 카터 대통령은 이와 같은 사회적 규제들을 완화하는 임시 조치들을 취했지만(Furguson and Rogers, 1986, 106), 규제 혁파의 파고는 1981년 레이건이 취임하면서 더욱 본격화하기 시작했다. 레이건 행정부는 사회적 규제가 경제성장을 저해하는 반기업적인 것이라며 전면적인 규제 철폐 작업에 나섰다. "나무가 자동차보다 더 많은 공기 오염을 초래한다(Trees cause more pollution than automobiles do)"고 한 레이건의 1981년 연설은 사회적 규제에 관한 레이건 행정부의 기조를 단적으로 보여주는 것이었다. 레이건은 오래도록 정부 규제에 적대적이던 제임스 와트James Watt와 앤 고서치Anne Goursuch를 각각 내무성과 환경보호국 같은 핵심 부서의 책임자로 임명했다.[37] 1980-84년 회계연도 동안 환경보호국 정규 직원의 수는 21% 감소했고, 산업안전보건청은 22%, 소비자제품안전위원회Consumer Product Safety Commission는 38%가 줄었다.[38] 1980-82년 회계연도 동안 산업안전보건청에 제기된 신고 사례 중 실제 조사 건수는 52%,

---

36 경제 이론에서는 대기 혹은 수질 오염 같은 것이 생산 과정이나 생산물 그 자체에서 발생하여 제삼자에게 전가되는 것을 부정적 외부 효과negative externality 혹은 외부 불경제external diseconomy라고 한다. 또한, 거래 당사자 중 일방은 그 거래의 결과와 직결되는 정보를 미리 알고 있는 반면에 다른 일방은 이를 모르고 있는 경우를 정보 비대칭asymmetric information이라고 한다. 전통적인 경제 이론에서는 외부 효과나 정보 비대칭 문제가 존재할 경우, 정부가 개입하지 않고서는 자원의 효율적인 분배를 달성할 수 없다고 가르친다.

37 1970년대 후반에 와트Watt는 반환경 운동 단체인 서부법률재단Western States Legal Foundation을 설립한다. 고서치는 마운틴벨Mountain Bell 전신전화회사의 전직 변호사로 당시에는 와이오밍주 공화당 의원이었다. 고서치는 자신의 역할이 환경보호국이 수행하던 규제를 완화하고 조직의 군살을 빼는 것이라고 여겼다.

38 여기 인용된 인력의 감소는 1984년 회계연도를 기준으로 추산한 것이다.

추가 조사 건수는 무려 87%가 감소했다(Furguson and Rogers, 1986, 131, 134).

신자유주의 경제사상이 새로이 영향력을 발휘하기 시작하면서, 기업 활동으로 초래되는 문제 해결에는 직접적 정부 규제보다 이해 당사자 개인의 직접 소송이 더 효율적이라는 주장이 제기되었고, 이는 사회적 규제의 전면적 철폐론에 힘을 싣게 된다. 1981년 레이건에 의해 연방공정거래위원회 위원장으로 임명된 경제학자 제임스 C. 밀러 3세James C. Miller III는 위원회 산하 소비자보호국에서 일하는 변호사들에게 모든 상품 안전 관련 업무에 착수하기 전, 먼저 위원회 소속의 자유 시장주의 경제학자들로부터 허가를 받을 것을 요구하며 철저히 그들 위에 군림하려 했다. 1982년에는 동 위원회의 경제학자들이 상선 및 해양 시추선에 구비된 보온 구명복의 밸브 누수를 시정하라는 명령을 한시적으로 중단시키기까지 했다. 미 해양경비대는 작업자들이 바다에 추락했을 때 저체온증을 방지하고 생존을 돕는 구명복의 90%에 밸브 결함이 있음을 발견했다. 그러나 연방공정거래위원회는 이러한 문제들이 있어도 어차피 이해 당사자 간 직접 소송에서 승소한 쪽이 문제 해결의 우월한 수단(및 권리)을 지닌다는 논리를 동원해 정부의 직접적 규제가 필요 없다는 태도를 보였다.[39]

하지만 은행이나 자연독점 규제와 달리, 사회적 규제들은 대중의 직접적 저항으로 인해 완전히 없어지지는 않았다. 그러나 신자유주의 기간 사회적 규제의 실제 집행이 심각하게 약화한 것만은 분명한 사실이었고, 이

---

39 이러한 결정은 의회에 유출되었고, 이와 관련해 의회 청문회까지 열렸다. 언론은 안전 불감증에 의해 생산된 제품이 가져오는 효과를 나타내는 일종의 수사로서, '과부와 고아의 소송'이라는 제목의 기사들을 내보냈다.

처럼 사회적 규제의 작동을 무력화하는 주요 수단으로 동원된 것이 소위 '비용-편익 분석'이라는 것이었다. 신자유주의 경제학자들은 구태여 규제를 정당화하려면 그 효용이 반드시 비용을 초과해야 한다는 외견상 그럴듯한 논리를 들고 나왔다. 하지만 환경보호법의 취지 자체는 말 그대로 환경 파괴를 막는다는 대원칙에 근거한 것이지, 환경 규제 사안을 놓고 비용과 편익의 수지를 맞춘다느니 하는 식의 이야기가 아니었다. 더군다나 사회적 규제의 지지자들은 비용 편익 분석에서 말하는 소위 비용이란 대개 규제의 대상이 되는 기업 측이 추산하기 때문에 손해를 부풀릴 강한 유인이 존재하는 반면, 사회적 규제로 인해 발생하는 편익은 수량화하기 어렵거나 사실상 측정이 불가능하다는 점을 지적하고 나섰다. 따라서 비용 편익 분석이라는 방법론은 처음부터 규제 옹호론 측에 불리하도록 패를 섞는 것과 마찬가지였다.

정부 역할의 다섯 번째 변화는 반독점법 시행의 심대한 후퇴다. 미국의 주요 반독점법들은 크게 두 번에 걸쳐 형태를 갖췄는데, 첫 번째는 대규모 기업이 처음으로 형성되기 시작하던 1890년에 제정된 셔먼반독점법Sherman Anti-trust Act이고, 다른 하나는 대기업과 대형 은행이 완전히 그 틀을 갖춘 이후였던, 소위 '진보의 시대Progressive Era'인 1914년에 제정된 클레이튼반독점법Clayton Anti-trust Act과 연방공정거래법Federal Trade Commission Act이 바로 그것이었다. 영세 자영농과 자영업자, 당시에 존재감을 새로 드러내기 시작한 중산층 사회 개혁가들과 사회당원들, 그리고 새롭게 부상한 대기업 대변자들이 정치적으로 복잡하게 뒤얽혀 논쟁하는 과정에서 미국의 반독점법이 출발했는데, 6장에서 이와 관련한 정치적 투쟁 과정을 자세히 살펴볼 것이다. 당시 새롭게 떠오른 두 개의 거대

기업인 스탠더드오일트러스트Standard Oil Trust와 아메리칸타바코컴퍼니 American Tobacco Company의 분할 소송을 포함하는 강력한 반독점 정책이 '진보의 시대' 기간에 시행되었다. 그러나 '진보의 시대'를 뒤로 하면서, 점차 반독점 정책은 대기업 자체를 분할하기보다 대기업의 적법성 자체는 인정하되 특정한 독점적 행위를 규제하는 방식으로 선회하게 된다. 그리고 제1차 세계대전 후부터 1930년대 '뉴딜New Deal'이라는 반전을 맞이하기 전까지는 미국에서 특별한 반독점 정책 강화 움직임이 없었다. 제2차 세계대전 이후에 상대적으로 활발한 반독점 정책이 시행되긴 했지만, 사실 이는 일반의 인식과는 달리 소비자 일반이 아닌 경쟁 기업들 상호 간의 이의 제기에 따른 것이었다. 어쨌든 대부분의 시장 거래가 기업 쌍방 간의 구매와 판매로 이루어진 현대 자본주의경제에서, 이러한 반독점법들은 어느 일방이 거래 상대방 혹은 경쟁자보다 과도한 이득을 취하지 못하도록 규제함으로써, 시장의 경쟁 과정이 순조롭게 진행하도록 기틀을 제공했다는 데에 의의가 있다.

규제 자본주의 시대가 저물어 가는 동안에도, 미 상원에서는 여전히 대기업의 규모를 줄이기 위한 반독점법안이 제출되기도 했는데, 예를 들어 상위 4개사가 시장을 지나치게 점유하고 있는 모든 산업에 걸쳐 이들을 분할시킬 것을 제안하는 하트반독점법안Hart Deconcentration Bill의 경우,[40] 비록 실제 통과는 되지 못했지만 상원의 유력 정치인에 의해 이러한 법안이 제기되었다는 사실 자체만으로도 대기업들의 간담을 서늘하게 만들었다.

40　Senate Bill 1167은 1967년에 도입된 것이다(Martin, 2005, 11).

그림 2.2. | 연방공정거래위원회에 보고된 기업 인수 건수, 1979-2011.

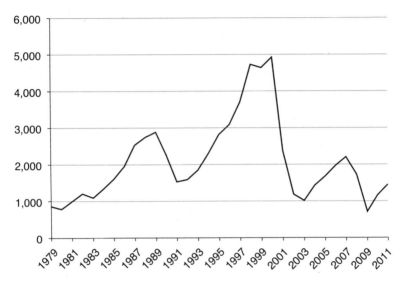

출처: 연방공정거래위원회.

그러나 1981년 이후 반독점 정책의 기조는 눈에 띄게 약화하기 시작했다. 그림 2.2와 같이, 1980년대부터 규제 당국의 엄격한 심사 없이 기업 인수가 이뤄지기 시작했고, 1990년대에는 인수 합병이 더욱 가속화되었다.[41] 다른 분야에서도 그랬던 것처럼 이 문제와 관련해서도 신자유주의 경제학자들은 특유의 정당화 논리를 제시했다. 즉 소위 '경합 시장 이

---

41 1990년대 중반에 연방공정거래위원회에 신고된 인수 합병 건의 약 70-80%가 산업 내에서 발생했는데, 이는 시장의 독점력을 증가시키는 방식의 인수 합병이었다. 반면에 1980년대에는 40%만이 산업 내의 인수 합병 건이었다(Federal Trade Commission, 2013). 1960년대의 인수 합병 붐은 대부분이 복합 기업 체제를 이루는 것으로써 시장의 독점력에는 영향을 미치지 않는 것이었다.

론Contestable Market Theory'이라는 것인데, 산업 내에 단 하나의 기업만이 존재하더라도 잠재적 경쟁자의 시장 진입이 가능하다면 충분히 경쟁적일 수 있다는 논리였다. 일부 경제학자들은 소수의 기업이 여러 산업 부문을 지배하며 고이윤을 독차지한다고 해서 그게 꼭 독점력을 행사하는 것이라 볼 수 없으며, 이는 어디까지나 가장 효율적인 기업이 경쟁자를 제거하고 성장한 결과일 뿐이라고까지 주장했다. 신자유주의 경제학의 경쟁 이론에 따르면 독점이란 기업의 특정 업종의 진입 여부를 정부가 결정하거나 면허를 발부하는 식의 관행 때문에 발생한 것을 뜻하지, 사기업의 경영 활동 때문이라고 볼 수는 없다는 것이다.

정부 기능의 여섯 번째 변화는 공공 기능의 민영화privatization다. 대중에게 공공재 및 공적 서비스 제공을 목적으로 이뤄진 공공 부분 팽창은 이제 저지되었고, 민영화는 신자유주의 시대의 기본 원칙이 되었다. 제2차 세계대전 이후 규제 자본주의 시대의 영국, 프랑스를 비롯한 서구 각국에서는 국영기업이 산업에서 많은 비중을 차지했다. 이와 달리 미국에서는 대규모 국영기업들로 유지되는 산업 부문이 거의 발달하지 않았다.[42] 유럽에서의 민영화란 대체로 국영기업의 매각을 의미하는 것이었다. 개도국에서의 민영화는 전후 수십 년간 이뤄 놓은 석유 및 천연자원부문의 국영기업들을 미국 및 유럽의 투자자들에게 팔아 치우는 방식이었다. 하지만 미국에서의 민영화란 국영기업 매각의 형태가 아니라 대부분 공공 서비스를 민간 기업에 위탁 계약하는 방식이었다.

---

42 미국 경제에서도 중요한 국영기업들이 존재하기는 했는데, 전력, 교통, 그리고 방산 등의 분야가 이에 해당한다.

이는 무슨 관공서 건물 안의 매점 운영을 민간업자에게 맡기는 것처럼 부차적인 공공 서비스를 민영화한다는 것이 아니라, 핵심적인 공공 서비스 기능 자체를 포기하는 것을 뜻했다. 예를 들어 사회복지, 빈민 주택, 공립학교, 교도소는 물론이고, 이라크 전쟁 당시 민간 용병업자들이 군 기능의 상당 부분을 수행한 것처럼 국방의 민영화까지 포함하는 것이었다. 심지어 2000년대 들어서는 세금 징수에 민간업자들을 동원하자는 주장까지 미 의회에서 제기되기도 했다. 이는 악질적인 협잡으로 유명한 중세식 세금 청부업자들의 재림이 될 것이라는 공격에 직면해 수면 아래로 가라앉기는 했다. 그러나 다시 2007년에 이르면, 연방 정부와 계약한 청부업자들이 사기와 협잡을 부릴 수도 있음을 우려하여 이 조사를 위해 또 다른 업체를 고용하기도 했다. 이미 그 스스로가 이와 유사한 관행으로 비난을 받은 바 있는 CACI인터내셔널이라는 업체는 다른 업자들의 뒷조사에 동원된 직원 한 명 당 인건비로 시간당 104달러의 요금을 연방 정부에 청구했다.[43]

규제 자본주의 시대의 지배적 경제사상에서는 정부의 직접적 공공재 공급을 정당화할 논리적 여지가 있었다. 반면, 신자유주의 경제사상의 핵심 원칙에 의하면 정부는 태생적으로 비효율적이며 민간의 영리 기업만이 최적의 효율성을 지닌다는 것이었고, 따라서 정부가 책임지고 공급해 왔던 모든 공공재와 공적 서비스는 민간의 영리 기업이 공급할 때 더 효율적으로 운영되는 것이었다.

국가 기능의 후퇴, 그 일곱 번째는 사회보장 및 소득 보전 프로그램의

43　*New York Times*, February 4, 2007, 1, 24.

약화 혹은 삭감이다. 규제 자본주의 시기에는 저소득층을 위한 복지 지출, 사회보장 은퇴 연금, 실업보험, 최저임금법 같은 정부의 사회보장 프로그램들을 통해 빈곤과 불평등을 줄여 시장경제가 제대로 작동할 수 있게 하고, 예측 불능한 시장 상황에 대비하여 경제의 안정성을 높일 수 있었다. 반면 신자유주의 경제학자들은 사회보장 프로그램 때문에 근로 의욕이 저하되고, 정부에 의존하는 계층이 양산되며, 민간의 투자와 저축을 통해서라면 더 효율적으로 운용되었을 소중한 자원이 이들에게 빨아 먹힌다는 식으로, 사회보장제도는 그저 방해만 될 뿐이라고 여겼다. 이들은 특히 최저임금의 경우 저숙련 노동자의 실업을 초래할 따름이라고 주장했다.

그림 2.3. | 아동부양가정보조^{AFDC} 및 빈곤가정임시보조^{TANF}에 의한
월 지급액(2009년 달러화 기준), 1962-2007.

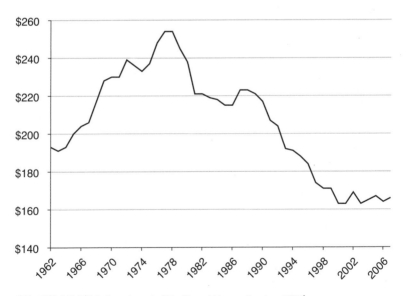

출처: 미국 후생성(U.S. Department of Health and Human Services, 2013).

이들이 늘 강조하는 방식은 사회보장 정책으로 도움을 주려다 오히려 그들에게 손해를 끼치게 될 뿐이라는 것이었다.

1980년 이후부터 미국의 사회보장 프로그램은 약화 또는 철폐되기 시작했다. 빈곤층 소득 보전 프로그램의 핵이라고 할 수 있던 아동부양가정보조AFDC: Aid to Families with Dependent Children가 1996년에 폐지되고, 대신 빈곤 가정을 상대로 한 일시적인 지원 프로그램TANF: Temporary Assistance for Needy Families 등 축소된 규모의 보조로 대체되었다. 위의 그림 2.3에서 보는 바와 같이, AFDC/TANF 프로그램에 의해 집행된 보조 금

그림 2.4. | 연방 시간당 최저임금(2011년 달러화 기준), 1960-2007.

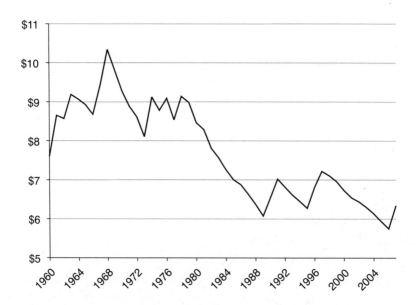

출처: 미국 노동성(U.S. Department of Labor, Wage and Hour Division, 2009).
　　　미국 노동통계국(U.S. Bureau of Labor Statistics, 2013).

액 수준은 1977-78년에 정점을 이룬 뒤, 줄곧 감소 추세를 보여 2007년에는 1978년보다 35% 감소한 수준에 머무른다. 사회보장 프로그램에 대한 대중의 지지가 강고했음에도 불구하고, 신자유주의 시대의 사회보장 프로그램은 은퇴 연금 지급 연령을 높이는 방식처럼 보조 수령의 기준선을 조금씩 갉아먹는 식으로 약화되었다.

신자유주의 시기 연방 최저임금의 구매력은 추락을 거듭했다. 그림 2.4에서 인플레이션에 따라 조정된 최저임금액의 추세를 볼 수 있는데, 1960년대 중반의 1시간당 실질 최저임금은 2011년 달러 기준으로 대략 10달러 이상이었다. 그러나 1970년대에는 9달러로 감소했고, 1979년부터 꾸준한 감소 추세를 보여 1989년에는 시간당 6.08달러까지 내려가 고점 대비 1/3이 감소했다. 이는 의회가 인플레이션 추세에 맞춰 최저임금액을 조정하지 않았기 때문에 초래된 결과였다. 1990년대와 2000년대에는 2011년 기준으로 최저임금은 대략 6달러에서 7달러 사이를 오갔다. 실질 임금의 저하는 비단 최저임금 수준에 머무는 노동자들뿐만 아니라 전체 노동자에게 큰 영향을 미쳤는데, 왜냐하면 최저임금 변동은 곧 전체 저임금 직군의 임금 동향에도 영향을 미치기 때문이다.

정부 기능의 여덟 번째 변화, 즉 마지막은 신자유주의 시기에 있었던 조세 체계의 심대한 변화다. 규제 자본주의 초기의 미국 조세 체계에는 역진적 측면도 있기는 했지만, 그럼에도 상대적으로 고소득 가계에 상당한 고율의 누진 소득세율을 적용했고, 심지어 기업의 이윤에 대해서는 50%까지 세율을 부과했다. 그림 2.5에서 보는 것처럼 1950년대 최고 소득 계층에 대한 한계 세율은 무려 91%였는데, 이는 1960년대에 70%로 감소했다가 1981년 이후에는 가파르게 추락하여 1988년에는 34%까지

그림 2.5. | 최고 소득 계층에 대한 한계 세율, 1952-2007.

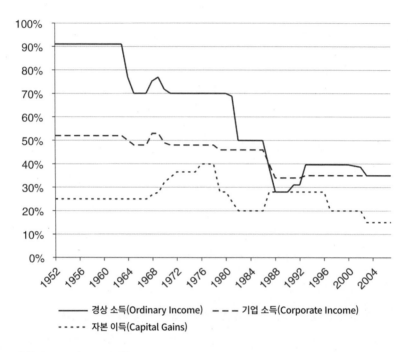

경상 소득(Ordinary Income) --- 기업 소득(Corporate Income)
..... 자본 이득(Capital Gains)

출처: Saez et al., 2012 Table A1.

떨어졌다. 대부분 부유층에만 해당하는 자본 이득에 대한 세율은 2003년에 15%까지 떨어진다. 전체적으로 신자유주의 시기 동안 조세 부담이 기업과 부유층에서 중위 소득군으로 이동한 것이다.[44]

고소득 가구 및 기업에 대한 과세가 줄어들고, 사회보장 및 의료보험

---

[44] 세제상의 구멍으로 인해 고소득자들이 실제 부담하는 세율은 종종 명목 세율보다 낮은 수준이다. 따라서 규제 자본주의 시대의 실효 세율은 그림 2.5 정도로 누진적이지는 않았다.

을 위한 원천 징수가 증가했는데, 이는 고소득 계층에게는 미미한 수준에 지나지 않는 역진적인 것이었다. 부분적으로 이러한 추세를 상쇄할 수 있는 프로그램으로 근로소득에 대한 세금 환급EITC: Earned Income Tax Credit 이 1990년대에 확대 적용됐는데, 이는 자녀가 있는 저소득 가구에 상당한 수준의 추가 소득을 제공하는 것이었다. 3장에서 보겠지만, 이는 신자유주의 기간 전체에 걸쳐 가파르게 증가하는 소득 불평등의 추세를 반전시킬 조치로는 역부족이었다.

자본-노동 관계

신자유주의 시기 자본-노동 관계를 규율하는 제도들 역시 급격한 변화를 피할 수 없었다. 특히 앞에서 다룬 신자유주의 시기 정부 역할의 변화를 이해하기 위해서는, 자본-노동 관계의 변화를 파악하는 것이 매우 중요하다. 미국의 규제 자본주의 시기 자본-노동 관계를 규율하는 중심 제도는 제2차 세계대전 이후 형성된 노조와 대기업 간의 단체교섭collective bargaining의 보장이라고 할 수 있다. 광업, 건설, 운송, 전력, 통신, 도소매 유통업과 서비스 분야 일부, 그리고 대기업들이 지배하는 제조업 분야에 이르기까지 대다수의 산업 부분에서 미국 역사상 최초로 임금, 노동시간 및 노동조건이 기업과 노동조합 사이의 협상을 통해 결정되었다. 건설업처럼 소규모 기업 형태가 우세한 경우에도 단체 협상이 어느 정도 역할을 했지만, 단체 협상 자체는 대부분 대기업 노조와 사측 사이에서 이루어졌다.

전후 규제 자본주의 시대에 자본-노동 관계가 언제나 평화롭기만 했던 것은 아니다. 1950-60년대도 주요 산업에서 파업은 빈번했다. 하지만 단체 협상에 임하는 대기업들은 노조 자체를 분쇄하거나 단체 협상이라는 판 자체를 깨려 들지는 않았고, 노동조합의 합법적 권위 그 자체는 존중했다.[45] 이는 1952년 선거에서 공화당의 대선 후보였던 아이젠하워의 다음 연설에서도 분명히 볼 수 있다.

> 그가 어느 당 소속이든 관계없습니다. 노조가 조직되지 않아 어떠한 도움의 손길도 얻지 못한 노동자들이 무리 지어 배회하던 그 시절로 역사의 시계추를 돌리려는 멍청한 몽상가들과 나는 결코 함께 일하지 않을 것입니다. 산업화된 오늘날의 미국 사회에서 고작 한 줌의 수구 분자들만이 노조를 파괴하려는 고약한 생각을 고수하고 있을 뿐, 이제 노조는 안정적 위상을 지니고 있습니다. 오직 어리석은 자들만이 노동자의 손에서 노조 가입의 권리를 빼앗으려 할 것입니다.[46]

그러나 신자유주의 시기에 접어들면서 노자 간의 단체교섭 관행은 무너지기 시작한다. 대기업들은 단체교섭을 수용했던 기존 태도를 버리고, 임금 및 노동조건 결정에서 노조의 역할을 철저히 제한하거나 부정하는

---

45 신자유주의적 자본주의가 출현하는 과정은 3장에서 자세히 고찰한다. 실제로 대부분의 대기업이 노동조합의 역할이나 단체 교섭에 대해 결코 적극적으로 찬성한 것은 아니었지만, 1940년대 말의 역사적 상황에서 노조와의 새로운 관계를 수용하는 것이 당시 대기업들로서는 최선의 대안이었다.

46 Dwight D. Eisenhower Presidential Library, 2013. 인용문은 1952년 9월 17일 뉴욕의 미국노총American Federation of Labor에서의 연설문에서 발췌한 것이다.

그림 2.6. | 전체 노동자 중 노조 가입률, 1973-2012.

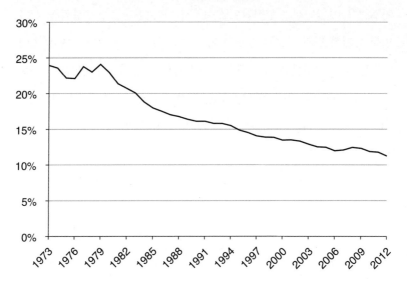

출처: Hirsch, 2007, data appendix; Hirsch, Macpherson, 2013.

쪽으로 선회한다. 정부의 노조에 대한 태도 또한 적대적으로 바뀐다. 1930
년대 중반부터 1950년대까지 전체 노동자의 노조 가입률은 꾸준히 상승
하여 35.7%에 이르지만(Hirsch, 2007), 단체 협상의 실질적 효과는 35.7%
라는 가입률보다 훨씬 심대한 것이었다. 이는 두 가지 측면에서 그렇다.
첫째, 단체 협상 결과에 영향을 받는 노동자의 수 자체는 노조 가입자 수
보다 훨씬 많았고, 둘째, 노조가 조직된 기업의 비율이 어느 수준 이상이
되면, 노조가 조직되지 않은 기업들 역시 자기들 내부에서 노조가 설립되
는 것을 저지하기 위해서라도 노조가 있는 기업들의 임금과 노동조건에
준하는 수준까지는 양보해야 한다는 압박에 직면하기 때문이다.

　　1953년 절정에 달했던 노조 가입률은 점차 감소해 1970년에는

29.1%, 73년에는 24.0%까지 떨어진다.[47] 그림 2.6에서 보는 것처럼 노조 가입률은 1979년까지 일시적으로 회복하지만, 이는 공공 부분의 노조 가입률 증가가 민간 부분의 감소를 어느 정도 상쇄한 결과였다. 1979년 이후부터 노조 가입률은 다시 꾸준한 감소 추세를 보여 2012년에는 11.2%까지 떨어지는데, 이는 1929년 수준, 그러니까 대공황과 제2차 세계대전이라는 노조의 확산기 이전보다 더 낮은 것이다. 1979년 이후의 노조 가입률 추락은 여러 가지 측면에서 설명할 수 있는데, 그중 한 요인은 대통령이 그 위원을 지명하는 전미노동위원회National Labor Relations Board의 주도권이 넘어갔기 때문이라고 할 수 있다. 1979년과 80년 사측의 부당 노동 행위를 인정하는 결정은 84% 수준을 유지했는데, 1983, 84년으로 가면 이는 51%까지 떨어진다. 노조의 노동자 대표 활동에 관한 쟁의 사례에서 약 54%의 위원회 결정이 노조 측 손을 들어준 것이었던 반면, 1983, 84년에 이 비율은 28%까지 떨어진다(Furguson, Rogers, 1986, 136).

신자유주의 시기에 임금과 노동조건 결정의 권한은 노사 간 협상이 아닌 시장의 영향력에 맡겨졌고, 임금 상승을 쟁취하며 한때 위세를 떨친 노조의 힘이 장기적으로 쇠퇴함에 따라, 노동자들은 이제 임금 동결이나 삭감은 물론이고 심지어 신입 직원의 시간당 임금이 현직자의 절반 수준까지 떨어진 이원화된 임금 테이블까지 수용해야만 했다.[48] 이러한 추세

---

47 1953년부터 1973년까지 민간 부문의 노조 가입률 감소는 대부분 산업 부문 간 고용 비율의 변동으로 인한 것이다. 즉 전통적으로 노조 조직화가 이뤄지지 않는 부문의 고용이 전체 고용보다 더 많이 증가했고, 또 일부 산업이 노조에 결코 관용적이지 않은 남동부와 남서부로 이전했기 때문이다.

48 캐터필러Caterpillar사는 2011년에 49억 달러의 이윤을 기록하고도 이듬해부터 6년간의 임금 동결안을 요구함으로써 일리노이주 조일렛 시Joliet, Illinois의 산하 공장 파업을 촉발했다. 경

는 1980년대부터 시작되어 1990년대와 2000년대에 급격히 확산했고, 이 원화된 임금 체계는 자동차, 철강 같은 제조업과 항공, 소매업은 물론이고 심지어 연방 및 주 정부에까지 나타난다.[49]

이제 노조와의 단체교섭이라는 부담을 떨치게 되자, 많은 산업 부문에서 고용주들은 일자리의 성격 자체를 바꾸기 시작했다. 즉 여기서 자본-노동 관계의 두 번째 구조적 변화가 일어나는데, 바로 고용의 임시직화casualization가 그것이다. 시간이 지남에 따라 고용의 상당 부분이 점점 더 시간제 혹은 임시직으로 대체되었다. 규제 자본주의 시기에는 소위 '일차 부문primary sector'이라고 불리던 양질의 일자리들, 다시 말해서 안정적이고, 장기 계약이 보장되며, 상대적으로 좋은 조건의 임금과 복지 혜택이 주어지고, 정기적으로 임금이 인상되는 일자리의 비중이 1970년의 경우 전체 일자리 중 무려 63.8%였다(Gordon et al., 1982, 211). 그 외의 일자리들 대부분도 비록 이만큼 좋은 조건은 아니어도, 표준화된 정규직 일자리이긴 했다. 그러다 신자유주의 시기에 이르면 자본 측의 '노동시장 유연화' 요구로 인해 정규직 비율이 급격하게 감소하게 된 것이다. 관련 연구에 따르면, 모든 형태의 임시직들을 합산한 비율은 1997년 기준으로 전체 고용의 무려 3분의 1에 이른다고 추정하고 있다(Kallberg, 2003, 162). 다른 나라들의 경우, 예를 들어 OECD 국가 대상 연구에 따르면, 스페인은

영진에게는 막대한 보수를 지급하던 이 회사는 노조원들이 시장 수준보다 더 높은 임금을 받는다며 불만을 터뜨렸다. 그 전해에도 이 회사는 노동자들이 55%의 임금 삭감안을 거부하자 런던의 온타리오Ontario의 공장을 폐쇄했다 (*New York Times*, July 23, 2012, A1).

49 Uchitelle(2013)을 보라. 뉴욕타임스의 저명한 경제 논설가인 그는 임금 삭감 때문에 이원화된 저임금 직군 내의 급여 테이블 격차를 다시 추계했다.

전체 고용 중 임시직 비율이 1983-85년의 15%에서 2006년 21%로 증가했고, 프랑스의 경우도 같은 기간 3%에서 대략 20% 정도 수준으로 증가했다(Vosko, 2010, 132).[50] 하지만 미국이 이들 국가보다 더 높은 수준의 임시직 비율을 보인 것이다.

'노동시장 유연화'라는 용어는 고용주와 노동자들에게 다른 맥락을 지닐 수밖에 없다. '유연하다'는 것이 고용주들에게는 고용의 조건을 임의로 정의할 수 있는 자유를 뜻하지만, 노동자들에게는 더 이상 고용 조건에 관해 왈가왈부할 수 없으며, 단지 고용주들이 제공하는 조건을 수용할 수밖에 없음을 의미했다.

기업 부문

신자유주의 시대에는 기업 부문에서도 몇 가지 심대한 변화가 일어났다. 첫째, 대기업 간의 경쟁이 새로운 양상을 띠기 시작했다. 규제 자본주의 시기에 대기업들은 '상호 존중의 경쟁'이라 불리는 제한된 형태의 경쟁만을 했을 뿐이다. 대기업들은 광고와 제품 혁신을 통해 경쟁자들로부터 시장 점유율을 빼앗기 위해 경쟁했지만, 이는 어디까지나 상호 합의된 경쟁의 룰을 따르는 것이었다. 특히 가장 중요한 룰은 덤핑 경쟁을 하지 않는다는 것, 심지어는 단순한 가격 인하조차 최대한 자제하는 것이었다. 제2

---

[50] OECD 국가 전부에서 임시직 노동자 비율이 높은 것은 아니다. 아일랜드, 오스트리아, 그리고 2006년 영국의 경우에는 5% 혹은 그 미만이었다.

차 세계대전 이후 수십 년간 소수의 기업이 시장을 분점한 산업에서는 시장 지배적 기업이 가격을 책정하고 다른 기업들은 이를 추종하는 식의 소위 가격 선도price leadership가 널리 퍼진 관행이었다. 선도 기업이 가격을 정하면, 다른 기업들은 선도 가격보다 저가로 판매하려는 유혹을 참고 역시 보조를 맞춰 가격을 인상했다. 경쟁 기업 간에 직접적 회합 혹은 의중의 교환이 있었던 것이 아니라면, 이런 가격 선도 관행은 반독점법에 저촉되는 담합 행위라고 볼 수 없었다. 이러한 '상호 존중의 경쟁' 관행은 제품의 가격 및 대기업의 이윤 측면에서 상당한 안정성을 가져왔고, 가격 인하의 유혹만 참아내면 매출 감소가 어느 정도 있더라도 언제나, 심지어는 불황 기간에도 어느 정도의 이윤을 보장받을 수 있었다.[51]

그러나 이러한 상호 존중의 경쟁 관행은 신자유주의 시대에 이르면, 마치 19세기 후반의 미국 경제를 연상케 하는 고삐 풀린 극심한 경쟁에 자리를 내주게 된다. 대규모 덤핑 경쟁이 대기업 간에 다시 나타나기 시작했다. 상호 존중은 간 곳 없고, 이제는 대기업이라도 손실을 보거나, 극심한 경쟁 때문에 산업에서 퇴출당할 가능성에 직면하게 된 것이다. 1999년 제프리 가튼Jeffrey Garten 예일대학교 경영대 학장은 대기업의 최고 경영자들조차도 "살아남기 위한 무자비한 경쟁 한가운데에 있다고 느낀다"고 한 바 있다.[52] 이는 규제 자본주의 시절 대기업 최고 경영자들의 삶과는 상당히 대조적인 것이었다.[53]

---

[51] Baran and Sweezy(1966, chap. 2)는 규제 자본주의 시대에 있었던 이러한 상호 존중의 경쟁에 관해 설명하는 많은 저작 중 하나다.

[52] *New York Times*, July 18, 1999, D4.

[53] 1960년대 말과 70년대 국제 경쟁의 격화는 이러한 상호 존중의 경쟁 관행이 무너지고 무제

기업 부문의 두 번째 변화는 기업의 최고 경영자 선임 방식에 관한 것이다. 규제 자본주의하에서 대기업의 정상적 관행은 내부 승진을 통해 최고 경영자를 임명하는 것이었다. 대부분의 최고 경영진은 그 회사를 위해 차례로 경력을 쌓아 마침내 그 지위에 이른 사람들이었다. 이러한 관행은 회사와 자신을 동일시하며, 자신이 속한 그 회사에 충성하는 사람들이 최고 경영자가 되도록 (당시에는 주로 남자) 했다. 비록 최고 경영자가 되기 전의 경력은 생산 계통(주로 석유 회사의 경우)이거나 아니면 영업이나 재무 분야에 걸쳐 다양할 수 있었지만, 내부 승진을 통해 그 지위에 오른다는 원칙만큼은 분명했다.

그러나 신자유주의 시대에 이르면 대기업 최고 경영진을 타사 심지어 타 산업 분야에서 발탁하는 것이 일반화되면서 최고 경영진을 거래하는 시장이 발달하게 되었고,[54] 경영자들은 수시로 이 회사 저 회사를 옮겨 다녔다. 상당수의 대기업 CEO들이 그 조직을 위해 일생을 충성하는 것이 아니라, 겨우 수년의 외적 경영 성과를 쌓아 고액의 연봉을 제시하는 타사로 옮겨 버리는 식의 철저히 금전적 이익에만 충실한 상황이 된 것이다.

세 번째 변화는 대기업 조직 내부까지 시장 원칙이 침투한 것이다. 일찍이 마르크스가 진단했다시피, 대기업 조직 내부는 사실상 계획경제 체제와 매우 흡사한 형태를 지니고 있다. 기업 내부의 활동은 관리자들이

한 경쟁으로 나아가는 데 중요한 역할을 담당한다. 이는 3장에서 자세히 다룬다.

54 S&P 500 지수에 편입된 기업 중 기업 외부에서 신규 CEO를 스카우트해 오는 비율을 계산한 어느 연구에 따르면, 1970년대에 15.5%였던 것이 2000년에서 2005년 사이에는 32.7%까지 상승한 것으로 나타났다(Murphy and Zabojnik, 2007, 34).

제시한 계획에 의해 수행되며, 종업원 간의 상호 관계는 대등한 시장 거래가 아니라 조직에 소속된 상태에서 위로부터 주어진 계획을 실행하기 위한 것이었다. 시장 교환이란 기업 내부의 생산과정을 거쳐 제품과 서비스의 준비가 완료된 이후에나 발생하는 것이다(판매뿐만 아니라 기업의 원자재 구매도 마찬가지다). 그러나 신자유주의 시대에 이르면, 시장 메커니즘이 기업 내부에까지 침투하면서 기업 내부의 각 사업 부문들이 상호 경쟁하는 하나의 독립적인 이윤 단위가 되었다. 따라서 각 이윤 단위는 성과를 낼 경우 조직의 확장이 허용되지만, 기대보다 뒤떨어지는 쪽은 조직이 축소되거나 심지어 매각되었다.[55]

　　마지막으로 넷째, 금융기관과 비금융 기업 간의 관계에서 중요한 변화가 있었다. 규제 자본주의하에서 금융기관은 어디까지나 엄밀한 규제 체계 아래에서 비금융 부분의 생산적 목적을 위해 일해야만 했다. 금융기관은 그들이 판단하기에 고수익을 올릴 수 있는 사업이 아니라 오직 금융기관 형태에 따라 허용된 사업 영역에서만 영업할 수 있었다. 상업은행은 오직 예금 및 주로 대기업 대상의 여신만 취급했고, 저축은행의 경우 상대적으로 고금리를 지급하는 소매 예금, 그리고 주택 담보대출을 주로 취급했다. 보험사의 경우는 보험 업무를, 투자은행의 경우 기업의 주식 및 채권 인수 금융을 담당했다.[56]

---

55 시장 원칙은 마침내 고등 교육 기관 같은 비자본주의적 영역에까지 침투했다. 이전까지는 외적 평가 기준에서 비교적 자유로웠던 교직원 보수가 이제는 대학 외부로부터의 잠재적 수익성에 의해 차별화되기 시작한다. 학과의 '성과'를 평가해 높은 점수를 기록한 학과에는 보상을 제공하되 저성과로 지목된 학과에는 자금을 회수하는 방식이 대학 총장들 사이에서 유행한다.
56 물론 규제 자본주의 시대의 금융기관 업무 영역에 대한 이러한 설명 방식이 지나치게 단순화된 측면이 있는 것은 사실이다. 예를 들어, 대형 상업은행의 경우에는 기업 대출 말고 다른 업

신자유주의 시대에 금융기관은 규제 혁파 추세에 맞춰 사업 영역을 확장해 갔다. 고수익을 기대할 수 있다면 위험천만의 투기적 사업 영역에도 제한 없이 뛰어들었다. 5장에서 상술하겠지만, 금융기관들은 소위 '금융 혁신'이라 불리는 일련의 복잡한 신종 금융 수단들을 개발해 냈고, 이들 중 상당 비율은 비금융 부분의 생산적 목적과 아무 관계도 없거나, 기껏해야 간접적 관계만 있을 뿐이었다. 금융 부분은 실물 부분과 더욱더 독립적으로 움직였고, 금융기관들은 과거 규제 자본주의 시절에 억지로 묶여 있었던 전통적인 형태의 사업보다 훨씬 고수익을 거둘 수 있는 신종 금융 상품의 개발과 매매에 더욱 매진하게 되었다. 그러나 이러한 고수익 추구 행위는 2008년까지만 지탱되었다. 그들이 만든 금융 구조가 무너져 버린 것이다.

신자유주의적 자본주의의 불균등 확산

제2차 세계대전 이후 규제 자본주의 체제가 등장했을 때, 서유럽과 일본을 포함한 대부분의 선진국은 물론 아시아와 아프리카, 그리고 남미 개도국들에 이르기까지 규제 자본주의는 지배적인 경제체제의 형태로 자리 잡았다. 물론 국가에 따라 구체적인 형태에서 차이가 있기는 했다. 서유럽의 규제 자본주의는 보통 사민주의라 불리는 것으로, 미국보다 적극적인

무에도 참여하고 있었다. 그러나 이 장에서의 설명은 당시 각 형태의 금융기관이 국내 경제에서 주로 어떤 역할을 수행했는지를 묘사하기 위한 것이다.

국가의 경제 개입과 관대한 사회복지 프로그램, 그리고 노동자들의 강한 영향력을 특색으로 했다.[57] 일본의 규제 자본주의는 약간 다른 형태를 지녔는데, 국가의 경제 간섭은 훨씬 강력했지만 대신 사회보장제도는 훨씬 미약했고, 노동자들의 영향력도 미미했다. 많은 개도국의 경우 규제 자본주의는 흔히 '발전 국가developmental state' 형태를 띠었는데, 정부를 장악한 집단은 국가 권력을 급속한 경제 발전 달성을 위한 수단으로 사용했다.

신자유주의의 세계적 전파는 전후 규제 자본주의 확산과는 양상이 상당히 달랐다. 최초에 신자유주의는 미국과 영국에서 출현했지만, 동유럽과 중유럽의 구공산권 국가들, 그리고 대외 부채로 인해 IMF의 통제하에 떨어져 구조 개혁을 강요당한 개도국들에 더욱 가혹하게 적용되었다. 서유럽의 경우에는 신자유주의적 구조 개혁이 어느 정도 제한적이었고, 일본의 경우에는 실질적인 변화 자체는 없었다[58].

1980년대까지도 한국을 비롯한 몇몇 아시아 국가들이 발전 국가 체제를 고수했지만, 1997년 아시아 금융 위기 이후부터는 기존까지 발전 국가 체제를 고수하던 몇몇 국가마저 심대한 신자유주의적 재편을 겪어야만 했다. 중국의 경우는 1978년 중앙 계획경제와 국유 기업에 기반을 둔 경제체제에서 이탈해 사기업과 국유 기업, 시장과 계획이 혼합된 발전 국가 체제를 도입했다. 그러나 중국이 그간의 사회보장 프로그램과 고용 보

---

57 7장에서 우리는 '사회민주주의'라는 용어를 더 넓은 맥락으로, 즉 제2차 세계대전 이후 미국과 유럽의 규제적 형태의 자본주의가 공유했던 특징을 가진 자본주의 형태를 지칭하는 의미로 사용할 것이다.

58 미국의 사회적 축적 구조를 주로 연구하는 저자의 관점이 반영된 것으로, 다른 국가들과 비교한 상대적 진술로 이해할 수 있다. -옮긴이

장을 신자유주의적 방식으로 뜯어고치는 동안에도, 경제 발전 과정을 국가가 지도하는 간섭주의적 입장만큼은 큰 변함이 없었다. 아마도 신자유주의가 가장 완벽하게 적용된 곳을 찾자면 세계경제를 통제하는 국제기구들, 바로 IMF와 세계은행, 그리고 WTO일 것이다(Kotz, McDonough, 2010).

신자유주의의 확산은 개별 국가의 사정에 따라, 그리고 시간의 변천에 따라, 조금씩 다른 양상을 보였다. 그럼에도 미국을 비롯한 세계 자본주의 선진 국가들에서 있었던 심대한 신자유주의적 구조 재편과 더불어, 미국이 지배하는 신자유주의적 국제경제 질서에 보조를 맞춰야만 했던 여타 국가의 입장까지 모두 고려할 때, 분명 이 시기는 명실공히 '신자유주의 시대'라고 규정하는 것이 마땅하다.

금융화와 세계화

신자유주의 경제에서 금융과 금융기관의 역할은 크게 확대되었다. '금융화'라는 용어는 1장에서 설명했다시피, "금융 내적인 목적, 금융시장, 금융업 종사자, 그리고 금융기관이 국내 및 국제경제의 작동에서 더욱 중대한 역할"을 하는 것을 지칭한다(Epstein, 2005, 3). 이는 금융기관의 역할, 금융 자산의 가치 총액, 국제 무역 규모 대비 외환 거래 총액, 그 외 여타 금융 활동 지표들에서도 실제로 확인된다.[59] 일부 학자의 경우 금융화가 최근

---

59 금융화에 관한 개략적 논의는 Orhangazi(2008)와 Epstein(2005)을 보라.

수십 년의 자본주의 체제에서 가장 심대한 변화를 일으켰음을 고려할 때, 신자유주의는 금융화라는 관점으로 1980년대 이후의 자본주의를 해석해야 한다고 주장한다.[60]

그러나 금융화라는 관점은 1980년 이후의 자본주의를 개념적으로 포괄하는 데에 두 가지 난점이 있다. 첫째, 금융화는 신자유주의적 자본주의의 발생보다 훨씬 뒤에 일어난 일이다. 국제 무역 대비 외환 거래액 같은 지표로 보자면 금융화는 1970년대부터 나타났다고 할 수 있지만,[61] 대부분의 다른 지표에 따르면, 금융화가 성숙하는 것은 그보다 훨씬 이후다. 예를 들어 그림 2.7에서 보는 것처럼 미국 기업의 총부가가치 대비 금융 기관의 부가가치 비중을 보면, 1948년부터 1981년까지 4.2%에서 7.8%까지 점진적으로 증가한 것을 볼 수 있다. 첫 번째 주요 금융 규제 완화 법안들이 통과된 1980년과 82년부터 이 비율은 가파르게 증가해 2006년에는 13.8%까지 증가한다.[62] 금융 규제 완화 관련 법들은 신자유주의적 재편의 주요한 부분으로서 금융화 과정이 본격적 궤도에 들어갈 수 있도록 만들었다. 다시 말해서 금융화란 상당 부분 신자유주의적 구조 재편의 원인이 아니라 결과라고 할 수 있다.

경제에서 금융의 비중이 급격히 확대된 원동력은 역시 금융적 이윤의 증가라고 할 수 있다. 그림 2.7에서 금융이 기여하는 부가가치 비중을 보

---

60   이와 관련된 분석들은 신자유주의의 부상을 금융 혹은 금융자본가 집단의 부상 결과로 설명한다. 이러한 관점은 3장에서 살펴볼 것이다.

61   전 세계의 외환 거래 총량은 1973년 당시 일평균 약 150억 달러 수준이었던 반면, 1980년에는 일평균 800억 달러 수준으로 증가한다(Bhaduri, 1998, 152).

62   금융화 과정에는 비금융 기업에 의한 금융 서비스 공급의 확대와 이들의 금융 자산 보유 증가가 포함된다.

그림 2.7. | 미국 기업의 총부가가치 대비 금융기관의 부가가치 비중(%),
1948-2012.

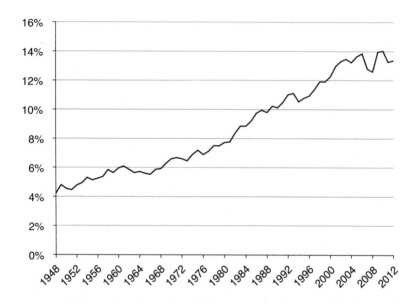

자료: 미국 경제분석국(U.S. Bureau of Economic Analysis, 201, NIPA Table 1.14).

면, 금융 부문은 심지어 2006년까지도 미국 경제에서 그리 두드러진 비중을 지녔다고 보기 힘들다. 반면 금융 부문의 이윤율이 극적으로 증가했지만, 이는 금융의 부가가치 기여도 증가와 비교하면 더 뒤늦게 발생한 것이다. 그림 2.8의 미국 전체 기업의 이윤 대비 금융기관 이윤의 비중을 보면 1948년에는 10% 수준이었다가 완만한 혼조세를 거치면서, 20% 수준에 도달한다. 그러나 1970년 이후부터 1989년까지 금융 부분의 이윤은 뚜렷한 증가세를 보여주지 못하고 20% 수준을 다시 회복하는 데 머무른다. 1989년 이후부터 비로소 금융 부문의 이윤은 장기간 가파르게 성장하는데, 1990년대 중반의 일시적 하락을 제외하면, 2001-03년에는 무려 40% 수준까지 향상한다.[63] 즉 금융화가 만개한 시기는 신자유주의 시대가 시작되고도 상당히 뒤의 일이라고 할 수 있다.

1980년대 이후의 자본주의를 금융화라는 관점만으로 바라볼 때 직면하는 두 번째 문제점은, 이 시기의 제도 변천을 설명하는 데 금융화가 그리 좋은 수단이 아니라는 점이다. 앞에서 말했던 신자유주의 시기의 국가 기능의 변천 중 특히 자본-노동 관계의 변천을 설명할 때 더욱 그렇다. 신자유주의 시기에 심화한 불평등 문제도 금융화라는 관점만 가지고는 설명이 어렵다.

최근의 금융화 현상이 신자유주의적 재편의 결과라는 증거는 많다. 앞으로 4장에서 신자유주의 제도들이 어떻게 전체 경제에서 금융기관의 이윤이 차지하는 비중을 급성장시켰는지, 어떠한 문제를 파생시켰는지 그 자세한 과정을 살펴볼 것이다. 그러므로 '금융화'라는 현상이 지니는 중요성 자체는 의심할 여지가 없지만, 그럼에도 금융화 자체만으로는 1980년대 이후의 자본주의 형태를 포괄하는 틀로서 부족하다고 볼 수 있다.[64]

---

63 2003년부터 2006년 사이에 전체 이익 중 금융 부분의 이익이 차지하는 비중이 가파르게 떨어졌지만, 이익 그 자체는 어쨌든 지속적으로 증가했다. 다만 비금융 부문의 이익이 훨씬 빠르게 증가했을 뿐이다. 2007년에는 금융, 비금융 부문이 모두 이익 감소에 직면했고 이윽고 2008년이 되면 금융 위기로 인해 금융 부문의 이익이 무너져 내리게 된다. 하지만 2009년이 되면 대형 금융기관에 대한 정부의 구제 조치로 이익이 급격히 재상승한다.

64 만약 오늘날의 자본주의를 반드시 금융 자본주의로서만 이해한다면, 이는 곧 그로 인해 파생되는 문제점들 역시 금융 규제의 재도입을 통해 해결할 수 있다는 논리가 된다. 그러나 금융화 현상이 단지 신자유주의적 자본주의에서 파생된 결과일 따름이라면, 이는 현재의 자본주의가 직면한 위기 해결을 위해 더 광범위한 변화가 요구된다는 뜻이 된다.

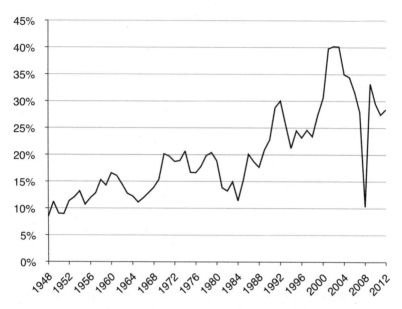

그림 2.8. | 미국 기업의 총이윤 대비 금융기관의 이윤 비중(%), 1948-2012.

출처: 미국 경제분석국(U.S. Bureau of Economic Analysis, 2013, NIPA Table 1.14).

세계화globalization 역시 오늘날의 자본주의의 특성을 설명하는 또 다른 개념으로 빈번히 사용된다. 여기서 세계화란 제품, 서비스, 자본, 그리고 통화가 국경을 가로질러 더 자유롭게 이동할 수 있게 되어 생산 및 공급 체인이 전 세계로 확장되고 결과적으로 세계경제를 더 긴밀히 통합하는 것을 의미한다. 현재와 같은 형태의 자본주의를 설명하는 틀로서 세계화라는 개념은 심지어 금융화보다도 더 자주 이용된다. 예를 들어 저명한 급진 정치경제학자 새뮤얼 보울스Samuel Bowles의 경우, 이 책처럼 사회적 축적 구조라는 이론적 틀을 빌리긴 하지만, 이 시기에 정부 역할의 축소가 있었다는 견해에 대해서는 부정적인 입장을 취한다(Bowles et. al, 2005,

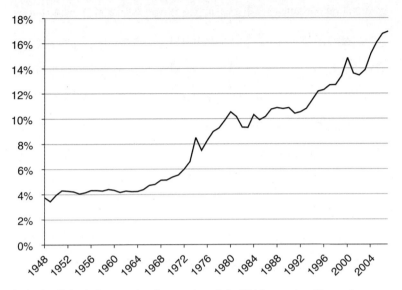

그림 2.9. | 미국 국내총생산 대비 수입 비중(%), 1948-2007.

출처: 미국 경제분석국(U.S. Bureau of Economic Analysis, 2013, International Transaction
　　　Table 1, NIPA Table 1.15.)
비고: 수입은 재화와 서비스 모두 포함.

162-164). 보울스 등은 신자유주의적 자본주의라는 관점 대신 대략 1991
년부터의 자본주의를 '초국가적 자본주의'라는 틀로 규정한다. 그들은 "그
이전과 비교해 가장 구별되는 특징은 상품 무역, 이민, 지식의 교류, 그리
고 제한 없이 이동하는 투자자들에 의하여 미국 경제가 세계경제에 통합
된 것"이라 주장한다(163).

　사실 자본주의는 제1차 세계대전 이전의 수십 년 동안 이미 상당히 세
계화되어 있었다. 양차 대전 사이에 국가 간 통합 추세는 다시 꺾였지만,
제2차 세계대전 이후부터 추세가 조금씩 회복되어, 그림 2.1에서 보는 것
처럼 1960년대 후반과 1970년대 초까지도 세계적으로 증가 추세가 계속

되었다. 그림 2.9처럼 미국의 경우만을 보면, 1960년대 후반부터 일관된 증가 추세가 시작되어 70년대 내내 급격한 상승을 기록한다. 따라서, 신자유주의화가 진행된 후 그 추세가 본격화된 금융화와 달리, 세계화 과정은 신자유주의보다 선행된 것이라고 할 수 있다. 물론 세계화 자체가 신자유주의 기간, 그중에서도 1990년 이후에 가속화된 것은 사실이다.

이후 3장에서 1960년대 후반부터 1970년대에 걸친 전 세계적 경제 통합이 신자유주의를 출현하게 했던 한 요인임을 밝힐 것이다. 그러나 1980년 이후 자본주의의 주요 특징들을 단지 세계화라는 관점만으로 포괄하기는 어렵다. 일례로 세계화라는 관점으로는, 현재의 자본주의 작동에 큰 영향을 끼친 금융화 과정은 물론이고 금융 부분의 투기적 행태의 심화를 설명할 방법이 없다. 또한, 신자유주의 시대의 주요 특질 중 하나인 주기적인 자산 거품의 발생도 설명할 수 없다. 물론 세계화가 노동자에 대한 자본가 측의 협상력을 강화한 중요한 요인이 되었음은 분명하다. 그러나 그것은 하나의 요인일 뿐이다. 또한, 세계화라는 관점만으로는 왜 독일처럼 훨씬 개방된 경제보다 미국이 더 불평등이 극심한지 설명할 길이 없다. 세계화가 현재의 자본주의 시스템의 핵심이라는 신념은, 2008년 금융 위기 이전부터 일부 학자들로 하여금 전 세계적인 실물과 금융 부분의 수지 불안정으로 인해 대규모 경제 위기를 초래할 것이라고 예측하게 했는데, 물론 이러한 성격의 위기는 실현되지 않았다. 이처럼 금융화와 세계화는 비록 신자유주의를 이루는 중요한 특징이 분명하지만, 현재의 자본주의를 규정하는 적절한 개념은 아니라고 결론 내릴 수 있다.[65]

---

65   세계화를 강조하는 일부 분석가들은 세계화가 거스를 수 없는 과정으로 이미 통제의 범위를 벗

이처럼 오늘날의 자본주의를 각기 다른 렌즈로 바라보며 생기는 의견 차이를 갈무리하고 의미 있는 결론을 끌어내기 위해서는, 각각의 관점이 이 시기의 주요 경제적 변화들을 효과적으로 설명하는지 살펴봐야 할 것이다. 특히 이 책에서는 신자유주의적 자본주의라는 렌즈를 통해 이 시기의 경제적 변화를 차례로 설명할 예정이며, 독자들은 이러한 분석의 정확성을 직접 판단할 수 있으리라 생각한다.

신자유주의는 '자유'와 관련이 있을까?

일견 '신자유주의'라고 하면 뭔가 정부의 규모가 줄어드는 것처럼 들린다. 신자유주의 시대에 정말로 그런 일이 일어났을까? 경제의 사이즈가 커지면서, 일단 정부^{state}의 절대적인 규모, 그러니까 사이즈 자체도 상응하여 커지긴 했다. 하지만 이보다 더 합리적인 지표는 전체 경제에서 정부, 그러니까 국가가 차지하는 비중이라고 할 수 있다. 경제에서 국가가 차지하는 규모를 측정하는 방법에는 몇 가지가 있는데, 경제학자들은 대략 세 가지 방식을 구별하여 사용한다. 첫째는 정부 지출$^{government\ expenditure}$이라 불리는, 가장 넓은 의미에서 정부 경제 활동의 규모를 측정하는 것으로, 공공 부분 인력에 의해 생산된 제품과 서비스, 민간으로부터의 납품에 대한 결제 대금, 은퇴자를 위한 사회보장 연금이나 장애 연금 및 의료보

어났다고 주장한다. 이에 비판적인 입장에서는 세계화가 역사에서 이미 저지됐던 적이 있고, 따라서 지금도 그 속도를 조절하거나 대세를 되돌릴 수 있다고 주장한다.

그림 2.10. | 미국 국내총생산 대비 정부 지출 비중, 1948-2007(%).

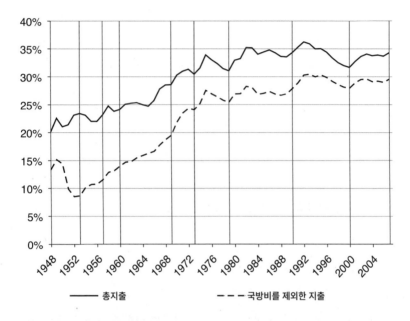

험medicare같은 정부 이전 지출을 포함한다.[66] 이때 연방 정부뿐만 아니라
지방 정부의 지출 활동도 포함해 계산할 수 있다.

그림 2.10은 넓은 의미에서 정부 지출이 GDP에서 차지하는 비중을
나타내는데,[67] 경기변동이 미치는 강한 영향력을 고려해 각 경기 사이클

---

66 더 협소한 지표로는 정부에서 일하는 인력들의 보수와 정부가 소유하는 자본재의 감가상각을
나타내는 정부 부가가치가 있고, 정부 소비 및 투자는 여기에 정부가 민간 부문으로부터 구매
한 가치를 합산하여 산출한다.

67 엄밀히 말하면 광의의 정부 지출은 GDP의 구성 요소와 일치하지 않는데, 왜냐하면 정부 지출

의 정점과 정부 지출 비중의 장기 추세를 비교할 수 있도록 했다.[68] 그래프 중간의 수직선들은 경기 정점 연도를 나타낸다.[69] 1948년부터 1973년까지 규제 자본주의 시대에는 GDP 대비 총 정부 지출이 가파르게 증가한 것을 볼 수 있다. 신자유주의 시대의 경우, 1979년부터 1990년까지는 31.1%에서 34.3%로 다소간 증가 추세를 보이다가, 1990년대에 주저앉은 후, 2000년 초반부터 어느 정도 반등하는 혼란을 보인다. 즉 전반적으로 규제 자본주의 시대에는 상승 추세였다가 신자유주의 시대에는 상대적으로 평평해지는 흐름이다. 이 중에서 냉전적, 군사적 논리에 부합하면서도 신자유주의 이데올로기에 모순되지 않는 국방비 지출을 정부 지출에서 제거한다면, 1953녀부터 1973년까지는 가파른 증가를, 그리고 1979년부터 2007년까지는 점진적인 상승 추세를 보인다. 이외에도 정부 규모에 대한 '협의'의 측정치, 즉 정부에 의해 생산된 부가가치 총액government value added과 정부 부분 소비 및 투자의 총액government consumption and investment을 보면, 이는 방위비 지출의 포함 여부와 상관없이, 1948년부터 1973년까지는 GDP 증가와 비교할 때 가파른 상승 추세를, 그리고 1979년부터 2007년까지는 GDP 증가와 대비하여 정체 상태거나 완만한 정도의 감소

의 가장 중요한 요소 중 하나인 정부 이전 지출의 경우는 GDP를 구성하는 재화와 서비스, 즉 생산의 결과라기보다는 구매력의 재분배이기 때문이다. 그럼에도 불구하고, 일반적인 관행으로는 정부 지출을 GDP와 비교해 정부가 경제에서 차지하는 비중을 추정한다.

68 1장에서 본 것처럼, 전미경제연구소National Bureau of Economic Research는 1981년 1월을 경기 정점으로 간주하지만 우리는 이를 따르지 않을 것이다.

69 경기가 확장되는 상황에서는, 실업수당 같은 일부 정부 지출 항목의 축소에도 불구하고 민간 부문의 생산은 급격하게 팽창한다. 불황기에는 반대가 성립한다. 정부 지출 지표가 보여주는 사이클은 그림 2.10에 잘 나타나 있다.

추세만을 보여준다.

따라서 데이터를 기반으로 판단할 때, 미국의 GDP 대비 정부 부문의 규모는 규제 자본주의 시대에 큰 폭으로 상승했다가 신자유주의 시대에는 변화가 거의 없었음을 알 수 있다. 신자유주의 시대에 정부의 규모가 정체된 것은 분명하지만, 어떠한 지표를 봐도 신자유주의 시대에 국가 규모의 성장 추세가 눈에 띄게 반전되었다는 증거는 없다. 이를 신자유주의 의제가 제한적이나마 성공을 거뒀다는 식으로 해석할 수도 있겠지만, 분명 이는 신자유주의 신봉자들이 보기에 턱없이 부족한 결과다.

정부 경제 활동의 규모를 측정하는 것도 물론 중요하지만, 현재의 자본주의 형태가 정말 '신자유주의적'인지를 판단하는 데 이것이 반드시 최적의 지표인 것은 아니다. 보통 자유주의라고 하면 국가는 경제에 '간섭'해서는 안 되며, '자유 시장'의 작동에 아무런 제한을 가해서는 안 된다고 주장하게 마련이고, 그렇다면 이러한 질문과 관련해 우리는 신자유주의 시기에 국가가 정말로 경제 규제에서 철수했는지 답할 수 있어야 한다.

평자에 따라서는 신자유주의 시기에도 국가는 여전히 활발하게, 심지어는 더 적극적으로 경제를 규제하는 역할을 수행했다고 주장하기도 한다. 다만 국가 개입의 성격이 국민 대다수에게 혜택이 돌아가는 것이 아닌, 대기업과 부유층을 위하는 쪽으로 급변했을 뿐이라는 것이다. 특히 이 시기에 강화된 지적재산권의 확산이 그 일례다. 이는 신자유주의 옹호자들의 위선을 드러내는 예로 자주 지적되는데, 신자유주의자들은 시장에 대한 정부의 간섭은 비난하면서도, 배포와 사용에 비용이 발생하지 않는 지적 저작물의 자유로운 시장 거래를 억압하는 데에는 가혹한 조치도 불사했다.

하지만 신자유주의적 관점에서 봤을 때, 지적재산권에 대한 강력한 보호 조치는 국가의 적절한 기능으로 얼마든지 인정되는 것이다. 신자유주의는 무정부주의 같은 것이 결코 아니다. 전술했다시피, 신자유주의는 사적 재산권의 보호와 공공질서의 유지, 그리고 강력한 국방과 같은 가치들을 국가의 적합한 역할로 인정한다. 이들은 지적재산권의 보호가 작게는 개인으로 활동하는 창작자는 물론이고 크게는 기업체에 이르기까지 모든 이의 권리를 보호하기 위한 것이라고 주장하지만, 현실적으로는 지식, 문화 관련 분야에 종사하는 개인들을 희생시킴으로써 대기업들에 혜택이 돌아가도록 하는 것에 불과했다. 재산의 통제권을 놓고 벌어지는 사회 구성원들 간의 끊임없는 분쟁을 피하려면, 어차피 재산권 자체가 이미 국가의 보호 없이는 존속할 수 없는 것이었다. 또한 미국 정부가 미국 영토 내에서는 물론이고 심지어 해외에서까지 자국민의 지적재산권 보호를 강요하는 것은 적어도 신자유주의적 관점에서 봤을 때 국가의 정당한 기능에 속하는 것이었다. 일단 지적재산권이 국가에 의해 정의되어 그 효력이 발휘되기 시작하면, 시장 거래에서 그 재산권 행사는 재산권 소유자(그리고 그를 대리하는 변호사들)의 손아귀에 맡겨졌다. 비슷한 맥락에서 신자유주의 시기에 뚜렷하게 급등한 교도소 수감 건수며 대외적인 적극적 무력행사에 이르기까지, 이 모든 것이 신자유주의가 말하는 적절한 국가의 역할이라는 개념에 부합하는 것이다.

반면 앞에서 밝힌 바와 같이, 신자유주의 시기에 국가는 다른 많은 측면에서 경제에 대한 개입을 포기하고 철수하기도 했다. 심지어는 정부의 인프라 지출처럼 주로 기업 부분에 혜택이 돌아가는 영역에서조차 정부 개입이 축소되기도 했다.

그림 2.11. | 미국 국내총생산 대비 정부의 인프라 지출 비중(%), 1959-2007.

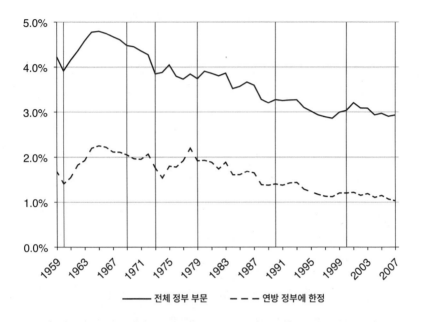

출처: 미국 경제분석국(U.S. Bureau of Economic Analysis, 2013, NIPA Table 3.17, 1.1.5.)
비고: 표 중간의 수직선들은 경기변동의 정점을 말함. 인프라 지출에는 경제 업무economic affairs
       항목의 투자 및 현재 소비를 포함함.

  그림 2.11은 연방 정부 및 주 정부를 포함한 전체 정부 부문의 GDP
대비 인프라 지출 비중을 나타낸다. 1960년부터 정부의 인프라 지출은 증
가하기 시작해 약 1973년까지 GDP 대비 2% 수준에서 안정된 경향을 보
여주고 있다. 1979년 이후부터는 연방 정부의 인프라 지출이 감소하기 시
작했고, 관련 지출의 증액을 공언했던 1990년대 클린턴 행정부 시절을 포
함하여 2007년까지 GDP 대비 1% 수준까지 떨어졌다. 주 정부 포함 전체
정부 부문의 인프라 지출은 1960년대 중반까지 GDP 대비 4.8%까지 증

가했다가 1973년 3.8% 수준까지 점진적인 감소 추세를 보인다. 1979년 이후에도 감소 추세가 계속되어 2007년에는 2.9%까지 떨어진다.

뿐만 아니라 그 이전까지 활발하게 수행됐던 반독점 규제의 경우, 독점력의 폐해로부터 대다수 시장 공급자들을 보호하는 기능을 수행해 왔다는 점에서, 신자유주의 시대의 반독점법 약화도 결국 기업 부분에 해악을 끼치는 정부 규제 철수의 한 사례라고 할 수 있을 것이다. 물론 신자유주의 의제들과 정면으로 배치됨에도 불구하고, 이해 당사자들의 강력한 정치적 영향력 덕분에 몇몇 정부 개입 조치들은 끝까지 살아남았다. 그 예로 농업에 대한 보조금을 들 수 있는데, 많은 선거구의 정치인들이 관련 이해 당사자들의 입김에서 벗어날 수 없었기 때문이다. 그럼에도 불구하고, 신자유주의 이념에 의해 정상적인 국가의 기능으로 승인되는 가치들, 사유재산권 보호, 사회질서 유지, 강력한 국방 같은 경우를 빼면, 어쨌든 신자유주의 기간에 미국 정부의 시장 규제가 심대하게 후퇴한 점은 부인할 수 없는 사실이었다. 이러한 맥락에서 보면, 지금의 자본주의를 그 이전의 규제 자본주의와 비교하면 분명 '자유주의적'이라고 할 수 있다.

지금까지 우리는 신자유주의를 이루는 일련의 사상[70] 및 제도들을 차례로 나열하면서 신자유주의를 규정해 왔는데, 그 기저에는 1장에서 간략히 제시한 것처럼 이들을 서로 통합시키는 근본 원칙들이 존재한다. 다음의 표 2.1은 미국의 신자유주의 시기를 규정하는 주요 개념 및 제도들의 목록이다. 이를 관통하는 원리는 시장 관계와 시장력을 전반적으로 확

---

[70] idea는 '생각', '사상' 혹은 '개념'이라는 뜻을 지닌다. 여기서는 문맥에 따라 사상과 개념, 두 단어를 혼용해 번역할 것이다. -옮긴이

장시켜 경제 활동을 조절하는 것이고, 이는 국가는 물론이고 기업의 관료
조직, 노동조합 또는 직능단체들처럼 여타의 관계 및 제도들이 수행하던
경제 활동의 조절 기능을 최대한 박탈하는 것을 뜻한다. 사실 제2차 세계
대전 이후 자본주의를 단순히 '정부 규제 자본주의'가 아니라 '규제 자본
주의'라고 지칭하는 더 정확한 이유는, 바로 시장이 수행하는 경제 조절
기능의 자리를 그저 정부뿐만 아니라 이런 여타의 제도들이 더불어 균점

표 2.1. | 신자유주의적 자본주의를 구성하는 사상 및 제도들.

---

1. 신자유주의 사상 및 이론의 압도적 우위
2. 세계경제: 상품, 서비스, 통화 및 자본의 국경 간 이동 장벽의 철폐
3. 정부의 경제적 기능
   a) 총수요 관리 정책의 포기
   b) 기초 산업 부분의 규제 완화
   c) 금융 규제 완화
   d) 소비자 보호, 작업장 안전, 환경 등의 사회적 규제 약화
   e) 반독점 규제의 완화
   f) 공공재 및 공공 서비스의 민영화 및 외주화
   g) 사회 보장 프로그램의 예산 삭감 또는 철폐
   h) 기업 부문 및 고소득자를 위한 감세
4. 자본-노동 관계
   a) 단체교섭의 유명무실화
   b) 일자리의 임시직화
5. 기업 부문
   a) 규제되지 않은 극심한 경쟁
   b) 최고 경영자의 기업 외부 발탁
   c) 시장 원칙의 기업 내부 침투
   d) 금융기관의 신종 영업 분야 진출 및 비금융 부문으로부터의 독립

해 왔기 때문이었다.

표 2.1에 나열된 제도적 변화들은 모두 시장의 확산을 포함한다. 다만 시장 기능의 확산이 꼭 기업 및 부유층 감세나 생산적 목적으로부터 금융기관의 영업 행태가 독립되는 현상을 포함해야 하는지는 꼭 명확한 것만은 아니다. 하지만 기업 및 부유층 감세는 정부의 수중에 있어야 할 재원을 사적 영역으로 되돌려 시장 거래에 추가로 투입하게 했고, 정부 규제로부터 자유로워진 금융 부문은 금융기관의 기존 역할 및 관행에서 이탈해 시장의 인센티브를 추종할 수 있도록 했다. 시장 실패의 엄존에도 불구하고, 어떠한 개입도 거부하며 견제 없는 시장을 찬양하는 신자유주의 사상은 비시장적인 경제 규율 형태에서 탈피하여 시장에게 그 조절 기능을 부여하는 데 강력한 정당화 논리를 제공했다. 신자유주의 이데올로기는 이러한 변화가 경제적 번영과 개인의 자유를 보장할 것이라 주장했다.

신자유주의적 제도와 자본-노동 관계

1장에서 전술했다시피, 자본주의의 제도적 형태, 즉 사회적 축적 구조social structure of accumulation는 자본-노동 관계를 안정화해야만 하는데, 왜냐하면 이는 이윤 창출과 안정적인 경제성장 촉진에 필수적이기 때문이다.[71] 자본주의 체제에서 이러한 자본-노동 관계를 안정화하는 데는 두 가지

---

71 표 2.1의 '자본-노동 관계'라는 용어는 말 그대로 자본과 노동 사이의 관계를 규정하는 제도와 관행을 지칭하는 것으로, 사회보장의 유명무실화 같은 현상을 한 예로 들 수 있다. 이는 일종의 권력관계로 해석할 수 있는 자본가와 노동자 사이의 계급 관계와는 다소 다른 개념이다.

방식이 존재한다. 하나는 두 계급 간 타협의 방식이고, 다른 하나는 자본 측이 노동 측을 압도하여 노동계급을 자신들의 이익도 변변히 지키지 못할 정도로 약화시켜 버리는 방식이다.[72] 전후의 규제 자본주의가 전자 형태의 자본-노동 관계 안정화에 기반을 두었다면, 신자유주의적 자본주의는 노동에 대한 자본 측의 압도에 의한 것이다. 신자유주의 시기에 걸친 노동에 대한 자본의 철두철미한 우위는 이 시기의 여러 변화에서 확인되는데, 예를 들어 1970년대 이후부터 매년 지속되던 실질임금의 상승 추세가 확연히 단절되어 사실상 정체 상태까지 떨어졌고, 노조 조직률은 뒷걸음질 쳤으며, 소득 불평등은 매우 악화되었고, 기업 CEO들의 보수는 크게 상승했다. 이와 관련한 세부사항은 이후 4장에서 살펴볼 것이다.

그렇다면 다음의 질문에 답해 보자. 앞에서 제시했던 신자유주의를 구성하는 사상 및 제도들을 관통하는 근본 원칙, 즉 시장 기능의 급격한 확산, 그리고 기존의 계급 타협에서 탈피해 자본의 압도적 우위로 급변해 버린 신자유주의적 자본-노동 관계, 이 둘 사이에는 무슨 연관이 있었는가? 사실 신자유주의 이데올로기 자체가 자본-노동 사이의 권력관계를 일일이 말해 주는 것은 아니다. 표 2.1에 제시된 제도 중 일부, 예를 들어 단체교섭의 유명무실화나 일자리의 임시직화 같은 경우 자본-노동 관계의 변화들과 연관된 것이 사실이지만, 다른 제도적 변화들이 노동에 대한 자본 측의 힘의 우위로 연결되는 데에는 추가적인 고찰이 필요하다.

사실 그 명백함의 정도에 차이는 있겠지만, 표 2.1에 제시된 제도적 변화의 상당수는 노동에 대한 자본의 힘의 우위와 결국 직간접적으로 연결

---

[72] 이와 관련해서는 Wolfson and Kotz(2010)를 보라.

될 수밖에 없다. 예를 들어 세계화는 인건비가 저렴한 곳으로 자본이 탈출할 힘을 부여했고, 낮은 실업률을 목표로 하는 총수요 관리 정책의 폐기와 사회보장 예산의 삭감은 노동 측의 협상력을 약화시켰다. 노조가 강력한 영향을 발휘했고 상대적으로 고임금이었던 기반 산업 분야들에서의 규제 철폐 역시 해당 산업 노동자들의 임금 하락을 초래했다. 민영화 및 외주화는 괜찮은 임금 조건과 조직된 노조를 가졌던 공공 분야 일자리들을 무노조, 저임금의 민간 분야 일자리로 대체했다. 대기업 간 규제되지 않은 극심한 경쟁은 노조 측이 협상 조건으로 제시한 임금을 수용할 수 없게 했고, 오히려 기업 내부에서 노조를 제거하기 위한 압력을 행사하도록 만들었다.

일부 논자들은 작금의 자본주의 형태를 노동에 대한 자본의 우위를 중심으로 해석하고, 또 다른 이들은 시장 메커니즘의 확산을 중심으로 해석한다. 여기서는 이 둘의 관계에 서로 일관성이 있다고 파악한다. 다시 말해, 시장 메커니즘이 기존의 다양한 비시장적 기제들의 경제 조절 기능을 압도해 버리는, 신자유주의적 자본주의로의 제도적 변천 과정 자체가 노동에 대한 자본 측의 힘의 우위라는 변화를 촉진한 것이다.

시장 메커니즘 확산과 노동에 대한 자본의 압도, 이 둘 사이의 연계를 어떻게 하면 구체적으로 설명할 수 있을까? 이를 위한 최적의 출발점은 1970년대 말과 80년대 초, 자유주의적 형태의 자본주의가 어떻게 그 모습을 드러냈는지를 구체적으로 살펴보는 일이 될 것이다. 그렇게 함으로써 이 두 측면 사이의 관계를 명백히 밝히고, 동시에 사회 경제적 변화의 과정에서 지배적인 이데올로기가 수행하는 역할과 특성에 관한 시사점을 얻을 수 있을 것이다. 그리고 이것이 바로 다음 장의 주제다.

3장

신자유주의적 자본주의의
등장

●

신자유주의 사상 및 (그에 기반한 형태의) 자본주의의 등장은 많은 분석
가에게 놀라움으로 다가왔다. 1960년대 미국에는 이미 규제 자본주의가
20여 년간 지속되어서, 확장된 국가의 역할, 노조를 통한 노동 현장의 조
직화, 복지국가 건설, 1930-40년대 이래의 사회 경제적 진보에 관한 광
범위한 합의가 이미 존재하고 있었다. 비록 자본주의 초기의 역사는 가
혹했지만, 그것은 이제 먼 옛날의 일이었다. 자본주의의 경제적 혜택은
경제력을 틀어쥔 몇몇 특권층Plutocrats만이 아니라, 비록 전부는 아니어
도 인구 대다수에게 돌아간다고 할 수 있었다. 2장에서 본 것처럼 '자본
주의'라는 용어는 공적 담론에서 거의 자취를 감추었고, 대신 '혼합경제'
라는 말이 그 자리를 대체했다.

케인스의 사상은 강단 경제학계는 물론이고 정책 결정 과정에서 영원
히 그 지위를 유지할 것처럼 보였고, 구닥다리 자유 시장 경제학은 이제
역사의 쓰레기통에 처박아야 할 것으로 취급됐다. 시카고대학 정도를 제

외하고 미국 명문대의 경제학과들에서 구식의 자유 시장 경제학은 경제 학설사 과목에서나 유효한 것으로 여겨졌다.[73] '현대 경제학'이란 곧 케 인스 경제 이론과 다름없었다.[74]

신자유주의는 1960년대 후반 사상계에 모습을 나타내기 시작해, 1970 년대에 걸쳐 점차 세를 불렸다.[75] 새로운 버전의 자유 시장 경제학의 갑 작스러운 출현과 확산은 당시의 대표적인 경제학자들에게 지극히 이례적 이고 불가해한 현상으로 보였다. 1970년대 말에 이르면 이 새로운 자유 시장 경제학은 강단의 젊은 세대 경제학자들의 지지에 힘입어 기존의 주 류 케인스 경제학을 점차 밀어붙이기 시작했다.

앞에서도 밝힌 바 있지만, 신자유주의 시대의 제도 변천 상당수가 레 이건 행정부와 관계된 것이긴 하지만, 신자유주의적 변화는 레이건이 백 악관에 입성한 1981년 이전부터 이미 시작된 것이었다. 1978-80년 동안 항공 및 육상 화물 운송 분야에서 규제 완화가 시작됐고, 은행 부문에 대 한 최초의 대규모 규제 완화 법안이 통과되었으며, 연준은 높은 실업률을 불사하더라도 인플레이션을 잡기 위해 고금리 드라이브를 걸기 시작했 다. 연방 실질 최저임금도 그랬지만, 부양 자녀를 둔 가족에 대한 보조금

---

73 밀턴 프리드먼 및 그와 입장을 공유하는 경제학자들이 주도하던 시카고대학교 경제학과는 케 인스 혁명에 동참하지 않고 구식의 경제사상을 고수했다. '시카고학파'라는 용어는 자유 시장 경제학을 대변하는 용어로 자리매김하게 되었다.

74 당시의 대학원 거시 경제 이론 수업에서는 일종의 다양성을 위해 강의 계획서에 밀턴 프리드먼 의 논문을 한두 편 정도 포함시키기는 했지만, 시카고대학교 밖에서 프리드먼의 이론을 유효하 다고 생각하는 경우는 거의 없었다.

75 Rogers(2011,chap.2)에서 당시 자유 시장 경제 이론의 부상에 관한 자세한 설명을 볼 수 있다.

혜택AFDC은 1978년에 최고 수준을 찍은 후 그 뒤로 기나긴 하락 일로를 지속해야 했다. 그리고 1981년에 레이건이 대통령에 취임하면서 신자유주의적 구조 조정은 더욱 속도를 내기 시작한다. 레이건 대통령이 1981년 8월 전국 항공 관제사들의 파업을 분쇄한 것이 일종의 분기점이었는데, 이는 그간 오래도록 금기시됐던 노조에 대한 직접적 파괴가 이제는 합법이라는 신호를 사용자 측에 보낸 것이었다.[76]

왜 이처럼 예상치 못한 변화가 발생했던 것일까? 물론 몇 가지 새로운 점이 없는 것은 아니지만, 어쨌든 구식으로 치부되던 자유주의적 자본주의가 왜 1970년대 말과 1980년대 초에 갑자기 다시 나타난 것일까? 이러한 현상의 기저에는 대기업 일각에서 벌어진 변화가 그 원인으로 작용하고 있다.[77] 1940년대에 등장한 규제 자본주의는 미국 사회의 두 주요 집단, 즉 대기업과 조직 노동자 간 제휴coalition의 산물이었고,[78] 규제 자본주의에 대한 유력한 반대 세력은 이를 저지하기엔 세력이 약했던 중소기

---

76 파업 시작 이틀 뒤, 레이건 대통령은 항공 관제사 1만1000명 이상의 해고를 명령하고, 이어서 10월 22일에는 항공 관제사 노조의 자격을 불인정한다.

77 여기서는 1970년대에 대기업들이 신자유주의적 구조 재편에 대하여 찬성으로 돌아선 것이 향후에 걸쳐 벌어질 변화들의 원인으로서 묘사되고 있는데, 특히 70년대 당시의 정치, 경제적 맥락을 살펴보면 대기업들의 입장 선회 이유를 이해할 수 있다. 즉 신자유주의의 부상을 제대로 이해하기 위해서는 이 시기의 맥락과 그 파급효과를 이해하는 것은 매우 핵심적이라고 할 수 있다.

78 '제휴'라는 단어는 어느 정도 통합된 형태의 결속 관계라는 의미를 내포하지만, 여기서 이 단어를 쓴 의도는 그것이 아니다. 여기에서 '제휴'라는 말은, 예를 들어 다른 지지층 및 정치적 입장을 지닌 정파로 구성된 연립 정권처럼, 다른 집단이나 파벌이 공동의 목적을 위해 행동을 같이하는 것을 뜻한다. 대기업과 조직 노동자가 규제 자본주의 제도의 지탱이라는 공동의 목적을 위해 제휴했다고 해서, 그것이 곧 이들 양자 사이의 이익이 같다거나 그들의 이익이 갈라지는 지점에서조차 더 이상 투쟁하지 않게 되었음을 뜻하는 것은 결코 아니다.

업들이었다.[79] 하지만 1970년대에 걸쳐 대기업들은 점차 규제 자본주의에 대한 지지를 철회하고 신자유주의로의 체제 이행을 승인하는 쪽으로 옮겨가기 시작했다. 이들은 그동안 세력이 미미했던 중소기업들과 새로이 동맹을 맺음으로써, 이제 대기업들은 신자유주의적 자본주의로의 재편에 착수하는 데 강력한 영향력을 행사할 수 있게 되었다. 한때의 제휴 파트너였다가 버림받은 조직 노동자들은 이 변화의 주요 저항 세력이 되었지만, 자력으로 이를 막아 내기는 이미 역부족이었다.

신자유주의적 자본주의의 출현에 대한 이러한 해석은 이번 장에서 단계적으로 제시될 것이다. 우선 첫째, 신자유주의의 출현에 관한 기존의 세 가지 설명 방식을 먼저 소개하고, 그 중 어느 것도 결정적인 설명이 될 수 없음을 확인할 것이다. 둘째, 기존의 규제 자본주의가 유지될 수 있었던 근간은 어디까지나 다수 대기업의 지지가 전제되었기 때문임을 논증할 것이다. 규제 자본주의의 형성 과정에서 대기업의 역할을 이해하는 것은, 향후 신자유주의적 자본주의로의 전환에 결정적 기여를 했던 대기업의 태도 변화를 이해하는 데 필수적이기 때문이다. 셋째, 신자유주의적 자본주의의 등장과 관련하여, 1970년대에 있었던 경제 위기의 역사적 맥락을 간략히 살펴볼 것이다. 네 번째로 신자유주의 지지로 선회한 대기업들의 태도 변화를 보여줄 수 있는 구체적인 증거들을 제시할 것이며, 가장 핵심이 되는 다섯 번째, 이처럼 대기업 일각의 태도가 돌변할 수밖에 없

---

[79] 규제 자본주의에 대한 적대 논리에는 중간 규모 기업들의 이해관계가 포함되는데, 이들의 활동 영역은 국제시장이 아닌, 주로 국내시장이기 때문이다. 일부 대기업들 역시 같은 사정이었다. 대기업들이 규제 자본주의를 지지했다고 해도 그들 중 주요 대기업들이 그랬다는 의미이지 대기업 전체가 이와 관련하여 만장일치에 도달한 것은 물론 아니다.

었던 이유를 설명할 것이다. 마지막으로 여섯째, 경제적 과정의 지속 혹은 변화에서 사상 및 이데올로기가 수행하는 역할에 관한 시사점을 도출할 것이다.

신자유주의 출현에 대한 다른 설명들

신자유주의 이론 스스로는 신자유주의의 부상과 득세 원인에 관해 매우 간결한 설명을 제시한다. 이 관점에 의하면 국가의 경제적 간섭은 개인의 자유를 제약하고, 경제적 성과를 방해한다. 따라서 수십 년간의 국가주의가 끼친 경제적 해악을 사람들이 비로소 깨닫게 되면서 자유 시장주의와 제도가 다시 나타나게 됐다는 것이다.

이러한 설명 방식의 문제점은, 1940년대 중반부터 1970년대 초반까지 약 25년간 미국 역사상 최장기에 걸친, 가장 높은 수준의, 가장 널리 과실이 공유된 경제성장이 있었다는 사실을 전혀 설명하지 못한다는 것이다. 앵거스 매디슨의 연구에 의하면(Maddison, 1995, 60, Table 3.1) 1820년 이후 전 세계 모든 지역을 놓고 봤을 때, 미국은 총GDP와 1인당 GDP 측면에서 가장 빠른 성장을 보였다.[80] 가히 '자본주의의 황금기'라 불릴 만큼 인상적이었던 제2차 세계대전 후 사반세기에 걸친 경제적 성취의 증거들을 다음 장에서 제시할 것이다.[81]

---

[80] Maddison(1995)은 이 책에서 규제 자본주의 시기로 정의하는 1948-73년과 다소 다른, 1950-73년의 데이터를 정리했다.

[81] 예를 들면, The Golden Age of Captalism(Marglin and Schor, 1990)을 보라.

전후 수십 년간의 소위 '국가주의statism'란 [신자유주의자들의 견해와 달리 -옮긴이] 오히려 경제적 진보를 촉진하는 데 효과적으로 작용했다고 할 수 있다. 게다가 이러한 성과는 1970년대 전까지 규제 자본주의가 지속해서 광범위한 지지를 얻고, 규제 자본주의의 적대자들에게 패배를 안겨 준 주요 원인이기도 했다. 그러나 시간이 지나면서 심각한 경제적 문제점들이 모습을 드러내기 시작했다. 비록 세계경제가 장기간의 위기에 진입하는 1973년까지 그 위기의 전모가 제대로 드러나지는 않았지만, 문제의 원인을 따지고 들어가면 1960년대 후반부까지 소급해서 볼 수 있다. 그런 뜻에서 신자유주의의 옹호자들이 1973년 이후의 심각한 경제적 문제들에 대해 지적할 수는 있어도, 규제 자본주의가 아무런 경제적 진보를 가져올 수 없다고 한다면, 이는 결코 역사적 근거를 지닌 주장이라고 볼 수 없다.

신자유주의 출현에 대한 두 번째 설명 방식은 거대 기업군의 한 축을 구성하는 금융 부문이 수십 년간의 규제 자본주의하에서 [비금융 부문에] 종속되어 오다가, 1970년대부터 지배 권력으로 다시 부상하면서 비롯하였다는 견해다(Arrighi, 1994; Dumenil and Levy, 2004). 이러한 견해에도 여러 갈래가 있지만, 이들이 공통으로 지적하는 것은 규제 자본주의가 기업 경영자층, 산업(비금융) 자본가, 그리고 노동자들 간 동맹의 산물이라는 것이다. 금융기관 및 금융자본가들의 활동이 엄격하게 규제된 체제에서 금융자본가들은 이 제휴의 대열에서 배제되었다. 그러다가 1970년대의 경제 위기 속에서 금융자본가들이 마침내 다른 그룹을 압도하고 자신들의 우위를 선언할 수 있게 되었고, 이들이 추구했던 새로운 형태의 자본주의가 바로 소위 신자유주의라는 것이다.[82] 이러한 해석에 의하면, 신자유주의 시대는 제1차 세계대전 이전 J.P.모건 시절과 유사한 일종의 금융자본finance capital [83]의 귀환으로 이해된다.

만약 이러한 해석이 설명력을 가지려면, 1970년대에 기업 경영의 주도권이 금융 쪽으로 넘어갔다는 것을 설명할 수 있어야 한다. 이는 그간의 유력 산업자본가 및 산업 경영자들이 차지해 왔던 지위가 금융자본가들의 수중으로 넘어갔음을 뜻하는 것인데, 그렇다면 축출된 그룹은 강력하게 반발했어야만 한다. 하지만 노동자들은 저항했을지 몰라도 산업자본가들이나 기업 경영진이 신자유주의적 자본주의에 저항했다는 증거는 전혀 찾을 수 없다. 게다가 기업의 고위 경영진은 신자유주의적 자본주의 하에서 그 이전보다 훨씬 더 부유해졌다. 곧 관련 증거를 제시하겠지만, 소위 타 부분에서 금융 부분으로 기업의 주도권이 넘어갔다는 주장과는 달리, 실상은 애초부터 금융, 비금융 가릴 것 없이 모든 대자본가가 규제 자본주의를 지지해 오다가 1970년대에 들어서면서부터 두 세력 모두 신자유주의적 자본주의 지지로 입장을 선회한 것이다.

세 번째 설명은 기술적 요인에 좀 더 초점을 두는 것이다. 예를 들어 하워드와 킹의 연구(Howard and King, 2008)에서는 사회 변화에 관한 전

---

82 Foster(2007)에서 신자유주의에 대한 이러한 설명을 제공하고 있는데, 독점 자본주의 특유의 항시적 경기 침체 경향이 자본으로 하여금 금융적 행위로 이탈하도록 부추기며, 이는 결국 독점 자본주의의 금융화 현상으로 이어진다고 주장한다. 이는 외견상 신자유주의가 금융화된 독점 기업의 이데올로기인 것처럼 비치고 있는 것인데, 이는 신자유주의를 이 책보다 훨씬 협소하게 해석한 것으로, 신자유주의를 일련의 제도 집합을 포괄하는 것이 아니라 단지 하나의 이데올로기로 간주하고 있는 것이다.

83 여기서 금융자본finance capital이라 함은 통상적인 의미의 금융자본이 아니라 루돌프 힐퍼딩 Rudolf Hilferding이 처음 사용했던, 거대 은행자본이 산업자본을 지배하는 20세기 초 자본주의의 시대적 맥락을 구체적으로 전제한 것이다. 이에 대해서는 이 책의 6장을 참고하라. -옮긴이

통적 마르크스주의 이론에 근거하여 설명을 제시한 바 있고, 주류 경제학자들도 기술 변화라는 틀을 통해 이와 관련한 여러 설명 방식을 제공했다. 하워드와 킹이 이해하는 신자유주의는 이 책에서 제시하는 관점과도 상당 부분 부합하는데, 예를 들어 그들은 세계화를 신자유주의적 변화의 한 측면으로 이해한다(Howard와 King, 2008, 5).

사회 변화에 관한 전통적 마르크스주의 이론에서는, 매우 긴 시간의 지평에서 봤을 때 기술 변화, 즉 마르크스주의적 용어에 따르면 생산력의 발전이 이에 상응하는 사회적 관계, 경제 및 정치 제도, 그리고 지배적 사상의 변화를 초래한다고 주장한다.[84] 하워드와 킹은 이러한 관점으로 1970년대 신자유주의의 출현을 설명한다. 그들은 이윤율을 높이려는 자본가들의 시도 때문에 신자유주의적 구조 조정이 초래됐다는 관점을 거부한다. 그들은 신기술, 그중에도 정보 처리 및 통신 분야의 기술 발전이 중앙 집중화된 생산 및 의사 결정 방식의 이점을 훼손하고, 대신 시장 관계에 의해 조정되는 분산된 생산 체제를 운용하는 데 필요한 비용을 낮췄다고 주장한다(Howard and king, 2008, chap. 6). 신기술 덕분에 아웃소싱이 빨라지고 시장의 영향력이 확대되면서, 개인들의 사익 추구가 격화되고 노동조합은 약화되었다는 것이다. 신자유주의는 신기술 발전의 결과이면서 동시에 그러한 신기술의 효율적 실용화를 촉진할 수 있는 체제로서 등장했다는 것이다.

전통적인 마르크스주의 이론은 수 세기 전 유럽 자본주의의 태동이나

---

[84] 소위 역사적 유물론이라 불리는 사회 변동에 관한 마르크스주의 이론은 마르크스주의자들 내부에서도 여러 다른 입장이 서로 대립하며 논쟁을 벌이고 있는 형국이다.

19세기 후반에 있었던 대기업군의 출현과 같은, 과거 자본주의 체제의 역사적, 제도적 변천을 효율적으로 설명할 수 있지만, 신자유주의의 출현이 기술 변천의 결과물이라는 설명은 그리 높은 설득력을 얻을 수 없다. 이러한 설명 방식에는 적어도 세 가지 약점이 존재한다.

첫째는 개념적인 문제로서 정보 통신 기술의 발전으로 인해 시장 관계를 확산시키는 형태로 사회가 탈집중화되었다는 주장은 그리 설득력 있게 다가오지 않는다. 이러한 기술 발전은 오히려 대량의 정보 획득에 소요되는 비용을 감소시킴으로써 중앙 집중화된 의사 결정을 더 효율화할 수도 있다. 오히려 신기술이 중앙 집중화된 형태의 경제를 더 효율적으로 만들고 불확실한 상황에 효과적으로 대처할 수 있게 한다는 논리 또한 얼마든지 가능하다. 심지어 금융, 통신, 요식업 및 소매 유통 부분의 경우에는 신자유주의 시대에 경제력 집중이 오히려 더욱 심화했다.

둘째, 핵심적 기술 발전의 시점이 이러한 설명과 정확하게 부합하지 않는다. 가장 중요한 기술 변화라고 할 수 있는 개인용 컴퓨터, 인터넷, 그리고 휴대전화의 경우 1970년대를 이미 지나고서야 비로소 출현하거나 중요성이 부각되기 시작했다. 이는 신기술이 최초로 출현해 기존 제도의 저항을 거치다가 결국 제도적 변천으로까지 이어지는, 신기술 실용화에 소요되는 사회의 시간적 과정들과 부합하지 않는다.

셋째, 기술 진보가 제도 변천을 불러옴으로써 생산력 발전의 억제 요소를 제거하고 결국 급격한 경제 발전을 끌어낸다는 주장은, 신자유주의 시대의 실제 경제 성과들을 놓고 볼 때 그다지 지지하기 힘든 것이다. 다음 장에서 1980년대의 경제적 성과를 구체적으로 살펴보겠지만, 비록 중요한 기술 진보가 신자유주의 시기에 도입되기는 했어도, 일반적으로 이러한 변화가 경제 전체에 걸쳐 가속화된 진보를 가져올 정도는 아니었다. 경제적 진보를 판단하는 데 가장 빈번하게 쓰이는 척도인 GDP 성장률과 노동생산성 성장률을 보면, 신자유주의적 자본주의는 그 이전의 규제 자본주의보다 열등한 성과를 보였다. 신자유주의 시대 미국의 GDP 성장은 심지어 1970년대의 규제 자본주의의 위기 국면과 비교해도 별다른 개선을 보여주지 못했다.

물론 역사적 맥락에 따라 기술 진보가 사회적, 정치적, 그리고 이데올로기적 변화를 설명하는 데 유용한 경우도 있지만, 신자유주의와 관련해서 크게 도움이 되는 설명을 제공한다고 보기 어렵다. 물론 신자유주의가 어떤 측면에서는 강점을 보인 것도 사실이다. 예를 들어 물가 안정의 경우가 그렇고, 단기간의 온건한 조정만을 동반하며 2008년까지 지속된 장기간의 경기 확장이 그렇다.[85] 그러나 [경제성장률처럼] 일반적 기준으로 봤을 때, 신자유주의적 자본주의가 [적어도 규제 자본주의 시대보다 못하지 않은 수준의] 급속한 경제성장을 촉진하고 경제적 진보를 이뤘다는 설득력 있는 증거는 존재하지 않는다. 더구나 신자유주의는 경제적 진보는 물론이고 다른 측면에서도 진보가 아니라 심지어 퇴행을 보이기도 했다. 물론 역사에서는 종종 퇴행 현상이 있을 수 있지만, 그것이 그리 흔한 경우라 할 수는 없고, 정말로 퇴보가 벌어졌다면 이는 단순히 기술적 관점으로 처리할 문제가 아니라, 뭔가 다른 설명을 필요로 하는 문제 상황이라고 보는 것이 온당하다.[86]

---

85 2000년대 초 소위 신경제new economy에 대한 낙관론이 범람한 것도 바로 이러한 장기간의 경기 확장에 힘입은 것이다. -옮긴이

86 역사적 퇴보의 다른 예는, 16세기부터 19세기까지 자본주의가 급격한 경제적 진보를 가져오던

대기업과 규제 자본주의의 출현

미국에서 전후 규제 자본주의를 이루는 사상과 제도가 한꺼번에 때를 맞춰 나타난 것은 물론 아니다.[87] 아래의 표 3.1은 앞 장의 표 2.1과 대비되도록 미국의 규제 자본주의 시대를 규정하는 주요 사상 및 제도들을 나열한 것이다(각 제도의 목록에 관해 2장에서 이미 설명한 바 있다).[88] 이 중 몇 가지는 1930년대보다 이전에 나타나 전후 체제의 형성에 기여한 것도 있는데, 예를 들어 기간산업 규제, CEO의 기업 내부 승진, 그리고 관료주의적 원칙에 의한 기업 지배 구조가 그렇다. 또한, 일부는 1930년대 뉴딜 시대에 나타났거나 되살아나 제2차 세계대전 이후에도 존속되었던 것들인데, 예를 들어 금융 규제, 강력한 반독점법의 시행, 복지국가 그리고 누진적 소득세 체계가 바로 그것이다.

하지만 1930년대 말까지 생성된 규제 자본주의적 제도들은 높은 이윤율과 안정적 경제성장을 촉진하는, 하나의 사회적 축적 구조를 도출해내기에는 역부족이었다. 1930년대 말까지 자본-노동 간의 날카로운 대립은 경제 전반의 불안정과 불확실성으로 작용했고, 이는 미국 경제가 대

와중에도 구식의 노예제 경제가 출현해 자본주의와 긴밀한 상호 관계를 맺으며 번성했던 미국의 경우를 들 수 있다.

[87] 실제 역사는 역사 이론이 말하는 것보다 훨씬 더 복잡하다. 사회적 축적 구조 이론처럼 축적 및 이윤 창출을 보장하는 일련의 제도 집합들이 상대적으로 짧은 시간에 출현한다는 식으로 말할 수도 있겠지만, 사실 역사를 보면 과거에 있었던 각각의 사회적 축적 구조는 긴 시간 동안 복잡한 일련의 사건들을 거치면서 형성되어 간 것임을 알 수 있다.

[88] 표 3.1은 규제 자본주의의 주요 제도들을 열거한 것일 뿐, 그 전체를 담고 있지는 못하다. 더 넓은 범위의 목록은 Kotz(1994)를 보라.

표 3.1. | 규제 자본주의 시대를 구성하는 사상 및 제도들.

1. 케인스 사상 및 이론의 압도적 우위
2. 세계 경제: 브레턴우즈 체제, 고정환율, 금 태환에 기반을 둔 달러 기축통화, 자본 이동 통제 및 관세를 수반한 다소 개방적인 경제
3. 정부의 경제적 기능
   a) 케인스 경제학에 기반을 둔 재정 및 통화정책, 낮은 실업률과 수용 가능한 수준의 물가 상승률이 정책 목표
   b) 기간산업에 대한 정부의 규제
   c) 금융 부문에 대한 정부의 규제
   d) 사회적 규제: 환경, 작업장 안전 및 보건, 소비자 보호 관련 규제
   e) 강력한 반독점 규제 원칙의 적용
   f) 인프라 및 공교육을 포함하는 정부의 적극적인 공공 재화 및 서비스 공급
   g) 복지국가
   h) 누진적 소득세
4. 자본-노동 관계
   a) 노사 협상 과정의 단체교섭 일반화
   b) 다수 일자리의 정규직화
5. 기업 부문
   a) 상호 존중의 경쟁 관행
   b) 최고 경영자의 기업 내부 승진
   c) 관료주의적 원칙에 의한 기업 내부 통제
   d) 금융기관은 주로 비금융 기업 및 가계에 대한 여신 제공에 집중

공황의 여파에서 회복되는 것을 방해했다. 하지만 1941년 미국이 제2차 세계대전에 참전하자 자본, 노동 양측은 전쟁 지원을 위해 양자의 갈등을 잠정적으로 유보함으로써 미국의 자본-노동 관계는 특별한 시기에 진입한다. 그 후 지속 가능한 사회적 축적 구조의 창출은 제2차 세계대전이 끝난 후에야 가능하게 되었다. 이렇게 해서 1940년대에 나타난 새로운 핵심

적 제도들이 바로 브레턴우즈 체제, 케인스 사상의 우위, 낮은 실업률 및 적절한 인플레 통제를 위한 거시 경제정책, 그리고 무엇보다 대기업과 노동조합 간의 안정된 단체교섭 시스템이었다.[89]

규제 자본주의의 성립 과정에서 대기업들이 수행했던 핵심적 역할은 제2차 세계대전 기간은 물론이고 종전 후에도 계속 진행됐다. 이 과정에서 1944년에 브레턴우즈 체제가 그 윤곽을 점차 드러내기 시작해, 1946년에 이르면 IMF가 제 역할을 하게 된다.[90] 블록Block은 브레턴우즈 체제의 성립 과정에서 핵심적 역할을 했던 세력들 간의 복잡한 암투를 예리하게 분석하고 있는데, 특히 그 배경에 미국의 다국적 기업과 대형 은행들이 있음을 설득력 있게 보여주고 있다(Block, 1977). 블록은 그의 연구에서 상대적으로 개방된 경제와 안정된 통화 가치를 추구하는 이들을 '다자주의자multilateralists'라고 일컫는데, 이들 중에서 특히 은행들은 애초에 IMF 설립 안에 회의적이었고 대신 금본위제로의 복귀를 더 선호했지만, 미 재무성 일부 관료들이 선호하는 급진적 자본 통제안을 배제한다는 조건에 따라 IMF의 규율을 수용했다고 말하고 있다.

두 번째 세력은 블록이 '국가적 차원의 계획자national planners'라고 이름 붙인 그룹으로서 미 재무성이 그 핵심을 이루고 있었다. 저 유명한 해리 덱스터 화이트Harry Dexter White의 영향력 아래에 있는 이들은 [산업 노

---

89 대기업 간의 상호 존중에 기반을 둔 경쟁 관행은 1900년대 초 J.P.모건을 비롯한 당시의 은행가들이 시장 지배권을 획득한 산업 분야에서 최초로 도입되었다(6장을 보라). 이러한 관행은 1920년대와 30년대에는 약화했지만, 제2차 세계대전 이후에 다시 표준적 관행으로 자리매김하게 되었다.

90 브레턴우즈 체제의 일부 핵심적 부분은 1950년대 말까지도 제대로 시행되지 못했다(Kotz, 1994).

동조합들의 연합체인] 산별노조협의회CIO: Congress of Industrial Organization 내 조합들의 지지를 기반으로 하고 있었다. 화이트는 친 노동적 경제 개혁을 추구하는 국민국가를 국제 금융시장의 압력으로부터 차단하는 계획을 제안했지만, 화이트의 이 원안은 나중에 다자주의자 그룹들의 이해관계에 따라 형태가 상당히 바뀌게 되었다.

세 번째는 그룹은 '고립주의자isolationist'라고 지칭하는 세력으로, 미국이 새로운 국제통화 체제를 창출하는 것에 반대하는, 주로 국내 영업에 기반을 둔 중소기업들이었다. 그러나 이들의 주장은 대기업 및 은행들에 의해 묵살되었다.[91]

국내 경제 측면에서 제2차 세계대전 이후 가장 중요한 제도적 변화는 대기업과 노동조합 간 단체 협상의 정착, 낮은 실업률과 대공황의 재발 방지를 위한 케인시언 거시 경제정책의 수용이라고 할 수 있다. 케인시언 거시 경제정책은 대기업들이 불황기의 임금 인상 압박이라는 걱정에서 벗어나게 함으로써, 3년 단위의 단체 교섭을 통한 임금 인상에 흔쾌히 동의하도록 만들 수 있었다. 그리고 이러한 거시 경제정책에 대한 학문적 정당화는 바로 케인스의 경제 이론이 제공해 준 것이었다.

이 책이 강조하려는 것 중 하나가 바로, 1940년대 중후반에 가서야 비로소 미국의 대기업들이 단체교섭, 케인스 경제사상 및 거시 경제정책, 그리고 복지국가에 대한 결정적 지지로 돌아서기 시작했다는 점이다. 사실 1930년대까지만 해도 오직 몇몇 대기업 경영자들만이 뉴딜 정책 및 노

---

91 브레턴우즈 체제뿐 아니라 다른 중요한 제도적 현상들도 1940년대 후반에 출현했는데, 이 시기부터 미국의 군사적 역할이 전 세계적으로 확산되고, 경제 원조의 규모 또한 증대된다.

동조합의 권리를 지지했을 뿐이었다. 1935년에는 당시 가장 유력한 대기업들의 정책 기구로서 상대적으로 노동 측에 유화적이었던 기업위원회BC: Business Council조차도, 단체 교섭의 권리를 보장하는 전국노사관계법National Labor Relations Act에 대한 전미제조업협의회National Association of Manufacturers 및 미국상공회의소U.S. Chamber of Commerce의 (결국 실패로 끝난) 반대 입장에 동조했었다. 미국이 제2차 세계대전에 참전한 후에도 기업위원회는 노동조합에 대한 반대 입장을 지속했다. 하지만 제2차 세계대전이 종전으로 향하고, 대기업 경영자들 역시 과거 대공황 때의 격렬한 노동 분규 및 전시의 총동원이 초래했던 결과에 대해 심사숙고하면서, 결국 많은 대기업이 기존 입장을 철회하게 된다.

경제발전협의회CED: Committee for Economic Development는 대기업들이 단체교섭, 케인시언 경제정책, 복지국가에 관해 지지 입장을 표명하고, 동시에 이러한 제도들에 자신들의 영향력을 행사하는 가장 중요한 채널이었다. CED는 앞의 BC를 모태로 1942년 9월에 출범했는데, "비영리, 비정치적인 사적 협의체로 … 미국의 대표적인 기업가들로 구성"된 것이었다.[92] CED의 두 가지 공식 목표는 전후의 부흥을 돕고, "높은 수준의 생산과 고용의 유지, 달성을 위한 경제정책 결정을 추구하는 것"이었다(CED, 1948, 57). 표 3.2에서 보는 것처럼, 처음에는 소수의 대기업만이 CED의 이사회에 이름을 올려 1944년 기준으로 13개사 수준이었는

---

92 이 단체의 설립을 주도한 인물들에는 자동차 업체인 스튜드베이커Studebaker Corporation의 폴 호프먼Paul G. Hoffman, 광고 회사인 벤턴앤보울스Benton&Bowles의 공동 창업자인 윌리엄 벤턴 William Benton, 그리고 이스트먼코닥Eastman Kodak Company의 재무 책임자 마리안 폴섬Marian B. Folsom이 있다.

데, 1948년에 이르면 표 3.3에서처럼 43개사까지 그 범위가 확장된다. 몇몇 예외는 있지만, 그 사이에 이사회Board of Trustee 및 조사위원회Research Committee에 이름을 올린 대기업 경영자들은 당시 재계의 유력 인사들을 망라한 것이었다. 1944년과 1948년의 명단을 보면 주요 금융 및 비금융 기업 최고 경영자들을 포괄하고 있는데, J.P.모건J.P. Morgan, (오랜 기간 모건 금융 그룹과 연계된) 뱅커스트러스트Bankers Trust Company, 골드먼삭스 Goldman Sachs, 리먼브러더스Lehman Brothers, 제너럴일렉트릭General Electric, 연합태평양철도회사Union Pacific Railroad, 포드자동차Ford Motor Company, 이스트먼코닥Eastman Kodak, 굿리치타이어Goodrich Tire, 제너럴푸드General Foods 93, 페더레이티드백화점Federated Department Stores 94, 뉴욕생명New York Life Insurance, 셸정유Shell Oil가 바로 그 예라고 할 수 있다. 1964년까지 이 명단은 91개의 대기업으로 늘어나는데, AT&T, 뱅크오브아메리카 Bank of America, 퍼스트내셔널시티뱅크First National City Bank 95, 제너럴모 터스General Motors, U.S.스틸U.S. Steel Corporation, 그리고 스탠더드오일뉴저지Standard Oil of New Jersey 96 까지 여기에 포함된다. 97

그렇다면 과연 CED는 무엇을 옹호하려던 것인가? 설립 2년이 지난 1944년, CED는 설립자의 일원인 윌리엄 벤턴William Benton이 작성한 〈자유로운 사회의 경제학〉이라는 하나의 보고서를 발간한다. 98 이 보고

---

93   유명한 식품 브랜드 크래프트KRAFT의 전신. -옮긴이
94   미국의 대표적 백화점 체인 메이시스Macys의 전신. -옮긴이
95   시티은행Citi Bank의 전신. -옮긴이
96   엑손Exxon의 전신. -옮긴이
97   기업 이사회처럼 CED 이사회 역시 대학 총장 같은 비 경제계 인물들을 포함하고 있었다.
98   이 보고서는 널리 주목받았고, 1944년 10월 포춘지에 전문이 실렸다(Mcquaid, 1982, 119).

표 3.2. | **1944년 경제발전협의회^{CED}의 참가 기업 명단.**

Champion Paper

Coca-Cola

Eastman Kodak

Fidelity & Casualty Co

General Foods

Goldman, Sachs & Co

Hormel Foods

J.P. Morgan & Co.

Quaker Oats

R.H. Macy and Company

Scott Paper

Studebaker

Union Pacific Railroad Co.

출처: CED, 1944.
비고: 위 목록은 CED의 이사회 및 조사위원회 대표자로 참가한 기업의 명단임.

서는 이 책에서 규제 자본주의의 특징으로 간주하는 세 가지 기본 제도들, 즉 노동조합과의 단체교섭, 경기변동을 통제하기 위한 케인시언 거시경제정책, 그리고 정부의 사회복지 프로그램 제공에 대한 수용을 주장하고 있다. 일부 인용하면, "개별 노동자들의 취약한 협상력을 보완하기 위하여 임금 소득자들은 노동조합을 조직해 단체 협상에 나설 권리가 있다(Benton, 1944, 6)"고 밝히고 있다. 그리고 "높은 수준의 고용 달성에 필수적인 구매력 추세의 유지를 위하여" 정부의 적극적 역할을 촉구하고 있으며, 심지어 필요할 경우 정부가 실업자들을 위해 일자리를 창출해야 한다고까지 지적했다(7). 또한, 사회보장 은퇴 연금과 실업수당 같은 "개별적

표 3.3. | 1948년 경제발전협의회의 참가 기업 명단.

Allegheny Ludlum Steel	Goldman, Sachs & Co
Anderson, Clayton and Co	Hormel Foods
Arkansas Power & Light Company	International Harvester
B.F. Goodrich	J.P. Stevens
Bankers Trust Company	Lehman Brothers
Bausch and Lomb Optical	Libbey-Owens-Ford Glass
Bristol-Myers	National Broadcasting Co
Champion Paper	New York Life Insurance Co
Chicago, Indianapolis & Louisville Railway	Northern Pacifi c Railway Company
Cincinnati Street Railway Company	Northwest Bancorporation
Cleveland Electric Illuminating Company	Owens-Illinois Glass
Coca-Cola	Pennsylvania Railroad Company
Colgate-Palmolive	Philco
Continental Insurance Co	Procter & Gamble
Corning Glass Works	Quaker Oats
Crown Zellerbach	R.H. Macy
Eastman Kodak	Scott Paper
Federated Department Stores	Shell Union Oil Co
Ford Motor	Sinclair Coal Company
General Electric	Texas Power and Light Company
General Foods	United Air Lines
General Mills	

출처: CED, 1948.

비고: 1948년에는 조사정책위원회Research and Policy committee 회원사 전체가 이사회 명단에 포함.

보호 조치"의 필요성은 물론이고, 그것도 "최대한 조속히 확대되어야 한다"고 촉구하고 있다(7).

물론 1944년에는 아직 CED 참여 기업이 13곳이라 소수에 지나지 않았고, 따라서 이러한 주장은 대기업들 사이에서 널리 받아들여진 것이라고 할 수는 없었다. 그러나 1948년에는 회원사가 34곳으로, 그리고 1964년에는 규모가 크게 확장되어 1930년대 중반까지만 해도 확고한 노조 반대 입장을 고수하던 제너럴모터스까지 이 대열에 동참하게 된다.[99]

1947년에 CED의 조사정책위원회가 〈단체교섭: 어떻게 더 효율적으로 만들 것인가〉라는 제목으로 "정부 정책에 대한 견해"를 밝히는 성명서를 발행했는데,[100] 이 문건에서는 노조를 통한 단체교섭을 수용하되 회사에 피해가 오지 않도록 운용하는 방법들이 논의되고 있다. 성명서는 산업계의 노사 분규가 미국 경제를 곤경에 빠뜨리고 미국의 지도적 역할을 가능하게 하는 "국제 평화와 번영"을 위협한다고 경고했다. 또한, CED 조사정책위원회는 "진정한 단체 협상을 믿으며" 과거의 노동과 자본 간의 "내

---

99 Ferguson and Rogers(1986)에 따르면, 뉴딜과 평화적으로 공존하는 길을 택한 것은 대부분 거대 금융기관이나 자본 집약적 기업들이었는데, 노동 비용이 차지하는 비중이 상대적으로 작다는 것이 한 가지 이유였다. 그러나 1960년대까지 자동차나 섬유 산업의 대기업들은 상대적으로 노동 집약적인 상황임에도 불구하고 CED와 보조를 맞추는 방향으로 나아갔고, 특히 헨리 포드는 CED의 정책을 지지하기까지 했다.

100 비록 이 문건은 "반드시 CED 이사회의 관점을 대변하는 것이 아니"라고 전제하지만, 이 문건 자체가 이미 CED 조사정책위원회의 이름으로 공식 발간된 것이고, CED의 조사정책위에는 LOF 글라스Libby-Owens-Ford glass, 이스트먼코닥, 뉴욕생명, 스튜드베이커, 호멜Geo A. Hormel and Co, 페더레이티드백화점, 스콧페이퍼Scott Paper, 제너럴일렉트릭, 메이시스R. H. Macys, 그리고 노스웨스트은행Northwest Bancorporation 같은 기업들이 포함되어 있었음에 주목할 필요가 있다(CED, 1947).

전"으로 회귀하는 것을 전적으로 반대한다고 밝히고 있다(7-8). 그뿐만 아니라 기업과 노동자 간의 "상호 신뢰와 이해"를 추구하고, 고충 처리 절차를 수용하며, 단체 협상 과정에서 고용주는 물론 노동조합의 참여를 보장하도록 와그너법Wagner Act의 수정도 요구하고 있다(9, 12-13).

17년이 흐른 1964년에 CED 조사정책위는 〈노동조합의 힘과 역할: 더 나은 조화를 위하여〉라는 제목의 또 다른 보고서에서 노조의 힘이 과도하게 커지는 것에 대해서는 우려하면서도 "그들의 고용 조건을 결정하는 고용주와의 교섭에서 자신을 더 효율적으로 대표하도록 노동자들은 그에 걸맞은 힘을 가진 노조를 결성할 권리를 갖는다"고 진술하고 있다(CED, 1964).[101] 이어서 1930년대 중반에 시작된 노동운동의 격화 및 1932년 이후 미 의회가 통과시킨 일련의 노동관계법의 역사를 일별한 후, 이 보고서는 아래와 같이 마무리된다.

우리는 국가에 의한 과거의 노동 관련 입법 활동이 전반적으로 건설적이었다고 본다. 1932년 이전이나 1947년 이전, 혹은 1959년 이전으로 회귀하는 것은 절대 바람직하지 않다(12).[102]

1948년 CED는 "더 큰 안정성을 위한 통화 및 재정 정책"이라는 정부 정책에 대한 성명서를 발간한다. 여기서 그들은 재정 통화정책을 통한 저

---

[101] 1964년 보고서가 발간될 당시, CED의 조사정책위에는 전체 200여 이사진 중 약 50개 회원사가 소속되어 있었다(CED, 1964).

[102] 1959년부터 랜드럼-그리핀법Landrum-Griffin Act에 의해 노동조합의 내부 조직에 관한 새로운 규정이 적용된다.

실업 및 경제 안정화 달성을 위한 연방 정부의 적절한 역할과 케인시언 거시 정책에 대한 지지 의사를 구체적으로 밝힌다. 이 보고서는 "금융적 팽창을 촉진 또는 저지할 수 있는 재정, 금융 정책은 정부의 필수적 기능"이라고 보고 있다(CED, 1948, 57).[103]

당시 잘 나가는 대기업들의 이익을 수호하기 위해 설립한 정책 기관이 어째서 노동조합과 단체교섭, 케인시언 거시 경제학, 그리고 복지국가를 앞장서서 옹호하고 나선 것일까? 여기에는 1940년대 미국 및 세계 정세에서 비롯된 몇 가지 원인이 있다.[104] 첫째, 1930년대 초부터 있었던 미국의 자본-노동 관계의 진화의 결과에 힘입은 것이다. 1930년대 전까지만 해도 일부 예외를 제외하고 미국의 대기업 다수가 다른 자본주의 국가들보다 더 필사적으로 노조에 대한 인정을 거부했다. 대공황의 수렁 한 가운데에 이르러서야, 자동차, 철강, 타이어, 전기 기계, 육상 운송, 그리고 항만 등의 주요 제조업 분야에 걸쳐 노동조합의 인정을 요구하는 운동이 본격화되고, 이를 기점으로 대규모의 노동쟁의가 미국에서 일어난 것이다. 때로는 폭력을 동원한 투쟁이 벌어졌고, 시간이 지남에 따라 노동자 측이 세를 얻으면서, 많은 대기업이 결국 노조를 인정하고 그들과의 협상

---

103 CED의 이 보고서는 기업 투자의 감소 추세를 되돌릴 필요가 있을 경우, 정부 지출의 증가보다는 감세를 더 선호하는, 이른바 '보수적 케인스주의'라 불리는 입장을 취하고 있다. 1960년대 미 연방 정부에 의하여 케인스주의 정책이 적극 시행되던 시기에, 케네디 행정부가 제안하고 존슨 행정부 시절 의회에서 통과시킨 것이 바로 광범위한 감세의 형태를 취하고 있는, 보수적 케인스주의에 기반을 둔 경기 진작책이었다.

104 다른 선진 자본주의 국가들도 비슷한 상황이었으므로, 대기업들은 이러한 조치들에 찬성할 수밖에 없었다. 하지만 국가마다 규제 자본주의에 이르는 구체적 과정과 형태는 달랐는데, 일부 유럽 국가의 경우 노동계급을 지지 기반으로 하는 정당들이 미국보다 관대한 사회보장 프로그램을 포함하는 규제 자본주의의 설립에 주도적인 역할을 수행했다.

을 수용할 수밖에 없게 된 것이다.[105]

노동운동 지도부도 미국의 제2차 세계대전 참전에 즈음하여, 일종의 휴전을 받아들이고 전시 파업 중단에 동의하게 된다. 전시 총동원의 성공 여부는 노동 측의 협조에 달려 있었고, 노동 측은 완전고용은 물론이고 강화된 협상력을 바탕으로 노동조합비 원천 공제, 고충 처리 절차, 연공서열에 따른 승진, 해고로부터의 보호, 노조 가입 자격의 확대 같은 추가적 대가들을 얻어냈다.

종전 후 전시에 시행된 임금 및 가격 통제와 무파업이 종결되면서, 1946년부터 기반 산업 분야에서 전국적 규모의 파업 물결이 터져 나오기 시작했다. 그러나 당시는 냉전 중이었고, 미국 정치는 우파들에게 휘둘리는 와중이었다. 다수의 유력한 노조 지도자들이 공산주의자, 사회주의자, 또는 독자적 급진파였고, 이로 인해 노동운동은 "체제 전복 활동"으로 간주되었다. 1946년의 의회 선거에서 노동운동에 적대적인 공화당이 대승을 거뒀고, 이에 힘입은 대기업들은 중소기업들과 제휴하여 태프트-하틀리법Taft-Hatley Act 같은 반노동 입법을 몰아붙였다. 1947년에 트루먼 대통령이 이 법에 거부권을 행사했지만, 공화당이 장악한 의회는 이 법을 재차 통과시킴으로써 2차 보이콧[106]을 비롯한 노조의 많은 유효

---

105 1930년대 후반 극히 일부의 대기업들은 강력한 노조 설립 운동에 직면하자 이에 순응해 노조를 인정하는 조치를 취하기도 했다. 예를 들어 1937년의 U.S.스틸의 경우가 그랬다. 그러나 이 시기 대부분의 대기업은 순응보다 저항의 길을 택했다. 전국자동차노조United Auto Workers Union는 극적인 장기간의 연좌 파업을 통해 결국 제너럴모터스로부터 노조 인정을 쟁취해 냈다. 반면, U.S.스틸을 제외한 다수의 주요 제철 회사들은 1937년 철강노조Steel Workers Union를 상대로 폭력 대응까지 불사했다.

106 1차 보이콧primary boycott은 노동조합이 분쟁과 관련된 회사의 제품 불매를 주장하는 운동이

한 투쟁 전략을 불법화했다.

냉전 구도가 더욱 뿌리내리며 급진파 노동운동가들의 두려움은 커졌고, 1948년 산업 노조의 새로운 협의체인 산별노조협의회CIO: Congress of Industrial Organizations의 온건 성향 지도부는, 1930년대 이래 대부분의 주요 노동 분규 최전선에서 핵심 역할을 했던 좌파 지도자들에게 등을 돌려 버렸다. 이러한 움직임은 1949년과 50년에 공산주의자들이 주도하는 전국적 규모의 몇몇 노동조합이 CIO에서 축출되면서 그 절정에 달했다.

그간 노조에 그토록 비판적이던 대다수 대기업 쪽 인사들이 이제 노조와의 거래에 나서도 되겠다고 판단하게 된 것은, 바로 태프트-하틀리법으로 찍어 눌러 파생된 노조 지도부의 이러한 온건성 때문이었다. 하지만 약 15년에 걸쳐 대자본가들은 노동 소요를 분쇄하려 온갖 노력을 다했지만, 결국 원하는 수준까지 얻어내는 것에는 실패했고, 이제 노조의 임금, 노동조건에 관한 단체 협상 참여를 수용하는 것 외에 대안이 없음이 분명해졌다. 대부분의 전투적 노조 간부들이 제거된 후 노조에 우호적이던 민심마저 잃어서 온순하게 길들어 버린 새 노조 지도부 역시이제는 자본 측과의 거래를 수용할 수밖에 없는 상황이었다. 파괴적인 투쟁 전략 대부분을 포기하는 대신 일정 수준 경영에 참여할 수 있는 권리를 획득하고, 사후 동의를 조건으로 단체협약 결과를 비조합원까지 적용할 것을 약속받게 된다. 만일 노조를 깡그리 없앨 가능성이 조금이라도 있었다면 어떤 대기업도 이런 거래에 동의하지 않았겠지만, 더 이상

다. 2차 보이콧secondary boycott은 파업이나 1차 보이콧의 대상이 된 특정 회사와의 거래 중단을 다른 회사에 요구하는 운동이다. -옮긴이

의 노조 절멸 시도는 어차피 현실적인 대안이 아니었다.

포드자동차는 1940년대 후반에 자신들의 입장을 바꾸기까지, 1930년대 내내 노조와 가장 격렬하게 싸운 대표적 기업이었다. 1937년 5월 26일, 전국자동차노조의 지도자 월터 루더Walter Reuther가 포드자동차 공장의 진입로에서 전단을 배포하던 중 회사에 고용된 보안 요원들에게 처참히 구타당한 사건은 유명하다. 역사적 전기가 되는 1946년에 헨리 포드 2세는 회장 취임에 즈음하여, 포드 자동차는 이제 "시계를 거꾸로 돌리려는 열망을 전혀 갖고 있지 않으며 … 우리는 노조를 파괴하지 않을 것"이라고 천명했다(McQuaid, 1982, 143).

1964년 CED 조사정책위도 보고서를 통해, 노조와의 안정적 관계를 수용함으로써 기업 입장에서도 이익을 보고 있다고 명시했다. 보고서는 노조의 정치적 행동주의를 분명히 반대하면서도, 한편으로는 다음과 같이 말하고 있다.

> 그러나 이 (노조의 정치적 행동주의) 시스템에도 어느 정도의 이점은 존재한다. 이는 노동자들이 정부 권력을 움직여 민간 의사 결정자들 수중에서 잘 운영되고 있는 고용조건의 결정 권한 그 자체에는 손대지 않고, 대신 오직 단체교섭에만 매진하게 하는 효과가 있다. 미국 노동정책의 주요한 성취는 바로 정부가 고용조건의 결정에 일일이 개입하지 않고 온건한 수준에 머물게 한 것에 있다.

이는 미국 노조 특유의 정치적 온건성에 관한 자본 측의 선호를 보여주는 것이다. 반면에 당시 유럽 대부분 국가의 노조는 사회주의 혹은 공산주의 정당을 지지함으로써 국가가 더 적극적으로 경제에 개입할 것을 요구하고, 최종적으로는 자본주의를 사회주의로 대체할 것임을 표방하는, 정치적으로 훨씬 급진적인 역할을 수행했다.

미국의 대기업이 규제 자본주의를 지지했던 두 번째 이유는 대공황 재발에 대한 공포였다. 제2차 세계대전 이후 대기업들에는 케인스 경제 사상 및 거시 경제정책을 승인해야 할 충분한 이유가 있었다. 미국의 대기업들은 제2차 세계대전 당시의 총동원 체제 및 대규모의 정부 지출을 통해 미국 경제가 순식간에 대공황에서 벗어났음을 목도했던 것이다. 대공황이 발발하고 실업률은 1933년에 정점을 찍어 25%에 이르렀고, 대공황 발발 후 10년이 지난 1939년까지도 실업률은 여전히 17.2%에 달하는 상황이었다. 같은 해 기업의 고정 투자도 1929년에 비교하면 58% 수준에 지나지 않았다. 이런 상황에서 참전의 경제적 파급효과는 불황을 일거에 종결시켰고, 실업률을 급락시켜 1944년에는 1.2%까지 떨어졌다. 그러자 전쟁이 끝나면 곧바로 불황이 되돌아올 것이라는 공포가 대기업은 물론 경제 전반에 팽배하게 되었다. 이에 다수의 대기업은 거대 연방 정부에 경제를 안정화하고 불황의 재림을 방지하는 역할을 맡기기로 결정한 것이다.

1948년 CED는 통화 재정 정책에 관한 성명서에서 "역사상 최악의 공황과 (전시 가격 통제 종료 후의) 극심한 인플레이션까지 모두 겪었던 세대로서 우리는 경제가 생산과 고용, 그리고 물가 전반에 걸쳐 극심한 변동을 거듭한다는 것을 잘 알고 있다"고 했다(CED, 1948, 9). 성명서는 대공황의 재발 방지를 위해선 재정 적자를 감수하더라도 감세 및 통화 증발을 포함한 경기 부양책이 필요함을 인정하고 있다. 또한, 방위비 지출 증가에 힘입어 국민소득에서 연방 정부가 차지하는 비중이 팽창해 기존의 15%에서 이제는 25%까지 이른다는 점을 지적하면서, "이러한 재정 규모라면 현명한 정책을 통해 경제를 안정화하는 데 영향력을 발휘할 수 있을 것 (14)"이라고 결론 내리고 있다.[107]

보고서는 또한, 대기업들이 대공황의 재발을 막기 위한 노력에 가장 우선순위를 두고 있음을 분명히 하면서 생산의 손실, 실업, 부도, 그리고 주택 압류 등 대공황이 초래한 명백한 비용들을 하나하나 나열한 뒤, 대공황이 재발할 경우 "깊은 좌절과 부당함에 대한 분노"가 번지고 "모든 병증의 치료를 약속하는 위험천만한 엉터리 아이디어에 점점 더 사람들의 귀가 솔깃해지는" 결과를 초래할 것이라고 끝을 맺고 있다. 즉, 만일 대공황이 재발하고 자본주의 체제 아래에서 공황이란 도저히 피할 수 없는 것이라는 확신까지 퍼져 버리면, 결국 더 많은 이들이 자본주의를 버리고 사회주의적 대안을 지지할 것이라고 대기업들은 염려했다. 그렇기에 케인스 경제학적 정책들은 자본주의 자체를 잃어버리는 것보다는 어쨌든 훨씬 나은 선택이었던 것이다.

대기업들이 규제 자본주의를 수용하게 만든 세 번째 요인은 당시 상당수 선진 자본주의 국가들에서 사회주의와 공산주의에 대한 지지가 높았다는 점이다. 영국에서는 급진적 노선을 걷던 노동당이 1945년 선거에서 역사적인 승리를 거두고 주요 산업의 국유화 프로그램을 추진했다. 프랑스와 이탈리아에서는 공산당 혹은 사회당이 집권을 시도하고 있었

---

107 반면 대다수 회원이 소상공인이던 미국상공회의소U. S. Chamber of Commerce 측은 제2차 세계대전 이후의 케인시언 정책에 입각한 경기 부양에 반대했는데, 이런 입장은 1949년에 불황이 닥치던 상황에서조차 마찬가지였다(Collins, 1981, 127-128).

고, 일본에서도 좌파 정당의 영향력이 만만치 않았다. 비록 종전 후의 냉전 상황에서 분쇄되긴 했어도 심지어 미국에서조차도 공산당이 1930년대 말부터 1940년대 중반까지 상당한 역할을 한 바 있다. 당시 미국의 대기업들로서는 설사 대공황이 재발하지 않아도 사회주의에 대한 지지가 확산하는 것을 충분히 두려워할 만한 상황이었던 것이다. 기업이 노동의 권익을 어느 정도 인정하고 완전고용 정책을 수용한 것은 어디까지나 그것이 미국에서 사회주의 정서가 확산하는 것을 막기 위한 방파제로 기능했기 때문이다. 사회보장 및 실업 급여를 철폐하려는 움직임에 반대를 천명했던 1944년 CED 문서(Benton, 1944)에서는 대기업들이 1930년대에 온건한 사회복지 프로그램을 수용했던 것이 사회주의를 미연에 방지하기 위해 지불해야 할 최소한의 비용이라고 보았기 때문이라고 설명하고 있다.

마지막으로 네 번째는, 공산주의 노선을 표방하는 국가가 소련 한 곳이었던 것이 제2차 세계대전 종전 직후로 가면 9곳으로 급증했다는 점이다. 소련 점령하의 동유럽 6개국에서 공산당이 정권을 획득했고, 유고슬라비아와 알바니아에서는 소련의 개입 없이 자체적으로 공산당이 권력을 잡았다. 1949년에는 세계 최대의 인구 대국인 중국에서 공산당이 권력을 장악했는데, 이는 인류의 3분의 1이 공산당 치하에 들어감으로써 역사상 최초로 강력한 공산주의 블록이 형성되었음을 뜻하는 것이었다. 공산국가들은 그동안 자본주의가 노동 대중에게 가해 온 억압들을 일소했다고 자신했고, 스스로 '인민 국가workers' state'라고 천명했다. 이처럼 사회주의의 영향력이 세계적으로 확산하자, 미국의 대기업들은 노동자들이 사회주의를 매력적인 대안으로 받아들이는 상황을 막기 위해서라도 양보에

나설 수밖에 없었다.[108]

몇몇 재계 지도자들은 1930년대부터 이미 뉴딜 정책에 대한 지지를 천명했는데, 예를 들어 루스벨트가 미국증권거래위원회SEC: Securities and Exchange Commission 초대 위원장으로 임명한 조지프 케네디Joseph Kennedy 가 그 한 예다.[109] 그러나 이러한 개종자들은 1930년대까지도 소수에 지나지 않았고, 대부분의 대기업은 규제 자본주의를 세우려는 뉴딜 초기의 시도들에 반대했다. 대기업들 다수가 규제 자본주의 지지 쪽으로 입장을 선회한 것은, 누차 말했듯이 제2차 세계대전이 가져온 상황 변화 이후의 이야기다. 대기업들이 조직 노동자들과의 연합을 받아들이기로 한 뒤에야 비로소 규제 자본주의라는 새로운 체제가 견고하게 성립되기 시작한 것이다.

하지만 규제 자본주의에 끝까지 저항했던 두 부류가 있었다. 하나는, 노조는 물론이고 경제 안정화를 위해 개입하려는 정부까지도 적대시했던 일부 대기업 지도자들이다. 예를 들어 미국 최고의 거부인 듀폰DuPont 가문은 규제 자본주의에 최후까지 완고하게 저항했다. 당시 이들의 주력 기업은 듀폰화학회사DuPont Chemical Company와 더불어 제1차 세계대전 후

---

108 공산당 치하 국가들이 보여준 여러 부정적 모습들 때문에 시간이 갈수록 공산주의가 서방세계의 노동자들에게 긍정적으로 다가갈 수 있는 여지는 사라져갔다.

109 보도에 의하면 존. F. 케네디 대통령과 로버트 케네디Rober Kenndy, 에드워드 케네디Edward Kenndy 두 상원 의원의 아버지였던 조지프 케네디는 어째서 당신같이 부유한 자본가가 루스벨트의 뉴딜을 지지하느냐는 질문에 "재산의 절반을 포기하고서라도 나머지 절반을 평화롭고 안전하게 누릴 수 있는 보장을 얻기 위해"라고 답했다(Whalen, 1963). 그러나 이는 그저 수사학에 불과한 것이고, 실제 그는 재산의 절반을 포기한 적이 없으며, 단지 뉴딜의 재분배 정책을 지지했을 뿐이다. 웨일렌Whalen의 책에 인용된 저 발언도 정확한 발언 날짜와 맥락이 불분명하다.

부터 1930년대 말까지 지배권을 행사했던 제너럴모터스였다.[110] 그럼에도 끝까지 규제 자본주의의 적대 세력으로 남은 대기업은 분명 소수에 지나지 않았다

규제 자본주의에 저항하는 두 번째 부류는 중소기업 및 그 연계 세력들이다. 미상공회의소는 오래도록 소상공인을 대변해 온 주요 기구로서 규제 자본주의 반대 입장을 결코 포기하지 않았고, 특히 노조 승인, 사회복지 프로그램, 재정 적자를 용납하지 않았다(Collins, 1981). 1950년대에 경제정책과 관련한 한 의회 공청회에서 미상공회의소는 전문가를 출석시켜, 노조가 노동자들의 일할 권리를 침해하고, 사회보장제도는 근로 의욕을 저해하며, 미국은 사회주의의 내리막으로 치닫고 있다고 증언했다. 대기업들과 달리 중소기업들은 살아남기 위해 매일 악전고투해야 했고, 가장 경쟁이 치열한 분야에서 칼날처럼 좁은 마진폭을 걸으며 영업하고 있었다. 상당 비율의 중소기업이 해마다 도산했다. 그들은 노조와의 협상으로 정해진 임금을 감당하기 버거워했고, 사회복지 프로그램을 지탱하기 위한 세금 부담은 물론, 정부의 규제 조치에 순응하기 위한 추가적 비용까지 지는 것을 매우 부담스러워했다.

---

110 1930년대에 미국 정부는 이례적으로 반독점법을 적용해 듀폰화학회사가 보유한 제너럴모터스의 지배적 지분controlling interest의 강제 매각을 명령한다. 이러한 조치의 표면적 이유는 듀폰화학회사가 제너럴모터스에 대한 지배권을 이용해 페인트 판매의 독점을 시도했다는 것이다. 하지만 많은 이들이 이러한 반독점 규제가 듀폰 가문의 공개적인 친나치 지지 행위 때문이라고 여겼다. 제2차 세계대전이 다가오고, 제너럴모터스가 전시에 주요 군수 업체로 전환될 수도 있는 상황에서 루스벨트 행정부가 중요 산업체를 친나치 가문의 손아귀에 맡겨 놓을 수는 없었다는 것이다. 제너럴모터스에 대한 지배권을 매각한 후에도 규제 자본주의에 대한 듀폰의 증오는 변함이 없었다.

제2차 세계대전 후 대기업들의 상황은 중소기업과 상당히 달랐다. 엄청난 자금력을 갖춘 이들에게 경쟁 기업은 소수에 불과했기 때문에, 임금·단체협약으로 정한 임금과 사회복지 프로그램을 위한 세금을 지불할 여력이 충분했다. 필요할 경우 이들은 비용의 증가를 가격 인상으로 전가할 수가 있었다. 중소기업과 달리 대기업은 파산의 공포에서 자유로웠고, 덕분에 이들은 장기 사업 계획을 통해 이러한 비용을 충당하고도 남을 정도의 이윤을 기대할 수 있었다. 경제에 수시로 개입하는 거대 정부란, 정책 형성에 아무런 영향을 끼칠 수 없는 중소기업들에 매우 공포스러운 것이었던 반면 대기업들은 거대 연방 정부가 그들의 핵심 이익을 침해할 경우, 이를 저지할 힘이 자신들에게 있음을 확신했다. 하지만 이것만으로 대기업들의 규제 자본주의 지지를 보증할 수 있는 것은 결코 아니고, 전술했다시피 1940년대 후반의 역사적 상황들 덕분에 규제 자본주의가 대기업들의 구미에 당겼던 것이기는 하지만 말이다.[111]

규제 자본주의는 예상했던 것보다 훨씬 놀라울 정도로 대기업들의 이익에 맞게 작동했다. '자본주의의 황금기golden age of capitalism'가 미국에 펼쳐졌고, 대기업들에는 안정적 노사 관계, 예측 가능한 노동비용, 심각한 불황의 일소, 고도성장, 그리고 높은 노동생산성이라는 혜택들을 가져다주었다. 노동자의 임금도 오르긴 했지만, 장기적으로 생산성 증대보다 높은 수준은 결코 아니었고, 이윤율은 1960년대 중반에 아래의 그래프에서 보다시피 제2차 세계대전 후 시기를 통틀어 최고점에 달했다.

---

111 일부 학자들은 대기업이라면 필연적으로 어느 정도 국가의 적극적 규제가 전제된 자본주의를 선호할 수밖에 없다고 주장한다. 이러한 주장은 1970년대 이전까지의 역사적 실례를 통해 뒷받침되지만, 그 이후의 역사까지 고려한다면 완벽하게 성립할 수 없는 주장이다.

그림 3.1. | 미국 비금융 기업의 이윤율, 1948-1982.

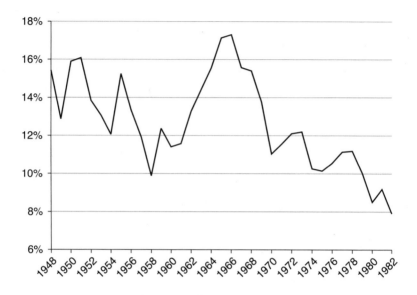

출처: 미국 경제분석국(U.S. Bureau of Economic Analysis, 2013, NIPA Table, 1.1.5, 1.2.5).

　　그러나 규제 자본주의가 대기업들에게 최적의 사업 환경만을 제공한 것은 아니다. 상대적으로 강력한 노조를 상대해야 할 뿐 아니라, 사회복지의 소요 비용과 정부의 온갖 규제도 감내해야 했기 때문이다. 그럼에도 노동자들의 격렬한 저항과 대공황 재발에 대한 우려, 그리고 공산주의/사회주의에 대한 공포가 대기업들로 하여금 하지 않았다면 더 좋았을 개혁 조치들을 별수 없이 수용하게 만든 것임은 명백하다.

황금기의 종료: 1970년대의 위기

주지하다시피 규제 자본주의는 1940년 말부터 1970년대 초까지 미국 경제에 상당히 빠른 경제성장을 가져왔다. 1948년부터 1973년까지 GDP는 물론이고, 민간 부분 생산과 노동생산성 측면에서 급속한 성장이 있었다. 빈곤과 불평등이 완전히 사라진 것은 아니지만, 1959년 한 해를 제외하면, 시간당 실질임금은 빠르게 그리고 지속해서 상승했고, 이 기간 내내 불평등은 감소했다. 요컨대 이 시기의 경제성장은 정말로 그 과실이 공유되는 성장이었던 것이다.

대기업들은 이 추세를 놓치지 않았다. 위의 표 3.1에서 보는 것처럼 미국 비금융 기업의 이윤율은 1950년대 초부터 1960년대 초까지 부침을 거듭하다가, 1960년대 초부터 상승일로로 전환되어 1966년에는 전후 최고 수준인 17.3%까지 치솟는다.

그러나 1966년 이후부터는 기업들이 볼 때 슬슬 문제가 터져 나오기 시작했다. 시간당 실질임금은 1948년부터 1966년까지는 매년 2.5%, 1966년부터 1973년까지는 매년 1.7% 상승했고, 이처럼 매년 증가하는 실질임금에 비해 이윤 사정은 점차 나빠지고 있었다(Economic Report of the President, 1990).[112] 위의 표 3.1에서 보는 것처럼, 1966년부터 1973년까지 이윤율은 급격하게 떨어져서, 1973년에 이르면 1966년의 이윤율 수준의 29.5%가 사라져 버렸다.[113] 같은 기간 동안 국내소득NI: national

---

112 여기서 실질임금은 생산 부문 혹은 비관리직군에 종사하는 노동자의 인플레이션 효과를 제거한 시간당 임금을 말한다.

113 사실 인플레이션 효과를 제거한 세전 기업 이익은 1966년부터 1973년까지 9.3% 감소했다.

income의 노동 소득 분배율은 2.8% 상승한 반면, 기업 이윤 분배율은 바로 그만큼을 잃어버린 3%가 감소했다(U.S. Bureau of Economic Analysis, 2013, NIPA Table 1.4, 1.12, 1.14).

1973년부터는 노동과 자본 모두 허리띠를 졸라매야 하는 경험을 하게 된다. 1973년부터 1979년까지 실질임금은 4.4% 감소했고, 기업의 이윤율도 하락을 거듭해서 17.8%가 떨어진다. 비농업 기업의 시간당 생산물은 같은 기간 고작 1.1% 상승에 그쳤다(U.S. Bureau of Economic Analysis, 2013). 1973년부터 1979년까지는 사실상 경제 위기 국면이라고 보아도 무방한 상황이었다.

1973년 후부터는 임금과 이윤만 감소한 것이 아니라, 경제 자체가 불안정한 시기로 접어들었다. 1960년대 말부터 조짐을 보인 인플레이션은 1973, 74년에 이르자 더욱 가속화되었다. 이는 1971년부터 시행됐던 가격 및 임금 통제 조치 해제와 거의 동시에, 새로 결성된 국제석유수출국 기구OPEC: Organization of Petroleum Exporting Countries까지 유가를 갑작스럽게 인상해 벌어진 일이었다.

그림 3.2에서 보듯, 1974-75년에는 스태그플레이션[114]의 공포까지 엄습했다. 심한 불황으로 실업률은 1975년 5월에 9%까지 치솟았고, 인플레이션은 다소 진정됐지만 여전히 높은 수준을 유지했다. 소비자 물가 상승률은 1973년에 8.3%, 74년에는 12.3%, 75년에는 6.9%를 기록했다. 1973년 이후부터 실업률과 물가 상승률이 동시에 눈에 띄게 상승 추세를

---

114 불황을 뜻하는 스태그네이션stagnation과 인플레이션inflation의 합성어로, 경제의 수요 부족보다는 기업의 비용 구조 등 공급 측면의 충격으로 인해 불황과 물가 상승이 동시에 발생하는 상황을 뜻한다. -옮긴이

그림 3.2. | 연간 물가 상승률 및 실업률, 1960-1985.

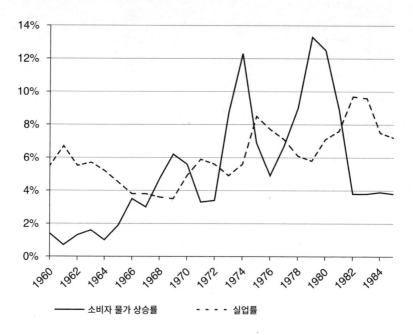

출처: 미국 노동통계국(U.S Bureau of Labor Statistics, 2013).
비고: 소비자 가격 인상은 매년 12월 기준으로 측정.

그리기 시작한 것이다.

한편 1971년에서 73년 사이에, 고정환율제에 기반한 브레턴우즈 체제가 무너지고 국제통화 시장은 불안정한 상황으로 빠져들었다. 국제 거래의 결제통화로 기능하는 달러화의 가치가 급락하면서, 그림 3.3에서 보는 것처럼 1971년 이후부터 환율은 극심하게 요동치는 양상을 보인다.

1973–79년 동안 미국에서는 경제가 뭔가 통제 범위를 이탈했다는 인식이 광범위하게 확산했다. 이전까지 잘 통하던 케인시언 경제정책은 고

그림 3.3. | 미국 달러화의 다자 간 무역 가중치 환율, 1967-1979(1973년 3월=100).

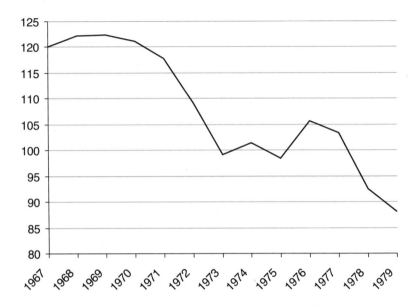

출처: 1990년 대통령 경제보고서(Economic Report of the President, 1990, 418, Table C-109).

실업률과 높은 인플레이션, 그리고 국제통화 시장의 불안정이라는 동시적 상황을 해결하는 데 무력하다는 것이 증명되었다. 재정 및 통화팽창을 통해 경기를 부양하고 실업률을 줄일 수는 있겠지만, 실업률이 목표치에 이르기도 전에 인플레이션이 치솟기 시작했다. 긴축정책으로 인플레를 낮추려면 높은 실업률이라는 비용을 지불해야만 했다.

1930년대 대공황처럼 1970년대 경제 위기의 원인에 대해서도 전문가들 사이의 합의된 견해는 존재하지 않는다. 사회적 축적 구조 이론은 이토록 오래 지속되는 경제 위기의 원인을 상당 기간 이윤 창출 및 경제성장을 촉진했던 기존의 사회적 축적 구조가 종언을 고했기 때문이라고 간주한다. 하지만 이러한 접근 방법은 왜 특정한 사회적 축적 구조가 그 시기, 그 지점에서 효율적 작동을 멈췄는지까지 특정하여 설명해 내지는 못한다. 저명한 급진 정치경제학자 보울스Bowles는 사회적 축적 구조 이론에 기반해 왜 전후의 규제 자본주의가 갑자기 1970년대 들어 안정성, 이윤 창출, 그리고 경제성장 모든 측면에서 장애물에 직면하게 됐는지, 상당히 설득력 있는 설명을 제공한다(Bowles, 1990, Chap. 5). 그는 이 위기가 미국 대기업과 그동안 그들의 통제 아래에 묶여 있던 집단 간의 투쟁이 1970년대부터 국내외적으로 격화되었기 때문에 발생했다고 주장한다. 즉 이러한 상호 간 투쟁이 규제 자본주의를 불안정화시키고 결국 1970년대의 위기를 초래했다는 것이다.

예를 들어 노동자들은 열악한 작업 환경과 노동강도의 강화에 저항했고, 생산의 과실을 더 많이 차지하기 위해 투쟁했다. 노동운동 세력과 그 동맹 세력들은 메디케어medicare, 식료품 보조food stamp, 그리고 사회보장 시스템을 개선해 복지국가를 확장하는 데 성공했다. 시민사회도 기업들이 이윤 활동에 걸림돌이 되는 비용 증가 요소들을 유해 상품, 위험한 노동 환경, 환경오염 등과 같은 방식으로 지역 사회에 전가하는 것을 막아내기 위해 투쟁했다. 또한 중동과 남미의 석유 수출국들은 원유 수출 가격 인상을 요구하여 결국 관철시켰다. 1940년까지만 해도 별다른 경쟁에 노출되지 않았던 미국의 제조업은, 1960년대 말부터는 서유럽 및 일본과 그야말로 실질적인 경쟁에 직면하기 시작했다.

보울스는 미국 대기업들이 이러한 저항 세력들을 각개격파하려고 시도했지만, 1970년대 말까지도 첩첩이 뒤얽힌 상황이 해결되지 않았다고 보았다(Bowles, 1990). 다시 말해 미국의 대기업을 한 축으로 하고, 미국의 노동자와 빈국들 그리고 개도국 자본가들을 한 축으로 하는 분쟁이 격화되면서, 기존의 사회적 축적 구조가 더 이상 작동하지 않게 되었다는 것이다. 그리고 그 결과는 바로 이윤율 감소, 생산성 정체, 점증하는 인플레이션과 실업, 브레턴우즈 체제 붕괴, 그리고 국제통화 시장의 대혼란이었다고 말한다. 1970년대의 위기에 대한 [사회적 축적 구조론에 기반한 보울스의] 설명은 충분히 설득력을 지니고 있으므로, 여기서는 별도의 평가나 대안적 설명 없이 이를 수용할 것이다.[115]

요약하자면 다음의 경제적 사실들에는 이론의 여지가 없다. 1) 1970년대에 경제 위기 징후가 나타났고, 2) 이 위기는 대부분 기업의 이윤율을 저하시켰으며 이 추세는 1970년대 말까지 지속했고, 3) 기업 측에 이윤율 성장을 제공하는 기초로서의 생산성 증대가 사실상 사라졌으며, 4) 규제 자본주의가 보장했던 '혼합경제'가 작동을 멈추면서 케인시언 총수요 관리 정책으로는 더 이상 체제의 문제를 해결할 수 없었다.

1970년 내내 경제가 곪아가는 원인을 놓고 논쟁이 들끓었는데, 사회 각계의 대표자들은 물론이고 재계 쪽 단체들도 나름의 방책을 제시했다. 그중 유명한 것이 라자드 프레레스Lazard Freres and Company의 투자은행가 펠릭스 로하틴Felix Rohatyn이 재계, 노동계, 그리고 정부 측의 삼자 대표가

---

115 여기서 인용한 새뮤얼 보울스는 이 책의 저자인 데이비드 코츠 교수의 매사추세츠대학교UMass Amherst 경제학과 동료 교수로서, 미국의 사회적 축적 구조 학파의 초기 탄생을 주도했던 대표적인 급진 정치경제학자다. 다만 코츠가 마르크스경제학과 사회적 축적 구조론의 방법론을 지속적으로 견지하고 있다면, 보울스의 경우는 진화 게임 이론 등 주류 미시경제학의 수학적인 방법론을 차용하되, 그럼으로써 인간의 이타성과 같은 더욱 근본적이고 급진적인 질문을 던지는 학문적 작업으로 그 방향을 선회했다. -옮긴이

모여 협상을 통해 더욱 규제적인 형태의 자본주의를 만들어야 한다고 요구한 것이다. 그러나 1970년대 경제 위기 상황에서 이미 조금씩 다른 처방에 눈독을 들이기 시작한 대기업들의 동조를 얻어내기는 어려웠다. 그리고 그 다른 처방이란 바로, 오늘날 우리가 말하는 '신자유주의'라는 것이었다.

1970년대 후반 대기업들이 신자유주의 지지로 입장을 변경했다는 증거

1972년 10월, 그간 잘 알려지지 않았던 두 개의 단체가 통합하여 대기업 측을 대변하는 새로운 단체인 비즈니스라운드테이블Business Roundtable을 결성했다. 지금까지와 달리 이 새로운 단체의 회원은 오직 기업의 CEO들로 한정되었고, 설립 초기부터 미국 100대 기업의 절반이 넘는 회사를 포함한 총 82개사가 이 단체에 가입했다. 그리고 1979년에 이르면 100대 기업의 70%가 이 조직에 속하게 된다(Reuss, 2013, 69-70). 이 조직의 회원사는 제조업체에만 한정되지 않았고, 미국의 대표적인 금융·비금융 대기업 모두를 포괄했다. 1972년과 1979년의 회원사들 일부가 표 3.4에 제시되어 있다.[116] 이들 중 45개의 대기업 또는 그 전신이 1943-64년 사이에 CED에 속했는데, AT&T, 제너럴모터스, J.P.모건, 그리고 U.S.스틸도 그중 일부였다.

---

116 1940년대에 듀폰 가문은 규제 자본주의의 끈질긴 적대자였다. 그러나 1970년대에 이르면 화학 회사 CEO였던 어빙 샤피로Irving Shapiro가 회사의 정치적 성격을 미국 주류 대기업과 같은 방향으로 이끌게 된다.

표 3.4. | 1972년과 1979년 비즈니스라운드테이블 회원사 명단.

AT&T +

Allied Chemical Corporation * +

Aluminum Company of America *

American Can Company * +

American Electric Power Company *

Atlantic Richfi eld Company * +

B.F. Goodrich +

Bank of America +

Bethlehem Steel Corporation * +

Burlington Industries, Inc. * +

Burlington Northern, Inc. * +

Campbell Soup Company * +

Champion International Corp. * +

Chase Manhattan Bank * +

Chrysler Corporation * +

Citibank * +

Coca-Cola +

Consolidated Edison *

Corning Glass Works * +

Crown Zellerbach Corp. * +

Dow Chemical Company * +

E.I. du Pont de Nemours & Co * +

Eastern Air Lines * +

Eastman Kodak Company * +

Exxon Corporation * +

Federated Department Stores, Inc. * +

Firestone Tire & Rubber Co. * +

Ford Motor Company * +

General Dynamics Corporation * +

General Electric Company * +

General Foods Corp. * +

General Mills, Inc. * +

General Motors Corporation * +

Gulf Oil Corp. * +

International Harvester Company * +

International Nickel Co. * +

International Paper Co. * +

J.C. Penney Co., Inc. * +

J.P. Stevens +

Kennecott Copper Corporation * +

Mobil Oil Corporation * +

Morgan Guaranty Trust Co. of N.Y. +

Morgan Stanley & Co., Inc. +

Procter and Gamble +

R.H. Macy & Co., Inc. * +

Scott Paper Company * +

Sears, Roebuck and Co. * +

Shell Oil Company * +

Texas Power & Light Co. *

United Aircraft Corp. *

United States Steel Corporation * +

* 1972년 회원사
+ 1979년 회원사
출처: Business Roundtable, 1972; Green and Buchsbaum, 1980, Appendix A.
비고: 1972년 10월 16일 및 1979년 8월 1일 기준, 비즈니스라운드테이블 회원사 목록에서 발췌.

그러나 CED와 달리 비즈니스라운드테이블은 원래부터 그 의도가 로비 단체로 계획된 것이었다. 미국 주요 산업의 대기업들을 광범위하게 포괄하는 이 단체는, 재계 공통의 이익을 대변하는 가장 중요한 단체로 떠올랐다(Clawson and Clawson, 1987; Furguson and Rogers, 1986; Vogel, 1989; McQuaid, 1982). 이 단체는 다양한 회원사들의 이익을 대변함에도 불구하고 상당한 정도의 단결을 유지해냈고, 덕분에 영향력을 크게 강화할 수 있었다. 예를 들어, 1978년 노동법 개혁 투쟁 당시 비즈니스라운드테이블은 법안에 반대하기로 결정했고, 이 결정에 동의하지 않는 CEO들조차도 자신들의 의견을 접고, 협회 방침에 따라 공개적 로비를 시도했다(Vogel, 1989, 154-155).

1973년 4월에 발행된 비즈니스라운드테이블의 설립 취지문은, 단체의 취지를 경제 교육, 대국민 의사소통의 개선, 소송 절차에 따른 법 집행, 정부와의 관계 개선, 노사관계의 올바른 균형이라고 밝히고 있다. 이 중 맨 마지막은 불과 몇 년 후에 있을 노동계에 대한 대공세의 전조가 되는 것이지만, 문면 자체는 상당히 조심스럽고 특이 사항이 없는 것이었다. 그러나 1970년 내내 비즈니스라운드테이블은 정책 사안들에 대해 더욱 단호해져 갔다.[117]

비즈니스라운드테이블 자체는 비록 정책 기구가 아니라 로비 단체였지만, 종종 신자유주의적 구조 개혁의 여러 면면을 뒷받침하는 보고서들

---

117 비즈니스라운드테이블이 1970년대에 있었던 유일한 대기업 로비 창구였던 것은 아니다. 개별 기업들 역시 대정부 관계 부서들을 만들거나 기존의 부서를 승격하고 고위 임원을 책임자로 임명하며 막대한 예산을 투여했다. 또한, 당시의 CEO들 역시 로비에 매우 적극적이었다(Vogel, 1989, 195-199).

을 발간했다. 1977년 이 단체 내의 조세 분야 태스크포스는 기업 투자 활성화를 위해 더 큰 인센티브가 필요하다고 주장했는데, 이들의 제안에는 법인 소득세corporate income tax 감면, 감가상각 공제의 확대, 자본 이득 과세의 감면이 포함되어 있었다(Business Roundtable, 1977). 2년 후인 1979년에도 이들은 또 다른 보고서를 통해 사회보장 은퇴 연금은 "최소한floor의 기초적 필요"만을 충족하는 것이어야 하며, 그것이 "과연 진정 필요한 것인지 비판적으로 재검토해야 한다"고 밝히고 있다(Business Roundtable, 1979, 3-4). 또한, 보고서는 사회보장 은퇴 연금이 제공하는 '최소한의' 보조는 근로자 스스로의 개인적인 저축과 사적 연금을 통해 보충되는 것이 옳으며, 이는 제각기 다른 개인의 욕구와 상황을 충족시킬 수 있는 더 큰 유연성을 제공할 것"이라 하고 있다(ibid, 4). 또한, 퇴직 연령을 올릴 것도 촉구하고 있다(ibid, 6).[118]

1979-81년 사이에 비즈니스라운드테이블 측이 발행했거나 그 입장을 대변하는 일련의 보고서들은 사회적 규제의 철폐까지도 촉구했다. 아서 앤더슨Arther Andersen은 비즈니스라운드테이블의 논리를 옹호하는 1979년의 연구에서 1977년 48개 대기업이 정부 규제에 순응하기 위해 지출한 비용이 26억 달러에 이르며, 이는 기업들의 세후 순이익의 15.7%,

---

[118] 이는 은퇴 연령이 점점 낮아져서 고민인 오늘날의 맥락에서는 다소 이해하기 힘든 제안인 것처럼 보인다. 이는 은퇴자에게 지급되는 사회보장 연금 부담이 결국 기업들에 귀착되는 상황에서 제기될 수 있는 주장으로, 일자리의 비정규직화가 진행되고 노동자의 노후 생계에 대한 부담이 기업에게 귀속되지 않는 상황에서는 당연히 고임금의 고령 노동자 비중을 줄이기 위해서 오히려 정년을 축소하고, 상대적으로 저임금을 지급해도 되는 젊은 경력직을 선호하게 된다. -옮긴이

그리고 총 연구 개발 지출의 43.4%에 이른다고 주장했다(Arther Andersen, 1979, iii). 비즈니스라운드테이블의 논리를 뒷받침하기 위해 수행된 대기오염 연구에선 인체에 미치는 오염 효과 측정법의 변경까지 제안하고 나섰는데, 예를 들어 오염 때문에 발생한 '신체적 역효과'의 판정을 "영구적 내상 혹은 장애를 초래하는 질병"의 경우로 국한할 것을 제안하는 식이었다(Ferris and Speizer, 1980, iv). 또한, 대기의 질을 판정하는 기준에서 '안전과 불안전의 경계에 있는 정도margin of safety'를 '감당할 수 있는 위험acceptable risk'으로 대체해야 한다고까지 주장했다(ibid, iv). 생산성 성장에 대한 1981년 보고서에선 "과도한 정부 규제 부담"이 당시의 생산성 성장 지체의 핵심 원인이라고 지목하면서(Business Roundtable, 1981, 1), 정부 규제의 도입 여부를 결정할 때 비용 편익 분석 절차를 거칠 것을 제안했다. 또한 이 보고서는 레이건 정부 초대 대통령경제자문회의 의장이자 정부의 기업 규제에 대한 오랜 비판자인 머리 웨이든바움Murray Weidenbaum의 한층 더 비판적인 연구를 인용하고 있는데, 이에 의하면 1980년 당시 정부 규제로 인한 비용이 무려 1,260억 달러에 달한다고 밝혔다(ibid, 8).

사실 비즈니스라운드테이블이라는 단체의 입장을 가장 잘 보여주는 잣대는 1970년대에 이 단체가 시도했던 로비 활동들일 것이다. 1975년부터 78년까지 비즈니스라운드테이블은 주로 노동운동과 사회적 규제를 저지하기 위해 일전도 불사해 왔다. 1973년 워터게이트 사건을 계기로 그다음 해에 민주당이 상하원 다수를 장악하자, 노동 및 공익 시민 단체들은 자신들의 정치적 의제를 관철하기 위해 의회를 몰아붙였다. 포드 대통령은 의회에서 통과된 법안 여럿에 거부권을 행사했지만, 1976년 대선에서 민주당의 지미 카터가 당선되자, 노동 및 공익 시민 단체들의 숙원이었던 법안 통과에 우호적 조건이 만들어진 것으로 보였다.

그러나 비즈니스라운드테이블은 이 법안들의 통과를 결국 좌절시키는 데 성공했다. 1977년에는 건설노조의 투쟁 수단인 건설 현장의 피케팅common situs 투쟁을 불법화하는 데 성공했고, 1978년에는 규제 운동가들이 오래도록 요구해 온 소비자 보호 총괄 기구의 설립 법안 통과를 저지함으로써 소비자 보호 운동 측을 변호하던 대표적 인물인 랠프 네이더Ralph Nader에게 전에 없는 패배를 안겨주었다.

비즈니스라운드테이블이 거둔 가장 극적이고 예상을 뛰어넘는 승리는 바로 1978년에 노동법 개혁안의 통과를 저지해낸 것이다. 1978년의 노동법 개혁안은 노동계가 가장 우선순위를 둔 사안으로, 후퇴 일로의 노조의 대표성을 반전시키기 위한 방안이었다. 당시의 노동법은 노조의 조직 및 가입 권리를 인정하고 있었지만, 실제 현장에선 노조 결성을 막기 위해 노조 가담 직원을 해고하는 등 불법적 술수가 자행되고 있었다. 이에 대한 법적 조치에는 시간이 너무 오래 걸렸고, 처벌조차 미미하기 그지없었다. 노동법 개혁안은 전미노동관계위원회National Labor Relations Board의 결정 시한을 단축하고, 노조 활동에 가담한 노동자들을 불법적으로 해고하는 경우 사측에 부과되는 벌금을 인상하는 것이었다. 이 개혁법안은 상하 양원 다수의 지지를 받았고, 카터 대통령도 법안 통과를 공언했었다.

비즈니스라운드테이블은 전미제조업협회National Association of Manufacturers 및 중소기업을 대변하는 미국상공회의소 측과 공조해 법안 저지를 위한 로비 과정에서 중심 역할을 담당하게 된다. 제너럴일렉트릭의 최고경영자 레지널드 존스Reginald Jones는 비즈니스라운드테이블의 정책위원회^{Policy Committee}에서 이 법안에 중립 의사를 밝혔는데, 이는 제너럴일렉트릭이 이미 노조 조직화가 견고하게 진행되어 새 법안에 영향을 받을 일이 없었기 때문이다. 그러나 정책위원회 내의 투표 결과는 압도적인 반대였고, 결국 제너럴일렉트릭은 중립적 입장에도 불구하고, 공개적으로 이 법안에 반대하며 관련 로비에 들어가게 된다. 대기업들은 전용기까지 동원해 전국의 중소기업인들을 의회로 실어 날랐다. 이런 노력의 결과 법안 찬성 측이 반대 측의 상원 필리버스터 시도 종결을 위한 의석수 확보에 실패하면서 법안이 폐기되었고, 결국 비즈니스라운드테이블 측의 승리로 끝났다.[119] 노동운동 지도자들은 대기업들이 지금까지 수십 년 동안 중소기업과 연대를 자제해 왔는데, 이제 그간의 입장을 바꿨다고 정확히 결론을 내렸다.

1970년대 비즈니스라운드테이블의 움직임이 하나같이 방어적이었던 것은 아니다. 1978년에 이들은 당시의 다소 누진적이던 세제 개편안을 자신들의 입맛에 맞도록 바꾸는 데에도 앞장섰는데, 이는 자본 이득에 대한 최고 세율을 48%에서 28%로 인하하는 내용을 포함하고 있었다. 같은 해에 '과도한 정부 규제'에 대한 불평이 비즈니스라운드테이블뿐 아니라 다른 재계 단체들과 매스컴을 통해 터져 나왔고, 이는 결국 카터 대통령으로 하여금 규제의 경제 효과 재검토를 위한 기구를 설립하라는 행정명령까지 내리도록 만들었다(Furguson Aand Rogers, 1986, 106). 이는 기업 활동이 사회적 해악을 초래하면 즉시 중지되어야 한다는 기존의 원칙이 폐기

---

119 미국 상원의 경우 재적 의원 5분의 3, 즉 60석 이상이 동의할 경우에만 필리버스터(무제한 토론을 통한 합법적 의사 진행 방해)를 자동 종결시킬 수 있다. -옮긴이

되고, 이제는 기업 측에 의해 [과잉] 추정될 수밖에 없는 규제의 '해악'과 측정하기도 어려운 규제의 '편익'을 비교하는, 소위 비용 편익 분석이 새로운 기준이 되었음을 뜻했다.

1981년 1월 레이건이 백악관에 입성한 후 새 행정부는 신자유주의적 구조 개혁을 위한 핵심적 요소들을 빠르게 취합하기 시작한다. 1981년 3월 비즈니스라운드테이블은 레이건의 경제정책 프로그램을 공개적으로 지지하며 다음과 같이 성명을 발표한다. "우리 경제계는 (복지 지출 삭감, 감세, 규제 철폐, 그리고 긴축 통화정책) 네 가지 항목으로 구성된 경제 회복 계획이 필요하고, 이들 하나하나는 서로 긴밀히 연결되어 있으며, 즉시 시행되어야 한다고 강하게 느끼는 바이다." 이들은 두 달 후에 발간한 보고서에서 "경제 위기가 미국 국민의 목전에 와 있으며 이는 경제정책에 대한 근본적인 변화를 요청하고 있다"고 밝혔다(McQuaid, 1982, 320). 이는 비즈니스라운드테이블이 규제 자본주의를 더 이상 연장하는 것에 반대하며, 그간의 주요 제도 상당수를 전복하겠다는 것을 의미하는, 사실상 규제 자본주의 제도 전반에 대한 지지의 철회를 말하는 것이었다.

1940년대에 CED를 통해 규제 자본주의를 승인하는 데 핵심적 역할을 했던 기업들이 이제는 비즈니스라운드테이블이라는 창구를 통해 신자유주의적 구조 재편을 위한 행동에 나선 것이다. 이는 사실상 이때를 즈음하여 대기업 분파들이 광범위하게, 그리고 결정적으로 규제 자본주의에 등을 돌려 버린 증표라고 할 수 있다. 대기업들은 조직 노동자와의 제휴를 내던지고, 이제 중소기업과 손을 잡았다. 이것 말고도 대기업의 입장 선회를 말해 주는 증거들은 더 있다.

1940년대에 대기업 이익의 주요 대변자 역할을 맡았던 CED는 비록 예전 같지는 않지만 1970년대에도 여전히 중요한 정책 기구로서의 위상을 유지하고 있었다. 1980년대까지도 CED 이사회에는 금융·비금융을 아우르는 광범위한 대기업들이 포진하고 있었다. 1970년대 초부터 1980년까지 정부 정책에 대한 CED의 보고서를 보면, 규제 자본주의에 우호적이던 초기의 입장에서 조금씩 톤이 변화하여 신자유주의의 핵심 요소들을 지지하는 쪽으로 가고 있음을 알 수 있다. 마치 케인스 경제학자의 노트처럼 들리는 〈인플레이션 없는 높은 고용 수준High Employment without Inflation〉이라는 제목의 1972년 보고서를 보면 CED는 "적절한 재정 통화정책에 의한 견실한 수준의 총수요 관리"에 대한 지지를 표하고 있었다(CED, 1972, 16). 심지어 이 보고서는 임금 및 물가 통제처럼 그보다 한술 더 뜨는 정부 개입까지도 지지했다(17). 그러던 것이 1976년의 인플레이션 및 경제성장에 관한 CED 보고서로 가면, 임금 및 가격 통제 같은 고도의 개입주의에 대한 지지 관련 부분이 빠지고, 그저 전통적 케인스 정책을 지지하는 수준의 논조에 머무르게 된다. 이 보고서에서는 구조적 실업을 줄이고 기업 투자를 늘리기 위한 노력의 일환으로, 향후 2년간 실업률 감축과 6%의 경제성장 달성을 위해 재정 및 통화팽창 정책을 실시할 것을 주문하고 있다. 그러나 1980년 CED 보고서에서는 인플레이션을 잡기 위해서라면 불황을 감수하고서라도 "재정, 통화정책의 절제를 흔들림 없이" 고수해야 한다고까지 주장하게 된다(CED, 1980, 2-4). 또한 이 보고서는 저축 및 투자 촉진을 위해 세제 및 규제 관련 개혁에 나설 것도 주문했다(5).[120]

---

[120] 1980년에 정책의 주안점이 인플레이션 억제로 전환된 것은, 물론 그 이전까지의 가속적인 물

1979년 CED가 발간한 〈시장 체제에서 정부 역할을 재정의하다 Redefining Government's Role in the Market System〉라는 광범위한 보고서는 이 조직의 정책적 목표가 이제 완전히 이동했음을 보여준다. 이 보고서는 "경제 시스템 내에서 정부 개입이 아무런 견제를 받지 않고 성장"하는 것을 비판하며, 정부가 "민간 부문에 점점 더 과중한 부담을 요구하고 있다"고 경고한다(CED, 1979, 9-10). 그리고 국가의 기업 관련 규제 철폐를 주장하면서, "잘못 설계된 정부의 속박으로부터 시장을 해방시키는 것이 이 나라를 도와주는 것"이라 하고 있다(14). 이처럼 1970년대 전반을 거치며 보여준 CED 정책 보고서의 논조 변화는 규제 자본주의에 대한 미국 대기업의 지지가 신자유주의적 개혁 쪽으로 돌아섰음을 보여주는 또 하나의 증거라고 하겠다.

또 다른 증거로는 공공 정책 관련 싱크 탱크의 입장 변화가 있다. 1950년대와 60년대의 영향력 있는 싱크 탱크들은 당시 케인스 경제학적 합의에 기반해 정책 분석을 내놓았고, 대기업들은 이러한 싱크 탱크들에 재정적 지원을 제공했는데, 브루킹스연구소Brookings Institution는 그중에서 가장 중요한 싱크 탱크였다. 이러한 싱크 탱크들은 의회나 정부 부처의 고위 당국자들뿐 아니라 언론에까지 정책 분석을 제공하는 중요한 역할을 담당했다. 이들의 영향력은 개별 정책 사안들에 국한되지 않고, 공공 정책을 평가하는 전반적인 프레임 자체에 영향을 미쳤다. 브루킹스연구소는 전후 시기를 지배한 혼합경제 정책의 지주라고 할 수 있었다.

가 상승 때문이다. 앞에서 말한 것처럼 1970년대 당시의 경제 상황에 대한 케인스 경제학의 해법의 부재는 주류 케인스 사상의 존립 기반을 약화시켰다.

1970년대에는 기존의 입장에서 탈바꿈하거나 새로 설립된 싱크 탱크들 몇 곳이 공격적으로 신자유주의적 구조 개혁을 지지하기 시작한다. 그중 가장 유력한 곳이 미국기업연구소American Enterprise Institute였는데, 1940년대에 설립된 후 1960년대 말까지도 적은 재정 지원으로 운영되던 소규모의 보수적 싱크 탱크에 지나지 않았다. 1970년 기준으로 미국기업 연구소의 1년 예산은 100만 달러가 안 되는 수준이었다. 그러던 것이 다음 10년 동안에는 연간 예산이 무려 10배 이상 폭증하게 된다. 1980년에는 쉘정유, 체이스맨해튼은행, 씨티그룹, 휴렛팩커드, 스탠더드오일캘리포니아, 텍사스인스트루먼트, 그리고 제너럴일렉트릭같은 대기업들이 이 사회 명단에 포함되어 이 연구소에 자금을 기부하게 된다(Pescheck, 1987, 28; Philips-Fein, 2009, 171-172). 신자유주의 진영의 또 다른 주요 싱크 탱크로, 1973년에 우파 운동의 오랜 후원자인 조셉 쿠어스에 의해 설립된 헤리티지재단도 체이스맨해튼은행, 다우케미컬, 제너럴모터스, 화이자, 시어스로벅, 그리고 모빌사를 이사회 명단에 포함하게 된다. 어느 연구에 따르면 1970년에 3대 보수 계열 싱크 탱크들, 즉 미국기업연구소, 헤리티지Heritage Institute, 그리고 후버연구소Hoover Institution의 예산을 모두 합쳐도 브루킹스연구소 연간 예산의 45% 수준에 불과했다. 그러던 것이 1980년에는 미국기업연구소 하나만으로도 브루킹스연구소의 예산을 추월했고, 이 즈음부터 브루킹스연구소를 통해 발간되던 연구들도 신자유주의 싱크 탱크 쪽으로 방향을 틀기 시작한다(Clawson and Clawson, 1987, 207).

1970년대부터 신자유주의 확산에 매진하던 기업 출연 연구소들이 급성장하고, 언론을 통해 신자유주의적 정책들에 대한 호의적 노출 빈도가 잦아지면서, 미국의 경제학계에서도 신자유주의적 개념과 이론의 영향력이 급속하게 커졌다. 강단의 소장 학자들이 자유 시장의 미덕과 정부 규제의 위험을 설파하는 연구로 손쉽게 지원금을 따내기 시작했다. 그러나 학계에서의 변화를 이것만으로 다 설명할 수 없다. 학문적으로 또 하나의 원인을 들자면, 시장과 정부 양쪽 사이에서 어떤 최적의optimal 조합을 제시하는 것이 아니라 양쪽 모두에게 미덕과 흠결이 있음을 인정하는 케인스 경제학 자체의 모호성에 있다고 할 수 있다. 반면, 자유 시장 경제학은 케인스 경제학과 달리 이론적 차원의 순수성을 지녔고, 이 점이 강단 경제학자들에게 더 매력적으로 다가갔다.[121]

대기업들이 규제 자본주의에서 신자유주의 쪽으로 선회한 마지막 증거는 대선 후보 지지에서도 나타난다. 1964년 애리조나의 공화당 상원 의원 배리 골드워터Barry Goldwater가 공화당의 대선 후보 지명 선거에서 승리했는데, 골드워터의 주장에는 훗날 신자유주의적 어젠다의 전조가 되는 사상들, 예를 들어 정부 규제, 사회복지 프로그램, 그리고 노조에 대한 반대가 포함되어 있었다.[122] 그러나 1964년 선거 당시는 규제 자본주의의 절정기였고, 대기업들은 한창 규제 자본주의를 붙들고 있던 시점이었다. 골드워터는 현직 대통령 린든 존슨Lyndon Johnson에게 대패했다.

포드, 모건개런티트러스트Morgan Guaranty Trust, 이스트먼코닥, 페더레이티드백화점, 제록스, 그리고 필립스정유Philips Petroleum 등 수많은 대기업이 줄 지어 존슨을 지지했다. 이보다 더 두드러진 것은, 1940년대 CED

---

121 1970년대에 나날이 심각해지는 경제 상황을 케인스 경제정책만으로 풀어나갈 수 없게 되자, 케인스 경제학에 대한 지지가 약화되었을 뿐만 아니라, 학계에서 자유 시장 경제 이론에 관한 옹호의 물꼬가 트이기 시작했다.

122 골드워터는 더욱 공격적인 대외 정책을 주문했다.

의 창설에 일조했던 재계의 주요 기구 중 하나인 기업위원회BC: Business Council 회원사들의 선거 자금 기부의 변화인데, 1956년과 1960년 대선까지만 해도 공화당에 자금을 몰아줬던 이 단체는[123], 1964년 대선에선 반대로 민주당의 존슨에게 [신자유주의적 의제들을 공개적으로 천명하고 나선 공화당의] 골드워터보다 50%나 많은 자금을 기부했다(MCQUAID, 1982, 232).

1980년 선거 운동에서는 상황이 판이했다. 1964년의 골드워터처럼 공화당의 로널드 레이건은 신자유주의를 옹호하고 규제 자본주의는 이제 그만두자는 공약을 다시금 천명했다. 대통령직에 대한 레이건의 초기 야심은 주로 남부와 서부의 자수성가한 기업가들의 재정적 뒷받침에 의존한 것이었다. 하지만 공화당의 대통령 후보 지명을 따낸 후 그는 중국 대신 대만을 인정하고 보호무역을 지지하는 등 그동안 논란을 일으키던 입장들을 내던지거나 목소리를 낮춰 버렸다. 그러자 최종 대선에서 대기업들의 압도적인 지지를 얻을 수 있었고, 카터 대통령은 그저 "투자은행가 몇 명과 한 줌의 다국적 기업 인사들"의 지지만을 지켜냈을 뿐이다(Furguson and Rogers, 1986, 112-113). 이처럼 확고해진 대기업들의 정치적 입장 표명은 그간 민주, 공화를 불문하고 현직 대통령을 지지한다는 재계 정치활동위원회PAC: Political Action Committee들의 실용적 자세가 1980년 선거부터 무너졌음을 나타내는 것이다. 지금까지와 달리 1980년 선거에서는 기업 쪽 PAC의 40%가 "온건한 입장을 가진 강력한 현직 대통령에 대한 도전이 될지언정 이념적으로 보수적인 도전자를 지

---

123 당시 공화당 대통령 후보 지명자들은 규제 자본주의의 원칙 그 자체에는 도전하지 못했다.

지"하기로 결정한다(Clawson and Clawson, 1987, 213). 이뿐만 아니라, 대기업들은 1980년 선거에서 신자유주의적 입장을 천명한 대선 후보를 지지하는 것은 물론이고, 같은 성향의 후보를 의회에 진입시키기 위해서도 노력한다.

얼핏 생각하면, 1980년 대선에서 레이건의 승리가 신자유주의 혁명의 원인이고, 이는 상당수 유권자의 민심이 그쪽으로 이동했기 때문이라고 여기기 쉽다. 하지만 많은 증거에 기반하여 판단할 때, 1970년대에 걸쳐 대기업들은 이미 규제 자본주의에 대한 지지에서 이탈해 신자유주의적 구조 개혁 쪽으로 입장을 선회했음이 명백했다. 그리고 이것이 레이건이 백악관에 입성하기 몇 년 전부터 이미 신자유주의적 구조 개혁이 미국에서 시작된 원인이기도 하다. 게다가 레이건의 당선 후 상황을 봐도, 신자유주의 프로그램의 성공이 높은 지지도 때문이라는 기존의 정치적 설명은 그리 타당하지 않다. 레이건이 신자유주의적 개혁을 단행한 임기 첫 2년간의 여론조사에서 레이건의 지지율은 당시 기준으로 최근 55년간 재임했던 전임 대통령들, 아이젠하워, 케네디, 닉슨 그리고 카터, 그 누구의 임기 2년 차 지지율보다 낮은 수준이었다. 1981년부터 레이건 행정부는 민주당이 다수를 장악한 하원을 상대해야 했고, 상원에서는 공화당이 간신히 53석으로 과반을 넘겨 46석을 차지한 민주당의 필리버스터를 저지할 수 없게 되었다. 국민들의 지지부진한 지지와 의회의 강력한 견제에도 불구하고, 레이건은 약간의 수정만을 거친 신자유주의 프로그램의 처리를 의회에 압박할 수 있었다. 클로슨Clawson 등은 1987년 연구에서 "레이건의 성공은 … 사실상 레이건 정책에 대한 경제계의 만장일치 지지에 힘입은 것"이라며, 이는 결국 대기업들이 조직 노동과의 제휴를 깨고 중소기업과 새롭게 연대한 결과라는 결론을 내리고 있다 (Clawson and Clawson, 1987, 214-215).[124]

어째서 대기업들은 신자유주의적 구조 개혁 지지로 돌아섰는가?

대기업들의 전격적인 입장 변화를 초래한 원인은 크게 몇 가지로 설명할 수 있다. 첫 번째는 역시 1970년대에 대기업들이 몸으로 느낀 경제 위기를 들 수 있다. 이미 본 것처럼 1960년대 중반부터 미국 기업의 이윤율은 급격히 하락하기 시작했다. 비즈니스라운드테이블의 설립 취지를 담은 문서를 보면, 1973년 당시 그들도 이러한 추세를 인지하고 깊이 우려했음을 알 수 있다. 예를 들어 "1966년에 세후 이윤은 정점을 기록했지만 이윽고 급락으로 돌아서 매년 비용 압박을 겪었"으며, "1970년대 초반 총생산에서 이윤이 차지하는 비율은 전후 그 어느 때보다 낮았다"고 밝히고 있다. 이러한 비용 압박의 원인에 대해 이 문서는 "1966년부터 단위 노동비용이 가속적으로 증가했고, 그 여파는 심각한 인플레이션과 극심한 이윤 압박이었다"고 조금의 의심도 없이 단언하고 있다(Business Roundtable, 1973, slides 18-20). 일찍이 1973년부터 비즈니스라운드테이블은 임금 상

---

124 Mizruchi(2013)에서도 대기업과 제2차 세계대전 이후의 제도적 변화 사이의 관계에 대해 우리의 것과 유사한 분석을 볼 수 있다. 그러나 그는 신자유주의적 자본주의의 부상은 기업의 단기 이익을 중시하는 과정에서 지금까지 기업들이 지녀왔던 경제 상황을 주도적으로 관리하는 능력을 포기하거나 상실했음을 뜻한다고 본다. 반면, 우리는 신자유주의적 자본주의가 대기업의 이익을 효과적으로 대변하되, 자유 시장 자본주의 특유의 성격이 기업들로 하여금 구태여 상호 협력의 틀을 지키기 위한 행동에 나설 필요 자체를 없앴다고 본다.

승과 생산성 정체를 수익성 하락의 주요 원인으로 지목하고 이를 우려하고 있었던 것이다.

두 번째 원인은 환경 규제, 작업장 안전 및 보건, 소비자 보호 관련 규제 같은 사회적 규제들을 1960년대 말, 70년대 초부터 재계가 점점 부담스럽게 여기기 시작했다는 점이다. 이는 새로운 사회적 규제법안의 쟁취를 위해 새로운 대중운동과 정치 참여 운동이 노동운동과 결합된 결과였다.[125] 대기업들이 1940년대 후반 규제 자본주의의 주요 제도들을 수용했을 당시에는 이토록 높은 수준의 사회적 규제는 대타협 조건에 포함되어 있지 않았다. 그런데 애초의 규제 자본주의에서는 고려 대상이 아니었던 사회적 규제들 때문에 이제는 대다수 기업의 이윤 추구 행위에 상당한 제약이 가해지게 되었고, 이에 맞서기 위해 재계가 행동 통일을 시작한 것이다. 1970년대 재계의 정치 활동에 대한 연구들, 예를 들어 보걸(Vogel, 1989)이나 클로슨(Clawson and Clawson, 1987)의 경우, 사회적 규제의 확장이 대기업들로 하여금 정부 규제에 저항하는 정치적 행동을 불러일으킨 핵심 원인이었다고 지목하고 있다. 보울스의 연구 역시 노동 및 시민 단체들의 영향력이 커지고 규제 자본주의가 더욱 확장되어가는 추세에 직면하여 기업들이 대응에 나선 것이고, 이는 수십 년간의 규제 자본주의가 초래한 결과라고 말하고 있다(Bowles et al., 1990). 다시 말해 초기에 효율적으로 작동하던 사회적 축적 구조가 마침내 이윤 창출과 경제 팽창의 효율성 자체를 오히려 저해하는 단계에 이른 예라고 할 수 있다.

---

[125] 환경보호 관련 사안에서 공익단체와 노동운동 사이에 의견 충돌이 있었던 것은 사실이지만, 전체적으로 보면 두 집단은 이러한 사안들에 협력하는 관계였다.

앞에서 이미 논한 것처럼, 1970년대 중반에 노동 및 공익단체들은 규제 자본주의 체제 안에서 자신들의 의제를 관철하기 위해 정치적으로 매우 공격적이었고, 기업들은 이를 규제 자본주의를 지탱하는 세력 균형 자체에 대한 위협으로 받아들였다. 또한, 보울스(Bowles et al., 1990)가 지적한 것처럼 미국 대기업들은 새롭게 떠오르는 중동과 남미 산유국 정부들의 위협과도 마주해야 했다. 미국의 대기업이 이런 문제들에 난마처럼 뒤얽혀 지금까지의 타협의 결과물에서 과연 무엇을 얻을 수 있는지 되묻기 시작한 것은 전혀 놀라운 일이 아니다. 다시 한번 비즈니스라운드테이블의 창립 취지 문서를 읽어보면 그 징후를 찾아볼 수 있다. 1973년부터 그들은 근본적 형태의 변화를 이미 고려하고 있었으며, 이는 "법 개정을 비롯해 법의 집행과 해석 측면의 변화도 포함될 수 있다. 그리고 경우에 따라서는 새로운 철학까지 필요로 한다"고 밝힌 부분에 여실히 드러난다(Business Roundtable, 1973, 6).[126] 그러나 1973년 시점에 비즈니스라운드테이블이 그 새로운 방향이 무엇인지까지 알고 있던 것으로 보이지는 않는다.

대기업의 입장 변화의 세 번째 요인은 1970년대의 미국 대기업들이 나날이 격화되는 국제 경쟁에 직면하게 된 것을 들 수 있다. 2장에서 봤듯이, 1960년대 후반 미국의 국내총생산 대비 수입액 비중은 점점 확대되고 있었다(그림 2.9). 이미 1960년대 중반부터 1980년까지 국내총생산 대비 상품 및 서비스 수입 비중은 4%에서 10%까지 증가했다. 그러나 이것만

---

[126] 인용문은 임금 인상, 이윤 감소, 그리고 인플레이션 문제 해결을 위한 것이지만, 좀 더 일반적인 맥락을 의도한 것으로도 볼 수 있다.

으로는 당시 미국 기업들이 직면한 국제 경쟁의 정도를 과소평가하게 되는데, 왜냐하면 국내총생산에 포함된 내역들 중 상당수는 국제 거래의 대상이 아니기 때문이다.[127] 국내총생산 중에서 서비스 생산을 제외하고 전체 상품 생산 대비 상품 수입의 비중은 아래 그림 3.4에서 보는 바와 같이 1960년대 초반에는 6-7% 수준을 기록하고 있었다. 그러던 것이 1960년대 말부터 증가하기 시작해서 1973년에는 13.1%, 1979년에는 21.8%까지 치솟았다. 이는 그동안 수입 상품의 비중이 거의 세 배 증가한 것으로, 1950년대와 60년대 초까지만 해도 국제 경쟁 같은 것은 걱정할 필요조차 없었던 미국의 주요 제조업들이 이제는 서유럽 및 일본 기업의 점증하는 내습에 직면하게 되었다는 뜻이다.[128]

미국 내 외국 기업들의 시장점유율이 높아감에 따라, 해당 산업에선 그간 준수되어 온 상호 존중의 경쟁 규칙에 심대한 압박이 가해졌다. 상호 존중의 경쟁 구도를 만들고 지탱하는 것은 오직 소수의 경쟁자만이 산업을 지배하면서 가격 경쟁을 회피할 수 있을 만큼의 안정적 관계를 유지할 때만 가능하다. 그런데 외국 기업이 해당 산업에 진입하면, 곧 산업 내 주요 기업들이 선도 업체의 가격 책정을 충실히 따라가는 소위 가

---

127 국내총생산 대비 수입 비중의 경우, 분모에 국내총생산이 아닌 국제 간 교역에 노출되는 부분만을 놓고서 수입이 차지하는 비중을 보면 수치가 더욱 커진다. 그런 의미에서 국제시장에서 경쟁하는 기업들 입장에서는 국제 경쟁의 체감도가 그림 3.4의 그래프보다 훨씬 더 컸다고 짐작할 수 있다. -옮긴이

128 그림 3.4를 통해 수입 증가로 경쟁이 격화되는 상황을 짐작할 수 있지만, 이것만으로는 미국이 직면한 수입 경쟁의 정도를 정확히 반영했다고 볼 수 없다. 수입품 일부는 미 국내시장에서 적절한 가격과 물량을 조달하기 어려우므로 미국 제품의 생산을 위해 어쩔 수 없이 수입한 경우이기 때문이다.

그림 3.4. | 국내총생산 중 총상품생산 대비 상품 수입의 비중(%), 1960-1979.

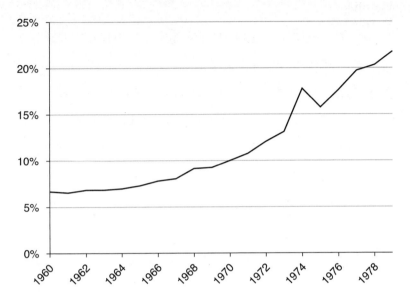

출처: 미국 경제분석국(U.S. Bureau of Economic Analysis, 2013, NIPA Table, 1.1.5, 1.2.5).

격 선도price leadership 관행과 같은 기존 질서가 깨지면서 경쟁이 격화될 수밖에 없다. 가격 전쟁이 대기업들의 세계에 다시 나타났고, 이는 대기업 간 생태계의 성격을 중소기업들 사이에서나 있을법한 살벌한 것으로 바꿔 버렸다. 안정적 가격 선도에 의해 결정되는 이윤 대신 대기업들은 한순간에 치열한 경쟁과 도산의 위협에 노출된 것이다.

사실 대기업 간 상호 존중의 경쟁 관행이 지니는 중요성 및 그 붕괴가 가져오는 심각성은 흔히 간과된다. 하지만 대기업들이 상호 존중의 경쟁 관행을 준수한다는 것은 곧 산업 내 기업들이 단기 생존의 걱정에서 벗어나 장기적인 관점을 가질 수 있음을 뜻하는 것이다. 이윤의 전망이 장기적으로 유망하다면, 단기적 비용을 수반하는 계획 정도는 용인할 수 있기 때문이다.

점증하는 수입으로 인한 1970년대의 국제 경쟁 격화는 고도화된 규제 자본주의 아래에서 이미 사반세기를 누려 온 미국 산업에서 상호 존중의 경쟁 구도를 일거에 깨뜨렸고, 대기업들마저 하루아침에 중소기업과 같은 처지로 내몰았다. 부도 걱정 없는 사업이란 이제 대기업들에도 사치가 되어 버렸다. 기업들은 어떻게든 노동자에게 줄 임금을 깎고, 세금 부담을 줄이며, 행동의 여지를 구속하는 정부 규제를 피해야 할 처지가 됐다. 그러므로 이러한 조치들을 강조하는 정책 노선이 곧 대기업들에 짙은 호소력을 가질 수밖에 없었고, 이것이 바로 대기업들이 규제 자본주의를 버리고 신자유주의적 구조 개혁 쪽으로 돌아서게 만든 원인이 됐던 것이다.

그러면 1960년대 후반 외국 업체들의 갑작스러운 미국 시장 공략은 어떻게 설명할 수 있는가? 가장 단순하게 말하자면 자본주의 역사에서 항시적으로 있게 마련인, 이윤 추구를 위해서라면 업종 간 경계는 물론이고 국경을 넘는 것도 마다하지 않는 자본주의 본연의 결과일 것이다. 하지만 원론적 설명에서 한층 더 나아가면, 이러한 1960년대 후반의 상황은 25년간 작동해 온 브레턴우즈 체제의 산물이라고 할 수 있다.[129] 브레턴우즈 체제는 상대적으로 자유로운 상품 무역을 점진적으로 확대하기 위한 것이었다. 제2차 세계대전의 참화에서 멀리 떨어져 있던 덕분에 전후의 미국 산업은 국내는 물론이고 국외 시장을 사실상 지배할 수 있었다.

---

[129] 자본주의라는 생산양식의 일반적 경향이라는 토대 위에서 그보다 더 짧은 시간 지평 위에 놓인 제도적 맥락으로 시선을 옮겨 보는 것이, 바로 사회적 축적 구조 이론이나 조절 이론 같은 중기 시간대에 주목하는 이론들의 방법론이다. -옮긴이

하지만 1960년대까지 [브레턴우즈 체제가 창출해 낸] 국제적 차원의 원활한 규제 자본주의의 작동은, 일본과 서유럽의 빠른 전후 복구와 경제 발전을 가져왔다.[130] 그리고 안정적 경제성장을 보증하는 핵심적 제도로서의 브레턴우즈 체제 자체가 1960년대 말에 이르면 규제 자본주의를 구성하는 또 다른 핵심 제도인 상호 존중의 경쟁 관행과 충돌하면서 이를 불안정하게 만들었고, 종국적으로 규제 자본주의의 근간인 계급 간 타협까지 무너뜨린 것이다.

대기업들을 규제 자본주의에서 이탈해 신자유주의 지지로 선회하게 만든 네 번째 요인은 대공황의 공포에 대한 기억이 흐릿해진 것이다. 앞에서 인용한 1948년 CED의 문서는 제2차 세계대전 후 대공황의 재림에 대한 극단적 공포가 자유 시장 경제학의 신뢰를 무너뜨리고 대기업들이 케인스 이론과 복지국가를 받아들이게 했다고 적고 있다. 하지만 1970년대에 이르면 대공황은 잊혀 가는 역사적 사건쯤으로 여겨지게 되었다. 또한, 밀턴 프리드먼 같은 경제학자는 대공황이란 정부가 나서서 교정해 줘야 하는 민간 부문의 실패 때문이 아니라, 사태 초기 정부의 통화정책 오류가 낳은 결과일 뿐이라고 수십 년간 주장해 왔는데(Friedman and Schwartz, 1963), 1970년대에는 드디어 이 주장이 강단의 경제학자들에게도 영향력을 미치기 시작했다. 따라서 공황의 예방을 위해 개입주의적인 거대 정부가 필요 없다면, 구태여 대기업들도 정부를 지지하고 거기에 세

---

130 브레턴우즈 체제의 성공은 1967년부터 73년에 이르면 이제 스스로의 기반을 잠식하게 된다. 특히 서유럽과 일본의 경제 부흥은 1971년부터 미국의 무역수지를 적자로 돌아서게 한 가장 주요한 원인이다. 이는 금 대비 미국 달러와 주요 통화의 고정 가치를 더 유지할 수 없게 만들었다.

금까지 갖다 바쳐야 할 이유가 없었다.

지금까지 논의한 것처럼 1970년대에 대기업들이 규제 자본주의를 버리도록 만든 힘들은 가히 압도적이지만, 사실 신자유주의적 구조 개혁이 규제 자본주의의 유일한 대안이었던 것은 아니다. 일부 대기업의 경우 당면한 문제의 타개책으로 노사정 삼자 간 타협에 기반한 더욱 고도화된 규제 자본주의를 제안하기도 했기 때문이다. 그러나 노조와 그 제휴 세력의 강력한 힘이 문제의 근본 원인이라는 것이 많은 대기업의 진단이었고, 이러한 관점이 비즈니스라운드테이블의 문서들에 반영되었다. 기업 자체의 국유화를 제외하면, 이윤 창출 능력의 저하만큼 기업에 심각한 위협은 없는데, 대기업들이 보기엔 나날이 떨어지는 이윤의 근원이 바로 노동비용의 상승이었다. 이러니 노동 쪽에 더 많은 힘을 실어줘야만 하는 노사정 합의 기반의 자본주의는 애초에 기업들의 지지를 받을 수 없었다.

신자유주의는 노동에 대한 자본의 권력적 우위 회복을 포함해, 1970년대 기업이 그들의 숙원을 실현하기 위한 대안으로 흔쾌히 선택할 수 있는 체제 전환regime change이었다. 아울러 이런 방향으로의 변화는 개인의 자유, 자기 책임, 그리고 정부 권력의 제한이라는 미국의 오랜 가치에도 기댈 수 있었다. 자유 시장과 개인의 자유라는 언어 뒤에 숨어 있는 한, 신자유주의적 체제 전환은 자본의 힘을 강화하고 노동의 힘을 약화하는 식으로 기능할 수 있었다. 이제 신자유주의적 체제 전환은 대기업들의 오랜 골칫거리였던 이윤율의 저하 추세를 반전하는 약속처럼 보였다.

사상, 경제적 연속성, 그리고 변화

규제 자본주의의 출현 및 몰락의 배경과 대비해 살펴본 신자유주의적 자본주의의 부상 과정은 경제 현상의 연속성 및 변화와 관련해 사상이 수행하는 역할에 중요한 시사점을 제공한다. 우리는 1940년대에 대기업들이 규제 자본주의를 지지하기로 결심한 이유가, 당시에는 그것이 그들의 이해에 가장 잘 부합한다는 확신이 있었기 때문이었음을 이미 보았다. 케인스의 사상과 경제학은, 노동과 자본 양쪽이 모두 높은 고용, 높은 생산, 그리고 높은 이윤을 통해 혜택을 볼 것이라는 점을 논증함으로써 규제 자본주의의 지적인 근거를 제공했다.

마찬가지로 1970년대의 신자유주의 사상 및 경제 이론은 대기업 측의 이해를 증진하고 그들이 당면한 문제를 해결하는 데 놀라울 정도로 잘 들어맞았다. 다음의 경우들을 생각해보자.

- 노동비용을 낮추기 위해 어떻게 노조를 약화시킬 것인가? 노동자들에게 부유한 자본가들의 몫을 더 늘려주기 위해 희생하라고 요구한다면, 통할 리 없을 것이다. 대신, 신자유주의 이데올로기가 주장하는 것처럼 노동자 개인이 스스로 선택해 행동할 권리를 노조 지도부가 침해하고 있다고 매도하면 매우 효과적이다.

- 복지국가의 규모를 어떻게 줄일 수 있는가? 빈곤층이 지나치게 잘살게 되느니 사회복지 프로그램을 삭감해 고소득 납세자들에게 돌려주자고 하면 당연히 먹히지 않는다. 그러나 복지 프로그램이 근로의 인센티브

를 훼손하고, 사람들이 복지제도에만 의존하게 할 뿐이므로 이를 삭감하는 것이 오히려 빈곤층을 돕는 것이라고 하면 효과적이다.

- 어떻게 하면 사회적 규제가 끼어들어 생기는 비용을 줄일 수 있을까? 환경 파괴, 위험한 작업환경, 소비자에게 피해를 주는 상품들을 옹호하는 것은 당연히 비효율적인 접근이다. 대신 기업가들을 절름발이로 만들어 경쟁을 못 하게 만들고, 일자리나 파괴하는 성가시기 짝이 없는 워싱턴의 관료 집단을 비난하는 것은 효과가 있다.

- 장기 근로계약을 통한 직업 안정성과 퇴직연금 보장으로 인한 비용을 줄일 방법은 무엇일까? 노동자들에게 직업 안정성이나 은퇴 후 생계 안정 같은 것을 바라지 말라고 하면 당연히 통하지 않을 것이다. 하지만 '유연한 고용 시장'이 일자리를 창출하고 시장 경쟁력을 제고하는 데 필수적이며, 대신 노동자들은 그들 자신만을 위한 퇴직연금 계좌를 소유하고 이를 주식시장에 투자하는 것이 훨씬 좋은 대안이라고 말하는 것은 효과적이다.

- 기업이 내는 세금을 어떻게 하면 줄일 수 있을까? 대부분의 금융 자원을 차지하고 있다시피 한 기업이 아니라, 다른 집단이 세금을 내야 한다는 주장은 당연히 반발을 살 것이다. 대신 실제로 일자리를 창출하는 기업들에 세금을 감면해주는 것이 노동자들에게도 결국 이익이며, 앞으로 은퇴 비용의 부담은 점점 더 늘어날 테니 개인의 자기 책임을 위해서나 재정 건전성을 위해 근로소득에 대한 원천징수 과세는 [역진적으로] 인

상되어야 한다고 주장하면 먹힐 것이다.

신자유주의적 개념과 이론은 규제 자본주의 제도들 하나하나가 잘못된 생각들일 뿐이며 개인의 결정권, 효율성, 그리고 경제적 진보를 훼손하는 집단주의 사상에 기반을 둔다고 주장한다. 신자유주의적 개념 및 이론은 1970년대 대기업 측의 의도와 목적을 뒷받침하므로, 대기업들이 이를 적극적으로 채택한 것은 전혀 놀라운 일이 아니다. 이처럼 사상은 기존 자본주의 형태의 붕괴와 새로운 자본주의 형태의 출현이라는 과정에서 매우 중요한 역할을 수행했다.

그렇다고 대기업 지도자들이 특별히 위선적이거나 표리부동하다고 말하려는 것은 아니다. 오히려 인간이라면 대부분 무엇이 옳은지에 대한 관념에서 한시도 완벽히 자유로울 수 없다, 하지만 문제는, 인간이라면 누구나 틀림없이 잘못을 저지른다는 점을 인정할 수 있다 해도, 자기의 행위는 단순히 이익 추구가 아니며 결국 옳은 길이었다는 신념을 강하게 필요로 한다는 점이다. 그리고 이러한 일련의 개념들은 그 본연의 제도적 현실을 갖는다. 이러한 관념이 자기 행동의 수순에 동기를 부여하며 심지어는 정당화하는 역할까지 수행하는 것이다. 1970년대 대기업 지도자들의 경우도 단지 그들은 자신들이 지지하기로 한 신자유주의적 체제 전환이 자신들에게 이익이 된다는 것을 분명 인지하고 있었을 뿐이다. 동시에 그들이 품은 의도 안에선, 신자유주의적 구조 재편만이 미국 경제를 전진하게 하는 유일한 방법이며, 신자유주의 이론의 주장처럼 그것이 적어도 장기적으로는 사회 전체에 득이 될 것이라고 진심으로 믿었음은 구태여 의심할 필요가 없다. 최근 코미디언과 시사 만화가들이 빈번히 풍자하는 낙수 효과trickle-down effect라는 것도 신자유주의적 구조 재편의 초기에는 그럴듯한 것으로 보였다.

어떤 사상이 유효한 설득력을 획득하려면, 일련의 개념이 서로 일관성을 지녀야 한다. 사상은 자본주의적 제도 형태들이 실제로 작동하도록 결속시키는 중요한 역할을 담당한다. 그리고 바로 이러한 점이, 어째서 신자유주의 일부 측면들이 대기업들의 일부 혹은 전체의 이익과 상충했는지를 설명한다. 예를 들어 인프라의 구축을 위한 충분한 신규 투자와 유지 보수는 기업의 장기적 영리 활동에도 필수 요소라 할 수 있다. 그런데 인프라 투자 자체가 이미 공적인 성격을 갖기에 이는 신자유주의적 자본주의의 작동 방식과 상충될 수밖에 없다. 그렇기 때문에 2장에서 본 것처럼 신자유주의 시대에는 필수적인 인프라를 위한 투자가 쇠락을 거듭할 수밖에 없었다. 항공, 철도, 독점화된 전화, 전력 발전 분야에서의 규제 완화는 해당 산업의 기존 공급자들로부터 강한 반대에 직면했지만, 그들의 저항은 신자유주의 이데올로기와 해당 산업을 이용하는 기업 로비의 협공으로 결국 무력화되었다. 이처럼 신자유주의 이데올로기는 모든 대기업의 이익에 완벽하게 부합하는 것은 아니었으며, 어떤 사안에 대해서는 대기업들 사이에서도 이해관계가 서로 엇갈렸다. 그럼에도 전반적으로는 대기업들의 핵심적 이익 증진에 신자유주의가 효과적이었던 것은 분명하다.

이제 다음 장에서 살펴보겠지만, 미국에서의 신자유주의적 체제 전환은 1970년대 대기업들이 직면한 문제들을 해결하거나, 적어도 상황을 개선하는 데 성공했다. 그러나 신자유주의적 체제 전환의 "성공"은 동시에 두 가지 측면에서 결함이 있었던 것이 사실이다. 첫째, 신자유주의적 자본주의는 이윤율과 안정적인 경기 확장을 복원했지만, 대신 그 과실은 일부에게만 집중됐고, 심지어 시간이 지날수록 점점 더 맨 위에 있는 일부에게만 돌아갔다. 이러한 경향은 미국과 세계 곳곳에서 저항을 불러오기도 했지만, 신자유주의적 자본주의는 이러한 저항들을 견뎌낼 능력이 있었고, 불평등은 점점 확대됐다. 둘째, 신자유주의적 자본주의가 이윤율과 안정적 경기 확장을 복원한 방식은, 신자유주의 경제사상과 이론이 약속한 형태와는 확연히 다른 것이었음이 판명 났다는 점이다. 신자유주의적 자본주의가 경기 확장을 가져오는 방식에선 경제적 불평등의 확산이 중요한 역할을 담당했다. 또한 시간이 지날수록 체제 자체를 본궤도에서 이탈시킬 수밖에 없는 경제적·금융적 문제들을 초래했다. 그리고 이러한 궤도 이탈은 2008년에 실제로 발생하여 불황과 금융의 붕괴라는, 절대 일어나지 않을 것처럼 망각해 왔던 공포가 갑자기 우리 앞에 다시 나타나게 했다.

4장

신자유주의적 자본주의는
어떻게 작동했는가

1980년대 초반에 이르면 신자유주의적 자본주의의 주요 제도 형태 구축이 완료되었고, 앞의 표 2.1에서 살펴본 것처럼 탈규제, 민영화 및 외주화, 케인시언 총수요 관리 정책의 포기를 포함하는 정부 기능의 8가지 변화들이 구체적으로 실행되기 시작했다. 국제무역과 투자 장벽 철폐도 순조롭게 진행되었고, 신자유주의 사상은 이제 완전히 주도권을 쥐게 되었다.

규제 자본주의가 그랬던 것처럼 신자유주의적 사회적 축적 구조 역시 성립 이후에도 지속적인 진화 과정을 거쳤다. 금융 규제 완화를 위한 두 개의 법이 1980년과 82년에 통과되었고, 1990년대 말에 이르면 금융 자유화는 더욱 심화하는 단계로 접어든다. 또 일자리의 임시직화, 시장 원리의 기업 내부 침투 같은 제도적 변화들도 이미 1980년대 초를 거치면서 나타나기 시작한다. 금융기관의 새 사업 영역 진출은 점진적이긴 했지만, 1980년대 초를 신자유주의 시대의 시작점으로 간주해도 될 정도로, 많은 제도 형태들이 이때부터 확고한 형태를 갖춰 갔다.

이 장에서는 먼저 신자유주의 옹호론자들이 주장하는 신자유주의 작동 원리부터 살펴본다. 둘째로, 1979년부터 2007년까지 실제 데이터를 통해 신자유주의적 자본주의와 규제 자본주의의 경제적 성과를 비교해 볼 것이다.[131] 세 번째로 신자유주의의 경제적 명암을 설명할 것이며, 네 번째로 공화, 민주 양당 집권기에 공히 신자유주의 경제정책의 연속성이 존재했다는 증거를 제시할 것이다. 그리고 마지막으로, 신자유주의적 자본주의가 낳은 여러 문제점에도 불구하고, 2008년 이전까지는 체제 수준의 어떠한 변화에 대해서도 상당한 저항력이 작용했음을 설명하며 결론을 맺을 것이다.

신자유주의는 원래 어떻게 작동할 것이라 기대했을까?

애초에 신자유주의적 구조 개혁은 경제적 의사 결정 과정을 방해하는 요인, 즉 스스로 대놓고 활동하는 정부나 노동조합의 손길을 물리치고, 그 자리를 자유 시장의 '보이지 않는 손'으로 대체하면 최적의 경제적 성과를 가져온다는 믿음에 기반을 둔 것이었다. 기업과 부유층에 대한 감세는 저축과 투자의 인센티브를 늘리고, 이렇게 늘어난 신규 설비투자가 총생산 및 노동생산성의 신장과 더 빠른 일자리 창출을 가져올 것이라는 기대를 받았다. 그리고 금융 산업 탈규제는 그간 억눌려 있던 금융기관들에 시장 인센티브로의 길을 터서 생산적 투자를 위한 자금 공급을 늘릴 것으

---

131 규제 자본주의와 신자유주의적 자본주의의 구체적인 존속 기간을 1장에서 논의했다.

로 여겨졌다.

신자유주의적 경제 이론은 모든 시장 참여자들이 소비자의 필요를 충족시키는 과정에 자신의 노동 혹은 자본을 공급하고, 그 기여도에 따라 소득을 대가로 얻는다는 관점을 가진다.[132] 자유 시장 본위의 체제에서 경제적 불평등의 추이가 어떻게 될 것인지에 관해 별다른 전망을 신자유주의 경제 이론이 제시하지는 않았지만, 불평등이 증가한다면 이는 경제적 기여도의 차이일 뿐이라는 점에서 정당화될 수 있는 것이었다.

그뿐만 아니라 [신자유주의적 경제 이론은] 기업 및 부유층에 대한 낮은 세율 등 자유 시장을 위한 인센티브가 기업 이윤과 기존 부유층의 소득을 풍성하게 하고, 이것이 총생산 및 생산성 그리고 일자리 창출 측면에서 더 빠른 성장을 초래해 결국에는 중산층과 저소득층에게 이익이 돌아올 것이라고 주장했다. 기층 민중이 차지하는 파이의 비율 자체는 줄수도 있겠지만, 전체 파이가 더 빨리 커질 것이므로 사람들의 소득도 빠르게 늘 것이다. 즉, 부유층에게 돌아가는 혜택이 "낙숫물처럼" 그 나머지에게도 떨어진다는 것이었다.

마지막으로, 신자유주의적 경제 이론은 금융 부문을 포함한 자본주의 경제가 본질적으로 안정적stable이라는 관점을 갖고 있다. 자유 시장이 갖는 자연스러운 안정성을 가정한다면, 구태여 거시 경제를 안정화한다며 경제를 잘못된 길로 몰고 가는 케인스 경제학을 일소한다고 해서 문제가 생길 리 없었다. 만약 경제에 외적 "충격"이 가해진다면 불황이 발생할 수

---

132 2장에서 본 것처럼 완전경쟁에 관한 신고전파 경제 이론에서는 노동이나 자본 같은 생산요소를 제공한 측은 대가로 그 생산요소의 한계 기여분을 받는다고 설명한다.

있지만, 자유 시장의 자기 조정 기능이 신속하게 경제를 완전고용 수준으로 되돌릴 것이다. 금융 부문의 규제 완화는 금융기관에 가해진 불필요한 속박들을 제거하고, 대부자와 차입자의 이성적 판단이 금융시장을 안정으로 이끌 것이었다. 예를 들어 은행의 경우, 예금 고객을 잃거나 심지어는 파산에 이를 수도 있기에 과도한 리스크를 감수하지 않을 것이다.

바로 이런 이론에 기초한 대규모 실험이 1980년대 초반부터 미국, 영국, 그리고 세계 많은 나라에서 실제로 시작되었다.[133] 물론, 전적으로 새로운 실험은 아니었다. 미국에서는 이미 자유 시장 형태의 자본주의가 19세기 후반, 그리고 1920년대에 번성했던 적이 있다(6장에서 논의할 것이다). 신자유주의 옹호자들의 주장은 대체로 역사적 증거보다는 강한 이론적 신념에 기반을 둔 것이었다. 하지만, 이제 우리는 이미 신자유주의 아래에서 30년 이상 살아왔기 때문에, 신자유주의 옹호자들이 공언했던 것과 실제 경제 데이터들이 과연 부합하는지 비교할 수 있는 위치에 서게 되었다.

실제 경제 데이터를 보면, 대부분의 측면에서 신자유주의 시대의 미국 경제는 규제 자본주의 시대보다 결코 나은 실적을 보여주지 못했다. 그러나 한 가지 기준으로서, 2007년까지의 거시 경제적 안정성 측면에서는 그런대로 나은 성과를 기록한 것도 사실이다. 즉 1979년부터 2007년까지 미국 경제는 그리 심각하지 않은 단기간의 불황만을 거치며 꽤 오랜 기간

---

[133] 미국과 영국에서는 이러한 실험을 선출된 정치 지도자들이 주도한 반면, 아프리카, 아시아, 그리고 라틴아메리카의 경우는 미국 정부를 배경으로 하는 IMF에 의해 강요되다시피 한 것이었다. 중부와 동유럽의 기존 공산권 국가 신생 정부들에 의해 시행된 신자유주의적 구조 재편 역시 IMF, 세계은행, 그리고 서방의 경제 고문들에 의해 사실상 강제된 것이었다.

경기 확장을 지속했고, 인플레이션율은 시종일관 낮은 편이었다. 그러나 이런 괜찮은 성과를 가져온 배후의 원인 그 자체는 신자유주의 경제 이론이 말한 시나리오와 현저히 다른 것이었다. 약 25년간에 걸친 거시 경제의 상대적 안정성의 실제 이유를 살펴보면, 2008년 대재앙의 원인은 이미 경제의 표면적 안정성 아래에 잠복하고 있었다는 것을 알 수 있다.

신자유주의 시대의 경제 실적

그림 4.1은 그림 3.1의 확장으로, 2007년까지 미국 비금융 기업의 이윤율 추이를 보여준다. 이윤율은 1960년대 말부터의 오랜 하향 추세에서 탈피해 1982년부터 회복세를 보인 것을 확인할 수 있다. 이윤율은 경기변동에 따라 심하게 요동치기 마련이지만, 경기 정점을 기준으로 1981년 9.2%에서 1997년 12.6%에 이르기까지 꾸준한 추세로 성장했다. 1960년대 중반부터 1980년대 초까지 지속한 이윤율의 하락 추세가 신자유주의 시대에 이르러 상승 반전하게 된 것이다. 하지만 규제 자본주의 때만큼의 이윤율에는 끝내 이르지 못했다. 뒤메닐과 레비(Dumenil and Levy, 2004, 24)가 서유럽 주요 3개국을 종합해 산출한 이윤율에서도 1960년대 이후부터의 가파른 하락, 1980년대 초부터의 회복이라는 유사한 패턴이 발견됐다. 다만 한 가지 차이라면, 유럽의 경우는 1990년대 후반의 이윤율이 1960년대 중반의 정점을 초과했다는 점이다.[134]

---

[134] 여기서 서유럽 3개국은 독일, 프랑스, 그리고 영국이다(Dumenil and Levy, 2004, 24).

그림 4.1. | 미국 비금융 기업의 이윤율, 1948-2007.

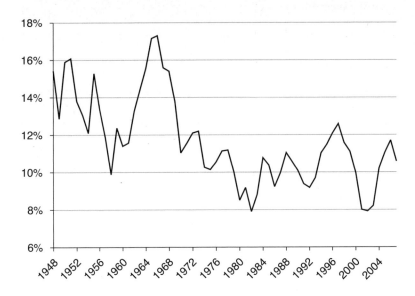

출처: 미국 경제분석국(U.S. Bureau of Economic Analysis, 2013, NIPA Table 1.14, Fixed Assets Table 4.1).
비고: 이윤율은 세전 이윤에서 순수 이자 비용 및 기타 지급금을 더한 뒤 고정자산으로 나눠서 산출함.

신자유주의 시대 미국의 이윤율 결정 요인을 분석해 보면, 1980년 이후 이윤율 회복의 주요 요인은 첫째가 임금의 정체였고, 둘째는 법인 이윤에 대한 감세였다(자세한 방법론은 이 장의 부록을 참고하라). 1979년부터 2007년까지 비금융 기업의 세후 이윤율은 20.4% 증가했는데[135], 이는 전적으로 순소득에서 차지하는 세후 이윤의 비중이 [노동비용의 극적인 감소

---

135 일반적인 학술 문헌들과 마찬가지로 해당 표에서 나타내는 이윤율 데이터는 세전 기준이지만, 여기서는 기업에 대한 세금 감면이라는 신자유주의 프로그램의 특정 항목이 이윤에 미치는 효과만을 보기 위하여 세후 기준 데이터를 살펴본다.

를 통해] 커졌을 뿐이었다.[136] 순소득에서 임금 몫의 감소는 세후 이윤 몫 증가의 84%를 기여한 반면, 법인 이윤에 대한 감세는 세후 이윤 몫 증가의 16%를 기여했다. 이 시기의 임금 몫의 감소는 연평균 0.25% 수준으로 억눌린 피고용자 보수의 느린 상승과 함께, 노동자 1인당 생산이 1.72% 증가한 것에서 기인한다.[137] 따라서 신자유주의적 구조 재편을 통해 임금을 억누르고 세금을 깎아 보려는 대기업들의 시도는 이처럼 이윤율의 회복으로 그 결실을 본 것이다.

금융 및 비금융 기업 모두를 포함한 법인 이윤corporate profit의 규모 역시 신자유주의 시대 들어 회복되었다. 1948년부터 1966년까지 물가 상승분을 조정한 기업의 이윤은 매년 4.5% 성장했다.[138] 그리고 1966년부터 1979년까지 이윤율은 하락했고 (물가 상승분을 조정한) 기업의 이윤액

---

136 이 책의 부록에서 설명하는 것처럼, 이윤율은 소득 또는 생산에서 이윤이 차지하는 몫과 생산-자본의 비율의 곱으로 나타낼 수 있다. 따라서 어느 기간 이윤율이 상승한다는 것은 이윤 몫의 증가거나, 생산-자본 비율의 상승, 혹은 두 가지 변동의 조합으로 설명할 수 있다.

137 여기에 제시된 노동시간당 생산, 즉 노동생산성의 측정은 그림 4.5의 노동생산성 지표와는 두 가지 측면에서 다르다. 우선 전자는 비금융 기업에만 해당하는 것이며, 그림 4.5의 경우는 전체 비농업 부문을 포괄하는 것이다. 둘째, 여기 본문에 제시된 측정치들은 미국 경제분석국 U.S. Bureau of Economic Analysis 데이터에 기초하여 신자유주의 시대의 이윤율 상승 근저에 놓인 요인의 분석을 위해 사용한 것인 반면, 그림 4.5의 경우는 미국 노동통계국U.S. Bureau of Labor Statistics의 표준적인 노동생산성 성장 데이터에 의한 것이다.

138 금융 부문까지 포괄해 전체 기업 부문에 걸친 이윤율을 산출할 경우, 전체 산업을 포괄하는 자본 저량capital stock을 정의하기가 대단히 어렵고, 이 과정에서 심각한 개념적 오류가 발생할 수 있다. 하지만 전체 기업 부문의 연간 이익 총량 데이터만을 다룰 경우에는 이러한 문제가 발생하지 않는다. 따라서 우리는 그림 4.1에서 비금융 기업의 이윤율만을 다루되, 이를 보충하기 위해 전체 기업 부문에 걸친 이윤 규모의 성장률을 살펴본다. 그림 4.12가 이에 해당한다.

자체는 연간 0.1%의 지극히 미미한 성장을 기록했다. 그러나 신자유주의 시대에 이르면 기업 이윤액은 다시 증가 추세를 회복해서, 1979년부터 2007년까지 연간 3.3%의 성장률을 기록했다. 이러한 데이터들로 볼 때, 신자유주의적 자본주의는 새로 구축된 사회적 축적 구조의 역할을 수행하면서 이윤의 성장 추세를 회복시켰다고 할 수 있다.

신자유주의 시기 미국에선 총 세 번에 걸친 장기 경기 확장이 있었다. 1982-90년, 1991-2000년, 그리고 2001-2007년이 그것인데, 2008년까지 지속한 장기간의 경기 확장에 제동을 건 것은, 상대적으로 심각하지 않은 단기적인 불황뿐이었다. 세 번의 경기 사이클 평균 확장 기간은 95개월로, 1948년부터 1973년 사이에 있었던 다섯 번에 걸친 경기 확장의 평균 지속 기간인 50개월보다 더 길었다. 이는 신자유주의 시기의 경제가 오히려 상대적인 안정성을 보였다는 것을 의미한다. 1982년에는 1970년대부터 계속된 급격한 인플레이션을 길들이는 데 성공하며, 1982년부터 2007년까지 소비자 물가지수의 상승률은 연간 3.1% 수준에 머물렀다. 장기간의 경기 확장, 심하지 않은 불황, 그리고 낮은 수준에서 안정화된 물가 상승률은, 프린스턴대 경제학 교수 출신으로 훗날 연준 의장으로 지명된 벤 버냉키Ben Bernanke가 경제의 '대완화기Great Moderation' 도래를 선언하게 만들었다. 이러한 데이터들은 자유 시장 자본주의가 그 이전의 규제 자본주의보다 더 안정된 것이라는 주장에 힘을 실어주는 것으로 보인다.

그러나 신자유주의 시기의 경제성장률 그 자체는 그렇게 높지 않았다. 그림 4.2는 신자유주의 시기 미국의 GDP 성장률을 규제 자본주의가 잘 작동하던 시기, 그리고 규제 자본주의의 위기 기간과 비교한 것이다. 1979년부터 2007년까지의 GDP의 연평균 상승률은 3.0% 수준으로,

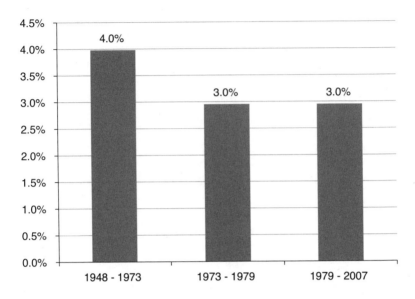

이는 1948년부터 1973년까지의 연평균 성장률 4.0%보다 낮고, 규제 자본주의의 구조적 위기 국면이던 1973-79년의 성장률도 넘지 못한 것이다.[139] 심지어 신자유주의 시대를 통틀어 경기 정점과 정점 사이의 성장률이 가장 높았던 시기였던 1990년에서 2000년 사이에도 3.4% 수준에 머물렀고, 이는 규제 자본주의 시기의 성장률 4.0%에도 미치지 못하는 것이었다.

---

[139] 그림 4.2의 막대그래프를 보면 각각 4%와 3%에 살짝 미달하는 것을 볼 수 있는데, 이는 소수점 단위의 반올림 때문이다. GDP 성장률은 소수점 첫째 자리 이하 %까지 정확하게 측정되지는 않는다.

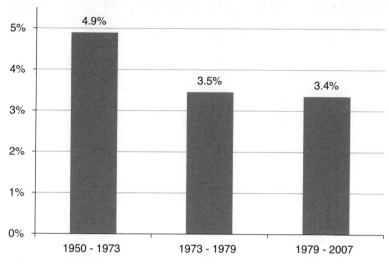

그림 4.3. | 세계의 평균 GDP 성장률.

출처: Maddison, 2010.

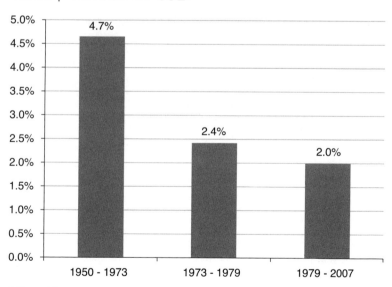

그림 4.4. | 서유럽의 평균 GDP 성장률.

출처: Maddison, 2010.

경제학자 앵거스 매디슨Angus Maddison은 세계 각국의 장기 성장률에 관한 신뢰할만한 측정치들을 많이 정리해 놓았는데[140], 그림 4.3은 앞에서 말한 세 시기의 세계 GDP 성장률을 추계한 것이다. 단, 매디슨의 추계에서 첫 번째 시기의 시작점은 1948년이 아니라 1950년이다. 이 추정치들에서도 규제 자본주의에 비해 신자유주의적 자본주의의 성장률이 눈에 띄게 낮음이 확인된다. 또 매디슨의 추계에서도 규제 자본주의 위기 때보다 신자유주의 시대의 성장률이 역시 비슷하거나 낮은 수준을 기록하고 있다.

그림 4.4도 세 시기 서유럽 GDP 성장률을 추계한 것인데, 이는 신자유주의적 자본주의라기보다 규제 자본주의경제 모델에 더 가까운 중국 경제 고성장의 영향을 제거한 수치다. 그러면 신자유주의 시기 서유럽의 GDP 성장률은 규제 자본주의 기간보다 훨씬 낮고, 규제 자본주의의 위기 국면보다는 살짝 낮은 수준을 보인다. 그러나 이 추정치들로 서유럽에서의 신자유주의적 구조 재편의 성공 또는 실패 여부를 말하기는 다소 어려운 측면이 있다. 서유럽 국가들이 신자유주의적 세계 경제체제 안에서 기능한 것은 사실이지만, 동시에 그들 중 일부는 내부적으로 신자유주의 구조 개혁을 제한적으로만 시행했기 때문이다.

그림 4.5는 우리가 주목하는 세 시기의 미국 평균 노동생산성(노동시간당 산출)을 각각 비교한 것이다. 신자유주의 시기의 노동생산성은 확

---

140 앵거스 매디슨은 2010년에 세상을 떠났지만, 그의 연구팀은 그가 발전시킨 방법론을 이용해 지속적으로 성장률 데이터를 갱신하고 있다. 전 세계 경제의 GDP 성장률을 추정하는 작업은 경제적으로 많은 차이를 지닌 여러 국가의 GDP 성장을 하나로 포괄해야 하고, 이를 위해서는 많은 단순화 과정이 필요하다.

그림 4.5. | 미국의 평균 노동생산성 성장률.

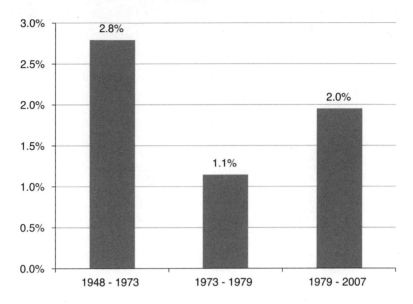

출처: 미국 노동통계국(U.S. Bureau of Labor Statistics, 2013).
비고: 비농업 부분 시간당 생산물의 평균 성장률을 측정.

실히 70년대 위기 시기보다는 높은 수준인 2.0%의 성장률을 보여주지만,
규제 자본주의 시기의 2.8%보다는 상당히 낮은 수준을 기록한다.

　　신자유주의적 구조 재편이 높은 수준의 기업 투자를 촉진할 것이라
는 예상이 적중했다면, 노동생산성은 급격히 상승해야 한다. 하지만 예
상에 못 미치는 수준의 생산성 향상은 사실 그리 놀라운 것이 아니다. 신
자유주의 시기의 기업 투자 자체가 생각보다 그리 활발하지 않았기 때문
이다. 그림 4.6은 신자유주의 시기와 규제 자본주의 시기의 민간 투자를
나타내는 두 지표를 비교한 것이다. 하나는 자본축적률로서 민간 부문 자
본 총액stock의 연평균 증가율을 나타낸다. 다른 하나는 순 국내 생산 중에

그림 4.6. | 미국의 민간 투자 실적.

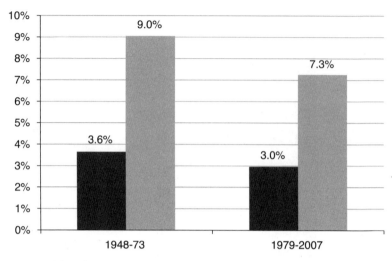

출처: 미국 경제분석국(U.S. Bureau of Economic Analysis, 2013, NIPA Table, 1.1.9, 1.7.5, 5.2.5, Fixed Assets Table 4.1).
비고: 자본축적률은 순수 민간 비주택net private nonresidential 고정 투자를 순수 민간 비주택 고정자산으로 나눠서 산출. 분자와 분모 모두 물가 상승분 조정치를 사용.

서 순 민간 투자가 차지하는 비율의 연평균 증가율이다.[141] 두 지표 모두 신자유주의 시대의 투자가 그 이전 기간보다 활발하지 않았음을 보여주고 있다.[142]

---

141 순 민간 투자는 총 민간 투자에서 자본 감가상각분을 차감해 산출하는데, 여기서 총 민간 투자는 설비, 기계, 소프트웨어뿐만 아니라 재고의 증가까지 포함하는 개념이다. 순 국내 생산은 GDP에서 감가상각을 차감한 것으로, 순 민간 투자와 전체 산출을 대응해 비교할 때는 이것이 적절한 개념이다.

142 자본축적률은 위 두 지표 중에서 더 나은 지표라고 할 수 있다. 전체 생산에서 민간 투자가 차

그림 4.7. | 가처분 소득 대비 개인저축의 비중(%), 1948-2007.

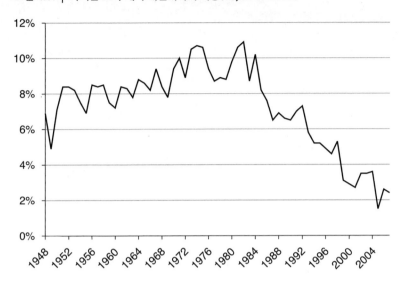

출처: 미국 경제분석국(U.S. Bureau of Economic Analysis, 2013, NIPA Table 2.1).

　　신자유주의적 구조 조정은 인센티브 효과를 통해 저축을 촉진하리라 기대됐지만, 이 역시 실제로 나타나지는 않았다. 그림 4.7에서 보는 바와 같이, 가처분 (세후) 소득 대비 개인 저축의 비율은 규제 자본주의 시기 내내 상승해 1971년에는 가처분 소득의 10%까지 이르렀으나, 1970년대 들어서는 저축률의 특별한 추이를 발견하기 어려웠고, 1980년대 초부터 저축률은 가파르게 하락하여 2005년에는 1.5%까지 떨어졌다. 저축이 늘기는커녕 개인저축은 사실상 신자유주의 시기 내내 사라져가고 있었다. 결

지하는 몫은, 단순히 민간 투자의 활성화뿐만 아니라 생산의 각 구성 요소, 즉 소비지출, 정부 소비 및 투자, 수출 및 수입의 변동에도 영향을 받기 때문이다.

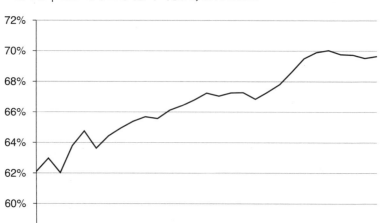

그림 4.8. | GDP 대비 소비지출의 비중(%), 1979-2007.

출처: 미국 경제분석국(U.S. Bureau of Economic Analysis, 2013, NIPA Table 1.1.5).

과적으로, 개인저축은 신자유주의 시대의 투자 성장에 아무런 공헌도 하지 않았다.

그러면 기대했던 저축과 투자의 촉진 없이 미국의 신자유주의적 자본주의는 어떻게 장기간의 경기 확장을 이룰 수 있었을까? 신자유주의적 자본주의는 시설과 자재에 대한 투자를 촉진하는 방식이 아니라, 소비지출을 자극하는 방식으로 성장했다. 1979년부터 2007년까지 그림 4.8과 4.9가 보여주는 것처럼 GDP 대비 소비지출의 비중은 63.0%에서 69.7%까지 증가하는 반면, 기업의 고정 투자는 13.0%에서 11.7%로 하락한다. 1990년대에 기업의 고정 투자는 그림 4.9에서 보는 것처럼 경기 팽창에 상당히 기여한 것이 사실이지만, 이 추세가 2000년대까지 이어지지는 못

그림 4.9. | GDP 대비 기업의 고정 투자 비중(%), 1979-2007.

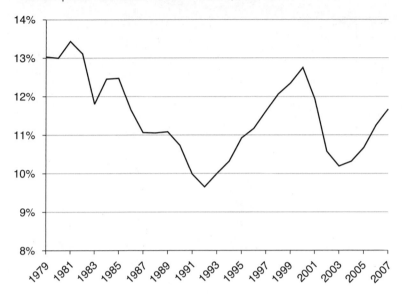

출처: 미국 경제분석국(U.S. Bureau of Economic Analysis, 2013, NIPA Table 1.1.5).

했다. 1979년에서 2007년까지 GDP의 다른 구성 요소들, 즉 주택 투자, 정부 소비 및 투자, 그리고 순 수출, 이들 모두가 GDP에서 차지하는 비중이 상대적으로 감소했고, 오직 소비지출이 차지하는 비중만이 신자유주의 시기 내내 상승하는 양상을 보인다.[143]

신자유주의 시기 미국의 소득 불평등은 극적으로 증가했는데, 그림 4.10을 보면 신자유주의하에서 최상위 5% 대비 최하위 20%의 소득 비율은 규제 자본주의 시기에 이룩한 소득 불평등 개선을 모두 무위로 돌리고도 남을 수준으로까지 악화한다. 특히 신자유주의 시기에는 소득 상위

---

143 주택 투자 붐은 2001-07년의 전반기 경기 확장에 기여했다.

그림 4.10. | 상위 5% 가구의 총소득 대비 하위 20% 가구의 총소득 비중(%).

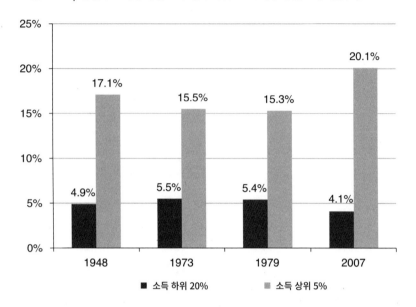

출처: 미국 인구조사국(U.S. Bureau of Census, 2013, Table F-2).

1%와 0.1%의 부유층에게 돌아가는 몫이 극적으로 증가했다. 그림 4.11에서 최부유층 1%의 소득 비중을 보면, 1928년의 경우 총소득 대비 23.9%로 최고점을 찍은 후 제2차 세계대전 후 규제 자본주의 시대에 10% 내외 수준을 유지한다. 하지만 1981년도부터 오랜 상승기로 돌아서서 2007년에는 다시 23.5%까지 증가한다. 최부유층 0.1%의 경우로 한정하면 2007년이 1928년보다 오히려 더 높은 수준에 이른다.[144] 대기업 CEO의 평

---

144 그림 4.11은 초고소득층 소득에서 중요한 부분을 차지하는 실현 자본 이득을 포함해서 상위 1%와 0.1%의 소득 몫을 산출한 것이다. 그림 4.10의 미국 인구조사국U.S. Bureau of Census 자료에는 실현 자본 이득이 포함되어 있지 않다.

그림 4.11. | 전체 소득 대비 상위 1%와 0.1%의 소득 비중(%), 1920-2007.

소득 상위 1%   - - - - 소득 상위 0.1%

출처: Piketty and Saez, 2010.

균 보수는 1978년의 경우 노동자 평균 보수의 29배였는데, 2007년에는 351.7배에 달한다. 무려 12배가 증가한 것이다(Mishel et al., 2012, 289).[145]

신자유주의 시대의 불평등, 그 두 번째 형태는 기업 이익과 임금 사이의 격차에서 드러난다. 그림 4.12는 물가 상승률을 조정해서 도출한 법인 이윤corporate profit과 임금 및 급여wage and salary, 두 가지 지표의 연평균 성장률 변화를 나타낸다. 3장에서 이미 논의한 바 있지만, 그래프를 보면 임

---

[145] CEO 보수는 매출액 기준으로 상위 350개 사를 선정해, 실현된 스톡옵션을 포함한 보수를 산출한 것이다. 노동자 보수는 표본으로 선정된 기업들의 생산직 및 비관리직군 노동자들의 보수를 평균하여 산출했다.

그림 4.12. | 임금 및 급여와 법인 이윤의 연간 성장률.

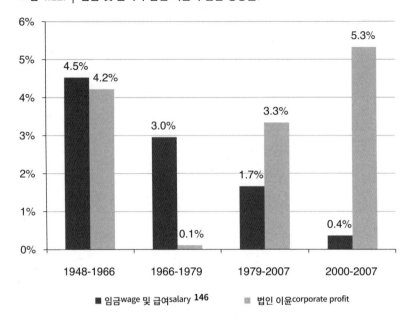

출처: 미국 노동통계국(U.S. Bureau of Labor Statistics, 2013).
비고: 이윤은 GDP 물가지수를, 임금 및 급여는 소비자물가지수CPI를 가중치로 하여 계산. 여기서 임금 및 급여는 민간 기업 부문의 모든 피고용인을 대상으로 함.

금(임금과 급여를 통칭)과 법인 이윤의 비중은 1948-66년 사이에 비슷한 수준으로 증가했으나[147], 1966년부터 1979년까지 임금 상승폭은 다소

146 미국에선 임금wage과 급여salary를 구분한다. 자세한 구별은 이 책의 논의를 벗어나지만, 대체로 임금은 시간당 지급되는 보수, 급여의 경우는 연봉에 따른 월급 개념이다. -옮긴이

147 일반적으로 1948-73년을 규제 자본주의의 시기로 간주하지만, 그보다 짧은 1966년까지가 이윤율의 성장을 살펴보는 데 더 적합하다. 왜냐하면 GDP 같은 데이터들과 달리, 이윤 성장, 혹은 이윤율 자체는 1973년이 아니라 1966년부터 추세가 확연히 반전되었기 때문이다. 이윤 혹은 이윤율에 근거해 판단했을 때, 전후 규제 자본주의는 1973-79년이 아니라 1966-79년 동안에 걸쳐 효율적인 작동을 멈춘 것으로 보인다.

그림 4.13. | 비관리직 노동자들의 시간당 평균임금(2011년 달러화 기준), 1948-2007.

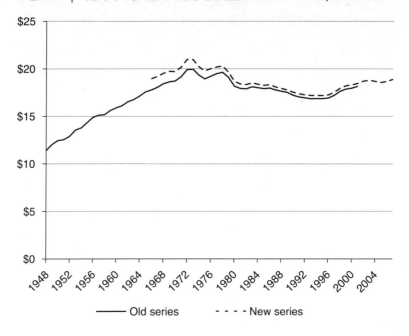

출처: 대통령 경제 보고서(Economic Report of the President, 1990, 2003, 2010).
비고: 149번 주석 참고.

둔화하고 법인 이윤은 간신히 후퇴를 면하는 수준으로 떨어진다. 그러다가 1979년부터 2007년에는 법인 이윤 성장은 훨씬 높은 수준으로 회복된 반면, 임금 상승률은 하락한다. 2008년 이전까지 마지막 경기 사이클만 놓고 보면, 법인 이윤은 노동자 임금의 거의 열세 배에 이르는 신장을 보인다.

중위 및 하위 소득층은 신자유주의 시기 동안 제대로 된 보수를 받았다고 보기 힘들다. 1948년부터 1973년까지 비관리직 노동자들의 시간당 평균 보수는 연간 2.3% 상승해 전체 기간 74.6% 증가한 반면(그림

4.13)[148], 2007년에는 1979년 수준보다도 3.7% 아래에 머물고 있다. 이는 지난 28년 동안 중위 및 하위 소득층의 소득은 심지어 감소했음을 뜻한다. 중위 소득 가구의 실질소득은 1948-73년에는 두 배로 증가한 반면, 1979-2007년의 더 긴 시간 동안에는 많은 기혼 여성들까지 노동시장에 진입해 가구 중위 소득을 떠받쳤음에도 겨우 17.7% 증가하는 데 그쳤다 (U.S. Bureau of the Census, 2013).

그림 4.14는 최하 1분위에서 최고 5분위의 소득 구간과 소득 상위 5% 가구의 평균 실질소득의 증가율을 두 시기에 걸쳐 비교한 것이다. 1948-73년 동안에는 1분위 계층, 즉 하위 20% 계층의 소득 증가율이 가장 빠르게 성장했고, 2·3·4분위의 중간 계층 소득 증가율 역시 두 배 이상의 상승을 기록했다. 즉 1948년부터 1973년까지는 최저 소득층과 중산층이 매우 잘 살았던 시기였다. 그러나 1979년부터 2007년까지는 최저 소득인 1분위의 경우 거의 변화가 없었고, 중간 소득인 2·3·4분위도 28년 동안 소폭 증가했을 뿐이다. 2000년에서 2007년까지는 (그림 4.14에서 볼 수는 없지만) 하위 40%의 실질소득은 심지어 감소했고, 3·4분위의 중간 계층의 소득도 0.6% 증가하는 수준에 그쳤다. 이는 2008년 위기 직전까지 소득 하위 40%에 속하는 수많은 가구가 이미 소득의 감소를 겪어왔음을 뜻한다.

---

[148] 미국 노동통계국U.S. Bureau of Labor Statistics은 2004년에 시간당 보수를 산출하는 방법론을 개정했고, 이 때문에 1948년부터 2007년 모두들 포함하는 일관된 데이터를 산출할 수 없게 되었다. 그림 4.13은 각각의 시기들을 포괄하는 신,구 지표를 보여준다. 두 지표가 서로 중첩 되는 기간을 보면 상당히 비슷하게 움직이는 것을 볼 수 있다. 이로써 전체 기간을 포괄하는 지표가 존재할 경우라도 비록 약간의 크고 작은 차이는 있겠지만, 두 기간의 평균 보수 성장률 차이는 여전할 것이라고 짐작할 수 있다.

그림 4.14. | 소득 상위 5% 가구와 소득 5분위 각 구간의 평균 실질소득 증가율 비교.

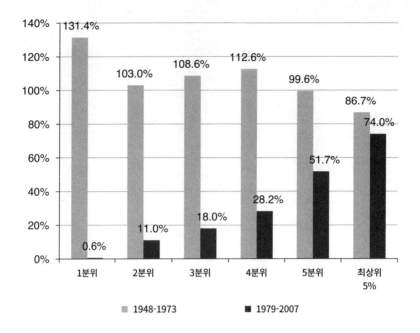

출처: 미국 인구조사국(U.S. Bureau of Census, 2013, Table F-3).

　　따라서 소득의 점점 더 많은 부분이 부유층에 쏠렸음에도, 애초에 신
자유주의가 공언한 낙수 효과는 사실상 일어나지 않았다고 할 수 있다.
중하위 소득 계층이 차지하는 파이의 상대적 크기가 줄어든 것뿐만 아니
라, 그들의 실질소득의 증가 자체가 이전 시기보다 악화했고, 심지어 2000
년에서 2007년에 이르면 하위 40% 가구들은 실질소득 하락을 겪었다. 이
는 중하위 계층의 큰 소득 증가로 소득 불평등을 완화한 규제 자본주의
시대의 주요 성취 중 하나를 완전히 반전시킨 것이다.

　　소위 "일자리를 창출하는" 직위에 있는 상위 계층에게 소득이 넘어갔

그림 4.15. | 연평균 실업률.

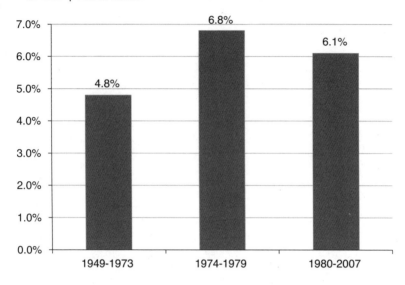

출처: 미국 노동통계국(U.S. Bureau of Labor Statistics, 2013).

지만, 그렇다고 정말 일자리가 그만큼 창출된 것은 아니다. 그림 4.15는 1949-73년, 1974-79년, 그리고 1980-2007년 세 시기의 연평균 실업률을 보여주는데, 1980-2007년의 실업률이 1949-73년에 비해 상당히 높음을 알 수 있다.[149] 그 이전 시기의 6%를 초과하는 실업률은 불황으로 인한 것이다. 정규직 일자리 혹은 정규 인력 상응치FTE: full time equivalent

---

[149] 여기서는 세 시기의 평균 실업률을 비교할 때, 시대 구분이 변경되면서 상호 간에 겹치는 연도는 제외했다. 따라서 신자유주의 시대는 1980년부터 시작하는 것으로 간주한다. 이는 평균 데이터를 비교할 때에만 해당하는 것으로, 성장률 변수를 비교할 때는 이러한 문제가 발생하지 않는다. 왜냐하면, 예를 들어 1979-2007년에 걸친 성장률은 1979-80년에서 시작하기 때문이다. 즉 두 시기의 구분점을 1979년으로 할 경우, 평균 데이터는 연도 단위이므로 시기가 중첩되는 반면, 성장률 데이터는 두 해 사이에 걸친 기간이 단위이므로 중첩이 발생하지 않는다.

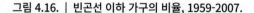

그림 4.16. | 빈곤선 이하 가구의 비율, 1959-2007.

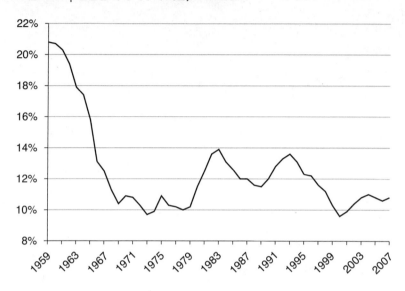

출처: 미국 인구조사국(U.S. Bureau of Census, 2013, historical poverty tables, Table 2).

job는 1948-73년 동안 연평균 1.9% 증가했지만, 1979-2007년에는 더 많은 일자리를 창출한다며 행한 구조 개혁에도 1.4% 증가하는 데 그쳤다 (U.S. Bureau of Labor Statistics, 2013, NIPA Table 6.5A, B, C).[150]

따라서 1979년 이후부터 빈곤율이 눈에 띄게 증가한 것은 전혀 놀랄 일이 아니다. 그림 4.16을 보면, 빈곤선 이하 가구의 비율은 1941년 20.3%에서 1969년 10.4%로 꾸준히 감소했는데, 이는 1979년까지 추세 변화 없이 비슷한 수준을 유지한다. 그러나 1979년부터 빈곤율이 다시 증

---

150 여기서 정규 인력 상응치란 시간제 일자리를 포함하되, 정규직 일자리의 근무 시간을 기준으로 시간제 일자리의 근무 시간 비율을 환산한 것이다.

그림 4.17. | 국내총생산 대비 무역수지의 비중(%), 1948-2007.

출처: 미국 인구조사국(U.S. Bureau of Census, 2013, NIPA tables, Table 1.5, 4.1).

가하기 시작해 2000–01년을 제외하면 장기간의 호황에도 불구하고, 빈곤선 이하 가구의 비율은 경제 위기 기간이었던 1979년보다도 줄곧 높은 수준을 유지했다.

    1970년대 말까지 노숙인 문제는 미국에서 공적인 논의 주제가 아니었다. 그러다 1980년에 이르면 갑자기 미국 거리 곳곳에서 노숙인들이 폭증하기 시작한다. 1983년 주택도시개발부U.S. Department of Housing and Urban Development는 미국 내 노숙인이 약 25–35만 명에 이를 것으로 추산했다. 세간에서는 주로 이 사안에 관해서, 정신 질환을 가졌을지도 모르는 이들이 어딘가에 수용되지도 않고 거리를 떠돌고 있다는 사실에 초점을 맞췄지만, 사실 이는 빈곤율 상승과 저소득층 주거 대책의 실패가 복합적으로 작용한 결과였다. 관련 연구(Freeman and Hall, 1982, 22)에 따르면, 빈곤선 이하 가구의 수가 1979년에서 1983년까지 45% 증가했지만, 빈곤층을 위한 주거비 보조도 삭감된 상태에서 저가 임대주택의 증가는 고작 0.1%에 그쳤음을 알 수 있다. 결국 이 모든 것이 신자유주의적 구조 조정의 결과였다.

그뿐만 아니라, 신자유주의적 구조 조정이 미국의 산업 경쟁력을 강화할 것이라는 기대와 달리 미국의 제조업은 경쟁력을 잃고 신자유주의 기간 조금씩 가라앉기 시작했다. 그림 4.17은 1948년부터 2007년까지 미국의 무역수지가 GDP에서 차지하는 비중을 나타내는 것이다. 1971년부터 미국의 무역수지는 1893년 이후 최초로 적자에 진입해 GDP 대비 1.1% 적자를 기록한다. 2007년에 이르면 GDP 대비 6.0% 적자라는 심각한 수준에 이르며 이 때문에 미국의 대외 부채가 급증하게 된다.

신자유주의의 경제적 성과에 대한 설명

신자유주의적 자본주의의 성공과 실패란 곧 1979년 이후의 경제적 성과들과 궤적을 같이 한다. 신자유주의의 경제적 성과들, 즉 장기간의 호황 및 단기간의 온건한 불황, 낮은 물가 상승률을 과연 어떻게 설명할 것인가? 신자유주의 옹호자들이 주장한 저축과 투자의 물꼬는 트이지 않았다. 하지만 신자유주의적 자본주의는 분명 하나의 사회적 축적 구조로서 기능하며 장기간의 이윤율 상승과, 비록 고성장은 아니지만 안정적 자본축적을 촉진한 것이 사실이다.

그런데 지금부터 논의할 신자유주의적 자본주의의 성공적 측면을 가능하게 한 **세 가지 변화**들은[강조는 옮긴이], 동시에 2008년부터 시작된 심각한 경제 위기를 초래한 복합적 요인이 되기도 했다. 첫째, 이윤과 임금 사이, 고소득 가구와 저소득 가구 사이의 격차가 확대되어 불평등이 심화했다. 둘째, 일련의 자산 거품이 계속되었다. 셋째, 금융기관들은 점점 더 고위험의 투기적 거래에 뛰어들었다. 사실 신자유주의가 가져온 이런 세 가지 변화들은 사전에 계획된 것이라기보다 신자유주의적 자본주의가 작동하는 과정에서 결과적으로 파생된 것이다. 따라서 우리는 우선 신자유주의적 자본주의가 이 세 가지 특징을 어떻게 만들어냈고, 또한 이것이 어떻게 거시 경제상의 성공으로 귀결되었는지부터 고찰해야 한다. 그런 연후에 이 세 가지 변화가 금융 위기를 거쳐 경제 위기로 확산하는 자세한 과정을 5장에서 고찰할 것이다.

세 가지 변화: 불평등의 확대, 자산 거품, 그리고 투기적 금융 부문

1979년 이후의 불평등 확대는 두 가지 양상으로 전개되었다. 하나는 이윤과 임금 사이의 괴리이고, 다른 하나는 고소득 가구와 저소득 가구 사이의 소득 격차 확대다. 특히 임금 소득자들 사이의 격차 확대는 동시에 이윤과 임금 사이의 괴리에서 기인한 것이기도 하다.[151] 이와 같은 두 가지

---

151 최근 수십 년간 있었던 가족 구조의 변동은 가구 간의 소득 불평등 확대에 일조했는데, 특히 한 부모 가정과 맞벌이 가구의 확대가 그 예라고 할 수 있다.

형태의 불평등 확대는 신자유주의적 자본주의 특유의 많은 제도적 요인들의 작용에 의해 배양된 것이다. 표 2.1에서 언급했던 신자유주의적 제도들이 초래한 다음의 결과들을 보라.

- 국가 간 경제적 장벽 제거는 모든 나라의 노동자들을 국제 경쟁에 그대로 노출시켰다. 미국 제조업이 저임금 국가로 이전해 나가자 고임금의 기존 제조업 일자리들이 사라졌고, 잔존하는 고임금 일자리도 교역재에 속하는 경우 강한 임금 하락 압박을 받게 된다.
- 케인시언 거시 경제정책의 폐기는 높은 평균 실업률과 노동자들의 협상력 약화를 초래했다.
- 항공, 통신, 전력 등 기간산업 분야의 규제 혁파는 해당 산업 분야 노조에 가입된 고임금 노동자들에게 경쟁 압박을 가해 상당한 임금 삭감을 받아들이게 했다.
- 민영화privatization와 공공 서비스 외주화는 고임금을 받던 기존의 공공 부문 노동자들의 일자리를 훨씬 저임금의 민간 부분 인력들로 대체시켰다.
- 사회복지 프로그램의 축소 및 폐지는 가구 소득 불평등뿐만 아니라 노동자들의 전체적 협상력 약화로 바로 연결됐다.[152] 특히 실질 최저임금의 심대한 하락은 이와 연동된 광범위한 저임금 직군의 시간당 임금에 영향을 미쳤다.

---

152 사회복지 프로그램의 축소는 실업이 발생했을 때의 기대 소득을 현저히 낮추거나 없애므로, 실업을 더욱 위험한 상황으로 만든다. 그뿐만 아니라 실업률의 상승은 대체 인력의 용이한 투입과도 연결되므로 노동자 측의 협상력이 현저히 낮아진다. -옮긴이

- 감세 정책은 대기업과 부유층의 세후 소득을 증가시켰다.

- (노조의 가장 강력한 무기인 파업이 거의 실종되고) 단체교섭이 유명무실화marginalization되면서, 사실상 제대로 된 협상력을 가질 여지를 노동자들의 수중에서 없애 버렸다.

- 괜찮은 임금을 지급하던 정규직 일자리가 저임금의 임시직으로 대체되었다.

- 대기업 간의 고삐 풀린 경쟁은 기업들에 이윤 압박은 물론 임금 삭감 압박까지 가했다.

- CEO의 외부 선임은 CEO를 비롯한 기업의 고위 경영층 임금을 수직 상승시켰다.[153]

신자유주의적 자본주의 작동이 가져온 또 다른 주요 변화 중 하나는 바로 자산 거품asset bubble을 통한 경기 확장이라고 할 수 있다. 자산 거품의 일반적 정의는 "증권securities을 비롯한 여타 자산 가격이 상승해 해당 자산의 기본 가치fundamentals가 정당화하는 범위 이상을 유지하다가 어느 시점, 즉 '거품이 터지는 시점'에 급격한 자산 가격의 붕괴가 예상될 경우"를 말한다(Financial Times Lexicon, 2013). 그러나 자산 가치의 변동이 과연 어느 정도까지 기본 가치에 의해 정당화될 수 있는지는 그리 간

---

153 경영진의 내부 승진이 관행이었던 시대에는 승진의 단계를 거쳐 최고 경영자의 직위에 올랐다고 해도 보수 상승이 그렇게 큰 편은 아니었다. 그러나 외부에서 CEO를 발탁하는 방식은 후보자들에게 일종의 협상 여지를 주었는데, 예를 들어 기업의 이익을 올려주는 조건으로 이익 일부를 달라는 식이었다. 물론 다른 요인들도 있겠지만, 대기업의 거대한 연간 이익을 감안하면 이러한 변화는 CEO에게 지급되는 보수를 엄청난 규모로 인상시키는 원인이 된다.

단한 문제가 아니다.

자산 가치의 거품은 두 가지 특징을 갖는다. 해당 자산의 경제적 가치가 대부분 실현되지 않은 미래 전망에 근거하고, 특히 토지나 증권 같은 경우 정상적인 "생산원가" 자체가 부재한 경우에 발생한다. 부패하기 쉬운 식품의 경우는 가격 거품이 발생하지 않는다. 기계류의 기본 가치는 미래에 그 기계가 생산할 결과물로 어느 정도 추정하지만 생산원가가 반영되어 가격 결정에 어느 정도 제약을 가한다. 반면, 토지나 증권의 경우에는 가격 결정에 제한을 가할 원가 개념 자체가 부재하고, 해당 자산을 소유할 경우 발생할 미래 편익은 예측이 매우 힘들다. 따라서 토지와 증권이 시장에서 매매되는 시장경제에서는 이러한 자산들이 주로 거품의 발생 과정에 노출되기 쉽다.

자산 가격 거품을 이해하는 가장 좋은 방법은, 해당 자산의 가치가 창출 및 유지되는 과정을 지켜보는 것이다. 예를 들어 부동산이나 기업의 주식의 경우, 과거부터 최근까지의 자산 가격 상승에 근거해 미래의 가격 상승과 자본 이득에 대한 낙관적 전망이 확산되면 해당 자산에 대한 수요가 증가하면서 자산 거품이 형성된다고 할 수 있다. 따라서 자산 거품은 과거의 자산 가치 상승이 해당 자산 보유자들에게 자본 이득을 가져다주고, 이것이 추가적인 투자자들을 유인해 재차 가격 상승을 부르는 연쇄적 상승 과정, 즉 자산 가격 상승에 대한 자기실현적 기대에서 기인하는 것이다. 물론 모든 자산 가격 상승이 거품을 뜻하는 것은 결코 아니다. 예를 들어 거주자가 대규모로 유입되거나, 거주자들의 소득이 증가하는 도시의 부동산 가격, 혹은 가까운 미래에 기업 이윤이 증가할 것이라는 타당한 근거가 있는 주식가격의 상승처럼, 소위 "기본 가치"상의 요인이라 여길만한 변화들이 발생할 때도 자산 가치는 상승할 수 있다.

자산 가치가 꺼져버린 이후에 그것이 자산 거품이었는지 식별하기는 쉽다. 어차피 매수자가 무한정 나타날 수는 없으므로 가격이란 언젠가 상승을 멈추고 하락 반전하면서, 결국 거품은 꺼지기 마련이다. 자산 가격의 상승이 멈춘다는 것은 이제 해당 자산을 구태여 보유할 유인이 사라졌다는 것을 의미하기에, 이는 결국 매도세로 이어질 수밖에 없다. 종종 자산 거품은 그 끝이 오기 전까지 아직 끝난 것이 아니라는 말들을 하지만, 이는 과장된 것이다. 물론 특정 자산에 투자하는 사람들의 동기를 모두 이해하기는 불가능하겠지만, 그럼에도 납득할 수 있는 해당 자산의 실거주 수요(부동산)나 경제적 가치(부동산 임대료 혹은 기업의 수익 같은)의 뒷받침 없이 특정 자산의 가격 상승이 적어도 7년 이상이나 지속됐다면 이것은 자산 거품이 진행 중이라고 결론 내리는 것이 합리적이다.

이처럼 신자유주의적 자본주의는 거대한 자산 거품을 만들어 내면서 작동했다. 1948년부터 1973년까지는 미국 경제에서 특이한 거품이 발생하지 않았다. 그러나 1979년부터 거대한 자산 거품이 순차적으로 발생했는데, 1980년대 중반에는 미국 남서부의 상업 부동산에서, 1990년대에는 뉴욕 주식시장에서, 그리고 2000년대에는 미 전역에 걸쳐 대규모 부동산 거품이 발생했다. 1994년부터 1999년까지 S&P500 지수는 23.6% 상승한 반면, 2013년 달러 기준으로 세후 이익은 5.9% 증가에 그쳤다. 이는 이 시기 주식시장에 상당한 정도의 거품이 존재했다는 강한 증거라고 할 수 있다. 2000년 주식시장의 고점을 지나고서 2년간 주가지수는 30.3%가 빠졌다.

그림 4.18은 2000년대 초 중반 주택 시장에 거품이 진행 중이었음을

그림 4.18. | 소유주 자가 임대료 [154] 대비 주택 가격의 비율, 1982-2012.

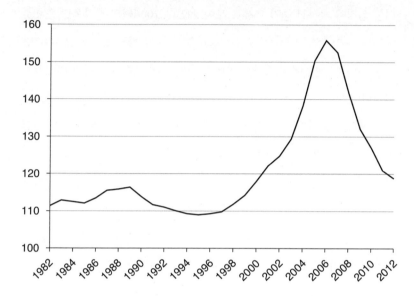

출처: 연방주택금융공사(Federal Housing Finance Agency, 2013), 미국노동통계국(U.S. Bureau of Labor Statistics, 2013)
비고: 여기서 임대료는 주 세입자가 주택 소유주에게 지불하는 임대료.

보여주는 증거로, 이 데이터 자체는 그 당시에도 알려진 것이었다. 그림의 지표는 주택 소유의 경제적 가치라고 할 수 있는 임대료와 주택 가격 지수의 비율을 나타낸 것으로, 1980-90년대 이 지수는 호황기에 상승하고 불황기에 하락하는 패턴을 보인다. 그러나 2001년에는 불황에도 불구

---

154 소유주 자가 임대료homeowner's equivalent rent는 주택 소유자 자신이 얻고 있는 주거 서비스의 대가로 지불한다고 간주하는 비용이다. 일종의 자가 보유에 따른 기회비용에 해당하며, 미국 노동통계국이 작성해 발표하고 있다. 주택 소유주 표본 집단 대상의 설문 조사로, 전기, 수도 등의 비용은 제외한 순수 임대료만을 포함한다. -옮긴이

하고 임대료 대비 가격 지수가 하락하기는커녕 상승을 지속해 2002년부터는 심지어 가속적 증가 추세를 보이고 있다. 2006년의 정점을 기준으로 이 지수는 1995년 대비 43%나 상승하는 수준에 이른다. 그리고 2007년에 이르면 이 거품이 꺼지면서 임대료 대비 가격 지수는 급격히 하락하기 시작한다.

그러면 왜 신자유주의적 자본주의는 대규모 자산 거품을 만들어 냈던 것일까? 앞서 말한 법인 이윤과 임금 사이의 격차 확대, 부유층으로의 가계 소득 집중 같은 신자유주의 아래에서의 확산일로의 불평등은, 생산보다 금융 투자 목적으로 자금이 쏠리도록 만들었다. 그리고 이들 자금 중 상당 부분은 주식시장과 부동산 시장으로 흘러가 자산 가격의 상승을 견인했다. 하지만 이러한 상승 추세를 유지하기 위해선 금융기관들이 투기적 자산 투자에 지속적으로 자금을 공급할 수 있어야 했다. 신자유주의적 구조 조정은 생산적 목적에만 자금을 공급하던 기존 금융기관의 성격을 완전히 탈피시켜, 자산 가격 인플레에 투자하는 고위험의 금융 투기에 경쟁적으로 뛰어들게 만들었다(금융기관의 이와 같은 행동 변화에 대한 설명은 아래에서 제시할 것이다). 결국 일련의 거대한 자산 거품의 발생은 금융기관들의 투기적 위험 추구 행위의 결과일 뿐만 아니라, 이미 그 자체가 불평등 확대의 결과이기도 했다.[155]

다음 5장에서 이 시기에 도입된 고위험 신금융 상품들의 면면을 자세히 살펴볼 것이다. 여기서는 신자유주의적 자본주의하 금융 부문이 어째

---

155 학자들에 따라서는 저금리 상황이 이러한 자산 거품의 발생을 설명할 수 있다고 주장하지만, 이에 대한 비판은 5장에서 살펴볼 것이다.

서 그토록 투기적이고 위험 추구적으로 행동할 수밖에 없었는지를 살펴볼 것이다. 대체로 세 가지 원인을 생각할 수 있다. 첫째는 신자유주의적 구조 조정의 큰 부분을 차지했던 금융 부분에 대한 탈규제다. 산업 활동에 자금을 수혈하던 기존 영업에 비해 투기적 업무 영역은 금융기관들에 고수익의 가능성을 열어주었고, 탈규제는 바로 이 방향으로의 물꼬를 터준 것이라 할 수 있다.[156] 금융기관 직원들은 고객보다 그들이 개발해 판매하는 상품에 정통한 만큼 다양한 형태의 투기적 영업으로부터 더 큰 이익을 누릴 수 있었다. 예를 들어 이러한 영업에는 갖가지 명목의 수수료는 물론, 증권의 매매 수익을 비롯해 증권을 매입하여 가격 할증markup 후 그 자체를 되팔거나 혹은 다른 증권과 혼합해 재매각하는 방식, 그 외에도 다양한 투기 행동 모두가 포함된다.[157]

이처럼 도를 더해가는 금융기관의 투기적 행동으로 인해 금융기관의

---

156 6장에서는 이미 과거에 미국의 금융기관들이 최근과 유사한 방식으로 행동했던 적이 있음을 살펴볼 것이다.

157 신고전파 경제학은 투기 행위, 다시 말해 훗날 되팔 때 더 높은 가격을 받을 것을 예상하고 자산을 취득하는 행위가 유용한 경제적 기능을 수행한다고 간주한다. 신고전파 이론을 옹호하는 입장에서는 투기 행위가 자산 가격을 균형으로 수렴하도록 이끌 뿐만 아니라, 자산 보유의 위험을 분산하는 효과가 있다고 주장한다. 따라서 투기 이익은 곧 투기자의 긍정적인 경제적 기여에 대한 일종의 보상으로 이해되어야 한다는 것이다. 반면, 비주류 경제학적인 입장, 예를 들어 케인스 경제학이나 제도주의 경제학, 그리고 마르크스경제학을 따르는 접근법에서는 대체로 투기 행위에는 많은 부정적 측면이 존재하는 반면 실제 경제적인 유용성이 없다고 간주한다. 후자의 학파들은 투기적 이윤을 단순히 요행이나 (위법적) 내부자 정보, 또는 판매 측이 해당 자산에 대한 부정적 정보를 은폐하는 식의 사기로 얻은 결과물일 것이라고 생각한다. 따라서 비주류 경제학파들은 투기 행위에서 지속적으로 고이윤을 획득하는 것을 일종의 내부자 거래 혹은 사기의 가능성이 농후한 것으로 해석한다. 이 책은 신고전파적 입장이 아니라 후자의 입장을 따른다.

이익은 적어도 2008년 금융 위기 전까지는 나날이 증가를 거듭했다. 2장의 그림 2.8에서 본 것처럼 미국 기업의 총이익 대비 금융 기업의 수익 비중을 보면 신자유주의 시기에 거의 두 배 가까이 상승한 것을 알 수 있다. 1990년부터 2005년 동안 비금융 기업의 이익은 2005년 달러 기준, 나름대로 견실한 5%의 성장세를 보인 반면, 금융 기업은 매년 9.1%의 상승을 기록한다(U.S. Bureau of Economic Analysis, 2013, NIPA, Table 1.14 and 1.1.4).

그러나 단지 금융 부문의 탈규제만이 금융기관의 투기적인 고위험 추구 행위를 조장한 것은 아니며, 거기에는 두 가지 다른 이유도 작용하고 있다. 하나는 바로 신자유주의적 자본주의 특유의 제한 없는 경쟁 추구이다. 예를 들어 기존 업무 영역을 고수하던 일부 금융기관들의 경우 그토록 위험천만한 투기의 진창에 들어가지 않으려 했지만, 점증하는 경쟁 압박으로 인해 어쩔 수 없이 그쪽 방향으로 끌려갈 수밖에 없었다.[158] 둘째, 시장 원칙이 기업 내부로 침투한 것도 한 요인이다. 은행 내부의 트레이딩 부서는 종종 독립적 이윤 창출의 중핵으로 취급 받았고, 높은 수익만 낸다면 최고 경영진 통제 밖의 활동도 어느 정도 용인되었다. 기업 내외부에 걸친 두 방향의 경쟁 압박으로 인해 금융기관은 점점 단기적 시야에서 활동하게 됐고, 결국 장기에 걸친 생산적 투자보다 더욱 단기적 투기에 골몰하게 만들었다. 이 과정에 대한 자세한 분석은 Crotty(2008)를 참고하라.

---

158 5장에서는 미국의 거대 은행들이 자신들의 고위험 추구 행위로 인해 금융 붕괴 후 겪어야 했던 법적인 곤경의 사례들을 살펴볼 것이다.

'세 가지 변화'는 어떻게 거시 경제적 성공을 이끌었나

신자유주의적 구조 조정 이후에 나타난 이윤율의 상승은 기업들에 투자 확충에 대한 확신을 심어주었다. 하지만 신자유주의적 자본주의 제도는 동시에 경제 확장 추세를 유지하는데 장애물을 만들어 내기도 한다. 높은 이윤율 그 자체가 경기확장을 보증하는 것은 아니고, 이 추세의 유지를 위해서는 총수요도 그에 부응해 증가해야 하기 때문이다. 그런데 임금은 정체되고, 기업 이익만 급증했으며, 정부 지출은 이전보다 확연히 둔화되고, 무역 적자 확대는 총수요의 일각이 손실됨을 의미했다. 대체 어디에서 총수요의 성장을 기대할 수 있었겠는가? 그러나 신자유주의적 경제 이론에 의하면 수요는 문제가 되지 않는다. 소위 "공급은 수요를 창출한다"는 세이의 법칙Say's law이 이를 대변하는데, 케인스는 세이의 법칙이 현실 경제에서 성립할 수 없음을 분명히 보여주었다.[159]

기업 투자의 증가는 경제성장에 필수적인 총수요를 얼마 동안은 증가시킬 수 있다. 투자 자체가 시설 및 소프트웨어 구매와 같은 형태로 현재 시점의 총산출에 대한 총수요 항목의 일부를 구성하고 있고, 동시에 미래의 추가적 생산능력을 창출하는 데 기여하기 때문이다. 그러나 투자의 증가만으로 총수요 증가의 부담을 온전히 감당할 수는 없고, 결국에는 생산

---

159 케인스는 세이의 법칙이 그저 오류에 지나지 않을 뿐임을 설득력 있게 설명했다. 하지만 주류 경제학의 범위에 포함되는 '교과서 케인스 경제학'에서는 세이의 법칙이 '오직 단기'에만 성립하지 않을 뿐, 장기로 가면 결국 유효할 것이라고 본다. 장기로 가면 결국 대중의 수요가 아니라, 공급 능력이 중요할 뿐이라는 신념은 결국 케인스가 그토록 전복하고자 했던 케인스 이전의 '고전파' 전통에 속하는 경제 이론의 한 요소를 다시 불러들인 것에 불과하다.

그림 4.19. | 개인 세후 가처분 소득 대비 소비지출의 비중(%), 1948-2007.

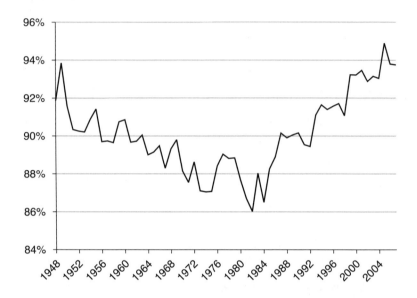

출처: 미국 경제분석국(U.S. Bureau of Economic Analysis, 2013, NIPA Table 2.1).

능력과 최종재 수요(즉 가계, 정부 그리고 해외 부분을 통해 창출되는) 사이의 불균형만을 일으킬 뿐이다. 게다가 이미 앞에서 본 것처럼, 신자유주의 시대에는 기업 투자를 통한 수요는 그다지 급격히 증가하지 않았다. 오히려 그림 4.8의 데이터에서 보는 것처럼 임금의 정체에도 불구하고 가계 소비지출이 급격히 증가해서 국내총생산에서 차지하는 비중이 커지게 된다.

그러면 신자유주의 시기에는 임금의 정체에도 불구하고 어떻게 소비지출이 계속 확장될 수 있었을까? 고소득 가구의 경우는 중저소득 가구보다 소득의 상당 부분을 저축하고, 상대적으로 적은 부분만을 소비를 위해

지출한다. 따라서 확대되는 소득 불평등은 분명 소비지출에 제한 요인으로, 그리고 저축률의 증가 요인으로 작용해야 한다. 하지만 신자유주의 시기 GDP에서 소비가 차지하는 비중은 오히려 상승을 거듭한다. 이 수수께끼는 세후 가처분 소득과 가계 부채의 성장을 소비지출의 추세와 비교하면 비로소 풀린다. 예를 들어 그림 4.19를 보면, 규제 자본주의 시기에 가처분 소득에서 소비지출이 차지하는 비중은 줄곧 하락하여 1973년에는 87.1%에 이르렀고, 1982년에 최저점인 86%에 도달한 뒤 상승세로 돌아서서 2005년에 94.9%까지 치솟는다. 한쪽에는 제자리걸음인 임금과 늘어나는 소득 불평등이, 다른 한쪽에는 확장 일로의 소비지출이 병존하는 이 분명한 역설은 결국 소비지출의 성장이 소득과 무관함을 의미하고, 가계 부채 확장을 통해 견인된 것이라는 결론에 이르게 된다.

가계 부채는 주택 담보대출이 가장 큰 비중을 차지하고, 일반 가계 소매 대출이 그 뒤를 따른다. 1948년부터 1960년대 중반까지 가계 부채는 점진적으로 증가 추세를 보이는데, 이는 자가 주택 소유자의 증가에 발맞춰 주택 담보대출이 뒤따른 결과였다. 1960년대 중반부터 1980년대 초까지는 (5장의 그림 5.1에서 보는 것처럼) 안정화되는 기미를 보이다가, 1980년대 초 이후부터 소득 대비 가계 부채 비율의 추세는 증가를 거듭한다. 그림 4.20에서 보는 것처럼, 1982년에 가계 부채는 소득의 59.2% 수준이었다가 2007년에는 126.7%에 다다른다. 관련 연구에 따르면, 2004년부터 2006년까지 미국의 가계는 가처분 소득 대비 9%에서 10%에 이르는 금액을 주택 담보대출을 통해 인출했다고 추산하고 있다(Greenspan and Kennedy, 2007).

가계 대출이 장기간에 걸쳐 증가했다는 것은 단순히 가계가 지속해서

그림 4.20. | 개인 세후 가처분 소득 대비 가계 부채의 비중(%), 1980-2012.

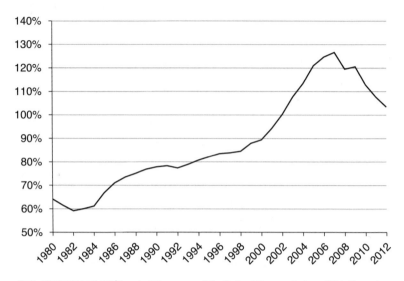

출처: 연방준비제도이사회(Board of Governors of the Federal Reserve System, 2013, Flow of Funds Accounts, Table B. 100), 미국 경제분석국(U.S. Bureau of Economic Analysis, 2013, NIPA Table 2.1).

차입을 했다는 것뿐만 아니라 금융기관들이 늘어나는 부채 비율에도 불구하고 지속적으로 그들에게 신용을 공여할 준비가 기꺼이 되어 있었음을 뜻한다. 신자유주의 시기에 어째서 가계 부문이 가속적으로 차입을 했는지 그 원인을 확정하는 것은 쉬운 일이 아니다. 비관리직군의 임금 하락, 가계 중위median 소득 증가의 현저한 둔화, 저소득 가구 평균 임금의 매우 느린 성장 등이 주요 요인이라 할 수 있지만, 이 밖에도 필수 상품 및 서비스의 가격, 예를 들어 건강보험 자기 부담금, 대학 등록금, 에너지 가격, 지방세와 일부 지역 주거 비용이 신자유주의 시대에 급격히 치솟은 것도 원인으로 지적할 수 있다. 생활고에 허덕이던 많은 가구는 최소

한의 생활수준 유지를 위해 차입에 의존할 수밖에 없었다는 뜻이다.[160]

그러나 이것만으로는 충분한 설명이 되지 못한다. 어째서 금융기관들은 수백만에 이르는 중저소득 계층의 소비지출을 위해 점점 더 많은 돈을 기꺼이 대출해 줬는가? 해답은 바로 앞에서 제시했던 두 가지 양상, 즉 일련의 자산 가격 거품과 금융기관의 위험 추구형 투기 행위로의 성격 변화에 있다. 자산 가격 거품은 자산을 소유한 이들에게 더 확장된 이익을 제공했고, 이는 다시 추가적인 차입과 투자를 위한 일종의 담보로 기능할 수 있었다. 그뿐만 아니라 투기적 영업을 본위로 하는 금융기관들은 높은 채무 불이행 위험에도 중저소득 가구에 대출을 시행해 고수익을 얻어내는 신종 금융 상품 개발에 대단히 능숙한 역량을 보여주었다.

일반적으로 대주貸主 측은 원금은 물론이고 이자가 떼일 법한 경우, 결코 돈을 빌려주지 않는다. 따라서 차주借主는 반드시 적절한 소득이나 자산 등 상환 능력을 증명해야만 한다. 비록 대다수 가계의 소득은 거의 답보 상태였지만, 1979년 이후 미국에서 나타난 일련의 대규모 자산 가격 거품은 가계로 하여금 추가 차입의 여지를 제공했다. 신자유주의 시기의 첫 번째 자산 가격 거품이었던 1980년대 중반의 경우는 대체로 지역적인 것으로, 주로 상업용 부동산에만 영향을 미친 것이다. 관련 연구에 의하면, 1980년대 중반 캘리포니아 상업 부동산의 거품 붕괴는 비록 주요

---

160 2006년에 연준은 학자금 대출 증가를 소비자 부채의 위험 요인에 포함시켰다. 2010년 학자금 대출은 오토론이나 신용카드 대출을 뛰어넘어 마침내 미국 소비자 대출에서 가장 큰 비중을 지니는 수준까지 확대된다. 2012년에 이르면 학자금 대출의 잔액은 1조1000억 달러까지 늘어나 당해 연도 소비자 부채 증가분의 38.7%를 차지한다(Board of Governors of Federal Reserve System, 2013).

원인까지는 아니어도 1990~91년 불황의 한 가지 요인으로는 작용했다(Geltner, 2012). 그러나 이때의 거품 붕괴로 인해 미국 서남부의 많은 중소 규모 저축 대부 금융기관들이 도산했고, 이 때문에 연방 정부는 1980년대 말에 저축 대부 조합 위기가 남긴 뒤처리를 위해 1,238억 달러에 달하는 자금을 투입해야만 했다(Curry and Shibut, 2000, 33).

1990년대 미국의 경기 확장은 1991년부터 2000년까지로 기록상 최장기다. 그리고 1995년부터 2000년까지 지속한 주식시장 거품이, 장기간에 걸친 1990년대 호황의 지속 기간과 그 예외성을 설명한다. 이에 대해서는 Kotz(2003)에 자세한 설명이 제시되어 있는데, 1990년대 호황의 초기 단계는 주로 정보 통신 분야 신기술 도입으로 인한 기업 고정자본 투자 증가에 기반을 둔 것이었다. 하지만 이것만으로는 경제 전체에 걸친 고성장을 가져오는 데는 한계가 있고, 따라서 실제 1991년부터 1995년까지의 성장률은 연평균 3.2%에 지나지 않았다.

1995년 이후부터 성장률은 가속적으로 증가해 1995년부터 2000년까지 평균 성장률은 4.3%에 이른다. 1995년 이후의 성장률 증가는 주식시장 거품에 발맞춘 소비지출 증가세에 힘입은 것이다. 1995년부터 2000년까지 가계의 세후 가처분 소득은 연평균 3.5% 증가한 반면, 소비지출은 연평균 4.6% 증가했다. 1997년부터 2000년까지 호황기 마지막 3년의 경우 세후 가처분 소득은 연평균 4.0% 증가한 반면, 소비지출은 평균 5.3% 증가했다.

이는 결국 가계들이 돈을 빌리는 식으로 자금을 융통해 늘어나는 소비지출을 감당했음을 뜻한다. 그림 4.20을 보면 실제로 가계 부채가 1990년대 말에 급증했음을 확인할 수 있는데, 1995년부터 2000년의 주식시장 버블 덕분에 보유 주식의 가치가 상승한 상위 소득 계층들이 이를 기반으로 추가 차입을 함으로써 소비 잔치를 지속했던 것으로 보인다. 1997년부터 기업의 이윤율이 가파르게 하락하는데(그림 4.1을 보라), 일반적인 경우라면 호황 국면이 종료되어야 함에도 차입을 통한 소비 잔치 덕에 호황 국면은 높은 성장률을 기록하며 연장되었고, 이는 마침내 주식시장 버블이 꺼지는 2000년에 가서야 종료됐다.

금융 위기 직전의 마지막 경기 팽창인 2001년부터 2007년 호황의 경우, 주요 원인은 부동산 시장의 거품이다. 국민경제를 놓고 보면 주식을 가진 사람보다 부동산을 가진 사람이 더 많게 마련이다. 2007년 미국의 주택 전체의 총가격은 20조 달러에 이르렀는데, 관련 연구는 이 중 거품으로 형성된 가치가 전체의 40%, 즉 8조 달러에 이른다고 추정하고 있다 (Baker, 2007, 8). 경제학자들이 추정한 바로는 주택 가격이 1달러 상승할 때마다 소비지출은 5센트 정도 상승하는데, 이에 따르면 단순 계산만으로도 4,000억 달러에 이르는 추가적 소비지출이 8조 달러에 이르는 주택 가격 거품으로 인해 발생했다고 볼 수 있다. 주택 가격 상승이 주는 부 효과 wealth effect는 바로 그 가격 상승분만큼 가계들이 추가적인 차입을 가능하게 함으로써 소비지출을 늘리는 방식으로 작동한 것이었다.

대규모 자산 거품은 비단 소비지출뿐 아니라, 기업의 고정자본 투자에도 바로 영향을 미쳤다. 자산 거품이 수년에 걸쳐 높은 이윤을 계속 창출하게 하면서 투자자들에게도 과도한 낙관적 정서가 유포되는데, 2000년 이후의 부동산 거품도 예외가 아니었다. 2001-07년 호황에 대한 Kotz(2008)의 세부적 분석에 의하면, 부동산 거품이 가계의 소비지출 확장을 견인하고, 동시에 2005년 이후까지 주택 투자 확대를 뒷받침했다.[161] 그림 4.18에서 보는 것처럼 주택 시장 거품은 2002년부터 2005년 사이에 급격히 일어나, 2006년에 가서야 그 추세가 잦아든다.[162] 2002–05년 사이 가계의 세후 가처분 소득은 매년 평균 2.2% 증가한 반면, 소비지출은 3.2%가 증가했다. 2005년부터 2007년까지 호황 마지막 2년 동안 주택 가격 하락이 시작됐고, 이즈음부터 소비지출 증가율도 뒷걸음질 치고 GDP 성장률도 둔화하기 시작해 호황 국면의 마지막 해인 2007년에 이르면 1.9%까지 떨어진다. 비록 1990년대의 호황만큼 장기간은 아니지만, 2000–07년 호황 역시 상대적으로 오래 지속한 대규모 자산 거품 덕분에 유지되었다는 점은 공통적이다.

신자유주의적 자본주의의 또 다른 성취인 낮은 인플레이션을 보면, 1970년대 내내 지속한 인플레이션은 1982년에 이르러 종언을 고했고, 2007년까지 소비자물가지수는 평균 3.1% 상승에 그쳤다. 한편, 1990년 대의 10년 장기 호황을 거치면서 실업률은 2000년에 4.0% 수준까지 떨어졌지만, 인플레이션은 CPI 기준으로는 3.4%, GDP 가격지수 기준으로는 2.2% 수준까지 억제되어 있었다. 2000년대의 호황기를 보면, 마지막 해인 2007년의 실업률은 4.6%인데, 인플레이션은 CPI 기준으로 단 2.8%, GDP 기준으로도 2.9%에 머무른다. 2장에서도 논의했지만, 신자유주의적 자본주의 특유의 성격을 보면 실업률이 낮을 때조차도 어떻게 완만한 물가상승률이 유지될 수 있었는지를 설명할 수 있다. 우선, 실업률

---

161 2001-07년 경기 확장 후반의 급격한 기업 고정 투자 상승은 이윤율 상승에 힘입은 것이지만 여기엔 부동산 거품에 의한 낙관적 정서의 확장도 큰 몫을 했다.

162 2002년부터 2005년까지 미국의 평균 주택 가격지수 역시 매우 빠른 속도로 상승한다(5장의 그림 5.5를 보라).

이 4.0% 정도로 낮을 때조차도 노동자들의 협상력 자체가 여전히 낮았다. 1990년대 호황의 마지막 3년간 실질 피고용자 보수는 연평균 3.1% 상승했는데, 이는 노동시간당 생산물 성장률인 2.8%보다 약간 높은 수준에 불과했고, 이는 실질임금 상승이 물가에 아무런 압박이 되지 못했음을 뜻한다. 2000년대 호황의 마지막 3년간 생산성은 연평균 0.8% 증가했음에도 (부록에 명시된 출처를 참고하라) 실질 피고용자 보수는 오히려 감소하기까지 한다.[163] 이와 더불어 신자유주의적 자본주의 특유의 격화된 기업 간 경쟁도 물가 상승을 억제하는 한 요인이 되었다.

따라서 신자유주의 시대의 장기간에 걸친 경기 팽창 원인은 신자유주의 옹호자들이 공언했던 것처럼 저축과 투자의 급격한 성장에 의한 것이 아니라 불평등의 확대, 대규모 자산 거품, 그리고 투기 지향적 금융기관이 총체적으로 작용해 가계 차입을 조장했던, 소비 주도의 성장이었다고 할 수 있다.[164] 그리고 낮은 인플레이션은 신자유주의적 자본주의하의 노동자 측 협상력 부재와 그로 인한 임금의 정체 때문이었다.

---

163 반면 Kotz(2009, 184, Table 13.4)는 1948-73년 동안에는 경기 사이클의 후기로 가면, 실질임금이 비금융 기업 부문의 노동생산성 증가를 훨씬 웃도는 수준으로 상승했다는 것을 지적한다. 이 연구에 인용된 피고용자 보수 및 노동생산성은 모두 비금융 기업 부문을 대상으로 한 것이다.

164 앞에서 말했던 역설, 즉 소득 불평등의 확대에도 불구하고 시간이 갈수록 소득 대비 소비지출이 오히려 증가하는 현상은, 반대 방향으로의 힘이 작용하고 있음을 뜻한다. 불평등의 확대 그 자체만을 놓고 보면, 전체 소득 대비 소비지출의 비중은 분명 줄어들어야 맞다. 하지만 다른 힘들이 작용해 이 비율은 오히려 상승하게 되었는데, 그것이 바로 자산 거품의 소비지출 촉진 효과, 재정적 압박에도 불구하고 삶의 질 유지를 위한 최후 수단으로 차입에 의존하기 시작한 중저소득 가구들, 그리고 금융기관의 적극적인 가계 대출 판촉 활동이 바로 그것이다. 신자유주의 시대의 두드러진 소득 대비 소비지출의 가파른 상승은, 방금 열거한 요소들의 힘이 불평등 확산이 끼치는 힘을 압도했음을 시사한다.

연준 의장이었던 앨런 그린스펀Alan Greenspan은 일찍이 1995-2000년의 주식시장 거품 당시 "비이성적 광취"의 위험을 경고하며, 거품이 진행 중임을 자신도 인지하고 있다고 암시한 바 있다.[165] 하지만 그가 연준 의장으로서의 힘을 이용해 주식시장 거품이나 나중의 부동산 시장 거품을 꺼뜨렸다면, 아마 신자유주의적 자본주의가 경기 팽창을 만들어낼 수 있는 유일한 메커니즘 자체를 무력화하고 말았을 것이다. 그가 자신이 말한 "비이성적 광취"라는 경고를 재빨리 거둬들이고, 1990년대와 2001-07년의 거품 경기에 기름을 부어준 것을 보면, 아마도 그 역시 이를 알고 있었을 것이다.

정권 교체에도 불구하고 계속되는 신자유주의 정책

신자유주의에서 특기할 점은 정당 간의 권력이 표면적으로는 교체가 되더라도, 신자유주의 노선 자체는 지속된다는 점이다. 많은 인사가 신자유주의의 출현 과정에 관여했는데, 특히 로널드 레이건과 마거릿 대처는 대표적인 우파 정객으로 둘 다 신자유주의의 진정한 신봉자이면서 미영 양국의 대기업들이 지지한 인물이었다. 3장에서 본 것처럼 이미 신자유주의적 구조 재편은 레이건이 백악관을 차지하기 이전, 민주당이 의회 다수를 장악하고 카터가 대통령직에 있던 민주당 정권 때부터 시작된 것이었다.

---

[165] 그린스펀 연준 의장은 이 연설을 1996년 12월 5일 미국기업연구소American Enterprise Institute가 주최한 모임에서 했다(http://www.federalreserve.gov/boarddocs/speeches/1996/19961205.htm).

심지어 집권 민주당이 신자유주의적 구조 재편의 주요 타깃이던 조직 노동자들과 결속되어 있던 시절인데도 그랬다.

그러나 민주당 행정부와 노동운동의 결속에도 불구하고, 신자유주의적 체제 전환에 역대 민주당 정권이 지대한 역할을 했다는 사실이 그렇게 이상한 일은 아니다. 노동계급을 지지 기반으로 하는 중도좌파 정치인들은 선거 연단 위에서는 마치 신자유주의 정책을 비판하는 것처럼 선거운동을 치르다가도 일단 권력을 획득한 후에는 바로 신자유주의적 의제들을 수용하거나 심지어는 그 방향으로의 구조 재편을 더 심화시키는 경우가 점점 더 많은 나라에서 일어났던 것이다. 서유럽은 물론이고 라틴아메리카, 과거 공산당 치하에 있었던 중부 및 동유럽 국가들이 그랬다. 여기서는, 1993년부터 2001년에 걸쳐 집권한 클린턴의 민주당 정권과 1997년부터 2007년까지 집권한 영국 노동당의 블레어 정권을 살펴보기로 한다.

빌 클린턴의 정치적 토대는 소위 "신민주당원New Democrat"이라 불리는 민주당 내 중도파 세력이었다. 하지만 그는 현직 대통령이던 공화당의 조지 부시와 맞붙은 선거에서 마치 신자유주의 이전 민주당의 전통적 의제들처럼 들리는 언사들을 구사했다. 이 중에는 정부의 사회경제적 개입이 갖는 긍정적 역할에 대한 주장들이 포함되어 있다. 심지어 좌파 운동의 슬로건이던 '이윤보다 사람이다people before profits'를 연상시키는 '사람이 먼저다people first'라는 슬로건을 선거운동에 사용하기도 했다. 신자유주의적 구조 재편이 시작되면서 1980년대 초부터 심화된 불평등과 지지부진한 일자리 창출에 미국인들의 불만이 커진 상황이었고, 클린턴은 이에 힘입어 대통령직에 오를 수 있었다. 1991년 불황은 단기에 그쳤지만 회복이 워낙 느렸고, 대선이 있던 1992년 당시의 실업률은 7.3%에서 7.6% 수준으로 강고하게 높은 수준을 유지하고 있었다. 이를 틈타 클린턴은 노조 친화적 민주당 지지층에게 어필할 수 있는 정부의 일자리 창출 프로그램을 강력하게 들고 나왔다.

집권 1년 차에 클린턴은 자신이 공언한 것처럼 인프라, 환경, 교육 분야 190억 달러 투자를 골자로 하는 일자리 창출 법안들을 추진했다. 이 법안들은 일자리 창출을 위해 연방 정부의 역량을 적극 활용하는 것으로, 신자유주의적 정책 접근 방식과는 정면으로 배치되는 것이었다. 하지만 민주당이 상하 양원 다수를 점하고 있음에도 불구하고, 1993년 4월 클린턴 행정부는 이 법안의 의회 동의를 얻는 데 실패한다. 클린턴 지지자들은 이를 상원 공화당 의원들의 방해 탓으로 돌리지만, 상황을 면밀히 지켜본 관찰자들은 클린턴 지지자들의 설명과는 전혀 다르게, 애초에 클린턴이 법안 통과를 위해 자신의 정치적 자산들을 활용하는 데 별로 적극적이지 않았다는 이야기를 전한다. 이보다 앞선 1992년 12월, 아칸소주 리틀록Little Rock에서 있었던 당선자와의 대선 후 미팅에서 노조 지도자들은 이미 클린턴이 이 법안에 대한 지지에서 물러나기 시작했음을 감지했다.[166]

클린턴 집권기에 신자유주의와 배치되는 정부 조치들이 일부 있던 것도 물론 사실인데, 예를 들어 자녀가 있는 저소득 가구에 상당한 수준의 소득 보상을 제공하는 근로소득환급EITC: Earned Income Tax Credit 규모의

---

166 제프 폭스Jeff Faux의 2013년 7월 18일 자 개인 서신. 폭스는 경제정책 분석가로, 그는 1993년 미팅에 참석한 자리에서 미국노총 산별노조협의회AFL-CIO 대표자들을 만났다.

확대를 들 수 있다. 하지만 역시 클린턴 행정부의 사회경제적 정책 기조는 신자유주의의 프레임 안에 있었다. 집권 초기부터 클린턴은 신자유주의적 중심 기조로부터 그 어떠한 이탈도 용납되지 않는 엄청난 압박에 직면한다. 1993년 4월 클린턴은 고위급 참모들과의 회의 석상에서 불쑥 아래와 같이 빈정대 참석자들을 놀라게 했다.

민주당원이라는 사람들은 모두 어디로 갔습니까? 명심들 하세요. 이제 우리는 모두 아이젠하워 공화당원입니다. 우리는 낮은 재정 적자와 자유무역 그리고 채권시장을 대변합니다. 근사하지요?(Woodward, 1994, 165)

클린턴은 아이젠하워 시대를 잘못 해석했다. 아이젠하워 당시 연방 정부는 광범위한 공공 투자 프로그램을 통해 주간 고속도로 체계Interstate Highway System를 만들었고, 고도로 통제된 금융시장을 관할했다. 클린턴 행정부는 1950년대의 공화당 정책이 아니라 새로운 형태, 즉 신자유주의적 정책을 따르는 정권으로 귀결된 것이다.

클린턴 행정부 경제 전략의 중심은 재정 적자를 줄이고, 자유무역협정을 출범시키며, 복지 프로그램을 개혁하는 것이었다. 소위 적자감축법Deficit Reduction Act으로 불리는 클린턴 대통령의 첫 번째 예산 법안인 1993년 포괄예산조정법Omnibus Budget Reconciliation Act of 1993은 향후 5년간 연방 정부 재량 지출federal discretionary spending의 12% 삭감을 요구했다. 1994년 대통령의 대 의회 경제 보고서는, 첫 번째 부분에서부터 민간 투자 증진을 위한 재정 적자 감축이라는 목표를 제시하고 있다(Economic Report of President, 1994, 3).

1995년 클린턴은, 1935년부터 유지되어 온 저소득층을 위한 주요 복지 프로그램인 아동부양가정보조AFDC: Aid to Families with Dependent Children의 폐지법안에 서명하고, 대신 이를 빈곤가정임시보조TANF: Temporary Assistance for Needy Families로 대체했다. TANF는 연방 정부 프로그램을 주정부의 포괄 보조block grant로 대체했고, 5년의 수급 기한을 설정했으며, TANF를 수혜할 경우 메디케이드Medicaid 자동 수혜 자격을 정지시켰다. 여기에 더해 TANF는 근로소득 발생을 위해 직업을 가질 것을 자격 조건으로 요구했는데, 심지어 장애인에게까지 이 기준을 적용했다. 상당수의 정부 당국자들이 이에 대한 저항의 의미로 물러났는데, 여기에는 오랜 기간 클린턴의 친구이자 보건복지부 차관보였던 피터 에덜먼Peter Edelman도 포함되어 있었다. 에덜먼은 "나는 지난 30여 년간 오직 미국의 빈곤을 줄이기 위해 매진해 왔다. 하지만 최근의 복지 관련 법안들은 그와 정반대로 가는 것들이다"라고 말하며 떠났다.

시간이 지날수록 클린턴 행정부의 재정 적자 감축 노력은 더욱 본격화했다. 투자를 촉진한다는 초기의 목적이 결코 실현되지 않았음에도, 어쨌든 재정 적자 감축 노력은 성공적이었다. 1992년 회계연도 기준으로 연방 정부의 적자는 GDP 대비 4.8%에 달했으나, 1998년 회계연도에는 흑자로 돌아서고, 2000년에 이르면 흑자 폭은 GDP의 2.4% 수준인 2360억 달러에 이른다. 정부는 연방 정부의 부채를 완전히 갚는 것이 목표임을 공언했고, 클린턴 행정부의 마지막 대 의회 경제 보고서에서 다음과 같이 밝히고 있다.

정부 재정 운영이 따라야 할 엄격한 규율을 부여하는 것이 우리의 최우선적 기조였다. 점차 적자 폭을 줄여서 종국에는 완전히 적자를 일소함으로써 저금리, 투자와 고용의 확대, 생산성 증대, 그리고 임금상승이라는 선순환을 만들어냈다.(Economic Report of President, 2001, 3)

적자의 감축은 상식적으로 일리가 있는 것처럼 들리지만, 오직 균형재정만을 목표로 삼는 것은 놀랍게도 경제 전체적으로는 결코 좋은 정책이 될 수 없다. 연방 정부는 개별 가계가 아니다. 연방 정부의 재정 적자를 줄인다는 것은 경제의 총수요 규모가 줄어든다는 것인데, 경기가 팽창하는 국면에서라면 그리 나쁜 것은 아니지만, 그렇지 않을 경우의 적자 감축은 경기 정체 국면을 불황으로, 불황을 더욱 심한 불황으로 악화시킨다. 다행히 1990년대 초반 클린턴 행정부의 점진적인 재정 적자 감축의 여파는 저금리 탓이라기보다는 컴퓨터 및 정보통신 분야의 기술 혁명으로 인한 민간 투자 확대와 맞물려 상쇄될 수 있었다.[167] 1990년대 후반 주식시장 거품 덕분에 민간의 소비 붐이 촉진되고, 이윤율은 이미 하락으로 돌아섰음에도 불구하고 민간 투자 성장세가 지속될 수 있었다. 연방 정부의 부채를 완제하는 것은 경제 전체적으로는 사실 재앙이나 마찬가지인데, 왜냐하면 재무부 발행 국채를 채권시장에서 완전히 퇴장시키는 것은 중앙은행의 전통적인 통화정책 수단을 없애버리는 것이자, 저축하려는 민간 부분으로부터 국내 금융시장에서 유통할 수 있는 안전 자산 수단 자체를

---

[167] 1993년 클린턴의 취임과 함께 재정 적자가 감소 추세로 돌아서기 시작할 무렵부터 2000년까지, AAA 등급 회사채 금리는 7.5% 수준으로 큰 변동이 없었다. 한편 은행의 프라임 대출 금리는 6.0%에서 9.2%까지 상승한다(Economic Report of the President, 2002, 406, Table B-73).

몰수해 버리는 것이기 때문이다.

클린턴 정부가 재정 적자 감축을 점점 더 심하게 강조한 것은, 이를 정당화하는 신자유주의적 경제정책과 이론을 수용한 결과다. 앞으로 5장에서 보겠지만, 2008년 금융 위기가 발발하고 6개월 정도 지났을 무렵, 오늘날 소위 긴축 정책이라고 불리는 재정 적자 감축에 대한 신봉이 되살아나 신자유주의적 경제학을 대체하려는 어떠한 시도에도 저항하게 된다.

1993년 당시 클린턴의 자유무역을 향한 폭주는 북미자유무역협정 NAFTA: North American Free Trade Agreement을 통해 나타난다. 1994년 1월 클린턴은 노동, 환경, 소비자 보호 단체들의 반대에도 불구하고 이 협정을 시행하는 법안에 서명한다. 일반 대중은 NAFTA에 반대했지만, 기업들 입장에서 이는 그들이 관철하려는 입법 의제 중 매우 큰 중요성을 지니는 것이었다. NAFTA 협정문 자체에는 아버지 부시 대통령이 서명했지만, 1993년 말까지도 의회 동의를 받지 못한 상태였다.

클린턴은 민주당 지지층 중에서 조약에 적대적인 세력을 진정시키기 위해 노동 및 환경 관련 부속 협정supplement들을 추가했지만 부속 협정들만으로는 효과가 미미했고, 멕시코의 엉성한 노동 및 환경 규준을 노리고 이탈해 나가는 기업들로 인한 일자리 감소를 우려하는 이들까지 달래기에는 역부족이었다. NAFTA를 비판하는 쪽에서는, 이것이 미국 제조업 기반의 잠식, 미국 내 소득 불평등의 확대, 안전상 문제의 소지가 있는 식료품의 미국 내수 시장 진입, 제품 관련 환경 규제의 무력화를 초래할 것이라고 경고했다(Public Citizen, 2013). NAFTA는 수출입 장벽을 줄이기 위한 자유무역협정이라고 선전했지만, 이는 해외 투자에 영향을 미치는 핵심적 조항들도 포함하고 있었다. 예를 들어 해외 투자자들이 조약

서명국 정부를 대상으로 투자 분쟁 관련 소송을 제기할 수 있고, 민간 부문의 변호사들이 심판관 역할을 하는 단심의 심판위원회tribunal를 두고 있는데, 이는 투자자들에게 상당한 특권을 새로 부여한 것과 마찬가지였다. 1990년대 말 미국의 에틸사Ethyl Corporation는 발암 물질인 가솔린 첨가제(MMT)의 사용을 금지한 캐나다 정부를 상대로 NAFTA 조약 11장을 위반했다고 심판위원회에 제소해 승소함으로써 캐나다 정부로부터 2,300만 달러의 배상금을 얻어냈다(Public Citizen, 2013, 7).

2장에서 논의했듯, 임기 말에 이르면 클린턴 정부 최고위 인사들은 금융 부문 탈규제를 완수하기 위해 더욱 박차를 가했다. 1999년과 2000년에 제정된 탈규제 법률들은 금융 파생 상품에 대한 규제를 제한하고, 대공황 당시 제정되어 상업은행의 비은행 영업 진출을 금지한 글래스-스티걸법의 핵심 조항을 무력화하는 것들이었다. 클린턴 정부의 수뇌부들이 이러한 조치들을 단호히 밀어붙였다는 것은, 사실상 금융 규제는 최소화되어야 한다는 당시의 대세를 수용했음을 의미한다. 이는 금융 부문에서 고위험을 수반한 투기적 관행들이 급속히 확산하는 여지를 만들었고, 결국 2008년 초래된 금융 붕괴에 핵심적 역할을 했다. 탈규제는 업계 선도 은행들의 급격한 성장과 점유율 팽창을 가능하게 하여, 결국 "망하게 두기에는 너무 큰too big to fail" 정도로까지 키웠다.

영국에선 1997년에 토니 블레어Tony Blair가 이끄는 노동당이 18년간의 야당 생활을 마무리하고 정권을 장악한다. 클린턴처럼 블레어 역시 "신노동당New Labour"이라 불리던 당내 중도파의 대표자로, 기존 노동당의 공적 소유와 관대한 복지국가 이념과는 거리를 두고 싶어 했다. 정권을 잡은 후 블레어는 실직 노동자 재교육을 담당하는 민영화된 시설들에 초과 이익세windfall profit tax를 부과하는 식으로 친노동적 조치들을 시행하기도 했다. 하지만 새 정부의 첫 번째 예산안의 중점은 사실상 신자유주의적 의제들에 충실히 보조를 맞추는 것으로, 서구 산업국가들 중 최저 수준으로 대기업에 대한 세율을 낮추는 조치를 포함했다. 노동당 정부 예산안의 핵심은 기존 보수당 정권 때와 큰 차이가 없는 것이었고, 이에 대한 영국 금융가의 반응은 "우리가 이겼다triumphant"는 것이었다.[168]

클린턴 행정부처럼 블레어 정부 역시 실직 미혼모 대상의 보조금을 끊고, 환자와 장애인에게 제공되는 혜택에 검증 조치를 포함하는 '복지 개혁'에 착수한다. 근로 복지 정책에 관한 블레어의 입장은 클린턴 정부의 복지 개혁 조치를 면밀히 참고한 것이었다. 1999년 6월 블레어는 독일 총리이자 사민당 당수인 게르하르트 슈뢰더Gerhard Schroeder와 함께 노동시장 유연화, 감세, 친기업 정책 기조를 요구하는 공동 선언문을 발표한다(Webster, 1999).

집권하기 전까지의 블레어는 보수당의 영국철도British Rail 민영화 조치를 혹독히 비난했지만, 그 역시 집권한 뒤에는 노동당 내 친노동계 세력의 강력한 반대에도 불구하고 2003년 4월 런던 지하철London Underground의 부분적 민영화를 단행했다. 그동안 통합적으로 운영되어 온 런던 지하철 체계는 별도의 두 민간 운영사로 분리되었다. 민영화 2년 후 영국 하원House of Commons의 한 보고서에 의하면, 런던 지하철의 부분 민영화 이후 서비스의 질은 큰 차이가 없는 반면, 납세자들의 부담은 무려 20배나 폭증했다고 지적했다. 열차의 정시 도착률punctuality이 많은 노

---

168 *New York Times*, July 3, 1997.

선에서 하락했고, 탈선 빈도는 4배까지 치솟았다. 서비스 개선 실패에도 불구하고 두 민영 철도 회사는 상당한 이익을 거둬들였고, 보너스 잔치를 벌였다(Webster, 2005).

그뿐만 아니라 블레어는 2001년 7월 항공관제 체계의 부분적 민영화를 단행했다. 이 조치는 언제나 민영화를 지지하던 보수당조차 주저하던 것으로, 민간항공국Civil Aviation Authority도 민영화가 가져올 재정적 리스크를 경고했다. 이런 경고의 목소리 그대로, 이듬해 부분 민영화된 항공관제 시스템은 결국 정부의 공적 자금bailout 투입을 필요로 하게 된다.[169]

왜 신자유주의적 자본주의에 맞서는 것은 그토록 어려웠을까?

신자유주의적 형태의 자본주의는 2007년까지 무려 25년에 이르는 기간 동안 애초에 공언했던 약속들을 지키는 데 실패했다. 시장의 고삐를 자유롭게 풀고 대기업과 부유층에게 관대하기 짝이 없는 인센티브를 제공했음에도 신자유주의가 약속한 혜택은 실현되지 않았고, 불평등만 확산되었다. 경기 확장과 상당한 일자리 창출도 있었지만, 규제 자본주의와 비교하면 훨씬 느린 성장세였고, 1990년대 초중반 신기술의 급속한 도입 국면을 제외하고는 투자 성과도 신통치 않았다. 저축은 사실상 사라졌고, 경제 확장은 빚잔치로 활활 태운 소비 증가 덕분이었다. 대다수에게 공정한 대가가 돌아가지 않았고, 이는 선거에 가끔 영향을 미치기도 했다. 그러나

---

169 *The Times*[London], February 20, 2002, 23.

선거 결과에 상관없이 신자유주의적 정책 기조는 세계 각국에서 여전했고, 시간이 지날수록 신자유주의적 구조 재편은 세계 여러 나라에서 더욱 심화했다. 마치 이 시스템의 작동 원칙이 "판이 안 풀리면, 판돈을 두 배 더 키워라If it isn't working, double down"인 것처럼 보였다. 뭔가 다른 시도는 고려할 수조차 없었다.

무려 약 25년에 걸친, 그다지 성공적이라고 할 수 없는 체제를 그토록 고수한 이유에 대해서는 몇 가지 설명이 가능하다. 첫째, 신자유주의 역시 다른 사회적 축적 구조와 마찬가지로 일관된 사상, 이론, 그리고 제도들이 서로를 강화하는 체제이므로, 그로부터의 심대한 이탈에는 저항이 발생할 수밖에 없다는 것이다. 왜냐하면 제도와 사상은 서로와 맞물려 있으므로, 그중 하나 또는 일부만을 변화, 교체시키는 것은 대단히 어렵고, 실현 가능한 수준의 중대한 변화를 일으키려면 사실상 사회적 축적 구조 전체의 교체가 요구되기 때문이다. 사회적 축적 구조가 높은 이윤과 어느 정도 안정적인 자본축적을 촉진하기만 한다면, 그 자체로 강한 현상 유지의 관성을 갖는다. 설사 이러한 이윤율 상승과 자본축적의 지속이 신자유주의 옹호자들이 공언했던 수단에 의한 것이 아니었다고 할지라도, 그것은 어차피 별로 중요한 것이 아니다.

둘째, 신자유주의적 구조 재편의 핵심 지지 세력인 대기업과 중소기업들로서는 신자유주의가 그들의 입장에서 바람직한 결과를 가져오는 이상 구태여 불만을 품을 이유가 없었다. 이 양자 간의 강력한 동맹은 선거 결과와 상관없이 정부의 정책 의제 형성 과정에서 강력한 영향력을 발휘했다. 노동계급에 기반을 둔 정파들과 노동조합들은 신자유주의를 지속적으로 공격했지만, 기업가 동맹 세력의 강력한 영향력 앞에서 속수

무책이었다.

셋째, 신자유주의 이데올로기의 드센 성격 때문이다. 신자유주의는 본 질적으로 초기 자본주의 시대, 즉 초창기 부르주아들과 그 동맹 세력들이 스러져가던 중세의 마지막 잔재들을 대상으로 혈투를 벌이던 시절의 이 데올로기가 현대적으로 변형된 것이다. 초기 자본가계급은 개인의 자유, 자의적인 국가 권력으로부터의 해방, 출신에 따른 특권 철폐를 표방했는 데, 이 구호들은 수 세기의 기존 질서를 때려눕히기 위한 투쟁에서 유용 했던 것들이지만, 이미 부르주아가 사회의 생산수단을 장악한 소수 계급 이 된 이후에도 여전히 폭넓은 호소력을 지니는 것들이었다.[170]

반면 케인시언 이데올로기는 제2차 세계대전 이후 주도권을 쥔 이후 에도 그만큼의 영향력 혹은 정통성을 갖지 못했다. 신자유주의 이데올로 기는 개인의 선택과 자유 시장, 그리고 사유재산의 무한한 미덕을 주장 하며 일관되고 명확한 반면, 케인시언 이데올로기는 그와 같은 명료함과 일관성을 지니지 못했다. 케인시언 이데올로기는 시장과 자유 시장의 미 덕을 정부의 규제와 계획, 그리고 심지어 어느 수준의 공적 소유의 이점 과 결합시킨 것이다. 신자유주의적 이데올로기는 자본주의와 사회주의 를 확연하게 구별하고 사회주의에 대한 자본주의의 우월성을 역설한다. 케인시언 이데올로기는 두 체제 사이의 중간적 입장을 택하며, 자본주 의가 왜 사회주의보다 우월한 체제인지 명확한 이유를 제시하지는 않는

---

[170] 미국 역사에서는 귀족정이 존재한 적 없지만, 영국 대처 정부가 의도했던 자신들의 대국민 이미지는 구시대의 계급적 특권에 맞서 중산층의 이익을 수호하기 위해 싸운다는 것이었 다. 영국의 상류 계층에는 이러한 이유로 대처리즘을 꺼림칙해 하는 경향이 있었다(Harvey, 2005, 31).

다. 자본주의가 사회주의보다 얼마나 우월한지를 선전하는 그 자체만으로도, 자본주의 사회에서는 이미 큰 이점을 누리는 이데올로기적 입장이 될 수 있다.

넷째, 1989년부터 1991년까지 공산권 국가들의 붕괴와 자본주의로의 급속한 이행은 신자유주의적 이데올로기에 강한 동력을 부여했다. 사회주의 대국 중국도 1980년대부터 "개혁 개방"이라 불리는 시장 사회주의 실험을 시도했고, 1990년대에는 대규모 민영화 조치를 취함으로써 억만장자들이 나타나고 불평등은 미국 수준으로 확대되기에 이르렀다.

1990년대에 신자유주의 옹호자들은 국가가 경제를 운영하는 것은 성공할 수 없다는 식의 국가 사회주의[171]에 관한 주류적 해석을 제시했다.[172] 이들은 사회주의 진영의 붕괴라는 역사적 사건을 통해 단순히 국가적 사회주의의 현실적 성공 여부를 넘어, 국가의 경제 개입 자체가 실패할 수밖에 없다는 식으로까지 비약해 해석하고 있다. 사유 시장론자들은 제2차 세계대전 이후의 규제 자본주의가 무슨 사회주의의 일종이거나 아니면 적어도 그쪽 방향으로 쏠려 내려가는 도중의 상태 정도로 여겼다. 신자유주의 옹호론자들은 규제 자본주의와 사회주의 모두를 일종의 국가가 운영하는 경제체제라는 일반화된 범주 안에 포괄함으로써, 공산권 붕

---

171 국가 사회주의state socialism라는 용어를 소위 나치즘과 혼동할 수 있겠지만, 엄밀히 말하면 나치즘은 (게르만족의) 민족 사회주의national-sozialismus라 부르는 것이 더 정확한 표현이다. 본문에서 언급된 국가 사회주의란 생산수단의 소유권이 국가의 수중에 있었던 구소련을 비롯한 현실 사회주의 형태를 지칭하는 것이다. 물론 국가 사회주의는 사회주의의 한 형태에 불과하며, 그 자체만으로 사회주의 전체를 대표할 수 없다. -옮긴이

172 국가 사회주의의 몰락에 관한 이러한 해석은 역사적 증거와 부합하지 않는다. Kotz and Weir(1997)를 보라. 그럼에도 불구하고 이는 주류적 해석으로 받아들여진다.

괴라는 역사적 사건이 곧 양자 모두의 필연적 실패를 증명한 것이라고 주장했다.

신자유주의적 자본주의 아래에서 대다수 사람의 상황이 더 나빠졌음을 지적하는 이들에게 돌아가는 것이라고는, 약자로 TINA, 즉 "다른 대안 같은 것은 없다There Is No Alternative"라는 말뿐이었다. 분명 전후의 규제 자본주의 기간에 노동자들의 경제적 조건이 꾸준히 개선되었던 반면, 신자유주의적 자본주의에는 그러한 성과를 만들어 낼 능력 자체가 없음에도 불구하고, 신자유주의 옹호자들은 현 체제로부터의 어떠한 이탈도 상황을 악화시킬 뿐이라고만 주장했다. 반신자유주의 세력의 이런 공격 대열에 노동자계급 지역구 정치인들은 합류할 수 없었다. 이들이 일단 선거에 승리한 뒤에는 경제 전문가란 사람들이 나타나 그들에게 선거공약이야 다 좋은 말들이지만, 당선된 후엔 반드시 현실주의자가 되어야 한다고 조언을 해대기 시작한다. 앞에서 봤던 클린턴의 돌발 행동들은 그저 한 예에 불과하다. 사회주의, 공산주의 정당들은 더 이상 그들 수중에 별다른 대안이 없다고 생각했고, 미국 민주당 같은 중도좌파 정당들의 경우도 초기의 케인시언 정책들을 포기하기에 이른다.

이윤율 상승과 안정적인 경기 팽창이 지속하는 한, 다수의 사람이 느끼는 고통만으로 불가항력적 대세에 대한 무기력한 추종을 몰아내기에는 역부족이었다. 오직 신자유주의적 형태의 자본주의가 구조적인 위기를 맞아야만 기존 제도를 대체할 실현 가능한 대안이 출현할 수 있는 조건이 만들어질 수 있다. 사회적 축적 구조가 위기에 직면해야만 지지자들의 사기가 약화되고 비판적 목소리들이 세를 얻어, 주요한 변화의 단계들이 만들어지는 것이다.

비록 선진 자본주의 국가에서는 신자유주의적 자본주의가 2007년까지 '정상적으로' 잘 작동했지만, 라틴아메리카 각국에서는 이 기간 내내 심각한 경제 위기가 발생했다. 이 때문에 몇몇 라틴아메리카 국가들에서는 실제로 신자유주의 체제가 무너지기도 했는데, 1990년 후반부터 베네수엘라에서 그랬고, 2001년 아르헨티나, 그리고 2006년의 볼리비아가 그러했다. 세 가지 경우 모두 각기 다른 특징을 갖고 있지만, 신자유주의 정책이 심각한 경제적 붕괴를 초래해 기존 시스템 자체가 불안정화되고 결국 신자유주의를 거부하는 정치 지도자들이 출현한 것이 공통적이다. 특히 베네수엘라의 새로운 집권 세력은 신자유주의뿐만 아니라 자본주의 그 자체를 넘어서려고 시도했다. 이들은 20세기에 있었던 위에서 아래로 향하는 수직적, 권위적 형태의 사회주의가 아니라, 아래로부터의 참여에서 시작되는 사회주의, 즉 '21세기 사회주의'를 지향하려 했다[173].

2008년에 시작된 경제 위기는 사실상 신자유주의적 사회적 축적 구조가 이윤 창출 및 안정적 자본축적을 지속적으로 이끌어 내는 능력이 끝났음을 드러낸 계기로 보인다. 다시 말해 이는 어떠한 변화 움직임에도 꿈쩍하지 않던 신자유주의적 자본주의가 끝날 수도 있다는 뜻이다. 그리고 그 위기에 대해 다음 장인 5장에서 자세히 살펴볼 것이다.

---

[173] 베네수엘라의 사례는, 특히 지금의 베네수엘라 상황을 고려하면 논란의 여지가 있는 것이 사실이다. 이와 관련해서, 저자인 코츠 교수는 물론이고 베네수엘라가 21세기 사회주의의 대안적 모델로서 가능성을 지닌다고 주장했던 많은 좌파 논객에게 다시 한번 그들의 의견을 진지하게 되물어야 할 시점이라고 할 수 있다. -옮긴이

부록: 신자유주의 시대의 이윤율 회복에 대한 분석

1960년대 중반부터 1980년대 초반에 걸친 미국의 오랜 이윤율 하락 추세는 신자유주의적 구조 재편 이후부터 회복세로 돌아섰다. 평균 이윤율을 측정하는 방법에는 여러 가지가 있는데, 우리는 여기서 이윤율을 다음과 같이 정의한다.

$$r = \frac{P}{K} \tag{1}$$

여기서 r은 이윤율, P는 연간 이윤profit의 흐름flow, K는 매해 초의 자본 총량stock의 가치다. 이윤율을 상승시키는 요인을 분석할 때 채택할 수 있는 이윤율의 가장 좋은 접근은 비금융 기업의 광의의 이윤율을 사용하는 것이다. 여기서 광의의 이윤은 비금융 기업의 법인 이윤 및 순net이자 지급 금액을 합산하고, 법인 이득에 대한 과세분을 차감해 구한다. 여기서 순이자 지급을 계산에 포함시킨 이유는 우리가 필요로 하는 이윤의 정의란 전체 고정자본의 가동 자체에서 발생한 대가를 나타내는 것이어야 하는데, 여기서 비금융 부분 고정자본의 상당 부분은 차입 자금을 통해 구매된다는 것을 고려해야 하기 때문이다. 또한, 여기서 우리는 법인세 납부 이후의 이윤을 채택했는데, 이는 신자유주의적 구조 재편의 목표가 이윤에 부과되는 세금을 감축하는 것이었고, 따라서 그 효과가 최종적으로 반영되는 지표가 필요하기 때문이다(다만, 이 책에서 이윤율 추세를 보여주는 도표들은 세전 이윤율의 정의를 따랐다). 자본 총량 K는 설비structure 및 장비equipment, 소프트웨어의 가치를 전 년도 12월 31일 기준으로 측정한 대체 비용으로 계산한다.

우리의 이윤율 척도는 금융 부문은 배제하고 있는데, 이는 금융 부문까지 포함시켜 혼합 이윤율을 계산할 경우 직면하게 되는 개념상의 문제점 때문이다. 금융 부문에서 실물 자본이 차지하는 비중은 대단히 낮기 때문에, 금융 부문의 재생 가능 자본reproducible capital 총량까지 포괄해 적용할 수 있는 광의의 이윤율 개념을 정하는 것은 개념적으로 매우 어려운 일이다. 금융 부문에서 발생하는 이윤은 대부분 물적 자본이 아니라 거의가 예금자 및 채권자 소유의 화폐 자본에서 나온다. 만약 이윤율이 재생 가능 자본이 아닌 총자산total asset에 기반할 경우, 금융 부문의 금융 자산 상당 부분이 비금융 기업 부문의 유형 자본tangible capital의 가치와 겹치기 때문에, 여기에서 이중 계산의 문제가 발생한다. 바로 이러한 난점 때문에 대부분의 이윤율 연구들은 경제의 비금융 부문에 초점을 맞추는 것이다.

식 (1)은 다음과 같이 분해할 수 있다.

$$r = \frac{P}{K} = \frac{P}{Y} \times \frac{Y}{K} \qquad (2)$$

여기서 Y는 순 생산net output인데, 이는 순소득net income과 같다. 따라서 $\frac{P}{Y}$는 소득에서 이윤이 차지하는 몫이고 $\frac{Y}{K}$는 생산-자본의 비율이므로 이윤율은 전체 소득에서 이윤 몫이 증가하거나 생산-자본의 비율이 커질 때 상승한다. 식 (2)는 어느 기간 이윤율의 변화를, 이윤 몫의 변화와 생산-자본 비율의 변화가 각각 얼마나 '설명'할 수 있는지 그 정도를 구하는 데 이용할 수 있다.

$$P = Y - W - T - TR \qquad (3)$$

여기서 W는 피용자 보수^employee compensation, 즉 임금이고 T는 세금으로서 법인의 이윤^corporate profit tax 및 생산^tax on production에 대한 과세를 합산하여 도출한다. TR은 상대적으로 비중이 작은 범주로서, 기업의 순 이전 지출^net business transfer payments이다. 식 (3)을 Y로 나눠서 다시 정리하면, 다음의 식을 얻을 수 있다.

$$\frac{P}{Y} = 1 - \frac{W}{Y} - \frac{T}{Y} - \frac{TR}{Y} \qquad (4)$$

식 (4)는 우변에 포함된 각각 세 변수들의 변화가 해당 기간의 이윤 몫 변화에 "기여하는 정도"를 계산하는 데 이용할 수 있다.

분자와 분모에 같은 것들을 곱하는 방식을 쓰면, 소득에서 차지하는 임금의 비중은 다음과 같이 표현할 수 있다.

$$\frac{W}{Y} = \frac{W}{Y} \times \frac{Py}{Py} \times \frac{CPI}{CPI} \times \frac{N}{N} = \frac{\frac{W}{CPI \times N} \times \frac{CPI}{Py}}{\frac{Y}{Py \times N}} = \frac{wr \times \frac{CPI}{Py}}{PR} \qquad (5)$$

여기서 Py는 생산자물가지수이고, CPI는 소비자물가지수, N은 기간당 노동시간, wr은 시간당 실질임금, PR은 노동시간당 실질 생산 또는 노동생산성을 뜻한다. 만일 식 (5)에서 두 물가지수의 비율 $\frac{CPI}{Py}$이 불변이라면, 소득에서 임금 몫의 변화율은 곧 실질임금의 변화율에서 노동생산

성을 뺀 것과 같다.[174]

위 식들에 포함된 변수들의 데이터는 다음의 출처에서 구할 수 있다. 모든 데이터는 2013년에 구한 것이다.

- 식 (1)과 (4)의 변수: U.S. Bureau of Economic Analysis, National Data: National Income and Product Accounts Tables, NIPA Table 1.14 (http://www.bea.gov/itable/index_nipa.cfm), Fixed Asset Table 4.1(http://www.bea.gov/itable/index_FA.cfm).
- 식 (5)에서부터 나타난 변수: U.S. Bureau of Economic Analysis, NIPA Table 6.9B, 6.9C, 6.9D (http://www.bea.gov/itable/index_nipa.cfm), U.S. Bureau of Labor Statistics.

식 (2), (4), (5)에서 1979년부터 2007년까지의 데이터를 사용하면, 식 (2)의 $\frac{Y}{K}$는 실제로 시간이 지남에 따라 감소하기 때문에, 이윤 몫 $\frac{P}{Y}$ 의 증가가 모든 이윤율의 증가를 설명함을 알 수 있다. 식 (4)의 데이터를 통해서는 생산세 및 기업 순 이전 지출의 몫이 증가(이윤 몫의 감소로 연결)하는 반면, 임금 몫과 기업 법인세의 몫이 감소(이윤 몫 증가로 연결)함을 알 수 있다. 전체 기간 실제 이윤 몫 상승에 대한 두 변수의 기여도는 각각 임금 몫 하락분이 84%, 법인세 몫 하락분이 16%를 차지했다. 식 (5)에

---

174 임금과 노동생산성 성장률의 차이는 임금 몫의 성장률과 정확하게 일치하지는 않는다. 왜냐하면 성장률은 연평균 복합 성장률CAGR: compounded average growth rate로 측정하므로, 결과적으로 임금 성장과 생산성 성장의 상호작용항interaction term으로는 임금 몫 성장률의 작은 부분밖에 설명하지 못하기 때문이다.

데이터를 적용하면, 연간 실질임금은 겨우 0.25%가 상승한 반면, 이 기간 시간당 생산은 매년 1.72%가 상승했음을 확인할 수 있다. 즉, 이는 신자유주의적 자본주의 기간 있었던 임금 몫의 하락은 노동생산성 증가율에 비해 실질임금의 성장률이 정체돼 발생한 것임을 의미한다. 그러나 임금 몫 안에서 임금 상승과 생산성 성장 사이에 발생하는 이러한 큰 격차는 $\frac{CPI}{Py}$의 증가로 어느 정도 상쇄될 수 있다. 실제로 이 비율은 이 기간 매년 1.27%씩 상승했다. 두 물가지수 사이의 비율인 $\frac{CPI}{Py}$는 1973년 이전에는 그리 큰 성장세를 보이지 않은 반면, 신자유주의 시대에는 빠른 성장세를 보이는데, 이것이 지니는 경제적인 해석은 Kotz(2009)에 제시되어 있다.

5장

위기

많은 이들은 2008년 위기의 성격을 본질상 금융 위기라고 보았다. 거대 금융기관들의 갑작스러운 붕괴와 미 연준의 구제 조치, 한 차례 의회 부결을 거치며 통과된 구제 금융 두입 같은 일련의 사태들이 사람들의 이목을 장악했기 때문이다. 그러나 이 위기는 결코 금융 부문에만 국한된 것이 아니었고, 그보다는 덜 극적으로 보였어도 그 이상으로 중요한 측면들을 포함하고 있었다. 2008년 위기의 근원은 훨씬 더 이전부터 신자유주의적 자본주의가 작동하는 과정 그 자체에서 기인한 것이었다. 일단 위기가 발발하자 그것은 금융뿐만 아니라 실물 부문까지 빠르게 잠식해 들어갔다.

이 장에서는 우선 위기의 근원이 4장에서 제시했던 신자유주의 시대의 세 가지 근본적 변화들, 즉 불평등의 확대, 대규모 자산 거품, 그리고 투기적이고 위험 추종적인 금융 부문, 이들이 신자유주의적 자본주의의 위기를 초래한 장기적 추세를 만들어 냈음을 구체적으로 논의할 것이다. 둘째, 위기의 초기 국면인 2007년부터 2009년에 걸친, 위기의 출현과 그 전개 과정을 자세히 살펴볼 것이다. 셋째, 위기 초기 국면에 미국과 세계 각국 정부, 그리고 경제학자들이 보여준 케인시언 대응들을 돌아볼 것이다. 넷째, 2009년 이후의 지지부진한 회복 과정을 되짚어본다. 다섯째, 2009년 중반부터 나타난 긴축정책으로의 갑작스러운 전환과 이에 따른 긴축정책의 타당성에 관한 논쟁을 살펴본다. 마지막으로 이번 위기가 [신자유주의적 자본주의 체제의] 구조적 위기임을 고찰한 뒤, 1930년대의 대공황과 비교하면서 끝을 맺을 것이다.

위기의 근원

4장에서 우리는 신자유주의적 자본주의가 가져온 세 가지 변화가 어떻게 장기간의 경기 확장을 가능하게 했는지 그 제도적 맥락에 대해 살펴보았다.[175] [독자들의 기억을 되살리기 위해 다시 한번 세 가지 변화를 되돌아보면] 첫째는 임금과 기업 이윤 사이의 격차 확대, 그리고 2000년대에 역사적 수준으로 벌어진 고소득 가구와 저소득 가구 사이의 불평등으로, 이는 신자유주의적 자본주의 제도가 총체적으로 작동해서 발생한 산물이었다. 둘째는 시간이 갈수록 점점 규모가 커졌던 세 번에 걸친 자산 거품으로,

---

[175] 앞 장에서는 신자유주의적 자본주의가 수반한 세 가지 변화가 어떻게 거시 경제적 성공을 이끌어 냈는지에 대해 논의했다면, 이 장에서는 이 세 가지의 변화가 장기적으로 체제 차원의 위기를 배태한 과정을 살펴본다. -옮긴이

이는 결국 2000년대의 부동산 시장 거품을 통해 그 정점에 이르게 되었다. 이는 불평등이 확대된 상태에서 금융 부문의 성격 변화까지 한꺼번에 작용해서 나타난 결과였다. 그리고 [이처럼 자산 거품을 가능하게 만든] 금융의 성격 변화, 즉 투기적이고 위험 추구적 영업에 몰두했던 금융 부문이, 바로 신자유주의적 자본주의의 세 번째 근본적 변화라고 할 수 있다. 이는 은행 규제 완화, 고삐 풀린 경쟁, 그리고 시장 원칙의 기업 내부 침투가 함께 작용해 생긴 결과였다.

이러한 세 가지 근본적 변화들을 통해 신자유주의 시대 장기간의 경기 확장을 설명할 수 있고, 한편으로는 이 세 가지의 근본적 변화가 신자유주의적 자본주의의 지속성을 해치는 **세 가지 추세**[176] 역시 만들어 낸 것이다. 그 세 가지 추세는 바로 가계 및 금융 부문의 부채 확대, 고위험 신종 금융 상품의 확산, 그리고 실물 부문의 과잉 생산능력이 바로 그것이다. 이러한 세 가지 추세들은 결코 상기간 지속될 수 없는 것으로, 이것들이 결국 2008년 금융 위기의 발생 원인을 설명한다고 할 수 있다.

---

176 강조는 역자. 이 책에서 '세 가지 변화'라고 하면 신자유주의적 자본주의가 가져온 세 가지 변화, 불평등의 확대, 자산 거품, 그리고 금융 부문의 투기적 성격 변화를 일컫는다. 그리고 '세 가지 추세'는 이러한 세 가지 변화가 초래한 결과물로서, 장기적으로 신자유주의적 자본주의의 위기를 만들어 낸 추세들을 일컫는다. 다소 도식적으로 보일 수 있으나, 난마처럼 얽힌 신자유주의와 2008년 금융 위기 사이의 연계를, 저자 특유의 관점에서 인과관계로 정리했다는 점에서 의미가 있다. 물론, 이에 대한 비판 또는 거부는 독자들의 몫이다. -옮긴이

부채 비율의 증가

4장의 그림 4.20에서 보는 것처럼 가계소득보다 가계 부채가 가파르게 증가해 1982년에서 2007년 사이에 두 배 이상 증가한 것을 확인할 수 있다.[177] 가계 부채 비율의 증가는 임금 정체로 인한 수요 부족 문제를 해결하는 데 일조했고, 만약 그조차 뒷받침되지 않았다면 장기간의 경기 확장은 불가능했을 것이다. 물론 개별 가구들이 돈을 빌리는 이유가 이러한 거시경제 문제를 해결하기 위한 것이야 결코 아니었다. 그보다는 2000년대 들어서 수백만의 중저소득 가구들로서는 소득이 줄거나 기껏해야 제자리걸음인 처지였기 때문에, 어떻게든 이자나 공과금을 내고 가계를 유지하기 위해선 돈을 꾸는 것 외에 별 방법이 없었을 뿐이다. 그리고 2000년대에 금융기관들은 이러한 중저소득 가구들에 돈을 빌려주면서 고소득을 거둘 수 있는 새로운 방법을 찾아냈던 것이다.

그러자 금융기관들은 한술 더 떠서 이런 과정이 지속되도록 이들에게 계속 빚을 내주었다. 즉 돈을 빌려 간 사람들이 계속 레버리지[178]를 높이

---

177 가계 부채의 정도를 판단하는 여러 지표 중 이 책에서 사용하는 것은 그림 4.20에서처럼 가처분 소득 대비 대출 잔액이다. 그 밖에도 가계소득 대비 원리금 납부액의 비율도 현재 부채 부담의 정도를 측정하는 수단으로 사용될 수 있지만, 이는 저금리 상황에서는 수치 자체가 낮아지거나, 경기 확장 이후의 고금리 상황에서는 갑자기 수치가 수직 상승하는 특성이 있다. 세 번째 지표는 가계 보유 자산의 시장 가치 대비 대출 잔액의 비율로 가계가 대출을 확보하기 위해 집값을 레버리지(지렛대)로 활용한 정도, 즉 레버리지 비율을 나타낸다고 할 수 있다. 이 비율은 부동산 가격 거품이 있을 때는 감소하고, 거품이 터졌을 경우엔 갑자기 상승하는 경향이 있다. 첫 번째 지표, 즉 가계 부채 대비 가계소득의 비율이 현재의 이자율이나 부동산 가치에 영향 받지 않으면서 가계 부채의 장기적인 추세를 보여준다고 할 수 있다.

178 레버리지leverage란 무거운 물건을 들 때 지렛대를 이용하는 것처럼, 차입 자금을 이용해 자기

기를 바랐던 것이다. 만약 투자해서 벌 수 있는 수익률이 빌린 돈의 이자율보다 높다면, 곧 기업이 돈을 빌리는 것만으로도 이문을 더 남길 수 있다는 뜻이 된다. 물론 부채 비율이 높아진다는 점에서는 위험이 더 커지는 것이지만 말이다. 하지만 규제 완화에도 불구하고 금융기관들에 대한 레버리지 비율 규제는 2000년대 초까지만 해도 분명 살아있었다.

2000년대 초반에도 이미 대형 투자은행들은 매우 높은 수준의 이윤을 거둬들이고 있었음에도 2004년 4월, 5대 대형 투자은행들은 자산 규모가 50억 달러를 초과하는 금융기관에 대해 차입 규제를 면제해 달라고 증권거래위원회SEC: Securities and Exchange Commission에 요청했다. 증권거래위원회 위원이었던 하비 J. 골드슈미드Harvey J. Goldschmid는 이들의 요청에 대해 "제일 덩치 큰 이 회사들에게 만약 뭐라도 잘못된다면, 그야말로 완전히 엉망진창이 돼버리고 말 것이다"라고 말한 바 있다. 그러나 형식적 심의 절차만을 거친 뒤 위원회는 만장일치로 대형 투자은행들의 차입 규제의 면제 요청을 승인하고, 금융기관들 스스로 자신들의 리스크를 모니터링 할 수 있게 했다. 유일한 반대 진술은 인디애나주에서 일

자본 이상의 규모로 투자를 할 때 일컫는 말이다. 예를 들어 보자. 내 돈 100원을 투자하여 10원을 벌 경우 수익률은 10%가 된다. 반면,내 돈은 10원뿐이지만 빌린 돈 90원을 합쳐 100원을 만드는 경우 레버리지 비율이 1대 9가 된다. 만약 이렇게 해서 10원의 수익을 거두고 돈을 빌려준 쪽과 반씩 나눈다면, 결국 원래 밑천인 10원으로 5원을 번 것으로, 이는 자기자본 대비 수익률이 무려 50%나 된다. 하지만 10원을 손해 볼 경우 빌린 돈은 갚아야 할 의무가 있으므로, 결국 자기 돈 10원을 고스란히 손해 본 것이 되는데, 이는 수익률로 치면 −100%로 파산을 뜻한다. 이처럼 레버리지는 이익을 볼 경우 고수익을 주지만, 손해를 볼 경우 몇 배로 피해를 입는다는 점에서 대단히 높은 위험을 짊어지는 행위라고 볼 수 있다. 2000년대 미국 주택 가격 상승 국면에서 중저소득 가계는 은행 돈을 빌려서 사실상 주택 가격 상승에 도박을 건 것으로, 주택 가격이 하락하는 순간 이들 상당수가 파산 국면으로 몰리게 되었다. -옮긴이

하는 어느 금융 전산 및 리스크 관리 전문가가 보낸 서신이었다. 이 전문가는 투자은행들이 사용하는 리스크 평가 전산 모델은 시장이 극심하게 요동치는 상황에서 별로 믿을만한 게 못 된다고 경고했다. [이 요청이 승인된 후] 2004년부터 2007년까지, 5대 투자은행의 레버리지 비율은 급격하게 상승하는데, 이들 중 4개 은행은 레버리지 비율이 무려 30대 1에 이르렀다.[179]

금융기관의 차입 확대는 투자은행에만 국한되지 않았다. 보통 금융기관은 돈을 빌려주는 곳이지 빌리는 입장은 아니라고 생각하기 쉽지만, 신자유주의 기간 금융기관은 경제 전체에서 돈을 가장 많이 빌린 집단이었다. 그림 5.1은 경제의 주요 부문이 빌린 돈의 규모가 국내총생산에서 차지하는 비중을 나타낸 것이다. 1979년부터 2007년까지 비금융 기업의 차입은 GDP의 32.9%에서 49.1%로 점진적으로 증가했을 뿐이다. 반면, 금융 부문은 1979년의 19.7%에서 2007년에 이르면 무려 6배가 증가한 GDP의 117.9%에 이른다. 영국의 경우에도 GDP의 250%까지 부채 비율이 치솟는 패턴을 보인다(Wolf, 2009).

가계나 기업이 돈을 많이 빌렸다고 해도, 매기에 분할 상환금을 갚을 만큼의 이익이 충분히 발생하고, 차입에 대한 담보자산의 가치가 유지되기만 하면 그리 문제 될 것은 없다. 가계의 경우는 소득보다 지급해야 할 상환금이 지나치게 높아질 경우 파산의 징후가 엄습하기 시작하는데, 만

---

[179] *New York Times*, October 3, 2008, A1, A23. 2007년 이후 5개사 중에서 하나는 파산했고(리먼브러더스), 둘은 다른 거대 금융기관에 합병되었으며(메릴린치Merrill Lynch, 베어스턴스Bear Sterns), 나머지 둘은 연준의 구제 금융이 투입되었다(골드만삭스Goldman Sachs, 모건스탠리Morgan Stanley).

그림 5.1. | 미국 국내총생산 대비 경제 각 부문의 부채 비중(%), 1948-2007.

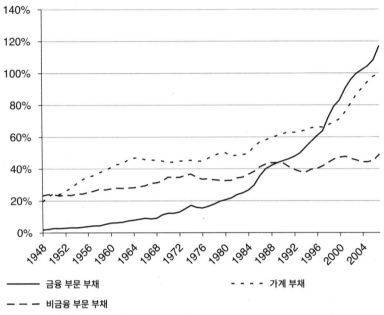

금융 부문 부채 　　　　　・・・・ 가계 부채

－ － － 비금융 부문 부채

출처: 연방준비제도이사회(Board of Governors of the Federal Reserve System, 2010),
　　　미국 경제분석국(U.S. Bureau of Economic Analysis, 2010, NIPA Table 1.15).

약 집값마저 주택 담보대출 잔액 아래로 떨어지는 깡통 주택underwater 상황에 이르면, 가계는 그 빚을 꼬박꼬박 갚으며 떠안느니 차라리 파산을 고민하는 상황이 된다. 기업의 경우도 영업으로 벌어들인 이윤율이 이자율 아래로 떨어지는 것은, 곧 빌린 돈 이자 갚아 주느라 순 손실을 보는 상황에 몰림을 뜻하는 것이다. 더 심한 경우, 기업이 벌어들인 이윤이 아예 마이너스가 되면 레버리지는 이제 손실을 더 증폭시킨다.[180] 이윤율뿐만

---

180 각주 178을 보라. -옮긴이

아니라 기업의 담보자산 가치가 심대하게 떨어질 경우에도 그 회사는 부도의 위험에 직면하게 된다.

고위험 금융 상품의 확산

신자유주의 시대가 낳은 두 번째 위험 추세는 바로 고위험 금융 상품financial instrument들이 금융 부문 전체로 확산된 것이다.[181] 2장에서 본 것처럼 제2차 세계대전 후부터 1980년대 이전까지, 규제 자본주의 체제하에서 은행과 비은행 금융기관은 전통적 의미의 금융 기능을 충실히 수행하기 위해 그 업무 영역이 엄격하게 분할되어 있었다. 상업은행들은 기업 대출 이자와 예금이자 사이의 차익을 통해 이윤을 벌어들였고, 투자은행 등의 증권 취급 기관들은 채권이나 주식 같은 기업 발행 증권을 인수해 할증을 부가한 뒤 시장에 유통하거나, 증권의 자기 매매를 통해 수익을 벌어들였다. 그런데 그 자금원은 대개 자기 자금이었지 정부에 의해 예금자 보호가 되는 상업은행 차입이 아니었다. 대공황 시대에 제정된 글래스-스티걸법은 예금 취급 기관이 증권 거래와 같은 위험한 업무에 발을 담그는 것을 엄히 금지했다. 보험사 역시 전통적 보장 상품을 판매하고 보험료 수입에서 예상된 보험금 지출을 차감한 만큼의 수익을 거둬들였다. 그러나 금융 탈규제 이후부터 전통적인 금융업종 간의 이러한 장벽

---

181 여기서 우리는 '증권securities'이 아니라 '금융 상품financial instrument'이라는 용어를 사용했는데, 왜냐하면 이 시기에 만들어진 신종 금융 상품의 상당수가 '증권'이 아니기 때문이다. 예를 들어 신용 부도 스와프credit default swap의 경우가 그렇다.

은 제거되었다.

금융 탈규제론자들은 규제 완화를 통해 금융의 효율성이 증대되고 혁신의 물결이 일어날 것이라고 공언했다. 1990년대부터 소위 '금융 혁신'이라는 일련의 현상이 벌어졌는데, 이는 언론을 통해 과장되게 포장되어 선전되었다. 이러한 금융 혁신은 점점 더 복잡해져만 가는 금융 상품의 출현이 포함된 것이었다. 이와 관련된 논의들은 이미 많지만, 여기서는 금융 위기 발생에 큰 영향을 끼친 '금융 혁신'을 크게 다섯 가지로 정리하고자 한다. 주택 담보대출(즉 모기지)의 증권화securitization, 변동 금리 모기지adjustable rate mortgages, 서브프라임 모기지subprime mortgages, 부채 담보부 증권CDO: collateralized debt obligations, 그리고 신용 부도 스와프 CDS: credit default swaps가 바로 그것이다.

주택 담보대출은 주택 소유주와 여신을 취급하는 금융기관 사이의 계약이지만, 탈규제가 있기 훨씬 이전부터 대출 실행 기관은 이를 다른 금융기관, 예를 들어 원래는 정부 지원 기업이었던 패니매Fannie Mae같은 곳에 매각하곤 했다.[182] 1970년에는 이미 여러 건의 주택 담보대출을 기반으로 만들어 낸 증권을 투자자들에게 매각하는 관행이 생겼다.[183] 이러한 주택 저당증권MBS: mortgage backed securities의 수익은 그 기반이 되는 주택 담보대출의 원리금에서 발생하는 것이지만, 개별 담보대출과는 달리 이

---

182 패니매는 비공식적인 이름이고, 정식 명칭은 연방저당협회Federal National Mortgage Association 로, 1938년에 연방 정부에 의해 설립되어 주택 구매를 촉진하는 역할을 부여받았다. 1968년에 패니매는 민영화되었지만 정부와의 연관 관계는 여전히 남아 있었고, 이러한 특성으로 종종 이 기관을 '정부 지원 기업'이라고 일컫는다.

183 주택 저당 증권의 원초적 형태로서 부동산 담보 증권의 일종이 이미 1920년대에 존재했는데, 이는 1920년대 중반의 부동산 거품의 한 원인으로 작용한다. 이에 대해서는 6장을 보라.

증권은 시장에서 매매할 수 있었다.[184] 1980년대와 1990년대에 주택 저당증권의 발행 잔액은 점점 증가해 2000년에는 3조6000억 달러에 이르렀고, 2007년에 이르면 8조2000억 달러까지 치솟는다. 미국 전체 채권시장의 발행 잔액에서 차지하는 비중으로 보면, 이는 1980년에 4%, 2007년에는 25%까지 급증한다(SIFMA, 2013). 주로 주택 저당증권의 발행 과정에서 높은 수익을 뽑아낼 역량을 갖춘 월가의 대형 투자은행들이 이러한 추세를 주도해 나갔다.

주택 저당증권의 유용성을 옹호하는 이들은 이를 통해 주택 매입자와 대출 제공자 모두가 이득을 볼 수 있고, 또한 대출 제공자, 투자자, 그리고 금융 시스템 전반에 걸친 리스크 감소 효과가 있다고 주장한다. 그러나 주택 저당증권을 통해 리스크를 줄일 수 있다는 주장은 두 가지 의심스러운 가정에 기초하는데, 그 가정은 다음과 같다. 첫째, 어느 특정한 주택 담보대출의 부도 확률은 다른 주택 담보대출들의 부도 확률과 확률적으로 독립된 사건이므로, 이들을 하나의 증권으로 묶어 내는 것은 곧 자산을

---

184 예를 들어 1, 2, 3 세 사람이 집을 사면서 A 은행에서 대출을 받았다고 하자. 보통 주택 담보대출은 상환 기간이 장기인데, 은행 입장에서는 세 사람에게 매달 분할 상환금을 받으면서 오랜 시간을 기다리는 것은 채무 불이행 위험, 금리 변동 위험, 중도 상환 위험 등 여러 가지 위험을 떠안는 행위가 된다. 따라서 A 은행 입장에서는 세 사람에게 대출 분할 상환금을 받을 권리를 하나로 모아 증서로 만들고 이를 다른 기관 혹은 시장에 매각할 수 있다면, 1, 2, 3이 돈을 갚기를 기다려야 하는 장기 채권 보유의 위험을 덜어낼 수 있게 된다. 이제 1, 2, 3 중 누군가가 파산해 돈 갚기를 거부할 경우, 돈을 떼일 위험은 증권을 매입한 측으로 넘어가게 되는 것이다. 물론 A 은행은 자신들의 위험을 떠넘기는 대가로, 앞으로 1, 2, 3이 갚아나갈 돈을 현재 기준으로 합산한 총가치보다 싼 가격으로 이 증권을 할인 판매한다. 이 증권을 매입한 쪽은 1, 2, 3이 갚아나가는 분할 상환금을 이익으로 얻는 것이다. 패니매는 이런 증권들을 소화하는 역할을 수행했던 기관이고, 신자유주의 시기에 이르면 채권의 증권화는 제한 없이 더욱 복잡한 양상으로 진행됐다. -옮긴이

다변화함으로써, 손실 위험을 줄이는 효과를 본다는 것이다.[185] 두 번째는 주택 저당증권의 기초 자산이 되는 담보대출의 위험치를 주택 저당증권의 잠재적 구매자들이 정확하게 알고 있다는 것이다.

금융 혁신의 두 번째 예는 변동 금리 주택 담보대출adjustable rate motgage, 즉 변동 금리 모기지다. 변동 금리 모기지는 1982년 가안–생제르맹예금기관법Garn-St. Germain Depositary Institution Act을 통해 처음 도입되었는데, 그때까지의 일반적 장기 고정 금리 모기지와는 다르게 대출금이 완제되기 전까지 금리가 변동될 수 있었다. 일반적인 변동 금리 모기지는 시장 금리의 변동에 따라 담보대출 금리도 변화하는데, 주택 소유자들은 초기엔 낮은 이자를 적용받지만, 이는 그만큼 높은 금리 상승 위험을 내포하는 것이었다. 이외에도 다양한 형태의 변동 금리 모기지가 만들어졌는데, 그중에도 '옵션 ARMadjustable rate mortgage'은 초기에 약 1%의 낮은 이자율이 적용됐다. 그런데 문제는 이렇게 저렴한 '미끼 금리teaser rate'는 겨우 몇 년 동안만 허용될 뿐, 어느 시점이 되면 월 납입금이 100% 혹은 그 이상으로 확 늘어나는 것이었다.

금융 혁신의 세 번째는 서브프라임 모기지로, 이는 (소득이 낮거나 보유 자산이 적다는 이유로) 신용 평점이 낮아 일반적인 주택 담보대출인 프라임 모기지prime mortgage를 받을 수 없는 이들을 대상으로 만들어진 것이

---

185 2003년 의회에서 증언한 어느 법률 전문가에 따르면 "증권화된 자산의 기초 자산 가격 변동으로 인한 신용 위험을 … 주택 저당증권 투자자들에게 전가함으로써 금융기관은 그들의 리스크를 줄일 수 있다. 개별 금융기관이 직면한 리스크가 감소함에 따라 체계적 위험systematic risk 또는 금융 체계 전반이 직면한 리스크도 감소할 것이다."라고 말하고 있다 (Cowan, 2003, 7).

었다. 서브프라임 모기지가 처음 허용된 것은 1980년의 규제 완화 때였지만, 1990년대 말 이전만 해도 이러한 대출이 실제로 실행된 경우는 많지 않았다. 1994년의 전체 모기지 대출 실행액total mortgage origination 중에서 서브프라임 모기지가 차지하는 비율은 4.5%에 지나지 않았으나, 2000년에 이르면 13.2%에 이르게 된다. 2001년 불황 이후 이 추세가 잠시 꺾였다가, 2005년에 이 비율은 다시 21.3%에 이른다. 2004년에서 2006년 사이에 실행된 서브프라임 모기지 대출 중 약 75%에서 최대 81%가 주택 저당증권화되어 판매되었다(Barth et al., 2008, 6).[186]

1999년에 행해진 연구에 따르면, 서브프라임 모기지 재융자refinance 건수의 절반 이상이 인구조사 데이터상의 흑인 거주 지역African-American census tracts에서 발생한 것이었다(Chomisisengphet and Phenington-Cross, 2006, 36-37).[187] 2009년 6월 볼티모어 시정부는 웰스파고은행Wells Fargo Bank이 흑인 사회를 대상으로 서브프라임 모기지 대출을 집중적으로 판매했고, 심지어 더 낮은 금리의 프라임 대출이 가능한 고객들에게까지 서브프라임 대출을 받도록 강요했다며 해당 은행을 고소했다. 전직 웰스파고은행 직원의 진술에 따르면 웰스파고의 임직원들은 서브프라임 대출을 '빈민굴 대출ghetto loan'이라고 불렀으며 주로 흑인 교회를 거점으로 판촉 활동을 했다고 전했다.[188] 은행들은 채무 불이행 위험을 상쇄하기 위

---

186 모기지 대출의 실행origination이란 주택 구매자 혹은 보유자에게 최초로 대출이 실행되는 단계를 일컫는 것으로, 최초 단계에서 고객에게 대출을 실행하는 회사를 대주 또는 대출 실행자originator라고 부른다.

187 Immergluck and Wiles(1999)은 Chomsisengphet and Pennington-Cross(2006)에서 인용된 연구다.

188 *New York Times*, June 7, 2009, 15. 같은 기사에서 웰스파고는 혐의를 부인하면서 "우리

해 고금리를 안 물리고는 담보대출을 내줄 리가 없는 저신용자들도 서브프라임 대출을 이용하면 집을 살 수 있다는 식의 선전을 해대며 고금리 대출 상품을 판매했다. 그리고 이렇게 실행된 서브프라임 대출들을 모아 주택 저당증권을 만들 때, 그보다 신용 등급이 높은 프라임모기지도 일부 섞어서 안전 상품이라고 선전했다.

네 번째 금융 혁신은 부채 담보부 증권으로, 회사채나 주택 저당증권 MBS같은 또 다른 (담보)증권에서 발생하는 이자 수익을 통해 부채 담보부 증권 매입자에게 수익을 지급하는 증권을 말한다. 부채 담보부 증권은 1987년에 투자은행 드렉셀번햄램버트Drexel Burnham Lambert가 '정크 본드' 수준의 저등급 회사채를 기반으로 증권을 발행하면서 처음 모습을 드러냈다. 여러 가지 종류의 고위험 증권들을 하나로 결합해, 분산 효과를 통해 리스크를 감소시켜 고위험 자산에 접근할 수 있게 한 것이다. 증권사나 투자은행이 부채 담보부 증권의 발행을 담당하는데, 그 담보 자산은 보통 트랑슈tranche [189] 라고 불리는 분할 발행분으로 나뉘어 각각 다른 가격으로 판매되었다. 이 중 선순위에 해당하는 증권을 보유할 경우, 기초 자산에 부도가 발생할 시 해당 자산에 대해 먼저 청구권을 행사할 수 있다. [190] 그림 5.2처럼, 부채 담보부 증권은 2000년대에 들어와서야 그 비중이 크게 확대되어, 1995년 29억 달러 수준이었던 발행 잔액이 2007년에는 1조3400억 달러에 이른다(SIFMA, 2013).

는 가급적 더 많은 흑인African-American 대출자들이 내 집 마련의 꿈을 이룰 수 있도록 정말 열심히 일했을 따름이다"라고 말했다.

189 얇게 저민 조각이라는 뜻이다. -옮긴이

190 앞에서 본 주택 저당증권 역시 보통 트랑슈로 분할되어 발행된다.

그림 5.2. | 전 세계 부채 담보부 증권^{CDO} 잔액(10억 달러), 1995-2007.

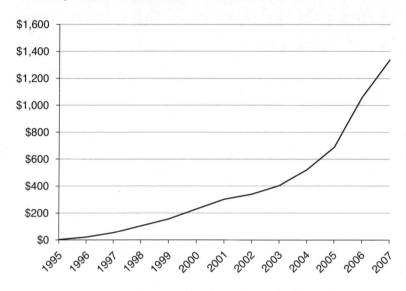

출처: 미국증권산업금융시장협회(SIFMA Securities Industry and Financial Markets Association, 2013).

신용 부도 스와프는 다섯 번째의 주요 금융 혁신으로서, 증권이라기
보다는 일종의 양자 간 보험 계약 같은 것이다. 신용 부도 스와프의 매도
[191]측은 채권의 부도와 같은 사태가 발생했을 경우, 매수 측에 약정된 금
액을 지급할 의무가 있다.[192] 반대급부로서 신용 부도 스와프 매수 측은
매도 측에 계약 기간 약정된 금액을 프리미엄으로 지급해야 한다. 이처

---

[191] 신용 부도 스와프를 매도한다는 말이 너무 전문적으로 들린다면, 대가를 받고서 대신 약속
한 위험 상황이 발생했을 때 그 비용을 감당해 준다는 식으로 이해하면 된다. 일종의 보험 판
매를 생각해 보자. -옮긴이

[192] 현금 정산 방식이 아닐 경우에는 부도가 발생한 기초 자산을 신용 부도 스와프 매도 측에 이
전함으로써 계약이 종료된다. -옮긴이

럼 채권 투자자들은 채권의 부도에 대비한 보험으로서 신용 부도 스와프를 이용할 수 있고, 이를 통해 부도 리스크는 채권 보유자에서 신용 부도 스와프를 판매하는 쪽으로 이전된다. 신용 부도 스와프는 1990년대 중반 J.P.모건의 직원에 의해 처음으로 개발되었는데, 그 옹호자들은 신용 부도 스와프가 채권 부도 위험을 비롯한 사업의 리스크들을 헤지hedge할 수 있는 수단이라고 주장했다.[193]

2000년부터 2008년까지 미국의 신용 부도 스와프의 가치가 9,000억 달러에서 45조 달러로 폭증했다는 추계도 있다. 2007년 3/4분기 말 기준으로 상위 25개 상업은행이 14조 달러의 신용 부도 스와프를 보유하고 있었는데, 이 중에서 가장 큰손은 J.P.모건체이스J.P.Morgan Chase였다.[194]

---

[193] 사실 금융시장의 투자 행위를 일률적으로 투기라고만 볼 수는 없다. 시장의 변동으로 발생할 수 있는 위험에 대비하는 쪽hedger은 그 위험을 매입해 줄 투기자들을 필요로 하고, 그 투기자들의 존재를 통해 위험 자산에 대한 유동성이 공급된다는 점에서, 투기라는 상황이 그리 간단히 치부할 것만은 아니다. 위험을 감수하는 쪽은 그 위험에 대한 대가를 요구할 수밖에 없고, 이것이 금융 투기에 대한 보상이 된다는 점에서, 금융시장의 문제를 도덕적 문제로 접근하는 것은 사실 그렇게 효율적인 접근 방식이라 보기는 힘들다. 물론 이 책의 저자를 비롯한 비주류 경제학 진영은 금융 자원의 생산적 투자로의 유도를 통한 고용 창출과 사회적 빈곤 및 불평등 감소라는 문제의식을 공유하고 있기에, 금융화 현상 및 금융 투기 행위에 대해 비판적이지만, 이러한 측면 자체를 완전히 도외시하고 논의를 전개하려고 하는 것은 물론 아니다. 그러나 신자유주의 시대에는 신용 부도 스와프를 비롯하여 보장 대상이 되는 자산의 보유 여부와 상관없이 투기적인 위험 매매 행위가 가능했다는 점에서, 분명 그 투기적 행태가 과도하다고 볼 수 있고, 특히 내부자 정보를 이용하거나 거래 당사자를 기만하는 식으로 고수익을 거둔 경우가 비일비재했다는 점에서 학파적 입장과 상관없이 이는 규제해야 마땅한 행위라고 할 수 있다. -옮긴이

[194] New York Times, February 17, 2008, 1, 17. 신용 부도 스와프는 시장에서 거래되는 것이 아니라 양자 간 계약을 통해 성립되는 것이기 때문에 신용 부도 스와프의 잔액 규모는 오직 추정을 통해서만 구할 수 있다. Bosworth and Flann(2009)에서는 신용 부도 스와프 잔액이 2000년의 1조 달러에서 2008년 중반의 50조 달러까지 증가했다고 보고 있다.

신용 부도 스와프의 잔액은 계약 대상 자산 잔액의 열 배 이상이 되었는데, 이는 보장 대상 자산의 보유 여부가 신용 부도 스와프 매입에 필수적 요건이 아니기 때문이다. 이는 신용 부도 스와프가 본연의 목적보다 주로 투기적인 목적으로 이용되고 있음을 뜻한다.

'파생 상품derivatives'이라는 이름은 그 자산의 가치가 또 다른 자산의 가치 변화에 의해 결정되는 것을 일컫기 위해 붙여진 것이다. 주택 저당 증권MBS이나 부채 담보부 증권CDO 역시 파생 상품의 일종이고, 신용 부도 스와프CDS 역시 그 자체는 증권이 아니어도 파생 상품이라고 할 수 있다. 시간이 지날수록 파생 상품은 더 복잡해졌는데, 예를 들어 하나의 부채 담보부 증권을 설계하는 데 또 다른 부채 담보부 증권을 대량으로 묶어 편입하는 식이었다. 이러한 파생 상품의 가치 평가는 오직 복잡한 컴퓨터 모델을 이용해야만 가능한 것이었다.

우리는 이미 신자유주의 시대의 금융기관 영업 행태가 대단히 투기적이고 고위험 추구적이었다고 지적한 바 있지만, 사실 지금까지 열거한 '금융 혁신'들 모두 원래는 리스크를 줄이기 위한 것이었지, 늘리려는 목적으로 만들어진 것은 아니었다. 소위 효율적 시장 가설이라고 일컬어지는 신자유주의적인 금융시장 이론은 이러한 신금융 상품의 확산이 전체 금융시장 차원의 리스크를 부가하지는 않는다고 확언한다. 신자유주의적 금융시장 이론에 따르면, 구태여 비용만 들고 말썽투성이에다가 금융시장의 효율성을 해치는 정부 감독이 없어도, 규제가 없는 금융시장은 금융 자산의 위험 및 수익에 대한 모든 가용 정보에 기반해 자산의 가치를 정확히 평가할 것이라고 단언한다. 따라서 이제 규제가 없는 시장 환경이 되었으니, 당연히 이러한 신종 증권들은 금융시장의 위험을 증가시키는 것이 아니라 오히려 감소시키는 것이라고 여길 수 있는 것이다. 그러나 2008년에 극적으로 드러난 것처럼 신자유주의를 옹호하는 쪽 주장들은 실재할 수 없는 가정에 근거했을 뿐이다.

어째서 이러한 신금융 상품들은 위험천만한 것일까? 기본적으로 이는 정보와 인센티브의 문제인데, 효율적 시장 가설은 이를 간과하고 있다. 첫째, 신금융 상품 매입자들이 어떻게 그토록 복잡한 실체의 실제 리스크를 정확하게 이해한다고 가정할 수 있겠는가? 개별 투자자뿐만 아니라 설사 거대 연기금이나 뮤추얼 펀드라고 할지라도 그들이 매입한 자산의 가치를 정확히 평가할 수단을 갖고 있지는 못하다. 따라서 투자자들은 무디스 Moody's Investor Service, S&PStandard&Poors, 그리고 피치Fitch Ratings같은 몇몇 신용 평가 기관에 전적으로 의존할 수밖에 없다. 이들 기관은 신종 증권들에 대해 가장 안전한 AAA에서 가장 위험한 수준인 C까지로 등급을 부여한다. 감독 당국은 일부 기관투자자들에게 최소한 어느 정도의 AAA 등급 자산을 보유해야 한다는 요건을 부과했다.[195]

그러나 신용 평가 기관은 해당 증권을 발행하는 금융기관으로부터 수수료를 받고 신용 등급을 부여한다. 이게 원래부터 이런 방식은 아니고, 1970년대 전까지만 해도 무디스는 채권 발행 기관이 아닌 그 정보를 필요로 하는 투자자들에게 돈을 받았었다. 1957년 무디스의 부사장은 "채권

---

195 꼭 신자유주의 시대에 만들어진 복잡한 신종 증권들의 리스크와 수익만이 정확히 측정하기 어려운 것이 아니고 어떤 종류의 증권도 그 가치와 위험을 '정확히' 측정한다는 것이 원래 어렵다. 왜냐하면 증권의 가치란 미리 알려질 수 없고, 단지 짐작하는 것 외에는 방법이 없는 미래 사건에 의존하기 때문이다. 따라서 증권 가치 평가에 있어 최선의 방법도 결국에는 불완전하며 현존하는 정보에 기반을 둔 추측일 수밖에 없다.

에 등급을 부여하는 것으로 돈을 지불하라 요구할 수는 없다"며, 만약 그런 경우 "우리가 돈을 받고 평가 결과를 팔아넘긴다는 혐의에서 자유로울 수 없다"고 한 바 있다. 하지만 1970년대 초 무디스와 다른 신용 평가 기관들은 증권들의 구조가 점점 더 복잡해지자 채권 발행 기관 측에 수수료를 부과하기 시작했다(Morgenson, 2008).

1975년 규제 완화 작업에 한창이던 증권거래위원회Securities and Exchange Commission는 은행의 자기자본 요건을 신용 평가사들이 부여한 신용 등급에 근거할 수 있도록 허용했다. 2000년대에 신용 평가사들은 채권 발행 시장의 큰손인 대기업들을 대상으로 치열한 경쟁을 벌였는데, 이로 인해 신용 평가사 직원들은 해당 증권에 대한 정보가 평가사 측에 완전히 공개되지 않은 경우에도 AAA 등급을 부여해야 한다는 압박에 직면했다. 2005년에 무디스는 주택 저당증권 업체인 컨트리와이드파이낸셜Countrywide Financial이 낮은 평가 등급에 대해 불만을 제기하자, 해당 증권들의 등급을 몇 차례에 걸쳐 상향 공표하기도 했다(Morgenson, 2008). 금융 위기가 터지자 2000년대에 이미 많은 저등급 채권들이 AA 등급을 받았음이 드러났다.

금융 위기 발발 5년 후, 투자자들은 투자은행인 베어스턴스가 판매하던 주택 저당증권에 3대 신용 평가사들이 부당하게 높은 신용 등급을 부여했다며 이들을 고소했다. 소송의 쟁점은 신용 평가사들이 근거 없이 높은 등급을 부여했기 때문에, 그 이후 채권 가격 폭락으로 투자자들이 1조 달러의 손실을 보게 됐다는 것이었다. 소송 과정에서 "우리는 이익을 위해서 영혼을 팔았다"는 무디스 직원과, 자신들의 신용 평가 과정이 '사기'였다는 S&P 직원의 사내 이메일들이 공개되었다. 3대 신용 평가사 대표

들은 혐의를 부인했다.[196]

　파생 상품이 지극히 위험한 금융 상품인 두 번째 이유는 본질적으로 그 가치를 측정하는 방법이 대단히 난해하며, 시간이 지남에 따라 상품의 구조가 복잡해지면서 이 문제가 더욱 악화했다는 점이다. 투자은행들은 이러한 파생 증권들을 발행하면서 수수료 및 할증된 발행가격으로 높은 이익을 얻을 수 있었다. 투자은행들은 투자자들이 높은 가격을 지불하고 이 상품을 구매하도록 설득하기 위해 안정성을 부풀릴 유인을 갖고 있었다. 이러한 상품을 가공해 내는 투자은행의 전문가들은 고객들보다 이 계통에 훨씬 우월한 지식을 갖고 있었다.

　셋째, 위험 및 수익에 대한 모든 가용 정보에 기초해 증권의 가치 평가가 이뤄진다는 효율적 시장 가설은, 시장이 아니라 개별 주체 간의 협상을 통해 성사되는 증권 거래에서 성립되지 않기 때문이다. 한 추계에 따르면, 세계 파생 상품 거래의 약 80%가 개별 주체 간의 거래다(Crotty, 2009, 566). 이러한 개별 주체 간 거래에서는 여러 주체의 경쟁적 매매 제안들을 통해 해당 증권에 대한 가치 평가 정보가 창출, 유포되는 과정이 부재하고, 오직 매입자는 매도자가 제공하는 정보, 즉 따지고 보면 실상 바가지를 쓰는 절차recipe for ripoff에 불과한 정보에 전적으로 의존할 수밖에 없다.

　과거에 업계 선두의 투자은행들이 고객들과 장기적인 관계를 유지하려 노력한 것은 사실이다. 하지만 신자유주의 시대에 들어서자 대형 투자은행들의 태도는 돌변했다. 2012년 3월, 골드만삭스의 전직 파생 상품 책

---

196 *New York Times*, November 12, 2013, B1, B6.

임자 중 한 명이었던 그레고리 스미스Gregory Smith는 언제부터인가 골드만삭스의 기업 문화가 고객들 등을 치는 식으로 바뀌었다고 주장했다. 그는 골드만삭스의 트레이더들이 고객들을 "허수아비muppets" 또는 "얼간이 bobbleheads"라고 불렀으며, 그들이 하는 일이란 잠재 수익이 신통치 않아 골드만삭스 자사는 별로 보유하고 싶지 않은 증권을 고객들이 구매하도록 설득하는 것이었음을 폭로했다(Smith, 2012).

스미스의 이러한 주장은 다른 소송 건을 통해서도 확인됐다. 예를 들어 증권거래위원회는 골드만삭스와 헤지 펀드인 폴슨앤코Paulson & Co.의 존 폴슨John Paulson이 파산 위험이 높은 난해한 주택 저당증권을 의도적으로 설계하고, 해당 증권의 파산[을 미리 상정한 신용 부도 스와프의 매입]에 배팅했다며[197] 이들을 상대로 민사소송을 제기했다. 자세한 사정을 모르는 고객들, 심지어 보험사나 연기금 같은 경우도 미리 계획한대로 주택 저당증권이 파산함에 따라 수억 달러의 손실을 입었다. 골드만삭스는 자신들의 비행을 인정하지 않았고, 5억5000만 달러의 벌금을 받아들이는 식으로 무마했다.[198] 이처럼 투자은행들이 단기적 목적만을 지향하도록 만든 원인 중 하나는, 모든 것을 시장화 해버리는 신자유주의 시대의 추세에 따라 대형 투자은행들이 점차 파트너십에서 주식회사 형태로 전환되었기 때문이다. 이제 투자은행의 최고 경영자들은 회사의 장기적 성장

---

197 상품 구조가 매우 복잡하지만 간단히 얘기하면 사고가 날 것을 미리 인지하고 고액의 보험에 가입하는 보험 사기를 떠올려도 무방하다. 신용 부도 스와프를 판매한 쪽, 즉 보장을 판매하는 쪽은 미리 계획된 사고가 터지면 약정된 거액을 지급할 수밖에 없는데, 지금 이 경우는 피해를 본 보장 매도 측을 대변해 증권거래위원회가 폴슨이 재직하던 회사들을 상대로 소송을 제기한 상황이다. -옮긴이

198 *New York Times*, December 24, 2009; April 17, 2010; March 19, 2012.

에 근거하지 않아도 부자가 될 수 있었다.

대형 투자은행들의 의사 결정자들은 신자유주의 시기에 엄청난 보수를 받게 되었다. 직원들의 보수는 매해 회사에 얼마나 많은 이익을 가져왔는지에 따라 정해질 뿐, 그들이 만들어 낸 상품이 나중에 어떻게 되었는지와 별 상관이 없었다. 증권업 전체의 직원 보너스 규모는 1990년의 30억 달러에서 2006년에는 360억 달러 수준으로 폭증한다.[199] 설사 그들의 업무상 결과물이 나중에 고객이나 심지어 회사에 손실을 끼치더라도, 이들이 보너스를 도로 토해 내는 일은 없었다. 그러니 투자은행 직원들은 고객을 이용해서 자신의 이익을 추구할 강한 유인을 가질 수밖에 없었다.

[투자은행업뿐 아니라] 금융업 전반을 놓고 봐도, 신자유주의 시대 금융계 종사자들의 보수는 다른 산업들에 비해 더 많이 상승했다. 관련 연구에 따르면 1950년대 중반부터 1980년까지 금융 부문의 보수는 다른 민간 부분의 평균보수보다 약간 높은 수준이었다. 1980년 기준으로 금융기관 직원들의 평균 보수는 1950-1980년 전체 기간의 평균 보수보다 5% 높은 수준에 지나지 않았다. 그러나 1980년 이후부터 금융 부문의 보수는 조금씩 인상돼 1990년대 중반부터 가파르게 상승하기 시작했고, 2000년대에 이르면 [다른 민간 부분보다] 평균 60% 이상 높은 수준에 다다른다. 과거의 경우를 보면 [자유주의적 형태의 자본주의 시대였던] 1920년대 후반에도 금융 부문의 보수 비율이 이때만큼 높았었다(Philippon and Reshef, 2009, fig 10). 2000년대 초반 미국 유수 대학 졸업생 중 많은 비율이 월스트리트가 제공하는 돈과 화려함을 꿈꾸며 앞다퉈 몰려갔다.

---

199 *New York Times*, January 29, 2009.

시애틀에 소재한 워싱턴뮤추얼Washington Mutual은 금융 시스템이 어떻게 투자은행뿐 아니라 상업은행까지 위험천만한 사업에 뛰어들 유인을 만들었는지 단적으로 보여준다. 워싱턴뮤추얼은 1996년부터 2002년까지 공격적 인수를 통해 미국 6대 은행으로 성장했다. CEO 케리 킬링거Kerry Killinger는 은행의 주력 분야를 변동 금리 모기지 사업 쪽으로 탈바꿈시켜, 2006년에는 변동 금리 모기지의 비율을 신규 주택 담보대출의 70%까지 끌어올린다. 보도된 바에 따르면 워싱턴뮤추얼은 수수료 수익의 극대화를 위해 일선 직원들에게 대출 심사 절차에 구애받지 말고 최대한 많은 대출을 유치하라는 영업 압박을 가한 것으로 드러났다. 특히 매우 낮은 초기 '미끼 금리'로 고객들을 유인하는 '옵션 ARM'이 중점 추진 사업이었다. 2001년에서 2007년 사이에 킬링거는 8,800만 달러의 보수를 받았는데, 반면, 워싱턴뮤추얼은 산처럼 쌓인 악성 대출에 휘청이다가 결국 2008년 9월 25일 파산을 신청하고 연방예금보험공사가 개입하는 지경에 놓이게 된다.[200] [201]

그러나 2000년대 당시의 급속한 모기지 대출의 확산은 은행보다 대부분 대출 영업인loan brokers들이 주도한 것이었다. 1987년에는 모기지 대출 실행의 20% 정도만을 대출 영업인들이 했었다. 하지만 2002년부터 2006년 사이에 이 비율은 58%에서 68%까지 증가한다(Chomsisengphet and Pennington-Cross, 2006, 39). 컨트리와이드파이낸셜 같은 주택 융자업체들은 공격적으로 서브프라임 모기지 대출을 실행해 이를 증권화하려는 투

---

[200] 워싱턴뮤추얼은 결국 J.P.모건에 인수된다. -옮긴이
[201] *New York Times*, December 26, 2008.

자은행 쪽으로 넘겨줬고, 이는 기관투자가들 수중으로 팔려 나갔다. 사실 이렇게 해서 만들어진 주택 저당증권은 신속하게 투자자들의 수중으로 넘어갔기 때문에 주택 융자회사와 은행, 그리고 투자은행들은 대출의 부도 위험에서 안전한 것으로 치부되었다. 또 금융시장 참여자들은 신용 부도 스와프를 통해 혹시 있을지도 모르는 부도에 보험을 들 수도 있었다.

컨트리와이드파이낸셜은 2000년대에 걸쳐 고의적으로 불건전unsound 대출을 확산시킨 주범으로, 한때 미국 최대의 주택 융자업체 중 하나로 부상했지만, 서브프라임 모기지를 비롯한 여타 고위험 대출들의 무리한 추진으로 인해 2008년 파산 위기에 몰렸고, 결국 뱅크오브아메리카BOA: Bank of America에 인수된다. 2010년 6월 뱅크오브아메리카 산하 컨트리와이드 사업부는 합병 이전 당시, 형편이 어려운 20만 명 이상의 주택 담보 대출자들에게 과도한 수수료를 거둬들인 혐의로 피소된 소송과 관련해 1억800만 달러의 배상금을 지급하기로 합의한다. 같은 해에 컨트리와이드의 전임 CEO였던 안젤로 R. 모질로Angelo R. Mozilo는 증권거래위원회가 제기한 사기fraud 소송 건에서 6,750만 달러의 벌금을 지불한다. 2013년 10월에는 컨트리와이드의 모기지 사업부 CFO였던 레베카 S. 마이런Rebecca S. Mairone이 패니매와 프레디맥Freddie Mac에 악성 모기지 대출을 떠넘겨 10억 달러에 달하는 손실을 입힌 사기 혐의로 민사소송에서 유죄 판결을 받았다.[202] 컨트리와이드 내부에서는 이 프로젝트를 "꼬셔서 팔기hustle"라는 별칭으로 불렀는데, 직원 보너스의 규모는 얼마나 빨리 대출을

---

202 프레디맥은 비공식 명칭으로, 이 역시 정부 지원 아래 주택 담보대출을 제공하는 기업이다. 정식 명칭은 Federal Home Loan Mortgage Corporation연방주택금융저당회사이다. 1970년에 설립됐다.

더 불리는지에 따라 결정됐다.[203]

이러한 관행은 비단 주택 융자업체나 중소 은행들에 국한되지 않았고, 미국 최대의 은행들도 법적으로 문제의 소지가 있는 고위험·고수익의 유혹에서 완전히 자유로울 수 없었다. 2013년 10월 J.P.모건체이스는 2005년부터 2007년 사이에 행해진 대출 영업에 대한 벌금 및 주택 융자 재조정을 위한 고객 구제금 명목으로 130억 달러 지불을 법무부와 합의한다. 해당 사안에 대한 조사의 쟁점은 "J.P.모건 측이 고객에게 팔아넘긴 증권의 위험 가능성을 투자자들에게 충분히 고지했는가"의 여부였다. 130억 달러의 벌금은 J.P.모건의 그 전년도 이익의 절반 이상에 해당하는 금액이었다.[204]

금융기관들의 투기적 행태가 점점 도를 더해간 [근본적] 원인은 결국 2000년대의 부동산 시장 활황에서 기인한 것이었다. 4장에서 이미 본 것처럼 2002년부터 2006년까지 미국의 주택 가격 급등은 주택 소유의 실질적인 경제적 가치와 아무런 상관이 없는 것이었다. 부동산 가격의 상승은 도무지 말도 되지 않을 법한 담보대출들까지도 대부분 [부도 위험 없이] 안전하게 보이도록 만들었다. 어째서 원리금 상환 능력이 있는지 심사도 제대로 안 거치고 나갔던 대출이 안전할 것이라고 사람들은 생각했던 것일까, 2년만 지나면 지급 불능 상태가 될 미끼 금리 대출이 안전할 것이라고 생각한 이유는 무엇일까? 그것은 바로 대출이 설사 부도가 난다고 해

---

203 *New York Times*, June 7, 2010; October 24, 2013, B1; October 26, 2013, B1.

204 *New York Times*, October 20, 2013, 1, 18. 문제가 됐던 주택 저당증권들 일부는 J.P.모건이 파산한 베어스턴스와 워싱턴뮤추얼로부터 승계한 것이었다. 물론 그 나머지들은 이들 회사를 합병하기 전부터 J.P.모건이 자체적으로 판매한 것이다.

도 부동산 가격이 계속 오르는 한, 은행은 애초에 산정한 가치에 따른 대출 잔액을 충당할 수 있는 자산, 즉 주택을 소유하게 되기 때문이었다.

부동산 가격 하락 없이 상승 추세가 계속 이어질 것이라는 식의 주장은 부동산 거품이 지속하는 내내 되풀이되었고, 정말 많은 사람이 그 말을 믿었다. 하지만 상황이 어찌 돌아가는지 파악할 능력이 있는 일부는 이 추세가 결국 끝날 것을 알고 있었다. 문제는 그게 언제인지를 아무도 모른다는 것이었다. 거품이 계속 부풀어 오르고 있는 동안에는, 시스템이 만들어 내는 내부의 치열한 경쟁의 동력과 당장 목전에 잡힐 듯한 이익은 전문가들의 판단조차도 흐리게 만들었다. 시티그룹Citigroup의 CEO인 찰스 O. 프린스Charles O. Prince는 2007년 7월 파이낸셜타임스Financial Times 와의 인터뷰에서 이를 여실히 보여주었다.

음악이 멈추면, 유동성 측면에서 사태는 복잡하게 꼬일 것입니다. 하지만 음악이 계속되기만 한다면, 일어나 춤을 추는 거죠. 우리는 아직 춤 추고 있는 중입니다.[205]

부동산 시장의 거품과 불평등의 조합은 더욱 많은 고위험 모기지 대출을 쌓으려는 금융기관들의 노력이 성공하도록 만들었다. 주택 융자업체들은 영업 직원에게 중저소득 계층 거주지 가가호호를 방문하게 해 세

---

205 *Financial Times*, July 9, 2007. 이 인용문은 레버리지, 즉 차입을 통해 서브프라임 모기지 시장으로 달려드는 상황에서 발생하는 문제점을 말하는 것이지만, 또한 어느 순간에는 실패가 예정된 모든 종류의 투자에 뛰어든 자들의 복잡한 상황 논리를 잘 포착하고 있다.

컨드 모기지Second Mortgage **206** 영업을 뛰게 했다. 다음의 문장을 보면 대충 어떤 식이었는지 짐작이 갈 것이다. "살고 계신 집이 바로 5만 달러나 되는 재산인데, 왜 전기세나 의료보험료를 걱정하세요, 고객님?" 현실이 늘 제자리걸음이거나 심지어 줄어드는 봉급에 시달리는 수백만의 사람들에게 이런 제안은 매우 솔깃한 것이다. 개중에 의심 많은 사람은 금리가 얼마인지 물어보겠지만, 이때 영업 직원은 미끼 금리만 말해줄 뿐이다. 만약 고객이 2년 후에 금리는 어떻게 되느냐고까지 묻는다면, 이제 영업 직원은 그때 가면 금리가 확 뛰기는 하겠지만, 고객이 그 금리를 실제로 내야 할 필요는 없다고 말하면 된다. 고객은 "2년이 지나 금리가 오르더라도 집값이 올라서 더 낮은 이자의 대출로 갈아타면 되니까 걱정할 필요 없다"는 얘기에 설득을 당하게 된다. 이처럼 자산 거품과 불평등이 서로 어우러져서 사람들이 줄지어 대출을 받도록 만든 것이다. 그리고 언젠가 자산 거품이라는 음악이 멈췄음을 누군가 깨닫는 순간, 바로 돈을 못 갚을 처지로 떨어질 사람들도 바로 이들이었다.

모든 거품은 결국 꺼진다. 미국 부동산 시장도 예외가 아니었다. 일단

---

206 세컨드 모기지는 현재 주택 가치에서 이미 설정된 주택 담보대출 잔액을 차감한 한도에 대해 은행보다 덜 까다로운 대출 조건을 적용하는 업체로부터 고금리로 대출을 받는 것을 말한다. 예를 들어 1억짜리 집에 은행권이 담보 가치를 60%만 인정해 6000만 원만 대출해 준 경우, 세컨드 모기지 업체가 나머지 잔액 4000만 원의 상당 부분에 대해 고금리를 조건으로 공격적인 대출을 하는 경우를 말한다. 세컨드 모기지는 은행의 대출 한도 이상의 잔액에 대한 대출로, 주택 가치 변동에 더 민감하고, 빌린 쪽이 파산할 경우 담보 주택을 매각해 은행권이 먼저 채권을 보전받은 후 그 잔여 가치에 대한 후순위 청구권을 갖는 고위험의 영업이다. 따라서 금리가 비싸질 수밖에 없다. 보통 홈 에퀴티 론home equity loan이라 불리는 경우는, 고정 금리로 일시에 대출이 실행되지만, 변동 금리 조건에 일정 한도를 부여하고 마이너스 통장home equity line of credit 형태로 운용할 수도 있다. -옮긴이

거품이 멈추자 담보대출 부도의 파고가 바로 뒤따랐고, 부풀어 오른 부동산 시장 위에 세워진 그물망처럼 복잡한 파생 상품의 구조물은 차례로 무너져 내릴 것이 분명했다. 신종 금융 상품들을 만들어 내기 위해 막대한 자금을 차입했던 금융기관들은 그들이 보유한 자산의 가치가 폭락하는 것을 지켜봤고, 이제 높은 레버리지 비율은 거꾸로 목을 죄어 오기 시작했다. 1979년부터 2007년 사이 거의 6배나 늘어난 금융 부문의 부채는, 부동산 거품이 한번 무너지면 금융기관들을 극심한 도산 위기로 몰고 갈 수밖에 없었다. 일찍이 2003년에 워런 버핏Warren Buffet은 파생 상품이 '금융의 대량 살상 무기'이고, "엄청난 규모의 리스크가 상대적으로 소수에 지나지 않는 파생 거래자들의 손아귀에 집중돼 심각한 구조적 문제를 촉발"시킬 수 있다고 경고한 바 있다(BBC News, 2003).

이미 앞에서 살펴본 것처럼 주택 융자회사, 상업은행, 투자은행 등 이러한 과정에 연루된 금융기관들은 신종 금융 상품의 위험을 투자자들에게 떠넘겼기 때문에 자신들만큼은 안전할 것이라고 믿었다. 그러나 이들 세 부류의 금융기관 모두 자신들이 만들어 낸 위험천만한 금융 상품들을 자산으로 보유하고 있음이 드러났다. 새로 만들어진 주택 저당증권을 비롯한 여타 파생 상품들이 다음 단계의 투자자 수중으로 팔려 나가는 데에 일단 시간이 걸리기 때문에, 결국 이들 모두 상당한 규모의 재고를 항시적으로 보유할 수밖에 없었던 것이다. 또 이들 금융기관 (및 이들 산하의 그림자 자회사들)이 어째서 이러한 자산들을 보유하고 있을 수밖에 없었는지는 크로티의 연구에서 자세히 논의되어 있다(Crotty, 2009).

금융 붕괴 발생 시 최후의 방어선으로 여겨졌던 신용 부도 스와프는 오히려 체계적 리스크를 더욱 확대시킨 역할을 한 것으로 드러났다. 전통적 형태의 보험증권과 달리, 신용 부도 스와프에는 발행인[207]이 장래에 예상되는 현금 지불 요구에 대비해 충당금reserve을 보유할 의무가 없다. 따라서 광범위한 부도 사태가 시작되면 신용 부도 스와프는 시한폭탄으로 바뀌어 계약에 명시된 금액을 지불해야 하는 매도 측을 위기에 빠트렸는데, 매도 측이 약정된 금액을 지불하지 않으면 매수 측은 속절없이 파산할 수밖에 없었다. 이러한 문제의 심각성은 2008년의 AIG의 파산 및 공적 자금 투입 당시에 본격적으로 드러났다.

부동산 거품의 종말은 가계 부문에도 심각한 문제를 일으켰다. 1980년대 초반부터 시작되어 2000년대 부동산 거품을 거치며 가계 부채는 팽창을 지속했다. 자산 거품이 무너지고 주택 가격이 내려가면서 가계들은 더 이상 늘어나는 빚을 다른 빚으로 떠받칠 수 없게 되었고, 이제 정말로 빚을 갚아야 하는 시점에 이르게 되었다. 그리고 이는 소비 수요에 심대한 타격을 가하게 된다.

과잉 생산능력

신자유주의 시기 미국 경제를 위협하는 세 번째 장기 추세[208]는 생산능력의 과도한 팽창, 즉 과잉 생산능력이다. 제조업, 광공업, 그리고 전력 발

---

207 즉 보장 매도자, 즉 보장을 해줄 의무가 있는 쪽. -옮긴이

208 신자유주의적 자본주의 작동 과정에서 만들어진 체제를 위협하는 세 가지 추세 중 지금까지 부채의 팽창, 고위험 금융 상품의 확산에 대해 살펴보았다. 세 번째 추세가 바로 과잉 생산능력이다. -옮긴이

전 같은 몇몇 분야를 제외하고, 총생산능력의 가동률을 정확하게 측정하기란 사실 대단히 어려운 일이다. 연준은 그간 제조업을 비롯해 광업과 전력 발전 같은 광의의 산업에 걸친 설비 가동률capacity utilization 측정에 대해 일련의 연구들을 발표하기도 했다. 설비 가동률은 경기 사이클에 따라 심대하게 변동하기 때문에 장기 추세는 경기 고점 연도들을 비교함으로써 살펴볼 수 있다. 그림 5.3은 1948년에서 1973년 사이, 그리고 1979년과 2007년 사이에 각각 있었던, 마지막 세 번에 걸친 경기 고점 연도의 설비 가동률을 나타낸다.[209] 규제 자본주의 시기의 설비 가동률은 계속 상승해 마지막에는 87.7%에 이른다. 반면, 신자유주의 시기는 전반적으로 이보다 떨어지는 추세를 보여서 2007년에 78.6%까지 낮아진다. 이는 그렇지 않아도 규제 자본주의 시기에 비해 상대적으로 저조한 수준의 자본축적, 즉 투자를 기록한 신자유주의 시기에 산업 각 분야의 기업들이 장기적 수요 기반에 비해 과도한 생산능력을 구축했음을 의미한다.[210]

또한 4장에서 살펴본 것처럼 일련의 자산 거품은 기업의 의사 결정자들 상당수가 미래의 사업 전망을 낙관하게 했고, 이는 실상에 비해 과도한 생산능력의 확충으로 이어졌다.[211] 이로 인해 이윤율은 설비 완전 가

---

209 광의의 산업 자본 가동률 지표는 1967년 이후 자료만 이용 가능한데, 역시 같은 패턴을 보여준다.

210 전체 비금융 기업의 경우 자본 총량 대비 생산의 비율은 1979-2007년 동안 8.1%가 감소한다. 이 비율은 기술 변화와 자본 가동률의 변화까지 반영한 것이다.

211 생산능력이 과잉 상태일 수밖에 없었던 또 하나의 원인은 신자유주의 시대의 불평등 확대 때문이었다고 생각할 수도 있다. 왜냐하면 불평등의 확대는 곧 소득 대비 소비지출의 성장을 저해할 것이기 때문이다. 하지만 4장의 그림 4.8에서 본 것처럼, 미국에서의 신자유주의적 자본주의는 GDP 대비 소비지출의 비중을 떨어뜨리는 것이 아니라 오히려 상승시켰는데, 자신들

그림 5.3. | 각 경기 고점 연도의 제조업 설비 가동률(%).

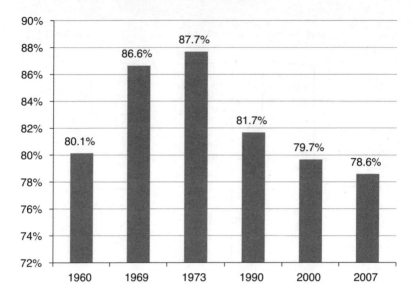

출처: 연방준비제도이사회(Board of Governors of the Federal Reserve System, 2013).

동 시 예상되는 수준을 훨씬 밑돌았고[212], 이는 신자유주의 시기에 인플레이션을 성공적으로 저지하는 원인이 된다. 신자유주의적 자본주의는 실제 설비 가동률뿐 아니라 소위 '지속 가능한' 수준의 설비 가동률이라는 측면에서도 바라볼 수도 있다. 4장에서 본 것처럼 2000년대에 가계 부

의 소비를 지탱하기 위해 가계들은 차입에 의존할 수 있었기 때문이다.

[212] 자본으로부터의 이윤율(P/K)은 소득에서 이윤이 차지하는 몫(P/Y)과 생산-자본 비율(Y/K)의 곱으로 나타낼 수 있다. 따라서 자본 가동률의 감소는, 즉 생산의 하락(Y), 결국에는 생산-자본 비율(Y/K)의 감소를 뜻하며, 이는 소득에서 이윤이 차지하는 몫(P/Y)이 일정할 때, 이윤율(P/K) 하락으로 이어진다.

그림 5.4. | 경제 위기의 원인.

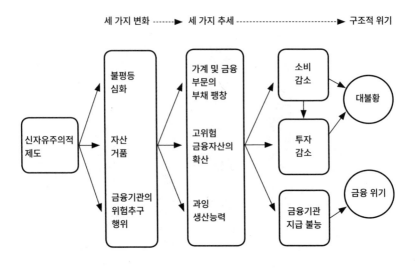

문은 소비 수준을 유지하기 위해 차입에 크게 의존했고, 기업들은 이렇게 늘어난 수요에 부응하고 이로부터 이윤을 얻기 위해 생산능력의 추가 확충에 투자하게 된다.

2007년까지 미국 경제의 생산 설비 중에서 일정 부분은 거대한 가계 차입의 증가에 힘입은 소비자 지출에 기초한 것이라는 점에서 분명 '지속 불가능한' 수준이었다고 할 수 있다. 4장에서 본 것처럼 미국 부동산 시장 거품 국면에서 주택의 총시장가치는 8조 달러까지 추산되는데, 막대한 가계 차입과 소비지출은 바로 여기에 기반을 둔 것이었다. 만일 차입을 통해 소비 수요를 떠받치는 과정이 갑자기 중단되면, 생산 가능 설비 중에서 그동안 '지속 불가능'하지만 어쨌든 가동됐던 부분이 실제로 가동을 멈춰야 하는 결과를 초래하게 된다. 그리고 이는 바로 기업들의

투자 인센티브를 심각하게 훼손시키는 것으로 이어진다.[213]

앞에서 논의했던 세 가지 장기 추세들, 즉 부채 비율의 팽창, 고위험 금융 상품의 확산, 그리고 과잉 생산능력은 오직 부동산 거품이 계속 팽창되는 한에서만 지속 가능한 것들이었다. 그리고 이러한 추세가 필연적으로 정지하면, 이 세 가지 추세는 이제 심각한 위기를 초래하는 방식으로 작동한다. 오르는 집값 덕에 추가로 빚을 낼 수 있던 것이 더 이상 불가능해지고 실제 빚을 갚아야 하는 상황이 돌아오자, 가계는 소비를 확 줄여야 하는 처지에 몰리게 된다. 그리고 주택 담보대출 연체 및 압류 비율이 상승한다.

또한 금융기관의 매우 높은 부채 비율은 오직 보유 자산의 가치가 지켜질 경우에만 유지가 가능한데, 일단 주택 시장 거품이 터지면서 그들이 보유한 자산 가치는 급락했고, 거품 기간에 만들어진 고위험 금융자산들의 진정한 가치가 빈 깡통에 지나지 않았음이 드러났다. 마침내 주택 시장 거품 붕괴로 인해 그간 생산적 용도로 여겨졌던 설비들이 이제는 과잉 설비로 돌변하면서, 추가적 생산능력 확충을 위한 비금융 기업들의 투자 유인을 감소시키는 결과를 초래하게 된다.[214] 그림 5.4는 바로 이러한 위기로 귀결된 여러 요소의 상호작용을 요약하고 있다.

---

213 여기에서 묘사한 일련의 과정들, 즉 과잉 생산능력 혹은 고정자본의 구축으로 인해 마침내 투자의 큰 추락과 불황으로 이어지는 과정을 마르크스경제학에서는 '과잉투자over-investment 공황'이라고 부른다(Kotz, 2013).

214 생산능력 확장의 목표는 물론 더 많은 생산을 위해서겠지만, 기업들은 또한 신기술의 혜택을 이용하기 위해서도 투자에 임한다.

위기의 발생

1998년 헤지 펀드 롱텀캐피털매니지먼트Long-Term Capital Management에 대한 구제 금융 투입은 2008년 금융 위기의 전조였다고 할 수 있다.[215] 거대 헤지 펀드인 롱텀캐피털매니지먼트는 약 900억 달러의 보유 자산에 비해 자기자본은 고작 23억 달러에 지나지 않았고, 결국 1998년 8월 러시아 금융 위기가 발생하자 그 여파로 파산하게 된다. 그해 9월 23일 연준은 정부 기관의 규제 영역 내부에 속하지 않은 헤지 펀드를 위해서 은행 및 증권사brokerage house로 이뤄진 컨소시엄consortium을 통해 35억 달러의 구제 금융을 투입한다. 연준 의장인 앨런 그린스펀은 롱텀캐피털매니지먼트가 파산하면 금융시장과 경제에 막대한 손해를 끼칠 것이라고 경고하며 자신의 조치를 변호했다.[216]

이 사건은 세 가지 교훈을 제공했다. 1) 규제가 혁파된 새로운 금융 환경에서 거대 금융기관도 파산할 수 있다. 심지어 높은 이익을 창출하는 경우도 예외는 아니다. 2) 거대 금융기관 하나가 파산에 직면할 경우, 이는 전체 금융 시스템으로 전이될 수 있다. 3) 정부의 공식적인 보장 범위에 속하는지 여부와 상관없이 거대 금융기관이 파산 위기에 직면할 경우 이를 구제하기 위해 연준이 개입할 수 있다. 이러한 세 가지 교훈은 곧 어떠한 종류의 거대 금융기관도 자유롭게 투기적 사업에 뛰어들 수 있음을

---

215 금융 위기 과정의 일련의 사건들은 별다른 언급이 없는 한, Federal Reserve Bank of St. Louis (2013)에서 정리한 전개 과정을 따른다.

216 *New York Times*, September 24, 1998, A1, C11; September 25, 1998, A1, C4; October 2, 1998, A1, C3.

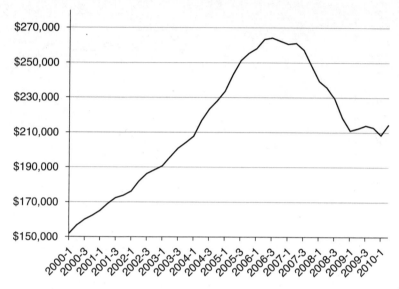

그림 5.5. | 분기별 평균 주택 가격 추정치, 2000-2010.

출처: 연방주택금융청(Federal Housing Finance Agency, 2013).

뜻한다. 왜냐하면 성공하면 고수익이고 최악의 경우 파산 위험에 직면해도 연준이 개입해 구제해 줄 것이기 때문이었다.[217]

드디어 2006년에 그림 5.5에서 보는 것처럼 주택 가격이 상승을 멈췄다. 2006년 3/4분기에 주택 가격은 고점을 찍고 약 9개월간 횡보를 보인후 2007년 3/4분기부터 급락하기 시작한다. 서브프라임 변동 금리 대출의 이율은 2006년부터 상당수가 상승 반전한다. 그간 역사적으로 낮은 수준에 머물던 주택 담보대출의 연체 및 압류 비율은 2006년 후반에 가속

---

217 이후 연준은 파산한 주요 금융기관에 대해 구제 금융 투입을 거부하기도 했는데, 2008년 9월에 파산한 리먼브러더스가 그렇다.

그림 5.6. | 분기별 단독주택 담보대출 연체율, 2006-2013.

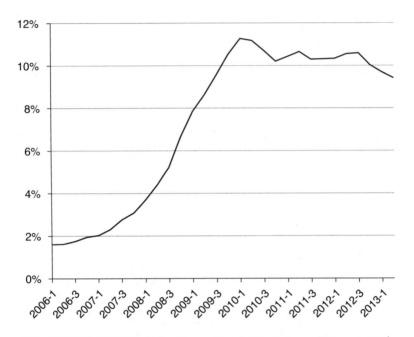

출처: 세인트루이스 연방준비은행(Federal Reserve Bank of St. Louis Economic Research, 2013).

적으로 상승했는데, 이들 중 상당수는 서브프라임 모기지 대출이었다. 그림 5.6에서 주택 담보대출 연체율의 급격한 상승을 확인할 수 있다. 2008년 3월에 이르면, 주택 담보대출 11건 중 하나는 연체 중이거나 압류 상태가 된다.[218] 게다가 주택 가격이 내려가면서 깡통 주택이 속출해 2006년에는 5% 정도였던 것이 2008년 2월에는 10.3%까지 늘어난다.[219]

---

218 *New York Times*, June 6, 2008, C1, C4

219 *New York Times*, February 22, 2008, A1, A16.

2007년이 되자 금융경색의 조짐이 나타나기 시작했다. 4월 2일 서브프라임 대출 시장을 선도하던 주택금융 업체 뉴센트리파이낸셜New Century Financial이 파산 보호를 신청했다. 8월에는 신용 평가 업체인 피치가 주요 서브프라임 대출업체인 컨트리와이드파이낸셜의 신용 등급을 밑에서 세 번째인 BBB+로 강등했다. 같은 달에 연준과 유럽중앙은행, 그리고 일본은행Bank of Japan은 합동으로 세계 금융시장에 1,000억 달러 이상의 유동성을 공급했다. 9월에는 시티은행이 연준으로부터 34억 달러를 차입했다. 10월에는 메릴린치가 서브프라임 모기지 시장과 관련해 84억 달러의 손실을 발표한다.

금융경색은 2008년에도 내내 격화된다. 1월 11일에는 뱅크오브아메리카가 파산 상태의 컨트리와이드파이낸셜을 합병했다. 3월 14일에 연준은 서브프라임 모기지와 프라임 모기지의 중간 단계인 알트에이 모기지 ALT-A 관련 대규모 손실을 입은 업계 5위의 투자은행 베어스턴스를 J.P.모건체이스 손에 넘기면서 이를 위해 300억 달러의 자금을 제공한다. 이는 업계 선도적 금융기관의 첫 번째 파산 사례로 기록된다. 역설적이게도 베어스턴스는 1998년 롱텀캐피털매니지먼트 사태 당시 구제 금융을 위한 컨소시엄 참여에 거부한 전력이 있었다.[220] 7월 11일에는 주택 대출 시장의 주요 업체 중 하나인 인디맥뱅크Indymac Bank가 영업을 정지하고 연방예금보험공사Federal Deposit Insurance Corporation의 관리하에 파산 절차에 들어가는데, 이는 미국 역사상 네 번째로 큰 규모의 은행 파산으로 기록된다.

---

220 *New York Times*, March 15, 2008, A1, A12; March 16, 2008, Business Section 1, 9.

그리고 2008년 9월, 마침내 금융 위기가 터진다. 9월 7일 정부는 정부 보증government sponsored을 받는 거대 주택 융자업체인 프레디맥과 패니매를 국유화했다. 9월 14일에는 유서 깊은 투자은행인 메릴린치가 사실상 반강제적으로 뱅크오브아메리카에 인수된다. 9월 15일, 연준은 150년이 넘는 역사를 지닌 대형 투자은행 리먼브러더스의 파산을 허용했고, 9월 17일에는 850억 달러의 공적 자금을 투입해 보험사 AIG의 지분 80%를 인수했다. AIG는 보험사로서 법적으로는 정부 지원을 요청할 수 없었으나, 보유하고 있는 막대한 규모의 신용 부도 스와프의 담보 계약 이행을 위한 극심한 자금난에 몰린 상태였다. 9월 25일에는 역시 주택금융시장의 거대 업체로 자산 규모만 3,070억 달러에 달하는 워싱턴뮤추얼에 폐쇄 조치가 내려지고 J.P.모건에 매각된다. 10월 6일부터 10일까지 다우존스 산업 평균 지수는 18.2%가 폭락한다.

금융 위기는 삽시간에 영국, 아일랜드, 프랑스, 벨기에, 그리고 아이슬란드 같은 유럽 국가로 확산한다. 영국과 아일랜드에서도 2000년대 들어 발생했던 대규모 주택 시장 거품이 미국 주택 시장의 거품 붕괴와 발맞춰 무너져 내리기 시작했다. 신자유주의 시대에 들어서 더욱 통합된 세계 금융, 경제 시스템으로 인해 위기는 순식간에 세계경제 전체로 확산했고, 미국 경제에서 발생한 극심한 불황의 충격파에서 어느 개별 국가도 완전히 자유로울 수는 없었다. 심지어 자국 금융기관이 세계 금융 체제에 완전히 통합되는 것을 불허한 덕에 위기까지는 내몰리지 않았던 중국조차도 여기서 완전히 예외가 될 수는 없었다.

미국 경제의 불황은 이미 2008년 9월 금융 위기 발발 이전부터 시작되고 있었다. 2007년 3/4분기 미국 주택 시장 거품이 잦아들기 시작한 직

그림 5.7. | 미국 국내총생산(10억 달러, 2005년 기준), 2007년 1/4분기-2009년 3/4분기.

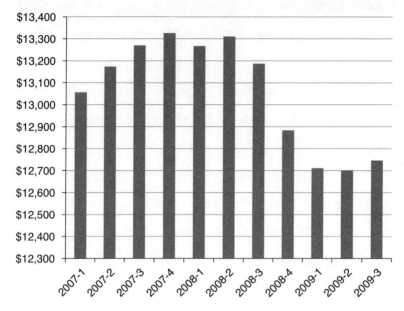

출처: 미국 경제분석국(U.S. Bureau of Economic Analysis, 2013, NIPA, Table 1.1.6).

후 그림 5.7에서 보는 것처럼 4/4분기에 미국 경제는 경기 정점에 도달했
다. 표 5.1을 보면, 2008년 1/4분기에 국내총생산이 연간 퍼센트 변화율
annual percentage rate [221] 기준으로 1.8% 감소를 보이면서 경기가 후퇴하기
시작했다.[222] 통상적으로 기업 투자의 수축이 경기 침체를 이끄는 것에

---

[221] 연 퍼센트 변화율은 다음 공식으로 도출한다. 연 퍼센트 변화율=(이번 기간 측정치/지난 기
간 측정치)-1. 다음의 연 퍼센트 변화율을 구해 보자. 1/4분기 GDP가 100이고 2/4분기에
105인 경우 연 퍼센트 변화율은 (105/100)4/1-1=21.6%이다. 이 예에서는 1분기의 변화를
연간 기준으로 환산했기 때문에 네 제곱을 했다. -옮긴이

[222] 미국 경제는 2007년 4/4분기에 경기 정점에 도달했고, 그다음 분기인 2008년 1/4분기에는
불황이 이미 시작된 것으로 볼 수 있다.

반해, 2008년 1/4분기의 경우는 소비가 플러스에서 마이너스 성장으로 돌아서 연간 변화율이 1.0% 감소하는데, 이는 0.8% 감소한 기업 투자에 비해 높은 수준이었다. 서비스 지출의 경우는 줄이기가 어렵다. 대신 줄이기 쉬운 재화의 소비가 5.6% 떨어지고, 특히 같은 시기에 내구성 소비재 지출은 9.6%가 급락한다. 2008년 3/4분기부터 고정 투자가 급격히 침체하기 시작하더니 점차 가속적으로 하락해 2009년 1/4분기에는 연간 퍼센트 변화율로 무려 28.9%의 하락을 기록한다.[223]

이러한 일련의 사태 전개는 금융 위기가 실물 부문으로 전이되는 시나리오, 즉 버블의 붕괴가 가계 차입을 끌어내림으로써 소비지출이 덩달아 추락하고, 다시 그간 기업의 생산능력이 과잉 상태였음을 드러냄으로써 기업 투자가 급격히 하락하는 일련의 과정을 여실히 보여주고 있다. 기업 고정 투자의 하락은 2008년 3/4분기에, 그러니까 금융 위기가 모습을 확실히 드러내기 전인 7월에서 9월 사이에 이미 시작된 것이다. 2/4분기까지는 경제가 소폭의 플러스 성장을 보이긴 하는데, 이는 1/4분기 큰 폭의 수출 증가(연 변화율로 12.7%)에 힘입은 것이었다. 그 후부터 경제는 2009년 2분기까지 마이너스 성장을 지속한다.

2008년 4/4분기부터는 금융 위기가 이제 의심할 여지 없이 기업 투자의 수축에 가속적으로 기여하는데, 이는 기업의 미래 경제 전망이 명백히 악화했기 때문이다. 그러나 일반의 평가는 이 위기가 어디까지나 금융 위기이고 위기의 다른 측면들은 여기에서부터 기원했다는 것인데 과연

---

223 2008년 1/4분기의 GDP 후퇴에 크게 기여한 다른 요인은 주택 건설의 감소로, 주택 가격지수는 이미 2005년 4/4분기부터 하락으로 돌아선 상태였다.

표 5.1. | 미국 국내총생산, 소비지출, 기업 고정 투자의 분기당 변화율
(연 퍼센트 변화율, %).

	2007				2008				2009		
	I	II	III	IV	I	II	III	IV	I	II	III
국내총생산	0.5	3.6	3.0	1.7	−1.8	1.3	−3.7	−8.9	−5.3	−0.3	1.4
소비지출	2.2	1.5	1.8	1.2	−1.0	−0.1	−3.8	−5.1	−1.6	−1.8	2.1
재화	2.6	1.9	3.0	1.0	−5.6	0.5	−7.7	−12.6	0.2	−2.1	7.5
내구성 소비재 지출	5.1	5.7	5.2	2.3	−9.6	−2.9	−12.3	−25.4	1.3	−2.0	20.9
기업 고정 투자	6.5	10.8	9.1	5.4	−0.8	−2.3	−9.9	−22.9	−28.9	−17.5	−7.8

출처: 미국 경제분석국(U.S. Bureau of Economic Analysis, 2013, NIPA Table 1.1.1).
비고: 불황이 시작된 2008년 1분기의 변화율은 굵은 글씨로 표시.

그런가? [이러한 관점은] '대불황Great Recession'이라고까지 일컬어지는 실물 측면의 심각한 위기가 어디까지나 비금융 부문에 자금을 공여하는 은행의 금융 중개 능력이 망가진, 금융 부문의 위기 때문일 뿐이라고 가정하는 듯 보인다. 그러나 정말로 이 설명이 맞다면 이는 비금융 부문의 자금 수요가 공급을 초과해야 한다는 것인데[224], 그 누구도 이를 뒷받침하

---

224 은행의 금융 중개 기능이 무너졌다는 것은 경제의 흑자 단위, 즉 저축자의 여유 자금이 있음에도 불구하고 이것이 적자 단위, 다시 말해 자금을 수요하는 쪽으로 전달하는 은행의 중개 기능이 마비되었다는 뜻이다. 즉 이 말이 맞다면 은행의 자금 수요가 있음에도 자금 공급이 따라주지 않았다는 뜻이 된다. 저자는 이것이 당시의 상황을 제대로 설명하지 못하는 관점이라는 것을 보이기 위해 위기 이후에 지속된 저금리 상황을 인용하고 있다. 그러나 관점에 따라 이에 대한 반론이 불가능한 것은 아니다. -옮긴이

그림 5.8. | 예금 취급 기관의 초과 지급 준비금(10억 달러), 2007-2013.

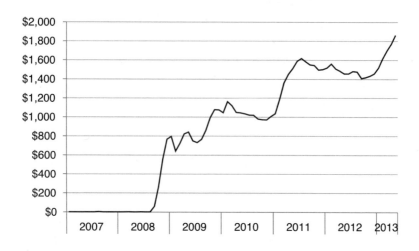

출처: 세인트루이스 연방준비은행(Federal Reserve Bank of St. Louis Economic Research, 2013).
비고: 2013년 5월까지.

는 증거를 찾지 못했다. 이자율은 기록적인 수준으로까지 떨어졌고, 2008
년 9월 이후부터 미 연준은 연방 기금 금리federal funds rate를 1% 이하까지
인하했다. AAA 등급 채권의 수익률은 2008년 8월부터 10월까지 5.64%
에서 6.28%까지 올랐다가 12월까지 다시 5.05%대로 떨어진 뒤 수년간
낮은 수준을 유지했다.

2008년 9월부터 연준의 유례 없는 적극적 개입으로 엄청난 규모의 유
동성이 은행의 지급 준비금 확충을 위해 투입됐다. 은행의 지급 준비금
은 은행의 대출 및 투자의 기초가 되는 자금이다. 그림 5.8은 2008년 9월
부터 초과 지급 준비금이 급격히 상승하는 추세를 보여주는데, 초과 지
급 준비금이란 결국 대출을 통해 나가지 않고 쌓인 준비금을 뜻한다.[225]

2009년 1월 기준으로 초과 지급 준비금은 8,000억 달러를 밑도는 수준이었으나, 같은 해 11월에는 1조 달러를 초과하는 수준까지 상승한다. 이는 사실상 은행이 거의 대출을 하지 않은 것이나 마찬가지이다. 따라서 비금융 부문에 자금을 대는 기능을 저해하는 다른 이유가 있었던 것이 아니라, 이미 실물 부문이 극심한 위기에 빠져 기업에 돈을 빌려주는 것 자체가 매우 위험한 상황이었기 때문에 은행들이 바람직한 대출처 자체를 찾지 못했던 것이다.

2008년 1월에 시작된 실물 부문의 위기는 2009년 6월까지 계속되었다가, 2009년 3/4분기부터 회복세를 보이기 시작한다. 이는 제2차 세계대전 후에 있었던, 정도는 심각하지만 지속 기간은 짧았던 1945-46년의 불황을 제외하면, 대공황 이래로 가장 심각한 불황이었다고 할 수 있다.[226] 불황의 처음 12개월간 세계 전체의 생산 및 무역은 대공황 초기의 12개월과 비교할 때 더욱 급격한 감소를 보였다(Eichengreen and O'Rourke, 2009). 그러나 국가의 대규모 개입을 통해 1년 후인 2009년 동안 위기는 어느 정도 진정된다.

---

225 은행은 자신들의 투자와 대출, 다시 말하면 자산의 일정 부분을 준비금으로 보유하고 있어야 하며, 이는 예금의 현금 인출 등 유동성 지출에 대비하는 성격이다. 그러나 만약 은행이 지급 준비금을 과잉 보유하고 있을 경우, 이는 고객의 예금을 대출이나 투자를 통해 충분히 활용하지 않고, 이자가 발생하지 않는 유동성 자산 형태로 쌓아놓고 있음을 뜻하는 것이다.

226 GDP에서 정부의 경제활동이 차지하는 비중은 제2차 세계대전 마지막 해였던 1945년엔 72%였는데 반해 1946년에는 전년 대비 65%가 급락한 28% 수준으로 떨어진다. 1946년에 정부 경제활동의 급격한 축소는 당해 GDP가 무려 11%나 감소하는 결과를 초래했고, 이는 다시 한번 정부 지출의 증가가 GDP의 증가를 가져온다는 케인스 경제학의 교훈을 상기시키는 계기가 되었다.

표 5.2. | 1948년 이후 11차례의 불황.

불황 Recession	(1) GDP 감소율 Decline in GDP	(2) 지속 개월수 Duration in Months	(3) 실업률 증가 폭 (%포인트)[227]
1948–49	−1.6%	11	4.5
1953–54	−2.5%	10	3.6
1957–58	−3.1%	8	3.8
1960–61	−0.5%	10	2.3
1969–70	−0.2%	11	2.7
1973–75	−3.2%	16	4.2
1980	−2.2%	6	2.2
1981–82	−2.6%	16	3.6
1990–91	−1.4%	8	2.6
2001	0.7%	8	2.5
2008–09	**−4.7%**	**18**	**5.6**
2001년 이후 평균	−1.7%	10.4	3.2

출처: 미국 경제분석국(U.S. Bureau of Economic Analysis, 2013, NIPA, Table 1.1.1), 전미
경제연구소(National Bureau of Economic Research, 2013), 미국 노동통계국(U.S. Bureau
of Labor Statistics, 2013).

---

227 앞에서도 봤지만, 10%가 15%로 바뀌었다면 이는 5% 증가한 것이 아니라 50%가 증가한 것
이다. 즉 변화 전의 10%를 기준으로 할 때 그것의 50%가 증가해 15%가 된 것이다. 대신 퍼
센트포인트(%p)를 쓰면 5%p가 올랐다는 식의 표현이 가능하다. 즉 퍼센트포인트는 퍼센트
단위의 변화를 나타낸다. -옮긴이

표 5.2는 국내총생산의 감소, 불황의 지속 기간, 그리고 실업률 증가라는 세 가지 측면에서 2008-09년의 불황을 제2차 세계대전 후의 다른 10차례의 불황과 비교한 것이다. 표를 보면 2008-09년의 대불황이 그중 가장 심각한 것이었음을 보여주고 있다. 실업률은 2009년 10월에 10.0%로 고점을 기록했고, 제조업 설비 가동 지수는 역시 2009년 6월 기준으로 64.0%까지 떨어졌는데, 이는 1948년 이래로 가장 낮은 수준이었던 1982년 12월보다도 4.5%포인트가 더 낮은 수치였다. 대불황은 제2차 대전 이래 정부가 대규모의 경기부양 프로그램을 통해서 대응해야 했던 초유의 사태로서, 만약 이러한 조치가 없었다면 불황은 훨씬 심각하고 지속 기간이 길었을 것이다.

미국에서 시작된 위기는 급격하게 전 세계로 확산했다. 표 5.3은 주요 14개국의 국내총생산 및 실업률을 보여주는데, GDP 감소 폭은 러시아, 아이슬란드, 아일랜드, 이탈리아, 그리고 일본에서 가장 심각했고, 브라질의 경우는 경미한 경기 위축을 보이는 수준에 머물렀다. 중국의 경우에는 2008년의 맹렬한 성장세보다 다소 느려졌지만 여전히 견실한 성장을 보여주는데, 이에 대해서는 뒤에서 따로 논의할 것이다. 위기는 대체로 선진국들에서 심각한 양상을 보여서 스페인, 아일랜드, 아이슬란드 그리고 미국이 심각한 실업률 증가를 겪는다. 2009년 이후에 위기의 여파는 변화된 양상을 보이는데, 이에 대해서는 다음 절에서 독일의 실업률 감소 현상과 함께 논의할 것이다.

일부 분석가들은 그간 미국의 대외 계정 불균형이 결국에는 대형 위기를 초래하게 되리라 예측해 왔다. 그림 4.17에서 보는 것처럼 미국은 2000년대 무역 적자가 급격히 확대해 2005-07년 사이엔 GDP의 6% 수

표 5.3. | 14개국의 국내총생산 변화율 및 실업률.

	2007	2008	2009	2010	2011	2012
국내총생산의 변화율						
Brazil	6.1	5.2	0.3	7.5	2.7	0.9
Canada	2.1	1.1	−2.8	3.2	2.6	1.8
China	14.2	9.6	9.2	10.4	9.3	7.8
France	2.3	−0.1	−3.1	1.7	1.7	0.0
Germany	3.4	0.8	−5.1	4.0	3.1	0.9
Greece	3.5	−0.2	−3.1	−4.9	−7.1	−6.4
Iceland	6.0	1.2	−6.6	−4.1	2.9	1.6
Ireland	5.4	−2.1	−5.5	−0.8	1.4	0.9
Italy	1.7	−1.2	−5.5	1.7	0.4	−2.4
Japan	2.2	−1.0	−5.5	4.7	−0.6	2.0
Russia	8.5	5.2	−7.8	4.5	4.3	3.4
Spain	3.5	0.9	−3.7	−0.3	0.4	−1.4
United Kingdom	3.6	−1.0	−4.0	1.8	0.9	0.2
United States	1.9	−0.3	−3.1	2.4	1.8	2.2
실업률						
Brazil	9.3	7.9	8.1	6.7	6.0	5.5
Canada	6.1	6.2	8.3	8.0	7.5	7.3
China	4.0	4.2	4.3	4.1	4.1	4.1
France	8.4	7.8	9.5	9.7	9.6	10.2
Germany	8.8	7.6	7.7	7.1	6.0	5.5
Greece	8.3	7.7	9.4	12.5	17.5	24.2
Iceland	1.0	1.6	8.0	8.1	7.4	5.8
Ireland	4.7	6.4	12.0	13.9	14.6	14.7
Italy	6.1	6.8	7.8	8.4	8.4	10.6
Japan	3.8	4.0	5.1	5.1	4.6	4.4
Russia	6.1	6.4	8.4	7.5	6.6	6.0
Spain	8.3	11.3	18.0	20.1	21.7	25.0
United Kingdom	5.4	5.6	7.5	7.9	8.0	8.0
United States	4.6	5.8	9.3	9.6	8.9	8.1

출처: 국제통화기금(International Monetary Fund, 2013a).

준에까지 이른다. 전 세계로부터의 거대한 자금 유입을 통해 적자는 메워졌지만, 일부 분석가들은 이것이 결코 지속 가능한 해결책이 아니라고 보았다. 그런데 2008년에 금융 위기가 발발하자, 미국 달러화의 가치는 오히려 상승했다. 만일 무역수지 또는 경상수지의 적자가 위기를 초래한 것이었다면, 달러 가치는 폭락해야만 했다. 그러나 2008년 7월부터 11월까지 위기가 심각한 국면에 진입하는 동안에도, 미 달러화의 무역 가중치 환율은 떨어지는 것이 아니라 오히려 상승했다.[228] 그 이후 달러화의 가치는 2009년 4월까지 상대적으로 안정적인 추세를 유지하다가, 2011년 여름까지 점진적으로 하락하는 단계를 거친 후 재상승한다. 미국의 대규모 무역 적자는 사실 그리 바람직하다고 볼 수 없는 현상인데, 왜냐하면 이는 세계 제일의 부자 나라가 자신이 생산하는 것에 비해 더 많은 것을 소비하기 위해 가난한 나라들에서 돈을 꾸고 있다는 뜻이기 때문이다. 실제로 전 세계의 정부 및 민간 영역은 미국의 부채를 메우기 위해 미국의 자산 투자에 기꺼이 나섰다. 왜냐하면 투자자들은 경제적 불안정이 닥쳐오는 시기마다 달러가 일종의 안전 자산이자 도피처 역할을 한다고 믿었기 때문이다.

---

228 한국의 경우는 환율이 떨어지는 것이 원화 가치의 상승을, 환율이 오르는 것은 원화 가치의 하락을 의미하는데. 이는 외화인 달러화의 가치를 자국 통화 단위로 표시하기 때문이다. 그러나 여기서는 달러화의 가치를 여타 외국 통화로 나타내고 있는 경우로, 환율이 올랐다는 것은, 곧 달러의 가치가 올라갔다는 뜻이다. -옮긴이

위기에 대한 즉각적 대응

미국의 대형 은행들이 지급불능 상태에 빠지자 정부는 즉각 행동에 나섰다. 2008년 9월 19일에 부시 행정부의 헨리 M. 폴슨Henry M. Paulson 재무장관은 은행에 대한 대규모 구제 금융 투입을 위해 의회와 협상에 들어간다. 의회는 7,000억 달러에 달하는 부실 자산 구제 프로그램TARP: Troubled Assets Relief Program을 마련했지만, 9월 29일 공화, 민주 양당에서 모두 반란표가 나와 반대 228 찬성 205로 하원에서 부결되고 만다. 구제 프로그램이 통과되지 않을 경우 금융시장이 붕괴할 것이라는 경고와 압력에 직면하자, 결국 10월 3일에 가서야 겨우 수정안이 통과됐다. 구제 프로그램은 일차적으로 위기에 빠진 은행에 2,500억 달러의 자금 투입을 승인하고, 예금 보험의 대상이 되는 선순위 부채senior debt뿐만 아니라, 기업의 무이자 예금까지 예금보험공사의 보장 대상에 포함시켰다. 또한, 신용 등급이 괜찮은 기업들의 무담보 어음unsecured commercial paper 역시 연준이 매입해줄 수 있도록 했다.[229]

10월 13일에 폴슨 재무장관은 1907년 금융 붕괴 당시 J.P.모건이 주요 은행가들을 자신의 사설 도서관에 감금했던 것처럼, 미국의 9대 은행 CEO들을 그의 호화찬란한 회의실로 불러들였다. 폴슨은 참석자들에게 미리 준비된 문서를 나눠준 뒤, 이 방을 나가려면 반드시 사인해야 할 거라고 말했다. 아홉 명의 CEO들은 정부가 공적 자금을 투입해 (비지배 주주 자격으로) 자신들의 은행 지분을 확보하는 것에 동의하게 된다.[230] 동

---

229 *New York Times*, October 15, 2008, A1, A25.

시에 연준은 은행에 신용을 공급하고 다양한 종류의 금융자산들을 매입하는 방식으로 적극적으로 개입했다. 11월 말까지 미국 정부는 약 7조 8000억 달러에 달하는 자금을 이전, 대출, 투자 및 지급보증 등의 방식으로 금융 부문에 투입했다.[231] 그리고 2009년 이 액수는 약 14조 달러에 이르게 된다.

정부의 구제 금융이 비단 대형 금융기관들에게만 투입된 것은 아니었다. 2008년 12월에 부시 행정부는 부도 상황에 내몰린 미국 최대의 제조업체인 제너럴모터스에 130억 달러 이상의 자금을 투입한다. 오바마 대통령 취임 이후에도 제너럴모터스에 대한 정부의 자금 지원은 계속되었고, 2013년 현재 지분의 61%가 사실상 국유화된 상태다.[232]

미국의 주요 금융기관과 대표적인 산업체가 부도 직전까지 내몰리고 정부가 전례 없는 구제 금융을 투입하는 이 놀라운 상황은, 미국 사회 전반에 심대한 파급효과를 미쳤고, 위기가 실물 경기 위축으로 급속히 전이되면서 더욱 악화했다. 특히 실업률이 급격하게 상승했는데(그림 5.9), 2008년 9월과 10월에만 45만 개, 11월과 12월에 70만 개 이상의 일자리

---

230 *New York Times*, October 15, 2008, A1, A25. 사실 폴슨 재무장관이 왜 이러한 퍼포먼스를 했는지는, 유명한 J.P.모건의 사례를 따라 자신도 그처럼 생살여탈권을 지니고 있음을 상기시키려 했다는 의도 외에 다른 이유를 찾기 어렵다. 6장에서 보겠지만, 1907년에 J.P.모건은 주요 은행가들을 자신의 사설 도서관에 연금하고, 뱅크런의 확산을 저지하기 위한 자금 모금에 협조하라고 이들을 압박했다. 반면, 폴슨의 경우는 금융기관 앞에 2,500억 달러에 달하는 자금을 들고 가서 그들 은행에 투입해 주겠다는 것이었다. 그런데 이 과정에서 일부는 정부의 제안을 받아들이기 주저했고, 심지어 의결권 없는 주식을 소유하겠다는 제안조차 수용하기를 꺼렸다.

231 *New York Times*, November 26, 2008, A1, A24.

232 *New York Times*, December 20, 2008, A1; November 3, 2010, B1.

그림 5.9. | 월별 실업률 추이, 2007-2013.

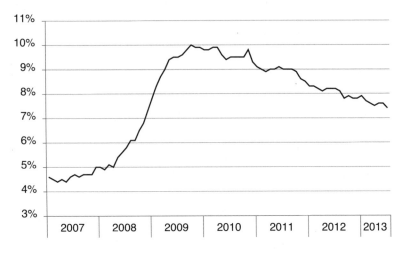

출처: 미국 노동통계국(U.S. Bureau of Labor Statistics, 2013).
비고: 2013년 6월까지 포함.

가 사라졌다는 소식이 언론에 보도되었다. 사실상 경제가 벼랑 아래로 처박히고 있는 것처럼 보였다.

사람들은 자유 시장 자본주의가 스스로 문제 상황을 조절하도록self-regulating 작동하므로, 결국에는 사회적으로 바람직한 결과를 가져온다는 말을 수십 년간 들어왔다. 경제에 정부가 간섭을 해대는 시절은 진즉 끝났고, 기업과 가계가 할 일은 모두 스스로 헤엄을 치든지 아니면 가라앉는 것이었다. 그러던 와중에 경제가 정말로 눈앞에서 무너져 내리고, 정부가 거대 은행과 금융기관을 구하려고 나서는 것을 이제 사람들이 보게 된 것이다. 지식인들은 정부 구제금융 안의 명칭인 부실 자산 '구제' 프로그램인 TARP를 문제 삼으면서, 왜 재정적 곤란에 빠진 중저소득층 가계들은 배제하고, 오직 기업의 부실 자산만 구제하냐는 의문을 제기했다.

경제학자의 이름이기도 하지만, 그와 연관된 모든 정책 노선 자체를 상징하기도 하는 케인스라는 이름이 갑작스럽게 무덤에서 되살아났다. 정부가 나서서 뭐라도 좀 하라는 아우성이 들끓었고, 여태껏 신자유주의 정책들을 옹호해 왔던 저명한 경제학자가 돌연 케인시언처럼 행동하기 시작했다. 하버드대학교의 마틴 펠드스타인Martin Feldstein은 정부가 지출을 늘려봤자 민간 부분의 지출만 줄어들고 경기 진작 효과는 없다는, 소위 구축 효과crowding out 연구로 유명한 경제학자다. 공포로 가득했던 2009년 1월 샌프란시스코의 전미경제학회에 모여든 경제학자들 앞에서 그는 증폭되는 불황에 맞설 수 있는 유일한 방법은 확장 재정 정책뿐이라고 단언한다. 그는 총수요를 어떻게든 '떠받쳐 올리기 위해heavy lifting' 정부가 감세가 아닌 연간 3~4,000억 달러에 달하는 확장 재정을 통해 경기 부양에 나설 것을 요구했다.[233] 그러나 어째서 재정 정책의 무용성에 대해 그가 그토록 오래 견지해 온 입장을 일거에 포기했는지 설명도 하지 않았다. "위기가 터지면 우리는 모두 케인시언이 되지in a crisis, we are all Keynesians"라고 농을 던지는 이도 있었다.

신자유주의 경제학자 모두가 케인스적 처방을 옹호하고 나선 것은 물론 아니었다. 눈앞의 사태들이 이미 명백한 모순점을 웅변하고 있음에도, 오랫동안 견지한 이론을 여전히 고수하는 이들도 있었다. 이들은 지금껏 오류 투성이라고 주장했던 케인스 이론의 부활을 애써 평가절하하면서, 일부 동료 경제학자들마저 신자유주의적 경제학 노선에서 이탈하는 것

---

233 저자 역시 2009년 1월 4일에 펠드스타인의 프레젠테이션에 참석했다.

을 보고 탄식했다. 2008년 10월 10일 뉴욕타임스의 한 칼럼에서 시카고 대 경제학과 교수 케이시 멀리건Casey Mulligan은 은행 부문이 경제에서 차지하는 비중은 부분적일 뿐이며, 이미 금융 시스템은 "과거에 비해 훨씬 더 복원력이 강하고", "경제의 펀더멘털이 튼튼하기 때문에" 정부에 의한 "구제 조치 같은 건 전혀 필요 없다"고 주장했다.[234] 그러나 이런 관점은 2008년 말과 2009년 초, 케인스 경제학으로의 합의가 형성되면서 일소되었다. 좌파적 케인시언이라고 할 수 있는 하이먼 민스키Hyman Minsky의 연구에 대한 관심이 일부 되살아나, 소위 "민스키 모멘트Minsky moment"[235]가 왔다는 식의 언급을 하는 이들이 나타나기 시작한다. 경제학자 민스키는 1960년대 초에 이미 시장경제하의 금융 시스템이란 근본적으로 불안정하며 금융 위기에 취약한 것임을 지적하는 학문적 작업을 해 왔다. 그뿐만 아니라 2008년 이후 경제 위기를 계기로, 비록 현실 사회주의의 실패가 마르크스의 오류를 보여준다는 식의 전제가 붙기는 했지만, 자본주의의 자기 파괴적 경향을 지적했던 마르크스의 귀환을 암시하는 언급들이 주류 미디어들에서도 조금씩 등장하기 시작한다.

2008년 10월 23일, 앨런 그린스펀의 의회 청문회 출석은 아마도 금융 위기 과정의 가장 쓸쓸하고도 극적인 순간일 것이다. 1987년부터 2006년까지 연준 의장이었던 앨런 그린스펀은 혜안을 가진 분석가이자 금융 시스템의 사려 깊은 감독관overseer으로 정평이 나 있었고, 금융 부문의 규제

---

234 경제의 펀더멘털이 아직도 튼튼하다는 발언은 공화당 대선 후보 존 매케인John McCain의 발언에 동의를 표하면서 나온 말이었다.

235 민스키 모멘트란 부채를 더 이상 유지할 수 없게 된 이들이, 이를 갚기 위해 건전한 자산까지 내던짐에 따라 금융 위기가 시작되는 시점을 말한다. -옮긴이

혁파에 앞장섰던 인물이기도 했다. 열혈 보수 논객인 에인 랜드Ayn Rand 역시 청문회에서 "주주 가치 보전과 자신의 이익에 충실하기 위해서 금융 기관들이 합리적으로 행동할 것을 기대했던, 저를 포함하여 사람들의 신념이 깨지는 충격적인 상황"이라고 했다. 한 청문 위원이 당신이 오랫동안 지녀 온 개인주의에 대한 신념은 전 연준 의장이 그랬던 것만큼이나 잘못된 결정이 아니었느냐고 질문하자 그는 다음과 같이 답한다. "그렇습니다. 제 생각이 잘못됐음을 알았습니다. … 그리고 그 사실 때문에 정말로 괴롭군요."[236]

2009년 초에 경기 부양 프로그램, 즉 확장 재정 정책이 G20 국가 중 터키를 제외한 19개 국가에서 시행됐다.[237] 미국에선 오바마 대통령과 의회 내 민주당 의원들이 의회를 압박해 2009년 미국경제회복및재투자법American Recovery and Reinvestment Act을 통과시키고 2월 17일에 발효했다. 이 경기 부양책은 7,870억 달러에 달하는 정부 지출과 감세를 통해 주로 인프라, 교육, 의료보험, 녹색 기술에 투자하고, 실업수당 재원의 확대까지 포함하는 것이었다. 이는 2년짜리 계획이므로 연간 재정 규모로 따지면 그 절반인 3,935억 달러인 셈으로, 정부는 이를 통해 350만 개의 일자리가 창출될 것으로 기대했다.

일부 경제학자들은 경기 부양책의 규모가 너무 작다고 보았다. 2009년 2월에 실업률은 8.3%에 달해서 약 1,290만 명이 공식적으로 일자리가 없는 상황이었다. 정부의 경기 부양 없이는, 매달 60만 명의 일자리가 사

---

236 *New York Times*, October 24, 2008, B1, B6.
237 터키는 여기서 예외인데, 터키 경제는 위기에 심각하게 영향받지 않은 경우였다.

그림 5.10. | 2008년과 2009년 미국의 전체 일자리 증감(단위: 10만 건).

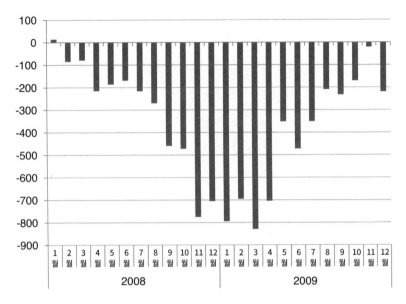

출처: 미국 노동통계국(U.S. Bureau of Labor Statistics, 2013).

라지는 판이었다. 노벨 경제학상 수상자인 폴 크루그먼Paul Krugman은 정부의 부양책이 '실제로' 부양에 사용되는 규모는 6,000억 달러, 연간으로는 3,000억 달러에 지나지 않는다고 추정했다. 그는 이 액수만으로는 추락하는 민간 지출을 대체하기에 턱없이 부족하다고 주장했다(Krugman, 2009b).[238] 연간 3,000억 달러의 경기 부양액이 많은 것처럼 보이지만, 이

---

[238] 오바마 정부의 경제정책가와 경제 고문들 사이에서도 경기 부양 법안의 규모에 관해 의견이 엇갈렸다. 일부는 불황을 반전시킬 수준의 대규모 법안을 주장했고, 다른 쪽에서는 지나치게 큰 부양책은 의회를 통과하지 못할 것이라고 경고했다. 금융 규제 완화의 옹호자이자 클린턴 정부 당시 재무장관이었던 로렌스 서머스Lawrence Summers는 오바마 정부의 경제자문회의

는 GDP의 고작 2.1%에 불과하며 당시 2009년2/4분기까지의 실질 소비 지출 및 투자는 마지막 경기 정점과 비교했을 때 GDP의 8.4%만큼 떨어졌음을 지적한다.[239]

미국 정부의 경기 부양책과 비교할 때, 중국 정부가 보여준 위기 대응의 유효성은 크루그먼의 주장이 타당함을 시사한다. 두 자릿수를 기록했던 중국의 GDP 성장률은 2008년 말 미국과 유럽 시장으로의 수출이 급감하면서 추락하기 시작한다. 중국의 고속 성장은 상당 부분 2001년 이후의 빠른 수출 성장에서 기인한 것이었다(Zhu and Kotz, 2011). 2008년 11월 중국의 정책 당국은 다른 국가들보다 일찍 5,860억 달러에 달하는 인프라 투자 계획을 발표한다. 이는 2년 동안 매년 중국 GDP의 7%에 달하는 액수를 지출하는 계획으로서[240], 크루그먼의 추정치를 채택하면 GDP 대비 경기 부양액 규모를 기준으로, 미국은 중국의 1/3에도 미치지 못하는 것이었다.[241] 중국 경제는 급속히 회복해 9%에서 10%의 성장률

의장을 맡고 있었다. 그는 의회 통과를 위해서는 부양책의 규모를 줄여야 한다고 강력하게 역설했다.

239 미국 경제분석국 자료를 통해 추산함(U.S. Bureau of Economic Analysis, 2013, NIPA, Table 1.1.6.).

240 *New York Times*, November 10, 2008, A1.

241 사실 중국의 이러한 과감한 인프라 투자와 여기서 파생된 민간의 건설 경기 붐이 장기적으로 어떤 결과를 가져올지에 대해서는 말하기 조심스러운 것이 사실이다. 불필요한 토건 투자가 장기적으로 금융 부문과 경제 전체에 부담을 줄 것이라는 반론이 있는 것도 사실이기 때문이다. 그러나 이에 대한 자세한 논의는 중국 정부의 경기 부양책이라는 논의의 범위에서 더 나아간 것이고, 중국 금융 시스템 특유의 제도적 특성과 정부 규제의 범위를 제대로 고려하지 않고서는 정확히 파악할 수 없는 문제이기도 하다. 중국 서부 내륙의 거대한 유령도시 혹은 짓다 만 교각의 사진을 보여주고, 중국 경제의 과잉 부채 문제와 과장되게 연결시키는 일부 서방 언론의 태도도 조심스럽게 받아들여야 하겠지만, 이러한 지적이 쉽게 무시할 수 없는 문제인 것도 사실이다. -옮긴이

을 기록한다.[242]

어쨌든 미국의 경기 부양 프로그램이 작은 규모이기는 하지만, 불황의 여파를 완화하고 지지부진한 경기회복 추세를 되돌리는 데 기여한 것은 부인할 수 없는 사실이다. 경기 부양 효과에 대한 정부 및 민간 부문 주요 분석가들의 추정에 따르면, 2010년 2/4분기 시점에서 경기 부양책이 없을 경우에 비교하면 GDP가 2.1%에서 3.8% 상승하는 효과를 나타냈다. 고용 측면에서는 2010년 2분기 기준으로 180만 개에서 250만 개에 달하는 추가적 일자리 창출 효과가 있었던 것으로 추정되었다(Council of Economic Advisor, 2013, 13). 그러나 이는 확연한 경기회복 혹은 수용 가능한 수준으로 실업률을 낮추기에는 그리 충분하지 않았다.

그리고 이는 케인시언 정책으로의 선회에 적대적인 세력들에게 좋은 빌미를 제공했다. 미국에서 대규모 정부 지출 프로그램은 늘 논란에 직면한다. 여론조사 결과를 보면 대다수 미국인은 공공 지출 항목들 각각에는 동의하지만, 한편으로는 정부 지출 일반에 대한 견해를 물으면 반대를 표한다. 경기 부양책을 비판하는 쪽은 부양책을 실시해도 여전히 일자리를 비롯한 경제 상황이 나쁘지 않으냐며 속히 부양책을 철회하라고 주장한다. 부양책을 옹호하는 측은 비록 기대한 것만큼 경제가 호전된 것은 아니겠지만, 그나마 부양책조차 없었다면 경제는 훨씬 더 악화했을 것이라고 말해야 하는, 매우 불리한 입장에 몰리게 된다. 이처럼 경기 부양책이 지니는 여론과의 불리한 관계는, 경제정책 패러다임의 주도권이 소위

---

242 중국의 정부 당국자는 다루기 까다로운 입법부의 동의를 얻거나 국내의 반대 여론에 신경 쓸 필요 없이 대규모 경기 부양 프로그램에 착수할 수 있었다.

'긴축 정책'이라고 불리는 신자유주의적 정책으로 다시 넘어가는 데 한 가지 요인으로 작용한다. 이 긴축 정책에 관해서는 아래에서 다시 살펴볼 것이다.

금융기관 공적 자금 투입과 경기 부양책 외에도 위기에 대한 정부의 대응에는 세 가지 측면이 더 있다. 바로 연준의 통화정책상 변화, 금융 규제 관련법의 도입, 그리고 모기지 대출 구제 조치home mortgage relief plan 가 그것들이다. 위기가 발발하자 연준은 벤 버냉키 의장의 지도 아래 정책의 기조를 팽창적 통화정책으로 바꾸고 혁신적인 정책 수단들을 채택했다. 일단 연준은 단기 이자율을 거의 제로 금리까지 낮춘 뒤 이를 수년간 유지했다. 또한 연준은 전통적인 통화정책 수단의 범위를 넘어서 소위 '양적 완화quantitative easing'라고 불리는 장기 금리 인하를 의도한 장기채 매입 조치를 시행했다. 이러한 조치들을 통해 기업과 가계 부문의 소비를 어느 정도 진작하는 효과가 있었지만, 케인스학파 경제학자들은 2008, 2009년과 같은 심각한 불황에서는 통화팽창 정책이 단지 제한적 효과만 있다고 주장했다. 수요가 심각한 침체에 빠지고 기업이 대규모 과잉 생산능력을 떠안고 있는 상황에서는, 저금리 자체만으로 기업과 가계 부문에서 새로운 지출을 이끌어내는 것은 매우 어렵다. 버냉키 의장역시 연준에 주어진 책임을 다하고 있으나, 경제가 더 빨리 회복되려면 의회와 백악관도 그들의 역할을 해줘야 한다는 의견을 주기적으로 피력했다.

경제 위기에 대한 정부의 대응 네 번째는 좀 더 구조적인 차원의 것으로, 민주당이 다수파인 의회가 금융 위기의 재발을 막기 위하여 도드-프랭크월스트리트개혁및소비자보호를위한법Dodd–Frank Wall Street Reform and Consumer Protection Act을 통과시켜 2010년 7월 21일에 발효한 것이다. 이 법은 정부의 금융시장 감독 기능을 재정비하고 규제의 정도를 다소나마 강화한 것이었다. 이 법은 전 연준 의장인 볼커의 이름을 딴 소위 '볼커 룰Volcker Rule', 즉 연방예금보험공사의 보장 범위에 포함되는 금융기관들이 자기 계정으로 유가증권을 매매하는 것을 금지하는 조치를 포함하고 있었다. 그러나 법안이 포함하고 있는 새로운 규제 조항들은 대부분 조문상의 개념적 정의가 그리 명확하지 않아서, 이를 구체화하는 것은 향후 규제 당국이 관련 규정을 확립하는 과정에 크게 의존하고 있었다. 법안이 통과된 후 금융기관 로비스트들은 이제 규제 권한을 손에 넣은 당국 쪽으로 몰려들었고, 이 법안을 비판하는 쪽에서는 새로운 규제 법안이 애초보다 후퇴해 결과적으로 매우 약한 수준에 머물렀다고 주장했다.

정부의 다섯 번째 대응은 대출을 낀 집주인들의 부담을 경감하고 심각한 침체에 빠진 주택 건설 경기를 되살리기 위한 것이다. 2009년 2월 17일, 오바마 정부는 7,000억 달러의 부실 자산 구제 프로그램TARP 재원 일부를 동원해 750억 달러 규모의 모기지 대출 구제 프로그램을 도입했다. 이는 급격한 주택 가치 하락으로 매월 분할 상환금 감당이 힘들어진 900만 가구를 보조하기 위한 것이었다. 하지만 이 조치는 대출 시행 금융기관들이 구제 프로그램에 참여하도록 유도하는 인센티브는 포함하고 있지만, 금융기관의 참여 여부 자체는 자발적 선택에 맡겨 놓았다(Luhbi, 2009). 금융기관 구제 조치 때와 달리 대출 금융기관들이 재무부 회의실에 불려가 서명해야 하는 일 같은 것은 없었다. 2009년 12월 미 하원의 한 위원회에서는 구제 조치의 대상이 되는 전체 900만 가구 중 14%에 달하는 가구들이 연체 혹은 압류 상황에 놓인 반면, 오직 68만 가구, 약 7.6%만이 채무 조정 제안을 받았을 뿐임이 드러났다.[243]

지지부진한 회복

미국 경제는 2009년 6월 경기 저점에 이른 뒤, 7월부터 공식적으로 회복 단계에 진입한다. 그러나 그 회복은 대단히 느린 것이었다. 보통 깊은 불황 이후에는 활발한 경기회복이 뒤따르면서 어느 정도 시차를 두고 고용 수준에서도 견고한 성장세가 이어지게 마련이었다. 그러나 이번의 위기는 일반적 불황과는 거리가 멀었다.

표 5.4의 열 (1)은, 경기 저점인 2009년 2/4분기부터 2013년 1/4분기까지, 전체 GDP 및 각 부문의 총생산 증가율을 나타낸 것이다. 경기회복기라는 점을 감안하면 2.1%의 증가율은 매우 완만한 것이다.[244] 그뿐만 아니라 소비지출 역시 비슷한 수준으로 저조한 성장을 기록했다. 기업 고정 투자의 경우는 심한 불황 이후에 급격한 상승세가 뒤따르는 것이 보통인데, 예를 들어 그 이전의 심각한 불황이었던 1974-75년과 1981-82년

---

243 *New York Times*, February 9, 2009.

244 2013년 1/4분기까지 GDP 성장은 매우 정체된 상태다. 자료 확보가 가능한 가장 최근 시점인 2014년 1/4분기까지 연간 GDP 성장률은 2.2%다(U.S. Bureau of Economic Analysis, 2014, NIPA Table 1.1.6). 그러나 2013년 여름에 미국 경제분석국은 국민소득 및 생산 계정을 대대적으로 개정했고; 이 때문에 개정된 지표를 이용해 구한 2013년 1/4분기 전후 모두를 포함하는 GDP 성장률 및 그 구성 항목들에 대한 계산치는 개정 전 정의에 기반해 산출된 이 책의 그래프 및 수치들과 딱 떨어지게 비교하기 어려워졌다.

표 5.4. | 미국의 불황 종료 후 경기회복.

	(1)	(2)
	경기 저점 이후 평균 성장률	이전 경기 정점 이후 총 변화율
GDP	2.1%	3.0%
소비지출	2.1%	4.4%
기업 고정 투자	5.2%	-4.3%
주택투자	4.9%	-23.7%
수출	6.4%	13.0%
수입	6.1%	1.5%
정부 소비 및 투자	-1.7%	-1.1%
연방 정부	-1.2%	6.5%
주 이하 지방정부	-2.0%	-5.5%

출처: 미국 경제분석국(U.S. Bureau of Economic Analysis, 2013, NIPA, Table 1.1.6).

비고: 2013년 1/4분기 데이터까지 포함. 열 (2)의 정부 소비 및 투자 항목을 보면 연방 정부가 주 이하 지방정부에 비해 더 큰 변화율을 보였으나, 후자의 규모가 전자보다 훨씬 크기 때문에 정부 소비 및 투자 항목 전체로는 감소한 것임.

의 경우 경기 저점 이후 3년간의 고정 투자의 연간 성장률이 각각 10.3% 와 7.4%에 달했다(U.S. Bureau of Economic Analysis, 2013, NIPA, Table 5.2.6). 2009년 경기 저점 이후의 기업 고정 투자 증가율의 경우는 연간 5.2%로 낮기만 한 것은 아니지만, 그 이전 두 번의 경기회복 때와 비교하면 꽤 낮은 것이 사실이다. 연방 정부 소비 및 투자 지출은 불황 기간에 상당히 증가하긴 했지만 경기가 회복되면서 감소로 돌아섰고, 주 정부 및 지방정부의 경우는 더 빨리 감소하면서 경기회복 지연에 일조했다.

표 5.4의 열 (2)는 2013년 1/4분기의 경제 상태를, 경제 위기 이전 경기 정점이었던 2007년 4/4분기와 비교한 것이다. 5년 이상의 시기가 지났음에도 GDP는 이전 정점에 비해 3.0% 증가 수준에 머물렀다. 또 같은 기간 연간 5.2% 정도의 기업 고정 투자 증가율만으로는 전체 규모로 볼 때 위기 전 수준을 회복하는 데 역부족이었고, 기업 고정 투자 전체 규모로 봐도 아직 위기 전 정점에 대비해 4.3% 밑도는 수준이었다. 연방 정부 지출이 도를 넘었다는 세간의 주장과 달리, GDP 대비 정부 지출 비중은 위기 직전과 비교해 6.5% 높은 수준에 지나지 않았고, 정부 지출 전체 규모로 볼 경우에는 주 정부 및 지방정부 지출 급감 때문에 오히려 2007년 말보다도 낮은 수준에 머물렀다.

고용 지표로 봤을 때는, 이전 정점이었던 2008년 1월부터 2010년 2월까지 비농업 부문에서 870만 개의 일자리가 사라졌고, 이는 2013년 7월까지도 670만 개의 일자리가 회복되는 수준에 그치고 있다.

전일제 일자리full-time job를 찾지 못한 파트타임 노동자와 일할 의사와 능력은 있지만 구직에 적극적으로 나서지 않은 소위 경계 노동자marginally attached to the labor force들245은 공식 실업률 통계에 잡히지 않는다. 따라서 이들 모두를 포함한 불완전고용률underemployment rate을 다음

---

245 미 노동통계국에서 사용하는 경계 노동자의 엄밀한 정의는 "실업자에 포함되지는 않지만, 취업을 원하고 즉시 취업이 가능하며 지난 12개월간 구직 활동을 한 적이 있는 자"로 되어 있다. 이와 비교해 또 다른 중요한 노동시장 지표로 실망 실업자discouraged workers를 들 수 있는데, 이는 "비경제활동인구 중 취업을 원하고 즉시 취업이 가능하며 지난 12개월간 구직 활동을 한 적이 있지만, 현재 그들의 자격 조건에 비추어 노동시장에 일자리가 없으리라 판단해 구직 활동을 하지 않은 자"라고 정의하고 있다. -옮긴이

그림 5.11. | 월별 불완전고용률, 2007-2013.

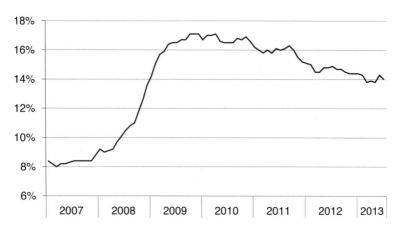

출처: 미국 노동통계국(U.S. Bureau of Labor Statistics, 2013, Table A-15).

비고: 공식적 실업자, 경제적 이유로 인한 시간제 근로자, 경계 노동자 포함. 2013년 7월까지 포함.

그림 5.12. | 월별 전체 실업자 중 장기 실업자 비중(%), 2007-2013.

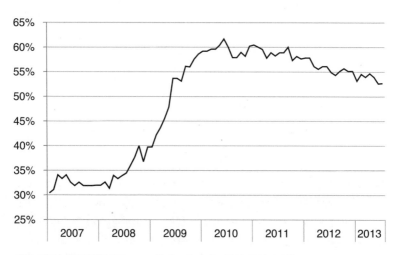

출처: 미국 노동통계국(U.S. Bureau of Labor Statistics, 2013, Table A-15).

비고: 2013년 7월까지 포함.

그림 5.13. | 월별 전체 생산 가능 인구 중 고용률, 2007-2013.

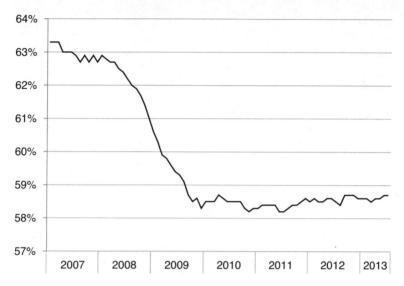

출처: 미국 노동통계국(U.S. Bureau of Labor Statistics, 2013).
비고: 2013년 7월까지 포함.

의 그림 5.11에서 살펴보면, 2009년 10월에 17.1%에 이른 것을 알 수 있다. 공식적 실업률 통계로 보면 2009년 9월 당시 실업자 수는 1,500만 명을 기록했다가 2010년 12월에는 1,440만 명, 2013년 7월에는 1,150만 명까지 감소 추세를 보인다. 하지만 좀 더 광범위한 지표인 불완전고용률을 보면 2009년부터 2011년까지 3년간 불완전고용 인구수는, 2,500만 명에서 2,600만 명 사이를 기록하다가, 2012년에 2,310만 명 수준으로 떨어진다(U.S. Bureau of Labor Statistics, 2013).

위기 기간에는 26주 이상 실업 상태인 장기 실업자 비중이 크게 증가하는 추세를 보였는데, 그림 5.12를 보면 전체 실업자 중 장기 실업자가

그림 5.14. | 중위 가구 소득(2012년 달러 기준), 1990-2012.

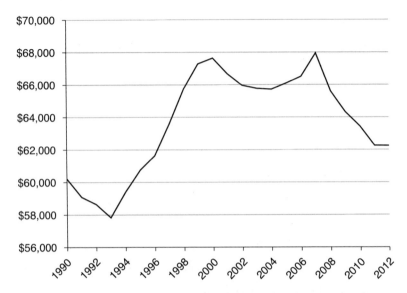

출처: 미국 인구조사국(U.S. Bureau of Census, 2013, Historical Income tables, Table F-8).

차지하는 비중이 2008년 초부터 가파르게 증가해 지속적으로 높은 수준을 유지하고 있음을 확인할 수 있다. 고용 성장세의 느린 회복은 또한, 생산 가능 인구와 고용 사이의 불편한 사실을 내포하고 있다. 그림 5.13을 보면, 불황 기간에 생산 가능 인구 중 고용률이 크게 하락해서 2009년 이후 회복기에도 별로 회복되지 않았다. 이는 수백만 명의 사람들이 마땅한 일자리를 찾지 못해 경제활동인구labor force에서 밀려나고 있음을 뜻한다. 그리고 이는 이들의 향후 경력 및 잠재적인 소득에도 악영향을 끼친다.

불황의 여파로 중위 가구 소득의 감소는 그림 5.14에서 보는 것처럼 2012년까지도 회복되지 않았다. 불황이 끝난 후인 2012년까지도 이는 지속해서 낮아져 2007년에 비해 8.4%가 감소했는데, 이는 17년 전인 1995년 이래 가장 낮은 수준을 기록한 것이었다. 2009년 이후의 회복기 소득 증가는 주로 소득 분포상 최상층에 집중되었다. 2009년부터 2012년까지 미국의 실질 가계소득 증가분 중 95%는 최상층 1%에게 돌아갔고 오직 5%만이 나머지 99%의 가구에 돌아갔다. 이것 말고도 상위 1%의 소득은 31.4% 증가한 반면, 나머지 99%의 소득은 0.4% 증가했다는 연구도 있다 (Saez, 2013, 1).[246]

이런 건조한 통계 수치들뿐만 아니라, 불황과 회복 이면에 숨은 사람들의 고통에도 주목할 필요가 있다. 위기 초기였던 2008년 11월 콜로라도에서 농장을 운영하는 한 부부는 자기들이 수확하고 남은 채소를 필요한 사람 누구든지 와서 가져가라고 했는데, 그러자 무려 4만 명 이상의 사람들이 나타나 들판을 싹 훑어갔다고 한다.[247] 미 농무부Department of Agriculture는 2012년 조사를 통해 미국에 대규모의 기아가 존재하고 있음을 인정했는데, 이에 따르면 거의 4,900만 명의 미국인들이 "식량 불안전 food insecure 상태"에 있고, 이는 가족 구성원 중 누군가는 "1년 내내 적절한 음식을 안정적으로 섭취할 수 없음"을 뜻하는 것이었다.[248]

또한 많은 연구들이 자살률과 실업률이 함께 등락하고 있음을 보여준다. 실제로 2007년부터 2012년까지 미국에서는 이전과 비교해 약 4,750

---

246 Suez(2013)의 2012년 소득 데이터는 잠정치다. 인용된 소득 개념은 가계의 세전 시장 소득으로써 실현된 자본이득을 포함한다. 2009-12년 사이의 주식시장 회복 덕분에 고소득 가구는 대규모 자본 이득을 얻을 수 있었다.

247 *New York Times*, November 24, 2008, A14.

248 *New York Times*, September 5, 2013, A1, A3.

건의 추가적인 자살이 발생했고, 특히 해고가 가장 심했던 주에서 자살률이 높았다는 연구 결과도 있다(Stuckler and Basu, 2013). 앞에서 확인한 것처럼 26주 이상의 장기 실업률 수치는 계속 높은 수준을 유지하고 있는데 반해, 많은 고용주는 노동시장에 신규 진입한 젊은 인력이나 다른 부업이 있는 이들을 더 선호하는 것으로 조사됐다. 2013년 7월 미국 노동통계국 자료에 따르면, 55세에서 64세 사이의 노동자는 재취업에 평균 46주가 걸렸고, 이 연령대의 노동자들은 새 직장을 구한 후에도 중위값 median 기준으로 18%의 소득 감소를 겪어야 했다.[249]

노동자 및 노동조합의 영향력이 훨씬 강한 독일에서는 위기 대응 방식이 미국과 확연히 달랐다. 독일도 2009년에는 미국보다 더 큰 규모인 5.1%의 GDP 감소를 경험했다. 그러나 2008년의 경우 실업률은 오르는 것이 아니라 오히려 떨어졌고, 표 5.3처럼 2009년에도 단지 0.1%포인트 상승하는 수준에 그쳤다. 이는 종업원을 해고하지 않고 고용을 유지하는 대기업들에 정부가 보조금을 지급한 결과였다.[250] 반면, 미국에서는 정부가 GM에 구제 금융을 투입하고 사실상 국유화했지만 사용자 측은 노동자 2만1000명을 해고해 버렸다.[251]

---

249 *New York Times*, August 27, 2013, B1, B2.

250 2009년 이후 독일의 실업률은 지속적으로 떨어져서 2012년에는 5.5% 수준까지 떨어진다. 여기에는 여러 이유가 있지만 독일과 여타 유럽연합 국가 간 특유의 경제적 관계가 한 원인이다.

251 *New York Times*, July 6, 2009, B1. 그러나 자동차연구센터Center for Automotive Research는 GM과 크라이슬러에 투입된 정부의 구제 금융 덕분에 부품 산업과 판매 대리점 분야를 통틀어 약 110만 개 이상의 일자리가 살아남을 수 있었다고 주장했다(*New York Times*, November 18, 2010, A1).

긴축정책

불황이 종료됐어도 회복이 워낙 지지부진했기에 미국과 세계경제는 골머리를 앓아야 했다(표 5.3). 이러한 부진한 회복의 원인에는 경제정책의 중심 패러다임이 급작스럽게 다시 방향을 틀었던 점이 일조했다고 할 수 있다. 케인스의 시대는 잠시 오는 듯하다가 지나가 버렸고, 이윽고 신자유주의적 사상과 정책들이 이번에는 '긴축'이라는 외피를 뒤집어쓰고 맹렬한 반격을 가해 왔다. 2009년 봄과 여름 내내 정부 지출을 삭감하라는 요구가 미국과 유럽의 경제학자, 정책 분석가, 그리고 정책 당국자들 사이에서 봇물처럼 터져 나왔다. 이 새로운 정책적 접근은 불황에 휩쓸렸던 모든 국가에서 발생한 대규모 재정 적자와 GDP 대비 정부 부채 비율 상승을 겨냥한 것이었다. G20 국가 중 위기 발발 전에 정부 부채가 문제시됐던 국가는 거의 없었다. 그러나 극심한 불황이 닥치면서 경제활동 위축과 함께 조세 수입이 감소했고, 실업수당을 비롯한 각종 사회복지 프로그램의 지출이 자동적으로 증가해 대규모 재정 적자가 발생했다. 이와 더불어 경기 부양 프로그램 집행으로 공공 부채는 더욱 확대되었다. 일부 정책 분석가 및 당국자들은 바로 이러한 용도들 때문에 발생하는 재정 적자와 공공 부채 상승이 현대 경제의 가장 심각한 문제라고 오래도록 주장해 왔다. 그러다가 긴축론에 대한 유력 인사들의 지지가 확산되고 매스컴도 긴축을 마치 자명한 진리처럼 취급하기 시작하면서, 이들의 주장에 힘이 실리게 된다.

경우에 따라서는 말을 바꾸는 부류도 있었는데, 2008년 말에는 경기 부양을 옹호했다가 2009년 초부터 다시 긴축론으로 선회하는 경우도 있었다. 2010년 1월 마틴 펠드스타인 교수는 긴축정책에 대한 자신의 열렬한 지지 입장 철회의 이유를 제대로 밝히지도 않고서, 연방 적자 증가의 위험성을 경고하며 공공 지출 삭감을 다시 주장하기 시작한다.[252] 2009년 1월 미상공회의소의 토머스 J. 도너휴Thomas J. Donohue 회장은 실업자 구제 및 인프라 투자를 포함하는 경기 부양 프로그램의 통과를 강력히 주장했다. 그러나 상공회의소 측은 2010년 11월 공화당의 의회 선거 승리 직후, "미국민들은 워싱턴을 향해 강력한 메시지를 보냈습니다. … 유권자들은 더 이상의 정부 지출에 대해 분명한 거부의 목소리로 화답했습니다"라는 성명을 발표한다(U.S. Chamber of Commerce, 2010).

공화당이 하원 다수를 장악한 2010년 선거 결과는 정부 지출 및 세금에 대한 유권자들의 평가라는 성격이 어느 정도 있었다. 당시 새로 일어난 '티 파티Tea Party' 운동을 통해 공화당 후보들은 '큰 정부론'을 적극적으로 공격하고 나섰다. 언론도 공공 부채 비율의 위험 수위가 어느 정도에 이르렀는지를 주기적으로 강조함으로써 정책 기조의 변화에 일조한다. 증가하는 정부 지출 및 재정 적자가 '재정 위기'를 부를 것이라는 신념은 의문의 여지가 없는 진리로 취급되었다. 이는 정부 지출과 적자의 확대만이 극심한 불황 혹은 지지부진한 회복 국면에 처방할 수 있는 유일한 해법이라는 케인시언들의 견해와 상반되는 것이었다. 아래에 인용한 뉴욕타임스의 경제 기사들이 바로 그 예라고 할 수 있다.

---

252 마틴 펠드스타인은 2010년 1월 2일, 애틀랜타에서 열린 미국사회과학연합회ASSA: Allied Social Science Associations 연차 총회에서 강연했다.

"미국의 장기 부채 위기는 그 엄청난 규모로 인해 더는 외면할 수 없는 문제라는 것에 의심의 여지가 없다. … 새로 발생하는 모든 재정 적자는 이자율 상승 압력으로 작용하는데, 약간의 이자율 상승도 엄청난 파급효과를 가진다."

"유럽이 긴축정책이 가져올 변화의 기회를 받아들이지 않는다 해도, 언제까지나 정부가 제공하는 관대한 사회보장 혜택에 기대어 안락한 삶을 누릴 수는 없다."

"빚을 쌓아 올리면서 정부 지출을 유지하는 것에 워싱턴은 물론 외국에서도 반발이 확산하고 있다."[253]

이러한 긴축론은 뉴딜 시대 이전의 소위 '건전화 정책sound policy', 즉 불황형 재정 적자에 직면해 시장의 '자연적' 자기 조정 기제를 통해 경제가 되살아나기를 기다리면서 정부 지출을 축소하거나 세금을 올리거나, 혹은 양자 모두를 고려했던 것을 연상하게 한다. 미국의 오바마 행정부는 여론의 이러한 급격한 변화에 직면해 외견상 상호 모순된 양동적 대응을 한다. 우선 정부의 경기 부양 조치들을 계속 고수하되, 한편으로는 사회보장social security과 의료비 보조medicare 등 주요 복지 프로그램에 삭감 의사를 보임으로써 부유층 증세를 포함한 소위 대타협Grand Bargain을 시도하려 했다.

---

253 *New York Times*, November 23, 2009, A1, A4; May 23, 2010, 1, 4; July 10, 2013, 18.

공화당 의원들은 어떤 식의 증세도 타협의 여지 없이 반대했고, 동시에 공공 지출의 즉각적인 대규모 삭감을 요구했다. 2010년부터는 의회가 정부의 추가적 경기 부양 대책까지도 저지했다. 2009년 이후부터 연방 정부의 실질 지출은 성장세를 멈췄고, 2011년과 2012년에는 연방 정부가 실질 GDP에서 차지하는 비중 자체가 줄어 매년 2.2%씩 감소했다. 2013년 3월에는 민주/공화 양당 간 의회 예산 협상이 교착돼 '시퀘스터 sequester' 법에 의거, 10월 중 16일간 연방 정부의 부분 폐쇄를 포함한 전반적인 지출 삭감 조치가 시행됐다. 몇몇 유럽 국가에 비하면 온건한 형태이긴 하지만 이를 통해 미국에서도 긴축정책이 시행됐다.

긴축정책은 일부 유럽 국가에선 그 정도가 매우 심했다. 유럽중앙은행과 EU 산하 기구들에 의한 혹독한 공공 지출 삭감이 그리스, 아일랜드, 그리고 스페인에서 시행됐는데 그 여파는 표 5.3에 나타나 있다. 그리스는 2013년 기준 6년 연속 경기 위축을 경험했고, 2012년 GDP를 보면 2007년 대비 약 20%까지 추락했다. 2012년 그리스의 실업률은 24.2%를 기록했고, 청년 실업률은 무려 50%가 넘었다. 아일랜드도 경기 침체 상태에 들어가 2012년 실업률은 14.7%에 이른다. 스페인의 경우도 2012년 25.0%의 실업률을 기록했다.[254]

---

254 그리스, 아일랜드, 스페인에서 있었던 심한 경기 위축은 긴축정책과 직접적으로 연결되어 있다. 그러나 여기에는 이것 말고도 유로존의 공동 통화가 만들어 내는 복잡한 문제들이 얽혀 있다. 자세한 논의는 이 책의 범위를 넘어선다.

긴축 논쟁

친 긴축정책 기조는 신자유주의적 경제학자들이 위기의 원인을 재해석하면서 나타난 것이다. 대부분의 사람이 볼 때 경제는 민간 부문이 [자기 조절 메커니즘의 작동 없이] 스스로 무너져 내리고 있는 것처럼 느껴졌다. 하지만 이는 자본주의경제란 본질적으로 안정적이며, 심각한 문제 상황은 오로지 국가의 잘못된 간섭 때문에 발생할 뿐이라는 신자유주의적 이론과는 배치되는 것이었다. 신자유주의적 경제학자들은 민간이 아니라, 국가가 저지른 세 가지의 잘못 때문에 위기가 나타났다는 설명을 내놓았다.

첫째, 가장 근본적인 원인은 연준의 통화정책상의 실책으로 2000년대에 금리가 지나치게 낮게 유지되었고, 그 결과 유동성이 저렴하게 풀림으로써 부동산 거품이 발생했으며, 이 거품이 터지면서 위기가 왔다는 주장이다. 물론 당시의 연준 의장은 신자유주의적 철학에 충실한 앨런 그린스편이었다는 사실은, 연준 자체가 국가기구에 속해있기에 이들에게 무시되었다. 만일 위기를 연준 탓으로 돌릴 수만 있다면, 민간 부문은 그 혐의를 벗을 수 있기 때문이다.

그러나 이는 증거를 통해 뒷받침되는 설명이 아니다. 보즈워스와 플랜(Bosworth and Flann, 2009)은 이 점에 관해 설득력 있는 설명을 제시한다. 확장 통화정책은 일찍이 1950년대부터 불황에 대한 통상적 대응이었다. 2001년의 불황에서 회복 중이던 2002년과 2003년에 연준은 단기 금리를 낮게 유지하다가 경제가 성장의 정점에 도달하는 2004년에 금리 인상으로 돌아섰고, 이는 전통적인 통화정책을 따른 것이었다. 단기 금리는 2007년까지 지속적으로 상승했고, 장기 금리는 2001년에서 2007년까지 상대적으로 높은 수준을 유지했다. 또 단기 금리가 2000년대 초만큼 낮더라도 자산 거품이 꼭 발생해야 하는 것은 아닌데, 예를 들어 1950년대 중반이 그렇다. 저금리가 자산 거품의 발생에 우호적 조건이기는 하지만, 실제 증거들로 판단할 때 자산 거품의 근본적인 원인은 단순히 저금리가 아니라 경제의 구조적인 조건에서 찾아야만 한다.

신자유주의자들이 제시하는 위기에 관한 두 번째 설명은 두 개의 '정부 기관'인 패니매와 프레디맥이 고위험 주택 저당증권을 만들어 팔았다는 점이다. 공기업이라는 지위 덕에 사람들이 파산 위험을 걱정할 필요가 없다고 생각했다는 것이다. 이러한 설명은 정부 후원 주택 저당 기관government-sponsored home mortgage institution이라는 이들의 성격에 대한 오해, 그리고 서브프라임 모기지 증권의 폭증과 관련한 정확한 사실관계의 무지에서 비롯된 것이다. 이중 패니매는 1968년에 이미 민영화되어 민간 주주들이 소유한 업체다.

2005년 이전까지만 해도 사실 이 두 업체는 서브프라임 모기지의 증권화 사업에서 대부분 비켜나 있었으나, 2005년에 이르자 이들도 경쟁자와 주주들로부터 심한 압박을 받게 됐다. 패니매의 경우 서브프라임 모기지 대출의 증권화 사업에 깊이 연루되는 것을 가급적 피했으나 이로 인해 2004년에는 대출 재매각 사업의 56%를 월가의 경쟁 금융사들에 빼앗겨야만 했다. 그러자 패니매의 지분을 소유하고 있던 헤지 펀드의 매니저는, 패니매의 CEO 대니얼 머드Daniel Mudd에게 전화를 걸어 "당신은 바보인 거요, 아니면 장님인 거요? 내 돈을 불리는 것이 바로 당신의 일 아닙니까"라고 일갈했다. 보도에 따르면, 서브프라임 대출의 주요 공급자였던 컨트리와이드의 대표 안젤로 R. 모질로도 만일 패니매가 자신들의 고

위험 모기지 대출을 받아주지 않으면, 바로 패니매와 관계를 끊고 월스트리트로 달려가겠다고 위협하곤 했다. "점점 당신이 필요 없어지고 있군요 … 우리가 당신을 필요로 하는 것보다 당신이 우리를 더 필요로 할 텐데 말이죠. 만약 당신이 서브프라임 대출을 받아들이지 않으면, 당신은 생각 이상으로 많은 것을 잃을 겁니다." 결국 대니얼 머드는 주주와 시장의 압박에 굴복해 2005년부터 2008년 사이에 약 2,700억 달러에 달하는 고위험 대출을 매입하거나 지급보증을 해주고 마는데, 이는 그 이전까지 규모의 무려 3배 이상에 달하는 액수였다.[255]

위기의 원인에 대한 신자유주의적 설명, 그 세 번째는 1977년의 지역재투자법Community Reinvestment Act을 겨냥한다. 이 법은 상업은행과 저축은행이 그들이 소재한 지방의 대출 수요에 부응하기 위한 조치를 해야 한다고 규정하고 있다. 비판자들에 따르면, 바로 이런 잘못된 법 때문에 위험천만하게도 은행이 저소득층에게 대출을 내주도록 오도했고, 이 때문에 금융 위기가 터졌다는 것이다. 그러나 이러한 설명은 사실을 왜곡한 것이다. 서브프라임이 붐을 이루던 시기에 실행된 고금리 대출의 75%는 모기지 회사들이나 은행 산하의 계열사처럼 지역재투자법의 적용 대상에 해당되지 않는 금융기관들이 실행한 것이다(Barr and Sperling, 2008).

금융 위기의 발생 원인에 관한 이러한 신자유주의적 설명은 그 약점에도 불구하고, 신자유주의적 경제학자들 사이에서 널리 승인받게 된다. 신자유주의 경제학자들이 제시하는 이러한 설명은 사실 위기의 원인 그 자체보다는 긴축정책의 당위성을 설명하는 데 더 큰 중요성을 지닌 것이

---

255 *New York Times*, October 5, 2008, 1, 30.

었다. 긴축정책에는 크게 세 가지 논리가 있는데, 이들 모두가 현재의 재정 적자 혹은 높은 정부 부채 비율이 경제적 해악을 끼친다는 믿음에 근거하고 있다.[256] 세 가지 논리 중 가장 빈번하게 인용되는 것이 구축 효과에 대한 가설로서, 만일 정부가 세입 이상으로 세출을 늘리려 할 경우 결국 그 차액만큼 차입할 수밖에 없고 이것이 금리 상승 압박으로 작용한다는 것이다. 고금리는 곧 민간 투자의 감소를 초래하며, 정부 지출 상승분은 이 감소분을 메꿀 뿐이라는 논리다. 따라서 부채에 기반을 둔 정부 지출 증가는 GDP 그 자체에는 영향이 없으며, 단지 그 구성 성분만 민간 지출에서 정부 지출로 넘어간다는 것이다.

그러나 구축 효과를 비판하는 쪽은 대량의 실업과 유휴 생산 설비가 있는 상태에서 이러한 구축 효과는 작용하지 않는다고 주장한다. 이들에 의하면 연준은 금리 상승을 수반하지 않고도 팽창적 통화정책과 적자 재정을 통해 경제의 총수요를 증가시킬 수 있다. 민간 투자는 감소하는 것이 아니라, 정부 지출 덕에 소득이 증가한 이들의 소비지출에 의해 오히려 증가하게 된다. 또 구축 효과에 비판적인 학자들은, 경제가 추가적 GDP 상승의 여지가 없는 완전고용 상태일 때만 적자 재정을 통한 정부 지출이 비효율을 가져온다고 지적한다. 2008년 이후 기간을 보면 이러한 주장은 타당하다. 정부 지출이 증가했어도 연준은 역사적으로 낮은

---

256 긴축 옹호론자들의 주장은 주로 대규모 공공 부채 및 재정 적자의 위험을 강조하는 것이고, 따라서 적자의 감축을 이루기 위해 공공 지출이 삭감되어야 한다고 주장한다. 그러나 실제로는 많은 긴축론자가 적자를 줄이는 것보다는 공공 지출을 삭감하는 데에만 관심을 두는 것으로 보인다. 이들 대부분이 적자를 줄일 또 다른 대안인 증세를 반대하기 때문이다. 일부 북유럽 국가들은 증세를 통해 높은 공공 지출을 유지하면서도 낮은 수준의 적자를 달성했다.

수준의 저금리를 유지했고, 기업 고정 투자는 시간에 지남에 따라 되살 아났다.[257]

긴축정책을 옹호하는 두 번째 논리는 부채에 기반을 둔 정부 지출이 인플레이션을 초래한다는 것이다. 이러한 주장에는 여러 가지 버전이 있는데, 구축 효과의 경우처럼 이 주장도 2008년 이후 실제 사례에 부합하는 설명이 아니다. 인플레 경고하는 목소리가 무수히 있었지만, 대규모 재정 적자에도 불구하고 인플레는 좀처럼 발생하지 않았다. 대불황은 2009년 6월에 종료되면서 경제가 회복되기 시작했는데, 2013년 9월까지 소비자물가지수는 대규모 재정 적자에도 불구하고 역사적으로 낮은 수준인 연 2.0% 인상되는 수준에 머물렀다(U.S. Bureau of Labor Statistics, 2013).

긴축론의 세 번째 논리는, 높은 재정 적자 비율이 경제성장에 끼치는 악영향에 대한 것이다. 긴축 옹호론자들은 GDP 대비 정부 부채 비율이 어느 선을 넘으면 장기 경제성장이 늦춰지거나 심지어는 마이너스 성장이 될 수도 있다고 경고한다. 간단히 말하면, 경제성장에 필수적인 소중한 투자 재원이 정부의 미래 부채를 갚기 위한 용도로 잠식당한다는 것이다(소위 "우리 자녀 세대에게 부담을 지우지 말자"는 논리가 바로 이런 것이다). 그러나 그 반대의 논리도 가능하다. 만약 적자 지출이 경제성장을 견인할 수 있다면, 높은 부채가 빠른 성장과 연결될 여지도 있는 것이다. 또한 공공 부채가 내국인들을 통해 차입된 것이라면, 부채 상환에 들어가는 재원은 곧 민간의 투자 재원에 영향을 끼치는 것이 아니라, 단지 내국인들 사이에 소득을 재분배하는 효과를 지닐 뿐이다.

---

[257] 구축 효과를 둘러싼 경제학자들 간 논쟁은 물론 여기에서 논의한 것보다 훨씬 더 복잡하다.

그림 5.15. | 미국 국내총생산 대비 연방 정부 부채 비중(%), 1940-1975.

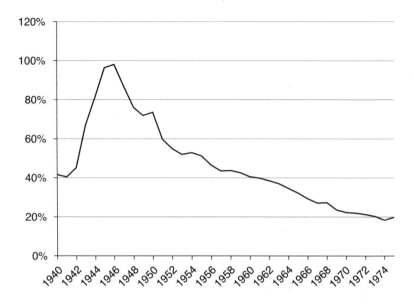

출처: 미국 행정관리예산국(Office of Management and Budget, 2013, Table 7.1).

사실 공공 부채 비율과 장기 경제성장 사이의 관계를 말해주는 결정적 증거를 찾기란 어렵다. 부채 자체에 비판적인 일부 논자들은 단순히 미국의 공공 부채 비율이 제2차 세계대전 종전 당시의 차입 수준에까지 이르렀다고 경고하기도 한다. 그들은 부채를 그 자체로 명백한 위험으로 취급하지만, 1946년 GDP 대비 98.0%에 이르는 공공 부채를 뒤따른 것은 약 25년간 미국 역사상 가장 빠르고 혜택이 고르게 분배된 경제성장이었다. 따라서 높은 부채 비율이 초래하는 위험은 그리 자명한 것이 아니다. 그림 5.15에서 보듯 1946년부터 1973년까지 미국의 연방 정부 부채 비율은 98.0%에서 20.4%까지 감소했는데, 이는 빚을 갚아서가 아니라

GDP 자체가 부채보다 빠르게 성장했기 때문이다. 이 기간 부채 비율은 많이 감소했지만, 1973년 당시의 정부 부채 잔액으로는 1946년 당시보다 오히려 22%나 더 큰 규모였다.

하버드대학교 경제학 교수인 카르멘 라인하트Carmen Reinhart와 케네스 로고프Kenneth Rogoff는 2010년 전미경제학회지American Economic Review 에 게재된 논문에서 다수 국가에 대한 통계분석을 통해, 공공 부채 비율이 GDP의 90%를 초과하는 국가들은 장기적으로 경제성장이 확연히 느려진다고 주장했다.[258] 그들은 "이는 현행의 공공 부채 관리 문제가 이제는 공공 정책상의 가장 큰 쟁점으로 대두되었음을 시사한다"고 결론 내렸다 (Reinhart and Rogoff, 2010, 575, 578). 이 연구는 긴축정책을 따르지 않는 국가에는 경제적 퇴보의 암운이 드리울 것이라는 일종의 '증명'처럼 정책 분석가 및 당국자들 사이에서 널리 회자했다.

라인하트와 로고프의 논문은 발표 당시부터 많은 비판에 직면했고, 특히 '인과관계의 방향'이 불분명하다는 점이 지적되었다. 즉 그들의 통계적 분석만으로는, 경제성장이 낮기 때문에 결과적으로 부채의 누적을 초래 하는지, 아니면 긴축론자들 주장대로 높은 부채가 성장을 늦추는지가 불분명했다. 하지만 이런 기술적인 논쟁들은 전문가들의 관심을 넘기 어려운 것이었다. 그러던 중에 2013년 4월, 경제학 전공 대학원생이던 토머스 헌든Thomas Herndon은 라인하트와 로고프가 사용했던 자료들을 확보해 이를 재검토하는 논문을 작성했는데, 이에 따르면 그들의 분석에는 몇 가지

---

258 공공 부채 비율이 90%를 넘는 고부채 국가군의 평균average 장기 경제성장률은 마이너스로 나오지만, 이를 중위값median으로 잡으면 고부채 국가들의 중위 장기 경제성장률median long term growth은 저부채 국가들에 비해 고작 1%포인트 낮은 수준이다.

중대한 오류가 포함되어 있었다. 그리고 이 오류를 수정하자 부채와 저성장 간에 성립했던 데이터상의 연관 관계가 사라져 버렸다(Herdon et al., 2013).[259]

일개 대학원생이 막강한 영향력을 지닌 일류 경제학자들의 공동 집필 논문에서 치명적 오류를 발견해 낸 이 희귀한 사건을 대중매체가 가만히 둘 리 없었다.[260] '헌든 비판Herndon Critique'은 곧바로 뉴욕타임스, 월스트리트저널, 파이낸셜타임스의 지면을 장식했고, 이 오류를 발견해 낸 헌든은 직접 미국공영라디오National Public Radio와 유명한 토크쇼인 콜베어 리포트Colbert Report에 출연하기도 했다.[261] 헌든 비판이 인터넷상에 확산되자 많은 저명 논객들 역시 긴축정책은 이제 무너진 것 아니겠느냐는 식으로 말하기 시작했다.[262] 사실 헌든 비판은 긴축정책으로 여러 국가가 겪는 해악이 도를 넘으면서, 많은 이들이 이를 무너뜨릴 방법을 모색하던 차에 때마침 나타난 것이었다. 그리스와 스페인은 긴축정책을 따르다가 공황 수준의 대량 실업을 겪었다. 반면, 아이슬란드는 금융 붕괴 이후에도 긴축정책의 채택을 거부함으로써 상대적으로 고통이 덜했으며, 실업률은 2012년에 5.8%까지 떨어진다. 그리스에선 신좌파 사회주의 정당이 급격

---

259 헌든은 엑셀 코딩의 에러와 논문 저자들의 결론과 배치되는 일부 데이터들이(국가-연도 정보) 아무런 설명 없이 생략된 것을 발견했다.

260 이 사안을 다루는 언론들의 전형적인 방식은 다음과 같았다. BBC는 "라인하트와 로고프, 그리고 헌든: 교수들의 실수를 잡아낸 대학원생"이라는 식으로 제목을 달아 기사를 내보냈다.

261 이 논문은 두 명의 교수가 공저자로 참여했지만, 제1저자는 대학원생 토머스 헌든이다.

262 헌든 비판에 대한 후속 연구에 따르면, 라인하트와 로고프의 데이터는 저성장이 차후의 높은 재정 적자를 초래하는 방식의 인과관계를 내포할 뿐, 그 역은 아니라고 주장한다(Dube, 2013).

히 지지를 얻었고, 이 와중에 신나치주의 정당도 함께 득세하기 시작했다. 긴축론자들은 여전히 포기하지 않았지만, 2013년 늦은 봄에 이르면 대중 매체들이 긴축정책에 회의적인 입장으로 돌아섰다.

일부 반긴축론자들은 긴축론이 비이성적이고 결국에는 스스로 사그라들 대응일 뿐이라고 치부했지만, 다른 관점으로 볼 여지도 있다. 첫째, 긴축론은 대중의 분노 대상을 바꿔치기하는 데 성공했다. 위기가 터지고 금융기관 구제 조치가 시행되자, 수백만 대중의 분노는 바로 은행으로 향했다. 은행가들이 금융 투기를 통해 그들 자신을 위해 수십억 달러를 벌자고, 수백만의 일자리와 수조 달러에 달하는 주택 소유주의 재산을 대가로 지불하며 경제를 파국으로 몰아넣은 것으로 보이던 와중이었다. 그러고도 은행은 그들이 저지른 터무니없는 행동의 결과물로 인해 국민의 세금까지 써가면서 구제받았다.

금융기관 구제 조치를 이끌었던 부시 정부의 재무장관 헨리 폴슨은 골드만삭스의 CEO로 일한 전력이 있었는데, 그는 과거 자신의 회사를 구제하는 조치를 주도했을 뿐 아니라, 보험사인 AIG를 구제하는 파격적인 조치까지 시행한다. 정부가 AIG에 제공한 850억 달러 상당의 구제 패키지 덕분에 AIG는 골드만삭스에 지고 있던 신용 부도 스와프 관련 지급금을 100% 지급할 수 있었다. 정부의 AIG 구제 조치는 19개 거대 은행에 지고 있던 440억 달러 상당의 신용 부도 스와프 관련 지급금을 포함하는 것이었고, 이 중에서 81억 달러가 골드만삭스를 위한 것이었다.[263] 일반적인 부도의 경우와 달리 AIG는 물론 재무부조차 채권 은행들에 지급 금액의

---

263 *New York Times*, March 16, 2009, A14.

할인을 전혀 요구하지 않았다.

부와 권력을 소유한 계층은 2008년과 2009년에 대중의 거대한 분노의 물결과 마주해야 했고, 이로 인해 사태가 어디로 향할지는 예상할 수 없었다. 긴축론자들은 대중의 분노 방향을 딴 곳으로 돌리기 위해 이렇게 말하기 시작했다. "당신을 이런 상황에 빠뜨린 것은 은행이 아니고 바로 정부입니다. 그리고 저 탐욕스럽기 짝이 없는 공공 기관 직원들, 그리고 그들의 강력한 노조 때문입니다." '큰 정부'라고 하면 늘 쉬운 공격 대상이 되는 미국적 맥락에서 위기 도중의 이러한 정치적 태세 전환은 매우 성공적이었다.

둘째, 기존의 지배적인 사상 일체는 설령 결정적 사태를 통해 그 신뢰도가 훼손되었다 할지라도, 그리 쉽게 폐기될 수 있는 것이 아니라는 점을 아울러 지적해야 할 것이다. 신자유주의 사상 및 정책은 수십 년간 기업과 부유층을 위해 매우 잘 작동했던, 1980년대 이후 자본주의 형태의 핵심을 이루는 부분이다. 하나의 사회적 축적 구조는 구조적인 위기에 직면해 최종적으로는 다른 형태로 대체되겠지만, 그렇다고 그러한 변화가 반드시 급격하게 일어난다고 할 수는 없는 것이다. 기존 체제에서 혜택을 얻는 집단들은 설사 위기가 발생했다고 해도 이를 지키기 위해 모든 수단을 동원하기 마련이다. 긴축론 확산을 위한 여론전은 다음의 두 단계 대응 중에서 바로 둘째 단계에 해당한다고 볼 수 있다. 첫째, 은행을 생존시키고 경제의 자유 낙하를 방지하기 위해 필요한 것이라면 무엇이든 지지할 것. 둘째, [첫 번째 단계가 종료되면] 신자유주의적 자본주의 형태의 부활을 위해 긴축론으로의 전환을 요구하고 나설 것.

은행에 구제 금융을 투입하고 아울러 그 CEO들과 주주들까지 구제해

준 결정은, 그들의 입지를 위기 초기보다도 더욱 공고히 만들어 주었다. 거대 은행들에는 구제 금융만 투입된 것이 아니라, 그들보다 규모가 작은 다른 금융기관들을 흡수하는 것까지 허용되거나 심지어 권장되었기 때문이다. 결과적으로 은행 부문의 집중도는 오히려 심화했고, 거대 은행의 영향력은 더욱 커지게 되었다. 대공황 시절에도 이런 식의 구제 금융은 없었다. 은행들은 재정적 곤란을 감수해야 했을 뿐 아니라, 그들이 지녔던 정치적 영향력마저 상실해야 했다. 또한 이를 뒤따르는 것은 그들에게 가해지는 국가의 엄격한 규제 조치였다. 반면 2008년 금융 위기 이후에도 은행들은 도드-프랭크 법안의 영향력을 약화시키기 위해 로비를 시도할 정도로 힘이 있었고, 살아남은 은행가들은 2008년 대선에서 오바마를 지지했다가 2010년과 2012년 선거에서는 공화당 쪽으로 되돌아가 긴축정책 노선의 확산에 힘을 보탠다.[264]

그러나 긴축으로 선회 후 4년이 지난 2014년, 돌아온 것은 기대와 전혀 다른 경제적 퇴보뿐이었다. 긴축정책은 이윤율 상승과 장기 경제성장을 보장할 안정적 기반이 될 수 없는 것으로 보인다. 사실상 긴축론은 이제 그 전성기가 끝나고 있다고 할 수 있다.

---

[264] 보도에 의하면 2012년 선거 기간 당시 전미은행연합회American Banking Association는 정치활동위원회PAC: Political Action Committee 헌금의 80%를 공화당에 기부한다. 이는 2008년 대선 당시 58%와 비교되는 수치다(*New York Times*, October 10, 2013, A15).

구조적 위기

2008년에 시작된 위기가 구조적 차원의 위기였다는 말은, 단지 '구조적'이라는 단어로 의미를 강조한 것이 아니다. 만일 이 위기가 근본적으로 잘못된 처방을 따라서 금융 탈규제를 시행했기 때문에 생긴 금융 위기일 뿐이라면, 여타의 신자유주의적 자본주의 제도들은 그대로 잔존시키면서 새로운 금융 규제를 도입하는 것만으로도 완전히 해결할 수 있어야 한다. 또는 만일 이 위기가 본질적으로 그저 심각한 수준의 불황에 지나지 않는다면, 케인시언 경기 부양책만으로도 문제를 잘 해결할 수 있을 것이다. 사실 이 두 가지 처방 모두 어느 정도는 시행되었던 것들이다. 하지만 위기는 그 뒤로도 계속돼서 경기회복은 지지부진했고, 높은 실업률은 지속했으며, 수백만 가구들 역시 집값으로 대출 잔액을 감당할 수 없는 깡통 주택 상태에 놓였다. 따라서 우리가 볼 때, 비록 금융 규제론이나 케인시언 경기 부양책에 상당한 설득력이 있는 것은 사실이지만, 이들 중 어느 것이 혹은 두 가지 모두를 실행한다 해도 [사회적 축적 구조의 존재 이유인] 이윤율과 경제성장의 회복에는 역부족이라고 할 수 있다.

사회적 축적 구조 이론 그 자체만으로는 특정한 형태의 자본주의가 어째서 구조적 위기로 빠져드는지까지 세세한 설명을 제공할 수는 없다. 내가 여기서 취하고 있는 분석은, 신자유주의적 자본주의의 작동을 통해 나타난 세 가지 변화들, 즉 불평등 확대, 자산 거품, 그리고 투기적인 금융 부문을 통해 2008년부터 시작된 극심한 위기로 이르는 과정을 설명할 수 있다는 것이다. 신자유주의적 자본주의가 [자신의 작동 방식을 고수하면서] 하나의 사회적 축적 구조로 재기능하려면, 임금은 계속 낮게 유지하

그림 5.16. | 미국 비금융 기업 부문의 이윤율 추이, 2000-2012.

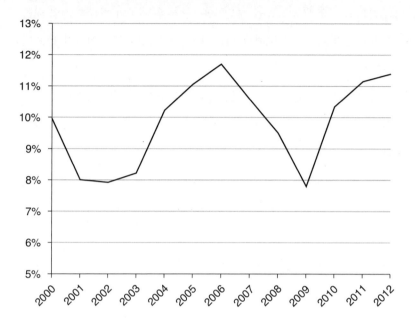

출처: 미국 경제분석국(U.S. Bureau of Economic Analysis, 2013, NIPA, Table 1.14, Fixed Assets Table 4.1).

비고: 이윤율은 세전 이윤에 순수이자 수취 및 기타 지급을 합산한 뒤 고정자산으로 나눠서 산출.

면서 동시에 이로 인해 발생하는 수요 부족의 문제를 해결해야 하고, 금융 투기를 통해 또 다른 대규모 자산 거품을 일으켜 부채에 기반한 수요를 진작해 내야 한다. 그런데 이러한 전망이 계속 가능할지는 매우 불투명하다.

미국의 신자유주의적 자본주의는 저임금과 이윤율 상승을 동시에 유지해 낼 능력이 아직까지 있는 것으로 보인다. 2009년 불황의 저점부터 2012년까지 시간당 평균임금은 매년 0.6%씩 떨어진 반면, 시간당 생산량은 매년 1.7% 상승했다(Economic Report of the President, 2013, Table B-47, B-49).[265] 그림 5.16을 보면 2009년 이후 미국의 비금융 기업 이윤율은 급속히 회복세를 보여서 2011-12년에 이르면 위기 이전인 2006년 수준이 된다.[266]

또 미국의 주요 은행들은 여전히 위험한 투기 거래를 지속하고 있다. 2012, 2013년에도 이러한 예는 쉽게 찾아볼 수 있는데, 예를 들어 2012년에 있었던 소위 '런던 고래 사건London Whale scandal'이 그렇다. 런던에 소재한 J.P.모건체이스 계열 소속의 트레이딩 부서가 과대평가된 장부 가치에 근거해 신용 부도 스와프의 매도 포지션을 과잉 보유해 시장가치를 왜곡시켰고, 결국 60억 달러에 이르는 손실을 보았다. 결국 J.P.모건체이스는 잘못을 인정하고 미국과 영국 양국에 10억 달러에 이르는 벌금을 납부한다.[267]

또 다른 예에는 골드만삭스가 등장한다. 금융기관의 비금융 영업 활동 참여를 제한하던 글래스-스티걸법이 폐지된 이래 늘 그 덕을 톡톡히 봐 왔던 골드만삭스가 이번에는 알루미늄 투기에 뛰어든 것이다. 알루미늄은 음료수 깡통은 물론이고 자동차, 전자 제품, 그리고 건물 외장재에 이르기까지 소비재 생산 전반에 광범위하게 이용되는 필수 자재다. 골드만삭스는 2009년에 미국 알루미늄 시장의 1/4 이상을 공급하는 원자재

---

265 시간당 급여는 비농업 민간 부문의 생산 및 비관리직군을 기준으로 한 것이며, 시간당 생산은 비농가 기업 부문에서 일하는 모든 인구에 의한 것이다. 2012년 당해 데이터는 잠정치다.

266 그림 5.16은 세전 이윤율이며, 세후 이윤율을 기준으로 할 경우에는 2006년보다 높은 수준으로 상승해 2011년까지 지속된다.

267 *The Guardian*, September 19, 2013; *New York Times*, October 16, 2013.

창고업체 메트로인터내셔널트레이드서비스Metro International Trade Service 를 인수했다. 그 후부터 일선 제조업체들에 알루미늄이 인도되는 데 걸리는 시간이 원래의 6주 정도에서 16주까지 늘어난다. 알루미늄 가격 자체가 국제 상품 시장의 거래 동향에 따라 변동하기 때문에, [국제 금융시장에 영향력을 끼칠 수단을 가진] 골드만삭스는 알루미늄 가격 인상을 유도할 수 있었고, 이는 미국 소비자들이 구매하는 최종재 생산의 비용을 인수 후 3년 동안에만 최소 50억 달러나 인상했다. 알루미늄 가격 책정상의 정부 규제에 어떻게든 끼워 맞추기 위해, 골드만삭스는 지게차 운전자들에게 [배송 시간을 지연시키기 위해] 이쪽 창고에서 저쪽 창고로 알루미늄 운반대를 계속 옮기는 척하라고 주문하기도 했다.[268]

이러한 예들은 곧 도드-프랭크 법안이 통과되었다고 해도, 은행들이 투기 행위에 뛰어드는 것을 근절할 수 없었음을 의미한다. 하지만 고위험 대출이 위기 이전의 규모만큼 가까운 미래에 다시 폭증하거나, 그로 인한 가까운 미래에 다시 금융 위기를 겪을 것이라고 볼 수는 없다. 2008년 위기 이전까지라면 금융 부문의 고위험 행동을 통해 부채에 기반한 소비지출의 성장이 가능했겠지만, 사실 2007년 이후부터는 오랫동안 상승일로였던 가계 부채가 하락 추세로 반전해서 가계의 세후 소득 대비 부채 비율은 2007년 126.7%에서 2012년에는 103.4%까지 감소했다. 이는 가구

---

268 *New York Times*, July 21, 2013, 1, 14, 15. 세 번째 예는 은행들의 에탄올 공제권ethanol credits 시장 조작 혐의다. 에탄올 공제 제도는 수입산 석유에 대한 미국의 의존도를 줄이고 미국 농가들을 지원하기 위해 도입된 것인데, 보도에 따르면 J.P.모건체이스를 비롯한 대형 금융기관들이 에탄올 공제권을 광범위하게 매집했고, 나중에 연방 정부가 해당 공제 제도의 범위를 확대하면서 정제업자들은 20배나 폭등한 가격을 지불해야 했다. J.P.모건은 혐의를 부인했다(*New York Times*, September 15, 2013, 1, 16.)

그림 5.17. | 연간 자본축적률, 1948-2012.

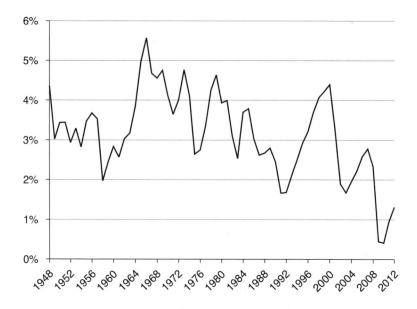

출처: 미국 경제분석국(U.S. Bureau of Economic Analysis, 2013, NIPA, Table 5.2.5, Fixed Assets Table 4.1).

비고: 자본축적률은 민간 순net 비주택 고정자본 형성액 중에서 민간 순 비주택 투자의 비율을 나타냄. 두 수치 모두 인플레이션 조정치임.

들이 소득에 비해 과중했던 부채들을 갚아서 규모를 줄이거나 상환 불능을 선언해 버렸기 때문이다. (4장의 그림 4.20을 다시 보라).

신자유주의적 자본주의하에서 이윤율 상승 및 장기 경제성장을 보증하는 세 번째의 요소였던 대규모 자산 거품의 경우를 보자. 거품 붕괴의 여파는 수백만 가구의 깡통 주택들, 모기지 관련 금융 자산들의 심각한 가치 저하, 그리고 자산 가치는 영원히 상승할 것이라는 식의 투자자 일각의 주장에 대한 불신 등의 형태로 아직 우리에게 작용하고 있다. 이러한 여건에서 새로운 대규모 자산 거품이 발생할 것으로 보기는 힘들다. 따라서 비록 이윤율이 회복되고 대형 은행들의 투기적 행위가 지속되고 있더라도, 신자유주의적 자본주의는 사회적 축적 구조로서의 효율적 작동 능력을 소진한 것으로 볼 수 있다. 그리고 이는 2008년부터 시작된 위기를 신자유주의적 자본주의 자체의 구조적 위기로 간주하는 것을 정당화한다.

이러한 관점은, 비록 이윤율은 모두 회복되었어도 자본축적의 경우는, 자본 총량의 증가 비율로 판단할 때, 회복되지 못하고 있다는 사실을 통해서도 뒷받침된다. 그림 5.17을 보면 연간 자본축적률은 2009년에 0.4%로 추락해 제2차 세계대전 이후 최저 수준이었던 2003년의 1/4을 조금 웃돌게 된다. 2009년 이후부터 다시 상승하지만, 2012년까지 고작 1.3% 정도까지 회복되는 수준에 머무는데, 이는 2007년 위기 직전과 비교할 때 47% 수준에 머무는 수치다. 그것도 이윤율이 완전히 회복된 상태에서 이런 것이다.[269]

저금리 상황에서 거둔 높은 이윤은 결과적으로 미국의 비금융 기업들이 2009년 이후부터 막대한 현금성 자산을 쌓아두도록 만들었다. 2010년 중반 미국 기업들의 현금 보유액은 9,430억 달러에 이르는 것으로 추산되었는데, 이는 한 해의 배당금과 전체 투자 금액의 가치를 넘고도 남는 것이었다.[270] 2012년 기업의 현금 보유액은 1조4,500억 달러에까지 이르지만, 투자는 여전히 침체 상태에 있었고 고용 성장도 급격한 불황 직후

---

269 자본축적률을 추정하기 위해 2013년 7월 20일 미국 경제분석국이 개정한 새로운 투자의 정의를 따랐지만, 2012년 이후의 자료는 새로운 데이터를 사용하되 일련의 조정 과정을 거쳤다.

270 *New York Times*, October 27, 2010.

임을 감안하면 매우 느린 편이었다.[271] 이제 신자유주의적 제도는 국민소
득에서 기업이 차지하는 이윤 몫을 높이는 조건은 만들어 낼지는 몰라도,
통상적 수준의 자본축적과 경기확장을 이끌어 내는 조건도 만들지 못하
고 있는 것이다. 통상적 수준으로라도 경기가 확장되지 않는다면, 높은 이
윤율 역시 그다지 오래 지속될 수 없다.

2008년에 시작된 위기처럼 1930년대의 대공황 역시 자유주의적 형
태의 자본주의로부터 출현했다(자세한 것은 6장에서 살펴볼 것이다). 그러
나 2008년의 위기는 정부와 중앙은행이 신속하고 효과적으로 개입할 정
도로 강력한 영향력을 갖고 있었다는 점에서 1929년의 경우와는 분명히
달랐다. 바로 이러한 점 때문에 1929-30년에 필적할 정도의 생산 급감에
도 불구하고 현재의 위기가 대공황과 같은 수준으로 비화하지 않았다. 대
공황 당시 미국의 국내총생산은 3년 반의 경기 수축 동안 무려 30% 이상
떨어졌고, 실업률은 25%에 달했다. 그러나 기업 고정 투자율의 침체는 두
위기 모두 유사한 양상을 보였다. 대공황의 경우 10년이 지난 1939년에
가서야 국민총생산이 10년 전 수준을 겨우 넘어섰지만, 기업 고정 투자의
경우에는 10년이 지나서도 1929년의 58% 수준에 머물렀다. 자본축적의
침체는 두 위기 모두 같은 원인, 즉 대규모 자산 거품의 붕괴로 그간의 과
잉 생산능력이 드러났기 때문이다. 고정자본의 중복 과잉 상태는 장기간
기업의 투자 유인을 억눌렀다.[272]

---

271 *Forbes*, March 19, 2013.

272 1930년대와 현재의 투자 침체에 관한 경제학자들 사이의 합의된 정설은 없다. 그러나 이 책
에서 제시되는 설명은 역사적 증거들과 부합한다.

만일 2008년 위기가 신자유주의적 자본주의 형태의 구조적인 위기라고 한다면, 앞으로 어떤 식으로든 중대한 경제적 변화가 있을 것이라고 예상할 수 있다. 그러나 사태의 새로운 진전 가능성을 살펴보기 전에, 우리는 우선 지금까지 미국 역사에 출현했던 사회적 축적 구조들에 관해 먼저 개략적으로 살펴보기로 한다. 이를 통해 우리는 경제 제도와 경제사상적 측면에서 앞으로 있을 잠재적인 변화의 경로에 관한 시사점을 얻을 수 있을 것이다.

6장

역사적 시사점

●

사회적 축적 구조 이론은 구조적 차원의 위기 이후에 대대적인 제도적 재편이 뒤따른다고 주장한다. 그러나 그 어떠한 사회 이론도 다음 단계에 어떤 제도와 사상이 출현할 것인지까지 정확히 예측하지는 못한다. 지금까지 여기서 제시한 분석들은 신자유주의적 자본주의가 2008년 위기를 초래한 과정, 위기의 구체적인 진행 상황, 그리고 위기 발발 이후의 국가의 대응에 대한 설명이었을 뿐이다. 이것들은 앞으로 보게 될 여러 가지 변화의 가능성과 실현 여부에 대해 생각할 기초를 제공할 뿐이다.

역사는 단순한 주기적 반복이 아니다. 시간이 흐르면서 한 사회의 경제적, 정치적 그리고 문화적 특징들은 변화를 거듭하고, 이는 지난 시대와 여러 측면에서 구별되는 새로운 시대를 만들어 낸다. 그럼에도 불구하고 장기적 안목에서 이러한 변화들을 관찰하면, 역사 속에서 유용한 시사점들을 읽어 낼 수 있다. 자유주의적 제도가 사회 전체적으로 득세하고 금융이 특별한 위상을 지녔다가 다른 형태로의 자본주의로 이행해 간 과거의 시기들을 돌아보면 신자유주의 위기의 성격에 관해서, 그리고 앞으로 다가올 경제적 변화의 방향에 대해서 영감을 얻을 수 있을 것이다.

역사상 자유주의 또는 자유 시장 본위의 제도가 미국을 지배한 것은 비단 신자유주의가 최초는 아니었다. 남북전쟁 후부터 1900년경까지, 고도로 경쟁적인 형태의 자본주의가 이미 미국에 존재했다. 이 시기를 종종 도금 시대Gilded Age라고 부르는데, 이 용어는 마크 트웨인Mark Twain과 찰스 더들리 워너Charles Dudley Warner(1829~1900)가 지은 소설에서 기원한 것으로, 이는 당시 출현한 신흥 부유층을 묘사하는 작품이었다. 한편으로 이 시대를 '강도 귀족Robber Barron'의 시대라고도 하는데, 이익을 위해서라면 물불을 안 가리는 당시 신흥 자본가계급의 노골적인 행태 때문이었다.[273]

도금 시대를 뒤따른 것은 미국 최초의 규제적 자본주의 형태라고 할 수 있는, 소위 진보의 시대Progressive Era로서 1900년부터 1916년까지의 기간이었다.[274] 1900년 이후 국가는 더욱 적극적인 역할을 자임하기 시작했고, 은행가들은 새로운 위상을 지니게 됐다. 주로 뉴욕에 기반을 두고

---

273 '강도 귀족'이라는 용어는 1970년대에 처음 출현했고, 나중에 같은 이름을 지닌 조지프슨의 책을 통해 대중화된다(Josephson(1962[1934]).

274 최근 일부 역사학자들은 1870-1916년의 기간을 2개의 시기로 구별하는 관점에 반대하고 있다. 즉 1900년 이전에도 상당한 정도의 개혁적 조치들이 있었기 때문이라는 것인데, 예를 들어 1880년대의 연방 공무원 제도나 철도 규제의 도입 같은 것들이 그렇다(Edwards, 2006). 관련 논쟁에 대해서는 Johnson(2011, 97-101)을 보라. 저자가 보기에는 1880년대의 개혁은 상당히 제한적인 수준에 머무는 것으로, 1870년대 이후 전체를 하나의 시대로 간주하려는 Edwards(2006)의 관점이 지지를 얻기 힘들다고 본다. 1900년 이전의 일반적 기업 관행이나 정부의 경제정책은 자유 시장 혹은 자유주의적 자본주의에 대한 우리의 개념과 부합한다.

있던 당시의 주요 금융인들은 경제 전체에 막대한 영향력을 행사했는데, 이들을 설명하는 개념이 소위 '금융자본finance capital'이라는 것이다. 금융자본은 대형 금융기관의 지배적인 역할 아래 금융·비금융 기업이 긴밀하게 결속하는 것을 일컫는다.[275]

제1차 세계대전이 종료된 1920년 초에 자유 시장적 제도와 사상이 재림함에 따라 미국 자본주의는 다시 한번 변화를 맞게 된다.[276] 그뿐만 아니라, 1920년대에 이르면 금융자본이 '진보의 시대'에 수행했던 지배적인 역할이 크게 변화해 오늘날과 상당히 유사한 형태의 금융화 단계로 진입하게 되었다. 흔히 '광란의 20년대Roaring Twenties'라고도 불리는 1920년대의 자유 시장적 자본주의 시대에는 신자유주의 때와 흡사한 현상들이 많이 나타나기도 했다.[277] 마치 신자유주의 시대처럼, 1920년대의 자유주의 시대도 1929년의 금융 위기와 심각한 실물 부분의 침체로 귀결되었다.

이 장에서는 19세기 말의 자유 시장적 도금 시대, 1900년 이후의 진보의 시대 또는 금융자본의 시대, 그리고 자유 시장적 제도가 재림했던 광

---

275 '금융자본'이라는 용어는 힐퍼딩Hilferding(1981)이 1910년에 독일에서 출판한 그의 저서에서 처음 사용한 것으로, 당시 독일 자본주의의 발달 양상에 기반해서 만들어 낸 개념이다. 이 책에서 금융자본이라는 개념을 미국의 경험에 적용할 때는 힐퍼딩이 사용했던 본래의 개념과 미세한 차이가 있다.

276 대부분의 사회적 축적 구조 이론 학파의 문헌들에서는 1900년경부터 1930년대까지의 기간을 단일한 사회적 축적 구조가 작동했던 기간으로 파악한다(Gordon et al., 1982, chap. 4). 저자가 파악하기에 제1차 세계대전 이후 미국에서 새로운 사회적 축적 구조가 출현했다는 강력한 증거들이 이미 존재한다.

277 보통 '광란의 20년대'라는 표현은 당시 미국의 경제적 번영과 문화적 변동을 설명하기 위해 사용된다.

란의 20년대를 순차적으로 살펴볼 것이다. 이 장의 마지막 절에서는 오늘날의 경제적 변화가 가져올 미래의 가능한 경로들에 관해 시사점들을 고찰한다.

도금 시대

미국 경제는 남북전쟁 이후부터 1900년까지 급격한 변화를 맞는다. 이미 남북전쟁 이전에 미 동북부에서 자본주의경제가 나타나긴 했지만, 남북전쟁이 끝난 1865년 당시 남부 이외 지역의 주요 산업은 아직도 소규모 농업이거나 지역 수준의 중소 수공업에 지나지 않았다. 제조 공업 뿐 아니라, 심지어 새롭게 건설된 철도조차도 중소 회사들이 운영하고 있었다.[278] 다른 산업들에 비해서 그래도 철도 산업이 법인의 조직 형태를 수용한 경우였다.

하지만 그 이후 수십 년간 신기술의 도입이 기업 규모의 급속한 확대를 가져왔다. 1870년부터 1890년까지 총 철도 연장 길이는 거의 4배로 증가했고 1900년까지 130만 대의 전화가 개통됐다. 철강 생산량은 1870년의 7만7000톤에서 1900년에는 1,120만 톤으로 증가한다(Calhoun, 2007, 2). 1900년에 이르면 제조업, 광업, 철도 운송, 전화 통신 분야에서 전국적

---

[278] 예외적으로 뉴잉글랜드 지방에서는 대형 면직물 공업이 번성했다. 1865년 피츠버그에는 21개소의 압연 공장과 76개소의 유리 공장이 있었고, 클리블랜드에도 30개의 석유정제 회사가 있었다.

규모의 거대 기업들이 법인화됨으로써, 전 세계에서 손꼽히는 제조업 강국이 된 미국 경제 위에 군림하게 된다.

이 시기 연방 정부와 주 정부는 전체적으로 자유방임주의 정책을 따르지 않았다. 연방 정부는 철도 건설에 보조금을 지급했고, 품질이 월등한 유럽산 공산품에 고율의 보호관세를 부과했으며, 이주 노동자의 유입을 적극 권장했다. 주 정부는 교통 분야의 발전을 촉진하기 위해 더욱 적극적으로 보조금을 지급했다. 노동자들과의 빈번한 충돌 과정에서 연방 정부와 주 정부는 기업 측 입장을 대변하며 수시로 개입했다. 연방 정부는 경제성장에 방해가 되는 아메리카 인디언들의 토지 권리 주장을 지속적으로 탄압했다.

하지만 이 시기에 일어난 새로운 자본가계급이 이윤 추구 행위를 하면서 정부 간섭 같은 것에 방해를 받지는 않았다. 1870년대부터 1890년대까지 경제는 대단히 경쟁적이었고, 새로 출현하여 급속도로 성장하는 기업들은 어떻게든 살아남아 시장을 지배하기 위해 치열한 싸움을 벌였다. 은행들은 규제를 받지 않았고, 거칠기 짝이 없는 개인주의와 '적자생존the survival of the fittest' 논리가 판을 쳤다. 따라서 우리는 이 시기를 자유주의적 또는 자유 시장적 자본주의의 한 예라고 간주할 수 있을 것이다.[279]

---

[279] 어떤 방식이 되었든 자본가로서 자신의 이익을 추구하는 것이 당시의 시대정신에 부합하는 것이었다. 한편 미국 정부는 개별 산업자본가들이 자신들의 이윤을 위해 신기술 개발 같은 생산적 투자에 나설 수 있는 환경을 만들어 냈고, 이는 급격한 경제 발전을 가져왔다. 또한 정부 출자를 통한 신교통 체계에 대한 투자는 거대 내수 시장을 창출했고, 고율의 보호관세는 미국 내 산업 투자의 수익성을 개선해 유럽 선진국들과 경쟁할 수 있는 기반을 만들어 냈다. 정부의 이민 장려는 노동력 공급을 촉진했다. 따라서 비록 이 시기 자본주의가 자유주의적 형태이

이 시기는 대단히 경쟁적이고 규제되지 않은 자본주의로서, 이 책에서 논의하는 주제와 여러 측면에서 관계가 있다. 1870년에서 1890년까지 유럽 주요국들의 경제성장률은 장기적으로 침체되는 추세였고 반면, 미국은 이 시기에 초기 산업화 국면을 거치며 수십 년간 높은 경제성장을 달성했다. 1878년부터 1894년까지 미국의 실질 총생산은 대략 연 3.7% 성장했다는 연구도 있다(Gordon et al., 1982, 43).[280] 정도의 차이는 있어도, 장기적으로 늘 인플레이션에 시달려야 했던 제2차 세계대전 이후의 서구 경제와 달리, 19세기 말의 미국 경제는 오히려 장기간의 디플레이션에 시달려야 했다. 1890년의 미국의 도매 물가지수는 1870년 대비 39.2% 떨어졌다(U.S. Bureau of the Census, 1961, 115). 경쟁 기업으로부터의 항시적 가격 인하 압박과 격화된 경쟁은 이 시기에 있었던 장기 물가하락의 한 원인이 되었다.[281]

이 시기에 거시 경제는 매우 불안정했다. '불황'이라는 말이 이때 이미 실제로 쓰였는데, 1870년부터 1890년 사이에만 총 7번의 불황이 있었

기는 하지만, 정부의 직접적 행동은 급속한 경제 발전을 촉진하기에 충분한 수준이었다고 볼 수 있다. 실제로 역사를 보면 급격한 산업화는 언제나 이를 지원하는 국가의 역할이 필수적이었다. 20세기로 넘어가면 저개발국에서는 경제 발전을 위한 국가의 역할이 더욱 확대되었는데, 왜냐하면 후발주자일수록 더욱 치열한 경쟁에 직면할 수밖에 없기 때문이다. 이에 대해서는 Chang(2002)을 보라.

280 이와는 대조적으로, 1878-94년 영국, 프랑스, 독일에서의 실질생산의 연 성장률은 각각 1.7%, 0.9%, 2.3%를 기록했는데, 세 국가 모두 그 이전 시기보다 낮은 수준이었다(Gordon et al., 1982, 43).

281 경제학자들은 19세기 말의 디플레이션의 원인에 대해서 합의에 이르지 못하고 있다. 일부는 은행업을 비롯한 당시 금융 시스템 전반의 특성처럼 통화적인 요소를 원인으로 지목하기도 한다.

다. 이 중에서 경기 수축 기간만 총 179개월이었는데, 이는 181개월의 경기 팽창 기간과 거의 같은 수준이다. 1873년에 시작한 불황은 5년 반 동안 지속했고, 1880년대 초의 또 다른 불황은 3년 이상 지속했다(National Bureau of Economic Research, 2013). 1893년에 시작된 불황에선 실업률이 두 자릿수에 달했고, 이는 1894년부터 1989년까지 내내 계속되었다. 1899년까지도 1인당 실질 GDP는 불황이 시작됐던 1893년 수준을 회복하지 못했다(Romer, 1986; Whitten, 2013). 은행의 도산도 흔한 일이었다. 1873년에는 철도 채권 투기로 촉발된 대규모 금융공황이 발생했는데, 이때부터 미국 역사상 가장 긴 경기후퇴가 이어졌다(National Bureau of Economic Research, 2013). 또 하나의 금융공황이 1893년에 발생했고, 이윽고 또 다른 불황이 이를 뒤따랐다.[282]

앞에서 강도 귀족이라 칭했던 주요 인물들이 사업을 시작한 것도 바로 1860년대와 1870년대였다. 그중 대표적인 인물들이 록펠러John D. Rockefeller, 카네기Andrew Carnegie, 밴더빌트Cornelius Vanderbilt, J.P.모건, 그리고 제이 굴드Jay Gould 같은 사람들이었다. 이 시기의 자본가들은 크게 세 가지 부류로 나눌 수 있다. 첫 번째 유형은 산업자본가Industrial Entrepreneur들로 철도, 제조업, 그리고 광업 등에서 급성장하는 기업들을 일궈냈다. 철강왕 카네기는 이러한 산업자본가의 전형이라고 할 수 있다.

---

[282] 19세기 후반 미국의 급격한 경제성장에도 불구하고, 사회적 축적 구조론자들은 이 시기에서 불황이 차지하는 기간이 길고, 이 기간 전반에 걸쳐 하락하는 것으로 보이는 이윤율을 근거로, 이즈음에 구조적인 위기가 발생했었다는 설명을 제시한다(Gordon et al., 1982, 41-47). 1870년대에서 1890년대 사이에 유럽에서 성장률의 둔화가 있었고, 많은 학자가 이를 사실상 첫 번째 대공황으로 본다.

이들은 지독히 경쟁적인 인물들로, 관리자와 노동자들을 혹독하게 밀어붙였다. 이들은 계약을 엎어버리고, 판사를 매수하며, 사설 군대를 유지하고, 경쟁자의 시설 파괴를 획책하는 등 비열하기 짝이 없는 술수도 마다하지 않음으로써 자신의 회사를 명실공히 점점 더 높은 생산성을 지닌 기업으로 만들어 냈다(Josephson, 1962; Morris, 2005, chaps. 3-5).[283]

두 번째 유형의 자본가는 투기꾼들로서 그 대표적인 예가 바로 제이 굴드다.[284] 이러한 투기꾼 중 가장 유명한 부류의 행태는 단순 매매 차익을 노리고 증권을 사는 정도가 아니었다. 이들은 새로운 기업 조직인 법인 형태를 최대한 이용해 회사를 직접 세우는 것이 아니라 다른 회사를 통째로 강탈했다. 가장 유명한 예로 제이 굴드는 자신의 통제하에 있는 연합태평양철도Union Pacific Railroad의 이사회를 움직여 잠재적 경쟁자가될 수 있는 회사를 인수하도록 했다. 그러나 사실 이 경쟁사는 굴드가 비밀리에 만들어 놓은 것으로 사실상 아무 가치 없는 껍데기뿐인 회사로 밝혀진다. 이 건을 통해 그는 천만 달러의 이익을 거둬들였는데, 한편 연합태평양철도의 주식은 사전에 팔아 치움으로써 그는 다른 주주들의 돈을 사실상 강탈했다(Josephson, 1962, 196-201).[285]

---

283 록펠러에 인수되는 것을 거부하던 한 독립 원유 정제 회사에선 폭발 사고까지 있었는데, 1887년 재판에선 이 사고가 중간 관리자의 독단적 행동이 일으킨 잘못이었다고 결론 내렸다.

284 제이 굴드의 사업 행태에 대한 설명은 Morris(2005)와 Josephson(1962)을 보라. 대니얼 드루Daniel Drew는 당시의 또 다른 투기적 자본가의 예이다.

285 제이 굴드의 이 유명한 일화는 다른 이들을 희생시켜 높은 투기적 이익을 얻어 내는 금융 사기와 내부자 정보 이용의 극단적인 예이다. 일반적으로 투기적 이익은 아무런 경제적 유용성이 없는 해악일 뿐이며, 상당한 투기적 이익을, 그것도 지속적으로 벌어들인다는 것은 내부자 정보 이용이나 혹은 판매 대상에 대한 허위 정보 공시 외에는 불가능하다는 것이 저자가 취하

세 번째 유형의 자본가는 은행가들이다. 투자은행업이라는 새로운 제도가 남북전쟁 이후에 나타났는데, 근본을 더 따지고 들어가면 원래 이들은 초라한 직물상에 지나지 않았다. 초기에 이들은 정부 공채 매각을 돕는 일을 했고, 1870년대에는 철도 채권을 취급하기 시작해 1890년대에는 제조업체의 채권도 자신들의 사업 영역에 포함시켰다. 당시 영국과 독일에서 들어온 장기투자 자본의 공급로를 장악하고 있던 주요 투자은행들은 주요 철도 회사들까지 자신들의 통제 아래 두기 시작했고, 나중에는 제조업과 광업 분야의 기업들까지 손을 뻗쳤다. 투자은행가들 중에서 J.P.모건은 가장 유력한 인물이었고, '쿤, 러브Kuhn, Loeb & Co' 사의 제이컵 시프Jacob Schiff 역시 중요한 인물이었다(Kotz, 1978, chap. 3).[286]

　J.P.모건을 비롯한 주요 은행가들이 볼 때, 단기 이익에 치중하는 산업 자본가들의 행위는 '파멸적인' 경쟁을 초래할 뿐이었다.[287] 당시 신기술이 전국적 규모의 대기업들을 만들어 내기도 했지만, 그 과정이 바로 독점으로 연결될 정도는 아니었다. 철도를 시작으로 해서 제조업 분야들에

는 관점이라고 이미 4장에서 설명한 바 있다.

286 J.P.모건은 모건투자은행Morgan Investment Bank을 통해 미국 증권에 투자하던 영국 자본가들과 긴밀한 관계를 맺고 있었다. 독일계 유대인 자본가들은 '쿤, 러브' 등 역시 독일계 유대인들이 운영하는 투자은행들을 통해 미국 시장에 투자하고 있었다. 골드만삭스, 리먼브러더스 둘 다 1890년대 당시에는 뉴욕의 소규모 투자은행이었는데, 1906년경부터 경공업이나 소매 기업들의 증권들을 취급하기 시작한다. 이쪽은 당시의 주요 투자은행들이 무시하다시피 하던 분야였다(kotz, 1978, 34-35). 이밖에도 Roy(1997,chap 5), Chernow(1990, pt I)를 참고하라.

287 '파괴적 경쟁'이라는 개념을 만들어 낸 경제학자들은 특히 초기 고정 비용이 높고, 현존하는 자본하에서 추가적으로 발생하는 단위 비용이 낮은 산업이 경쟁으로 인해 고통받을 것이라고 본다. 이러한 개념은 신자유주의 시대 들어 경제학 교과서에서 자취를 감췄다.

걸쳐 느슨한 형태의 과점이 흔하게 나타났는데, 이는 대략 5개에서 15개 정도의 주요 기업이 해당 산업에서 경쟁을 벌이는 형태였다. 그런데 이는 대단히 불안정한 시장 형태로, 철도와 제조업 분야에서는 가격 전쟁이 다반사로 일어나 당사자들 모두에게 치명적인 타격을 입혔다. 과잉생산, 가격 전쟁, 도산으로 이어지는 이런 과도한 경쟁은 결국 투자은행을 비롯한 채권 소유주들에게 손해를 끼쳤고, 이에 주요 투자은행가들은 비금융 기업들의 통제권을 손에 쥐고서 경쟁의 제한을 시도했다.

은행가들은 또한 제이 굴드나 대니얼 드루 같은 투기꾼들의 약탈적 행동 역시 경멸했다. 은행가, 산업자본가, 투기꾼, 이 세 분파의 투쟁은 고도로 경쟁적이고 불안정한 경제를 견제하는 방향으로 작용함으로써, 1900년대 이후부터는 이제 미국에서 최초로 규제적 형태의 자본주의가 출현하는 데 중요한 역할을 하게 된다.

금융자본 그리고 진보의 시대

1900년 이후에 나타난 규제적 형태의 자본주의는 새롭게 부상한 은행과 국가, 이 양자에 의한 시장의 규제를 포함하는 것이었다. 여기서는 이 시대에 나타났던 은행의 확장된 역할에 관해 먼저 알아보고, 이어서 당시에 나타난 국가 개입의 새로운 양상에 대해 살펴보기로 한다. J.P.모건을 비롯한 주요 대형 은행가들은 앞서 말한 세 가지 부류의 자본가들의 이익을 가장 넓은 시각으로 대변하는 사람들이었다. 산업자본가들은 자신의 회사를 키우는 과정에서 다른 자본가들과의 일전도 불사했다. 투기꾼들은 은행이든 제조업이든 가리지 않고 약탈을 해댔고, 심지어는 자기들끼리도 그렇게 했다.

그러나 대략 1890년대가 시작될 무렵 주요 은행가들은 비금융회사들에 대한 통제권을 손에 넣기 시작했다. 1893년의 금융공황에 이은 불황에서 은행가들은 우선 주요 철도의 통제권을 장악하고 그들을 합병해 경쟁자의 수를 줄였다. 그럼으로써 가격 전쟁과 과잉생산을 지양하는 방식으로 '이익 공동체community of interest'를 위한 정책을 추구했다. 은행가들은 이어서 제조업 분야 주요 기업들의 통제권까지 획득해 인수 합병 붐을 일으켰는데, 이는 특히 1898년부터 1903년 사이에 절정을 이뤘다. 1899년 한 해 동안 1,028개의 회사가 합병돼 사라졌다. 100억에서 150억 달러에 이르는 전체 제조업체들의 시가총액 중에서 새로 합병된 제조업체들의 시장가치는 23억 달러에 달했다(Edward, 1979, 226-227). 주로 두 회사가 합병하는 요즘의 추세와 달리 1895년에서 1904년 당시에는 합병으로 사라진 기업들의 75%가 다섯 개 이상 회사 간 합병으로 인한 것이었다(Scherer, 1980, 119). 이러한 합병 과정을 통해 이후 수십 년간 미국 경제를 지배한 거대 기업들인 제너럴일렉트릭, U.S.스틸, AT&T, 인터내셔널하비스터International Harvester, 애너콘다알루미늄Anaconda Aluminum Company 등이 탄생했다.[288]

은행가와 산업자본가 사이의 충돌은 1890년대 말 철강 산업 분야에서 있었던 J.P.모건과 카네기 사이의 일전에서 여실히 드러난다. 피츠버그

---

[288] 로이Roy는 이 시기의 투자은행과 대기업의 부흥에 관한 연구를 남겼다(Roy, 1997, chaps. 5, 8).

에 근거지를 둔 카네기는 철강 산업계에서 최고의 생산성을 자랑하고 있었다. 카네기는 경쟁사보다 싼 가격으로 덤핑을 했다가 막판에 가격을 인상해 고객의 뒤통수를 치는 것으로 유명했다. 선도적인 철강사들 대부분이 보조를 맞춰 가격을 책정하는 것과 달리 카네기는 이를 수시로 깨뜨렸다. 1989년에 모건은 연합철강Federal Steel을 세워 카네기의 경쟁자로 떠올랐고, 회사를 매각하라고 카네기를 압박했다. 1901년 카네기는 약 3억 달러에 회사를 매각하기로 결정했고, 모건은 카네기의 철강 회사를 합병해 U.S.스틸을 세운다(Josephson, 1962, 416-426).[289]

U.S.스틸이 설립되면서 전체 철강 생산량 중 65%가 그 수중에 들어갔고, 이제 그들은 다른 중소형 경쟁자들에게 담합된 가격을 부과하는 관행을 만들어 냈다. 상호 존중의 경쟁 관행이 이때부터 시작되었다. 1900년 이후부터 장기 물가 추세는 디플레에서 인플레로 돌아섰는데, 1900년부터 제1차 세계대전 직전인 1915년까지 도매 물가지수는 23.9%가 상승했고, 이는 미국 전체 물가에 영향을 미쳤다(U.S. Bureau of the Census, 1961, 116-117).

J.P.모건과 다른 주요 은행가들의 관점에서 볼 때, 1900년 직후부터 미국 산업에는 안정적인 질서가 구축되었다고 할 수 있다. 그들은 과격한 경쟁을 초래하는 많은 산업자본가를 축출했고, 새로운 거대 기업의 CEO

---

[289] 스코틀랜드의 한 급진적 성향의 직공의 아들로 태어난 카네기는 오직 부의 추구에만 일로매진하는 것에 오랫동안 회의를 품었다. 1885년에 그는 사회주의가 새로운 산업사회의 미래가 되어야 한다며 사회주의 지지 발언을 해 기성 여론에 파란을 일으켰다(Nasaw, 2006, 1, 256). J.P.모건에게 사업체를 매각하고 산업계에서 은퇴한 그는 대표적인 자선사업가로 변모한다.

자리에 은행가들을 앉혔다. 또한 이들은 투기적 자본가들의 준동까지 무력화시켰다. 바야흐로 금융 · 비금융기업이 긴밀히 결속되는 금융자본의 시대가 미국에서 시작된 것이다.[290]

또 J.P.모건은 사실상 미국 중앙은행의 기능도 수행하기 시작했다. 금융시장에 패닉이 발생하면 사람들은 J.P.모건에게 사태를 통제하는 역할을 기대했다. 특히 1907년 금융공황 때의 일화가 유명한데, 모건은 당시의 주요 은행가들을 그의 사설 도서관에 불러들이고는 뱅크런을 진정시킬 자금을 제공하는 데 모두가 동의할 때까지 그들을 감금했다.

이 시기에 나타난 정부 역할의 변화뿐만 아니라, 여러 사회적인 변화의 움직임에 근거해 우리는 1900년에서 1916년까지의 시기를 '진보의 시대'라고 부른다. 역사가들에 따라서는 이 시기에 나타난 새로운 사회운동을 단일한 실체로 간주하지만, 거기에는 두 가지의 구분되는 흐름이 존재했다. 하나는 개혁주의 노선이고 다른 하나는 사회주의 노선이었다.[291] 이 중에서 개혁주의 노선을 표방하는 진보주의 운동은 소규모 자영농, 중소 상공인, 그리고 중간계급 출신 사회 개혁가들의 지지를 기반으로 1900년 이후부터 나타나서, 강도 귀족들의 약탈적 행위로부터 보통 사람들을 보호하기 위해 정부가 행동에 나설 것을 촉구했다.

---

290 반면, 록펠러는 산업자본가로 시작해 오직 한길을 갔다. 그의 스탠더드오일트러스트는 원유 정제 분야에서 독점을 이룬다. 1890년대에 록펠러의 부는 뉴욕시티은행Citibank of New York을 중심으로 하는 새로운 금융 그룹의 기반이 된다. 1920년대에는 체이스맨해튼은행Chase Manhattan Bank을 중심으로 하는 또 다른 금융 그룹 역시 록펠러의 부 위에서 탄생했다.

291 다울리는 모든 정파를 포괄하는 단일한 진보주의progressivism에 대해 말했지만(Dawley, 1991, 28), 개혁주의와 사회주의 운동의 서로 다른 목적과 지지 기반을 구별하는 것도 의미가 있는 일이다.

같은 시기 미국에서는 사회주의 운동도 급격히 확산했다. 1901년에는 사회당The Socialist Party이 창당돼 노동자, 소규모 자영농, 그리고 지식인들의 지지를 모았다. 사회당의 대통령 후보는 유명한 노동운동 지도자 유진 뎁스Eugene V. Debs였는데, 규모는 작지만 지지율 신장세에 힘입어 1912년 대선에서는 6%의 득표율을 얻기도 했다. 당시 사회주의자들은 1,200개에 이르는 군소 시 단위에서 시장을 배출했고, 제1차 세계대전 이전에는 사회당 후보가 밀워키Milwaukee와 미니아폴리스Minneapolis를 포함한 많은 도시의 시장으로 선출되기도 했다(Weinstein, 1967, 93-103, 115-118)[292]. 전국적으로 100여 개 이상의 사회당 계열 신문이 있었고, 그중 가장 영향력 있는 매체는 '이성에의 호소Appeal to Reason'로 1913년 기준으로 76만 2000부를 발행했다(Weinstein, 1967, 95-102). 사회당원들은 단순한 경제 개혁이 아니라, 대기업의 공적 소유와 경쟁 대신 협동에 기초한 경제의 급진적인 재건설을 지지했다.

개혁주의 진보 운동의 주요 주장 중 하나는 경제력 집중을 정부가 개입해 깨뜨려야 한다는 것이었다. 반면, 사회당은 차라리 신흥 대기업과 대형 은행 자체를 국유화할 것을 주장했다. 양쪽 다 대기업과 금융자본에 위협적이기는 마찬가지였고, 이는 정계의 주류 인사들과 일부 유력 자본가들에게 실제로 영향을 끼치기도 했다.

1901년부터 1909년까지 대통령직에 재임했던 시어도어 루스벨트 Theodore Roosevelt는 1905년 한 서신에서 "이 나라에서 사회당이 성장한다

---

[292] 수치의 정확성을 의심하는 독자들이 있을 수 있다. 물론 이때 당시와는 차이가 있겠지만, 2007년 미국 인구센서스에 의하면 미 전역의 지자체municipalities 수가 대략 4만개 정도임을 고려하면, 크게 이상한 수치가 아니다. -옮긴이

는 것"은 "과거에 있었던 그 어떤 포퓰리즘 운동보다도 훨씬 더 불길한 징조"라고 사회주의 운동의 확산에 공포심을 드러냈다(Weinstein, 1968, 17). 루스벨트는 차라리 사회주의보다는 덜 위협적인 개혁주의 진보 운동의 역할을 스스로 자임하기 시작했는데, 다만 대기업과 금융자본을 분할하는 방식보다는 정부를 통한 규제 정책의 시행을 주장했다. 루스벨트의 재임 기간 스탠더드오일트러스트와 아메리칸타바코컴퍼니 등 일부 독점 기업들을 분할하는 반독점법이 시행되기도 했지만, 루스벨트는 구태여 경쟁자 제거를 시도하지 않는 U.S.스틸 같은 대기업들과 친밀한 관계를 유지하는 쪽을 택했다.[293] 당시의 금융자본들처럼 루스벨트 역시 경쟁보다는 협력을 강조했다.

> 상호 협조의 비즈니스라는 개념 위에서 이룩한 모든 것들을 포기하고, 다시금 먹느냐 먹히느냐의 경쟁의 시대로 되돌아가는 것은 정말로 터무니없는 생각입니다. … 모든 인권은 이윤 앞에 부차적일 뿐이라는 그릇된 생각을 가진 자들은 이제 인간의 복지를 옹호하는 이들에게 그 자리를 내줘야 할 것입니다. 인간 복지의 옹호자는 공동체의 일반적 권리, 즉 공공복리를 위해 필요할 경우 무엇이든 규제할 수 있다는 원칙에 복종한다는 전제로 사유재산 소유 원칙을 지지합니다(Schlesinger, 1963, 61).

2장에서 본 것처럼 루스벨트 재임 기간이었던 1906년에 연방 정부는

---

[293] 당시 평판이 나빴던 스탠더드오일트러스트와 아메리칸타바코컴퍼니에는 반독점법이 성공적으로 적용됐고, 결국 둘 다 분할되었다.

식품 및 의약품 산업에 대한 규제 법안을 마련하기도 했다.

신흥 금융자본가 중 일부는 산업 규제를 위한 정부의 적극적 개입을 지지하고 나섰다. J.P.모건앤드컴퍼니J.P. Morgan and Company의 파트너이자 모건인터레스츠Morgan interests의 수석대표 중 한 명인 조지 퍼킨스George W. Perkins는 여러 주에 걸쳐 사업을 하는 기업들에 면허를 부여하고, 거래 관행 및 가격 책정에 있어 연방 차원의 규제를 부과하는 것에 찬성했다 (Schlesinger, 1963, 60).

1911년 미 하원 산하 위원회에서 모건에 의해 임명된 U.S.스틸의 CEO 엘버트 게리Elbert Gary는 주목할 만한 증언을 한다. 그는 정부 당국자에게 "여기 우리에 대한 모든 상황과 수치들이 있습니다. … 이제 우리가 뭘 해도 되는지, 가격은 얼마까지 정해도 되는지, 우리가 가진 구체적인 권리를 말해주십시오"라고 하는 방식을 원한다고까지 했다. 같은 해에 인터내셔널하비스터 대표 사이러스 매코믹Cyrus McCormick은 정부가 자신들의 제품 가격을 고정시키는 것에 동의를 표했다. 이처럼 일부 금융자본들은 이미 돌이킬 수 없을 정도로 탄력을 받은 개혁 운동이 그들의 이익을 침해하는 방향으로 흘러가지 않도록 조종하려 했던 것으로 보인다. 인용된 U.S.스틸 CEO의 말은 유지하기에도 매우 벅찼던 업계 서열에 따른 가격 선도 체제를, 이제는 정부의 도움을 얻어 유지할 수 있음을 뜻했다.

1909년 루스벨트의 대통령직을 승계한 동료 공화당원 윌리엄 하워드 태프트William Howard Taft는 적극적인 독점 근절 계획을 시행하여 재임 4년간 반독점법 위반 혐의 기소 건수가 무려 99건에 달했는데, 이 중에는 U.S.스틸의 분할까지 포함되어 있었다(Miller Center, 2013). 이는 루스벨트로 하여금 태프트 대통령 타도를 위해 1912년 진보당the Progressive Party

대통령 후보에 나서도록 만들었지만, 결국 승자는 민주당의 우드로 윌슨 Woodrow Wilson이었다. 윌슨 정부 아래에서 국가의 역할은 독점의 근절에서 규제 정책 쪽으로 이동하게 된다. 1913년과 1914년에는 연방거래위원회법Federal Trade Commission Act과 클레이튼반독점법Clayton Anti-Trust Act이 구체화됨으로써 대기업을 분할하기보다는 시장 불안정을 조장하는 경쟁 행위를 규제하는 쪽으로 반독점 정책의 방향을 틀게 된다.[294] 1913년에는 연방준비법Federal Reserve Act을 통해 정부에 의한 은행 감독 제도가 만들어졌다.

1900년에 설립된 전국시민연합National Civic Federation은 당시의 시대적 가치관을 형성하는 데 상당한 역할을 했는데, 이들은 사회의 모든 단체가 서로에 대해 책임을 져야 한다는 의식을 확산시켰다. 이 단체에는 노동자와 공공 부문 종사자들도 있었지만, 그 조직 자체는 대기업들이 주도했다. J.P.모건앤드컴퍼니의 여러 파트너급 인사들이 이 조직에서 적극적으로 활동했다(Weinstein, 1967, 7-8). 비록 전국시민연합이 노사 간 상호 협조에 대해 이야기했지만 그게 실제로 이뤄지는 일은 없었고, U.S.스틸을 비롯한 이 조직의 대기업 회원들은 자기네 회사 내부에서 노조를 상

---

294 U.S.스틸의 분할 소송에서 대법원이 연방 정부의 입장을 기각하면서 반독점 정책의 방향 선회는 더욱 분명해졌다. 즉 대기업의 직접적 분할로부터 대기업의 행동을 규제하는 방식으로 반독점 정책이 전환되었고, 이는 대기업 중심의 새로운 자본주의가 안정화되는 계기를 맞게 된다(Justia U.S. Supreme Court Center, 2013). 대법원은 U.S.스틸이 분할되어서는 안 되는 이유로 U.S.스틸은 경쟁 기업들을 시장에서 축출하거나 혹은 그들 모두를 합병하는 등의 독점 추구 행동을 한 적이 없음을 들었다. 다시 말하면 이는 대기업이 경쟁자들의 시장 밖 축출을 시도하지 않고 협조적 자세를 취할 경우, 시장 지배 대기업을 법적으로 인정하겠다는 것으로 해석할 수 있다.

대로 싸움을 벌였다. 이 시기의 규제 자본주의에서는 자본과 노동 간 타협이란 존재하지 않았다.

도금 시대와 금융자본·진보의 시대가 주는 시사점

이 책의 주제와 관련해[295] 바로 앞에서 본 도금 시대와 금융자본·진보의 시대가 주는 시사점은 세 가지다. 첫째, 19세기 말 자유주의적 제도 구조 또는 그 사회적 축적 구조는, 1900년대 이후 은행가들이 경제를 규율하고 시장 메커니즘의 역할은 축소되면서, 자체의 내적 동력을 통해 규제 자본주의의 중요 요소들을 탄생시켰다. 이전 시기의 자유경쟁은 점점 경제력 집중으로 진화했고, 은행가들이 이 과정을 마무리했다. 이로써 고도의 경제력 집중, 은행의 산업 통제, 상호 존중의 경쟁과 같은 1900년대 이후의 사회적 축적 구조의 요소들이 마련된 것이다. 여기서 우리는 2008년에 시작된 신자유주의적 자본주의의 구조적 위기에서도, 1900년대 초와 유사한 형태의 제도 변화가 궁극적인 해결책이 될 수 있는지 자문해 볼 수 있다. 앞 장에서 본 것처럼, 신자유주의 시대 역시 은행을 비롯한 여러 부문에서 경제력의 집중이 심화했던 것이 사실이기 때문이다. 이에 대해서는 7장에서 다시 살펴볼 것이다.

둘째, 1900년 이후의 국가에 의한 경제 규제의 도입은, 사회 개혁 혹

---

295 즉 신자유주의적 자본주의의 본질, 역사적 출현 과정, 경제적·제도적 작동 원리, 그리고 그것이 초래한 특유의 경향들과 그로 인한 구조적 위기로의 진행, 마지막으로 다른 자본주의 형태를 향한 경제적 변화의 가능성이 바로 이 책의 논의 주제들이다. -옮긴이

은 급진적 재건설을 요구하는 일반 시민들의 강력한 사회운동 덕분에 가능한 것이었다. 이러한 사회운동이 없었다면, 대기업의 유력 인사들과 주류 정치인 그 누구도 규제 자본주의로의 선회를 지지하지 않았을 것이다. 이는 오늘날 우리가 직면한 경제적 변화의 경로에 대해서도 시사점을 던져준다고 할 수 있다.

셋째, 오늘날의 금융화financialization가 1900년대 이후 출현한 금융자본과 의미심장한 유사성을 지닌다는 일부 논자들의 주장은 역사적 증거에 의해 뒷받침될 수 없어 논란의 여지가 있다(Dumenil and Levy, 2004; Arrighi, 1994). 두 현상의 공통점은 경제에서 금융인이 차지하는 역할과 부의 크기가 커졌다는 것뿐이며, 두 시기에 금융인들이 수행하는 구체적인 역할은 현저히 달랐다. 금융자본 시대의 은행가들은 장기적 안목으로 개별 비금융 대기업들을 지배하는 위치에 올라섰다. 은행가들은 경쟁을 안정화함으로써 장기적으로 안정적인 이익을 확보하려 했다. 금융자본은 국가의 확장된 역할과 결속된 존재였다.

반면, 앞에서 본 것처럼 신자유주의 시대의 금융화 현상은 금융과 비금융의 상호 분리를 내포하는 것이었다. 금융인들은 비금융 대기업들을 장기적으로 통제할 시도조차 하지 않았고, 그들과 아무런 장기적 관계를 맺지 않고 이익을 창출할 수 있는 길을 찾았다. 신자유주의적 자본주의하 금융인들은 점점 투기적이고 탐욕적인 영업에 치중하게 되었는데, 오늘날의 주요 은행가들의 모습은 J.P.모건보다는 차라리 제이 굴드의 현대적 화신에 더 가깝다. 이는 현재의 금융인들이 [J.P.모건처럼] 현재의 구조적 위기에 대한 대안을 제시하는 역할을 하기보다 오히려 문제 그 자체의 일부라는 것을 뜻한다. 만약 오늘날의 금융인들이 새로운 형태의 실현 가능한 사회적 축적 구조를 구축하는 데 역할을 담당하려 한다면, 그들은 우선 신자유주의 시대의 지배적 금융 관행으로부터 결별해 장기적인 관점의 사고를 받아들여야 한다.

광란의 1920년대

제1차 세계대전 종전 직후 미국 자본주의에는 또 다른 중대한 제도 형태의 변화가 있었다. 1920년경에 자유 시장적 제도와 사상의 시대가 새롭게 도래하여 1930년대 초까지 지속한 것이다. 이는 사실 기존의 사회적 축적 구조의 구조적 위기로 인해 새로운 자유 시장 자본주의가 도래한 것이라기보다는, 미국이 제1차 세계대전에 끼쳤던 영향이 결과적으로 이러한 체제 이행에 핵심적 역할을 수행했기 때문이었다.

1917년 4월 미국이 제1차 세계대전에 참전하면서 극단적 애국주의와 배타주의가 온 나라를 집어삼켰다. 독일인 또는 독일계 미국인들에 대한 적대감이 퍼져 나갔고, 대중매체들은 이들을 우스꽝스러운 모습으로 조롱해댔다. 이러한 분위기 속에서 진보주의 운동은 급속히 사그라들었고, 미국의 참전을 강력히 반대하던 사회당은 정부의 법적 탄압과 자경단의 폭력이라는 협공에 시달리며 극도로 억압당했다. 특히 반전과 징병 반대 발언이 빌미가 돼 1917년 새로 통과된 간첩법Espionage Act에 의거해 사회당 지도부는 장기간 징역형에 처하기까지 했다. 사회주의 계열 신문사들은 몰수됐고, 일부 사무실은 폭도들에게 파괴당하기까지 했다. 사회당은 전쟁 기간의 탄압에서 살아남기는 했지만, 급진주의를 외국인 신분과 연결하려는 반외국인 정서가 확산하면서 그 입지가 더욱 약화되어 갔다. 1919년과 1920년에 FBI는 검속을 단행해 수상한 외국인 급진주의자들을 대규모로 추방했다.[296]

개혁주의와 사회주의 운동 양자가 거의 자취를 감추고 잠깐의 규제 자본주의 시대는 막을 내렸다. 이후 세 명의 공화당 대통령이 연달아 정권을 잡음으로써 국가의 적극적 역할은 자유방임주의로 대체되었고, 진보의 시대에 만들어진 기업 규제나 반독점법의 시행 노력은 거의 이뤄지지 않았다. 1913년대에 설립된 연방준비제도는 1920년대에 이르면 수동적 역할밖에 수행하지 않게 되었다. 거칠고 조야한 개인주의 이데올로기가 상호 협조와 책임이라는 기존의 사회적 요청을 대체했다.

1920년대 뉴욕의 은행가들은 경제에 대한 그들의 통제력이 쇠퇴했음을 목도했다. 새로운 금융 중심지가 시카고와 샌프란시스코에 세워졌고, 새로운 형태의 주요 산업들이 은행가들의 통제 밖에서 성장했는데, 예를 들어 격렬한 반월스트리트 입장의 헨리 포드가 일궈낸 자동차 산업이 그러했다(Kotz, 1978, 41-47). 광란적 투기와 일확천금get-rich-quick의 가치관이 도처에 범람했다. 상호 존중의 경쟁 관행과 이를 위한 가격 경쟁 회피는 더 이상 유지가 어려울 정도로 압박을 받았는데, 이러한 추세는 특히 1929년부터 더욱 심해졌다. 디플레이션이 돌아왔고, 소비자물가지수는 경제가 성장함에도 불구하고 1920년에서 1929년 사이에 14.4% 하락했다.

---

296 제1차 세계대전 이후 사회당은 러시아의 볼셰비키 혁명 정권 승인 문제를 놓고서 조직이 분할되는 등 여러 가지 이유로 당세가 약화했다. 당시 러시아 혁명 정부를 지지하던 많은 당원은 사회당을 탈당해 공산당을 창당한다.

신자유주의 시대 초기처럼, 파업의 분쇄가 1920년대의 자유주의적 제도 구조의 출현에 핵심적인 역할을 수행했다. 1919년 9월에 여러 주의 철강 노동자들이 파업에 돌입했지만, 이미 현저히 달라진 정치적 분위기 아래 주 경찰은 물론이고 펜실베이니아, 델라웨어, 그리고 인디애나의 주 방위군까지 투입됨으로써 이 파업은 철저히 분쇄되었다. 1920년부터 1925년까지 노조 가입률은 25% 이상 떨어졌고, 가입 인원은 470만에서 350만으로 줄어들었다(Public Purpose, 2013).

1920년대 중반부터 세계 여러 곳의 경제가 침체했지만, 미국 경제만큼은 1920년대 내내 빠른 성장을 이뤘다. 경제의 총생산을 측정하는 개념으로써 국내총생산(Gross Domestic Product: GDP)과 어느 정도 유사한 개념이지만 주로 예전에 많이 쓰였던 지표로 국민총생산(Gross National Product: GNP)이 있는데[297], 1920년에서 1929년까지 실질 GNP는 연평균 4.1% 상승했다. 소비자 지출과 기업의 고정 투자 모두 각각 연평균 4.6%와 5.2%로 급격한 성장세를 보였다(계산 근거는 Gordon, 1974, 24).

4장에서 우리는 불평등의 확대, 대규모 자산 거품, 그리고 투기적인 금융 부문을 신자유주의가 초래한 세 가지 주요 변화로 지목한 바 있다. 이러한 세 가지 변화는 1920년대의 자유주의적 제도 구조에서도 나타났다.

---

[297] GDP는 국내총생산으로 특정 기간 국내에서 있었던 경제 활동으로 발생한 생산 및 소득을 파악하는 지표인 반면, GNP는 자국민의 경제 활동으로 인한 생산 또는 소득의 지표다. 예를 들어 국내에서 일하는 외국인의 경제 활동은 GDP에 잡히지만 GNP에는 잡히지 않는다. 마찬가지로 해외에 체류한 우리 국민의 소득은 GNP에는 포함되나 GDP에는 포함되지 않는다. 우리나라도 1980년대까지는 언론에서 GNP가 많이 인용되었으나 1990년대 들어 GDP가 더 널리 통용된다. -옮긴이

1920년대가 되면서 기업의 영향력이 다시 강해지고 노조가 쇠락하면서 실질임금의 성장은 거의 기대하기 어렵게 되었다. 한편, 1905년부터 1914년까지 연평균 100만 명에 이르던 미국으로의 이민자 행렬이 1924년 이민제한법이 통과된 이후부터 급격하게 감소하기 시작했다. 1925년부터 1929년까지 연평균 29만6000명의 이민자만이 미국 땅을 밟을 수 있게 된다(U.S. Bureau of the Census, 1961, 56). 이민이 제한된 상태에서 이뤄진 급속한 경제성장으로 실업률은 상대적으로 낮게 유지됐는데, 1923년부터 1929년까지 실업률은 1.75%에서 5% 사이에 머물렀다(Romer, 1986, 31). 이는 노조의 대표 기능이 부재함에도 불구하고 노동자 측의 협상력을 강화했다. 제조업 생산직 노동자들의 명목임금은 1920년에서 1929년 사이에 거의 제자리걸음이었지만, 떨어지는 소비자물가 덕분에 시간당 실질임금은 매년 2.0% 정도 인상됐다. 그러나 제조업의 시간당 생산은 훨씬 빠르게 증가해 눈에 띄게 높은 수치인 연평균 5.5%의 성장세를 보이는데(U.S. Bureau of the Census, 1961, 92, 126, 601), 이때가 바로 저 유명한 조립 생산 라인이 널리 도입된 시기다. 노동생산성과 실질임금의 이러한 추이는 1920년대 동안 소득이 임금에서 이윤 쪽으로 이전되었음을 뜻한다. 더바인의 연구에 의하면 총임금 대비 총이익의 비율은 1923년 27.3%에서 1929년에는 32.8%로 증가했다(Devine, 1983, 15). 소득 상위 1%가 수취하는 소득의 비율은 1920년대 14.8%에서 1929년 22.4%로 상승했다(Piketty and Saez, 2010). 따라서 우리는 1920년대를 불평등이 증가했던 십 년이라고 볼 수 있을 것이다.

또 1920년대에는 일련의 대형 자산 거품들이 발생했다. 1920년대 초반에 대규모 부동산 거품이 있었는데, 가장 유명한 것이 플로리다의 주거용 부동산 거품이다. 일설에 의하면 당시 부동산의 주인이 하루에 10번 바뀌는 사례도 있었다고 한다. 부동산 거품은 전국에 걸쳐 일어났지만 특히 뉴욕을 비롯한 다른 주요 도시의 상업용 부동산에도 영향을 미쳤다(Historical Collections, Harvard Business School Baker Library, 2013). 1918년부터 1926년까지 미국의 비농업용 주택의 추정 가치는 400% 치솟았다. 1919년 1월에 8만9000달러였던 마이애미의 한 빌딩의 가치가 1925년 9월에 이르면 800만 달러에 이른다(Goetzmann and Newman, 2010, 2). 부동산 거품은 1926년에 가서야 꺼지기 시작했다.

잘 알려진 것처럼 1920년대 중반 미국 증권시장에서도 거대한 자산 거품이 일어났다. 1925년 초부터 1929년 9월의 고점까지 다우존스 산업 평균 지수는 세 배 이상 뛰었지만, 대규모 제조업체들을 대상으로 선정한 표본 기업들이 거둔 총 이익은 고작 42% 증가에 머물렀다(Federal Reserve Bank of St. Louis, 2013; U.S. Bureau of the Census, 1961, 591). 1928년 한 해 동안 뉴욕증권거래소New York Stock Exchange의 거래량은 거의 10억 주에 달했다(Gordon, 1974, 34). 많은 주식 투자가들은 자신들이 부유해지고 있다고 믿었다.

1920년대에 금융 부문은 점점 더 투기적으로 변해갔다. 당시에 도입된 일련의 '금융 혁신financial innovations'은 마치 돈을 만들어 내는 마술 기계처럼 보였다. 그중 하나는 바로 공공시설을 관리하는 지주회사의 출현으로, 피라미드 형태의 시스템을 취함으로써 상대적으로 적은 투자 자금으로 여러 거대 전력 시설들을 통제할 수 있었다. 1929년 기준으로 10개의 대형 지주사들이 미국 전체의 전력과 공공 조명 시설의 약 75%를 자신들의 통제 아래 두었다. 이러한 지주회사 형태를 처음 고안해 낸 사람들은 바로 투자은행가들이었는데, 이들은 지주사 산하의 여러 단위에서 발행한 채권과 주식들을 일반 대중에게 판매함으로써 전력 시설에 대한 채권 사업을 독점할 수 있었다. 이러한 금융 기법은 지주회사 내의 어느 단위가 발행한 채권의 이자를 또 다른 단위에서 발생한 이익을 통해 지불하는 방식으로, 대단히 복잡한 구조를 지니고 있었다. 두 번째 '금융 혁신'은 폐쇄형 투자신탁the closed-end investment trust의 출현으로, 개별적으로 활동하는 투자 매니저와 기획자promoter들에 의해 최초로 시작된 투기적 형태의 투자 기구다. 투자신탁회사의 뒤에는 투자은행들이 있었는데, 이들은 투신사를 자금 차입의 공급원이자 그들이 유통하는 증권의 판매 창구로 이용했다(Kotz, 1978, 48-49).

1920년대에 이미 신자유주의 시대의 주택 저당증권의 원조 격이라고 할 수 있는, 상업용 부동산 임대 수익을 기초 자산으로 이자를 지급하는 채권까지 새로 생겨나 거래되었다. 모기지mortgage 회사들이 이러한 채권을 발행하면 투자은행들은 이를 판매했다.[298] 1921년부터 1925년까지 전체 채권 발행액에서 부동산 담보부 채권이 차지하는 비중은 2.5%에서 22.9%로 치솟았다. 이처럼 대단히 투기적인 형태의 채권은 곧 당시의 상업용 부동산 거품과 밀접하게 연관되어 있었다(Goetzmann and Newmann, 2010, 24).

신종 투기 수단들이 개별 금융 사업자들의 손에서 최초로 만들어져 수익성을 보이면, 이제는 거대 은행들도 주저 없이 그 사업에 뛰어들었다.

---

298 1920년대의 부동산 저당증권은 신자유주의 시대의 주택 저당증권과는 다른 것인데, 전자는 증권의 수익이 실물 자산의 수익에서 나오는 반면, 후자는 실물 자산에 대한 담보 대출의 이자에서 나온다.

1929년 당시 모건금융그룹^{Morgan Financial Group}은 최대 규모의 공공시설 지주회사 2개를 거느렸다. 골드만삭스를 비롯한 대형 투자은행들도 투자 신탁 분야에 진출해 그들과 후원 관계를 맺었는데, 이는 주요 상업은행들도 예외가 아니었다. 대형 상업은행들은 산하에 증권 계열사를 두고 그들을 통해 이익 기회에 참여하려 했다(Carosso, 1970, 272).

[이러한 일련의 현상들이 뜻하는 바는 −옮긴이] 구식의 금융자본은 쇠퇴하고 대신 금융화의 과정이 1920년대에 일어난 것이다. 물론 1920년대의 경우와 신자유주의 시대 금융의 역할이 완전히 일치하는 것은 아니지만, 20세기 초 J.P.모건과 금융자본의 시대보다는 차라리 1920년대 쪽이 신자유주의 시대와 더욱 많은 유사점을 지녔다고 할 수 있다. 심화하는 불평등, 거대한 자산 거품, 그리고 금융기관들의 투기적 행동, 이 모두가 광란의 1920년대를 규정하는 것들이었다.²⁹⁹

그리고 1929년 10월, 마침내 주식시장 거품이 가라앉자, 미국 경제는 대공황의 늪으로 빠지기 시작했다.³⁰⁰ 그리고 불황이 지속하면서 1920년대 금융 혁신의 결과물들은 무너져 내렸다. 1933년 3월 다우존스 산업 평균 지수는 1929년 9월 고점 대비 13.8% 수준까지 폭락했고, 바로 그달에 미국 은행 시스템은 폐쇄됐다.

광란의 1920년대와 신자유주의 시대 사이의 유사점들에도 불구하고,

---

299 1920년대의 자본주의는 바로 이러한 세 가지 변화를 통해 신자유주의와 비슷한 방식으로 상대적으로 빠르고 안정적인 경제성장을 촉진했다고 설명할 수 있을 것이다. 하지만 이것이 정말 역사에 부합하는 결론인지 확언할 수 있는 연구를 아직 저자가 수행하지는 못했다.

300 1929년 8월에 경제는 수축하기 시작하고, 그 침체의 속도는 주식시장의 하락 국면 이후에 가속화됐다(Gordon, 1974, 41).

2008년의 미국 경제가 1929년과 같지는 않다. 1929년 당시의 연방 정부는 그 규모가 매우 작아서 정부 지출이 차지하는 비중은 그해 GNP의 3% 수준이었다(Economic Report of the President, 1967, 213, 284). 당시에는 연방 정부가 직접 나서서 불황과 맞서 본 경험도 없었고, 설사 어떻게 시도해 보려고 해도, 정부 지출의 대규모 확대가 불가피했다. 하지만 1929년 당시 연방 정부의 재정 기반은 그 규모 자체가 그리 크지 않았다. 결국 제2차 세계대전에 참전한 뒤에야 비로소 연방 정부는 이와 관련한 조치를 실천할 수 있었다.

뿐만 아니라 금융 붕괴와 실물 경제 수축의 선후 관계가 서로 정반대라는 점에서도 두 위기는 다르다. 양쪽 모두 자산 거품의 수축이 발생했지만, 1930년대에는 긴 실물 부문의 수축이 수년 후 1932년과 1933년의 금융 붕괴로 이어진 반면, 2008년에는 긴박한 금융 붕괴가 먼저 발생하고 이를 기점으로 경제 전체의 위기로 이어졌다는 점이 다르다. 물론 2008년의 위기는 정부 개입 덕분에 파국을 막을 수는 있었다.

1920년대 자유주의적 형태의 자본주의로부터 발생한 오랜 대공황은, 제2차 세계대전 이후 규제 자본주의를 구축함으로써 비로소 해결될 수 있었다. 이는 유사한 형태의 제도적 변천, 즉 새로운 형태의 규제 자본주의가 향후에도 가능할 것인가라는 문제를 우리에게 제기하고 있다.

역사가 주는 시사점

도금 시대, 금융자본 및 진보의 시대, 광란의 1920년대, 그리고 이들 사이의 전환에 대한 지금까지의 간략한 고찰은 향후 우리 앞에 펼쳐질 경제적 변화의 가능성에 대해서 의미 있는 시사점을 준다. 현재의 위기는 최초가 아니라 미국에서 있었던 자유주의적 형태의 자본주의에서 발생한 세 번째의 위기다. 그리고 이전에 있었던 두 번의 위기 직후에는 규제적 형태의 자본주의가 그 뒤를 따랐다. 1900년대와 1940년대 후반 모두 규제 자본주의로의 이행에 대기업들이 중요한 역할을 담당했는데, 이 과정에서 거대한 사회운동이 일어나 재계의 주요 인사들이 국가 역할의 확대를 지지하거나 적어도 묵인할 수밖에 없는 상황이 조성됐다. 제2차 세계대전 후의 규제적 자본주의에서는 다소 양상이 달랐지만, 1900년 이후 체제의 경우에는 경제력의 집중이 그와 같은 이행의 동력이 되었다. 첫 번째 규제 자본주의로의 이행에서는 주요 은행가들이 특별한 역할을 수행한 반면, 제2차 세계대전 이후의 규제 자본주의 출현 과정에서는 은행들의 역할이 여타의 대기업들과 그리 구별되지 않았다. 이러한 역사적 경험들을 기억해 두고서, 다음 장에서는 우리 앞에 다가올지도 모를 경제적 변화들을 생각해 보자.

7장

미래의 경로

●

과거에 있었던 자본주의 체제 차원의 모든 구조적 위기들은 결국 대규모의 제도적 재편으로 귀결되었다. 19세기 말이 그랬고, 1930년대 대공황이 그랬고, 1970년대의 위기가 그랬다. 그때마다 기존 체제의 위기 과정을 거쳐 새로운 사회적 축적 구조가 출현했다. 과거의 이러한 사례들은 '구조적 위기', 즉 제도의 전격적 재편 없이는 해결할 수 없는 위기라는 개념을 역사적으로 정당화한다.

오늘날처럼 세계 주요국에 동시적으로 영향을 미치는 위기하에서 실질적인 재구조화가 가능하려면 일국 차원을 넘어 세계경제 전반에 걸친 제도적 변화가 수반되어야만 한다. 바로 이것이 오늘날 새로운 사회적 축적 구조의 형성을 위한 재구조화 과정을 더욱 어렵게 만든다. 자본주의 체제하에서 [이를 실행할] 정치권력은 개별 국민국가 차원에 국한되어 있으므로, 지금까지 있었던 재구조화들은 하나같이 일국 혹은 몇몇 주요 자본주의 선진 국가들을 중심으로 시행됐을 뿐이었다.

어떤 식으로든 새로운 사회적 축적 구조가 오늘날 다시 성립하려면, 효율적인 이윤 창출과 안정적인 경제성장을 촉진하는 역할을 새로운 제도 구조가 수행할 수 있어야만 한다. 그러려면 이윤이 창출되는 생산과정은 물론이고, 그 생산물에 대한 장기적 수요의 성장까지도 보장되어야만 가능하다. 또한 자본주의의 주요 계급 관계, 특히 자본-노동 관계의 안정이 필수적이다. 아울러 상호 구속력과 일관성을 지닌 사상이 출현해 사회적 축적 구조를 하나의 틀로 융합하는 역할을 수행함으로써 이윤 창출과 경제성장에 필수적인 안정성을 제공해야 한다.

6장에서 우리는 과거 미국의 자유주의적 형태의 사회적 축적 구조들에 뒤따르는 제도적 이행들을 고찰하고 거기에서 역사적인 시사점을 얻었다. 도금 시대와 광란의 1920년대를 뒤따른 것은 규제적 형태의 자본주의였고, 두 경우 모두 개혁주의와 급진주의 사회운동이 이러한 이행을 촉진했다. 그중 도금 시대를 뒤이은 이행 과정은, 경제력의 집중과 은행가들의 영향력 강화가 주요한 역할을 수행했다. 그러나 광란의 1920년대로부터의 이행에선 경제력 집중이나 금융 부문 영향력 강화가 원인이 될 수 없었다.

여기서 우리는 미래에 있을 경제적 제도 형태의 잠재적 변화들을 (아무런 변화가 발생하지 않은 경우까지 포함해) 크게 네 가지로 고찰해보려 한다. 첫 번째는 신자유주의적 형태의 자본주의가 지속되는 것으로, 어느 정도의 재조정만을 포함한 현상 유지의 경로가 될 것이다. 둘째는 정부와 비정부적 제도들도 약간의 역할을 할 수 있겠지만, 주로 기업 부문이 경제를 관할하는 형태의 규제 자본주의의 출현이다. 셋째는 자본-노동 간 타협에 근거한 규제 자본주의 형태의 출현이다. 넷째는 대안적 사회주의 체제에 의한 자본주의 체제 자체의 교체다. 이 네 가지 가능성 중에서 처음의 두 가지는 자본이 노동을 지배하는 자본-노동 관계가 유지되는 경우이며, 세 번째는 두 계급의 타협을 전제한 것, 네 번째는 자본주의적 자본-노동 관계를 기반으로 하는 경제 시스템 그 자체를 초월하는 것이다.

신자유주의의 지속

이 책을 쓰고 있는 현시점에서 미국의 신자유주의는 위기 속에서 끝내 살아남았다. 금융과 실물 부문 위기가 절정에 달하면서 신자유주의적 이론 및 정책 처방과 정면으로 배치되는 고도의 개입주의 정책을 잠시 수용해야 했고, 온건한 수준의 금융 규제들이 새로 도입되기는 했지만 말이다. 5장에서 본 것처럼 미국의 불평등은 계속 증가했고, 금융기관들은 여전히 투기적 영업으로 이윤을 벌어들일 길을 계속 찾았다. 그림 5.16처럼 이윤율은 2011년까지 대부분 회복되었다. 그러나 새로운 대규모 자산 거품은 아직 일어나지 않았고 현재로서는 또 다른 자산 거품이 발생할 것으로 보이지는 않는다. 가계 부채는 상승을 멈추고 다시 감소했다. 대규모 자산 거품 및 이와 함께 작동하는 부채 기반 소비지출의 부재 없이는, 신자유주의적 자본주의는 안정적인 경제성장을 발생시키지 못한다. 그림 5.17에서 보듯 자본축적은[301] 2012년까지 침체된 상황이다. 만약 신자유주의의

---

301 그림 5.17에 설명되어 있지만 기업의 실물 투자로 봐도 무방하다. 정확히는 민간 부문에서 비주택 순 투자액과 비주택 순 고정자산액의 비율을 뜻한다. -옮긴이

적 사회적 축적 구조가 지속해서 잔존한다면, 이는 장래의 불황 및 불안정을 나타내는 것이라고 할 수 있다.

그럼에도 불구하고 당장 어떠한 제도적 재편도 발생하지 않을 가능성은 누구도 배제할 수 없다. 사회적 축적 구조 이론은 구조적 위기가 새로운 사회적 축적 구조를 탄생시키는 강력한 경향성tendency을 지닌다는 입장을 취한다. 그러나 이는 어디까지나 경향성일 뿐이다. 위기가 매우 장기간 지속하거나, 혹은 그것이 언제 끝날지 모를 가능성도 있다. 이러한 결과는 장기간의 경제적 후퇴를 뜻하는데, 실제로 역사에서 그런 경우가 발생하기는 한다. 1970년대와 1980년대에 세계경제를 마치 정복이라도 할 듯 보였던 일본은 1989년 극심한 경제 위기에 빠져들었고, 대규모 구조 재편에 대한 많은 논의에도 불구하고 25년에 걸친 불황 기간 실질적 재구조화는 일어나지 않았다.

예전 같은 안정적 경제성장을 이끌어낼 능력이 부재한 상태에서 신자유주의적 자본주의가 지속된다면, 다수의 삶의 질과 노동 여건은 계속 악화할 것이다. '대안은 없다'는 주장은 점점 왜소화되고, 다양한 형태의 급진주의와 정치적 불안정이 뒤따를 수도 있다. 기업은 높은 이윤을, CEO들은 거대한 부를 누릴 수도 있겠지만, 한편에서는 경제적 변화를 기대하는 움직임이 결국에는 일어날 수도 있다. 어쩌면 대기업 내부에서조차 말이다.

현재 미국의 경제적 · 정치적 지형을 보면, 어떤 제도적 변화가 임박한 것으로 보이지는 않는다. 그러나 기존 제도의 격변이라는 것 자체가 원래 예측하거나 상상하기 힘들고, 결국 기존 제도란 그것이 영속할 것이라는 믿음을 얼마나 창출해 내는지에 따라 작동하는 것이다. 그러다가도 변화는 갑작스럽게 일어난다. 1890년대에 강도 귀족들이 중소기업들을 먹어 치우고 정부 규제의 무주공산을 휘젓고 다닐 때도, 1900년 이후에 나타날 거대한 변화의 조짐 같은 것은 미리 알 수 없었다. 1932년 당시도 앞으로 수년 내 일어날 정부 역할과 자본-노동 관계의 급격한 전환을 예측할 수는 없었다.

만약 새로운 형태의 자본주의적 제도 구조가 향후 우리 앞에 나타난다면, 어떤 식이든 규제적 자본주의의 형태를 띨 것이라고 예상할 수 있다. 역사를 보면 자유주의적 형태의 자본주의가 위기를 맞은 후에는 규제적 형태의 자본주의가 뒤이어 출현해 왔다. 사례가 그리 많지는 않기에, 이는 단순한 우연일 수도 있다. 그러나 이러한 규칙성이 관측되는 역사적인 이유는 존재한다. 1920년대와 1980년대, 두 번에 걸친 자유주의적 형태의 자본주의는 공히 [대공황과 대불황이라는] 파국적인 위기로 귀결되었고, 최초의 자유주의적 형태의 자본주의였던 도금 시대 역시 극심한 불황과 금융 위기의 반복을 겪어야만 했다. 이러한 구조적 위기들은 자유주의 시기 특유의 높은 불평등과 투기적 금융 부문에서 기인한 것이고, 종국에는 이러한 현상에 대해 제도적 해결책을 추구하도록 만든다. 문제 투성이인 자산 거품을 만들어 내기보다 차라리 국가가 적극적으로 역할을 수행한다면, 불평등을 완화하고 수요 부족 문제를 해결할 수 있다. 국가가 적극적으로 개입하거나, 혹은 20세기 초 금융자본처럼 민간에 속한 소수의 강력한 집단이 경제를 독점적으로 통제하는 것이, 금융 부문의 투기적 행태를 굴복시킬 수 있는 유일한 방법처럼 보이기도 한다. 장기간의 자유주의적 제도하에서 벌어진 고삐 풀린 이윤 추구 행동이 사회적으로 호된 비용을 발생시킨다는 것이 명백해지면, 이는 시장 행동에 제약을 가하는 제

도의 도입에 찬성하는 움직임을 만들게 된다.[302]

따라서 역사적 · 이론적 측면을 모두 고려할 때, 경제활동의 통제자 regulator가 시장 행동을 제약하는 형태의 구조 재편이 일어날 가능성이 높다. 그러나 이러한 변화에도 몇 가지 다른 형태가 존재하는데, 그중 두 가지는 새로운 형태의 규제적 자본주의를, 마지막 하나는 자본주의의 경계 자체를 넘어서는 경우에 해당한다.

기업 본위의 규제 자본주의

현재 미국의 노동운동과 시민운동은 약화되어 있다. 대기업과 그 동맹 세력들은 미국 정치와 여론 형성에 지대한 영향력을 행사하고 있다. 이러한 상태에서 새로운 형태의 규제적 자본주의가 출현한다면, 그것은 아마 노동에 대한 자본의 우위가 여전히 관철된 상태에서 시장에 대한 통제가 부가되는 형태의 제도 변화가 일어날 가능성이 높다. 우리는 이를 기업 본위의 규제 자본주의business-regulated capitalism라고 일컫기로 한다.

보통 주요한 제도적 변화 이전에는 먼저 그러한 변화를 촉구하는 사상이 그 영향력을 확장하는 단계를 거치게 마련이다. 최근에도 신자유주의 사상은 여전히 그 헤게모니를 유지하고 있고, 2009년 이후의 긴축 국면에서는 더욱 극단적인 신자유주의에 입각한 정책적 입장까지 등장했

---

302 이러한 주장은 오래전에 Polanyi(1944)의 역작에서 도입된 것이다. 이와 비슷하게, 규제 자본주의 형태의 위기는 자유주의적 사회적 축적 구조를 낳는 경향이 있다고 말할 수 있다.

다. 과격한 반국가적 입장을 가진 미 의회 내 상당수 공화당 의원들은 최대한의 감세와 공공 지출 삭감을 제일의 정치적 목적으로 삼고, 연방 정부 파산을 불사하고서라도 부채 상한선 증액을 거부하겠다는 위협을 자행했다.[303] 몇몇 연방 정부 기관장 후보들은 심지어 국세청Internal Revenue Service의 폐지까지 주장했다.[304]

그러나 신자유주의에 대해 다시 생각해 보려는 움직임은 저명한 보수 논객들의 글에서도 이미 나타났다. 2008년 12월 금융 위기의 수렁 한가운데에서 미국 보수주의의 상징적 인물 중 하나인 윌리엄 크리스톨 William Kristol은 "작은 것은 아름답지 않다"는 제목으로 뉴욕타임스에 주목할 만한 논평을 기고했다(Kristol, 2008). 그는 "보수주의자들은 '작은 정부 보수주의'라는 기치로 전투에 뛰어들기 전에 두 번 심사숙고해야 한다"면서, "누가 권력을 잡든 어차피 정부의 크기는 별로 줄어들지 않는다는 것을 사람들은 이미 알고 있다"라는 말로 정부 역할의 불가피성을 주장했다. 또 그는 아들 부시 대통령에 의해 도입된 메디케어medicare의 경우, 그 안에 포함된 약가 보조 조치를 승인할 수 있다고 언급하며 민간 부문보다는 국방을 위한 정부 지출의 확대에 지지를 표했다. 그는 작은 정부 보수주의가 이성보다 관습에 기댄 경솔함으로 가져온 비극적 결말의 대표적인 예로, 테니슨Alfred, Lord Tennyson의 유명한 시에 언급된 경여단의 돌격charge of the Light Brigade을 비유로 들기까지 했다.

---

303 대기업들은 이 정도로 극단적인 반국가적 입장을 지지한 적이 없으며, 대신 사안에 따라 의회 로비를 통해 압력을 행사하는 방식을 취했다.

304 이 정도로 극단적인 반국가주의자들이 레이건 정부 1기 때에도 목소리를 높였지만, 나중으로 가면 다소 온건한 신자유주의적 성향의 인물들로 중심축이 옮겨가게 된다.

2012년에는 보수주의의 또 다른 아이콘 프랜시스 후쿠야마Francis Fukuyama가 "어느 정도의 제한이 수반된다는 전제하에 강력한 국가가 필요하며, 국가의 재건이라는 목적을 위해 그 힘을 기꺼이 사용하는 알렉산더 해밀턴Alexander Hamilton과 시어도어 루스벨트의 전통을 되살려야 한다"며 새로운 보수주의 모델을 제시했다. 그는 국가에 대한 불신의 원인을 정치적 좌우파 모두에게 돌렸는데, 특히 오늘날의 우파들이 "보수 진영을 황당무계한 극단주의"로 몰고 갔으며, "20세기 초 언저리에 서서 시계를 진보의 시대 이전으로 되돌리려 한다"고 비난했다. 그는 오늘날의 보수주의는 "국가에 대한 이념적 혐오를 넘어서야"한다고 주장하면서, 국가의 군사력 투자와 "장기적으로 군사력 재건의 전제 조건이 되는 경제의 재건을 위해" 국가의 간섭을 지지했다. 우리는 알렉산더 해밀턴이 미국 건국 후 토머스 제퍼슨Thomas Jefferson과 대립해 강력한 중앙정부 노선을 지지했으며, 시어도어 루스벨트는 1900년 이후의 첫 번째 규제 자본주의를 설계했음을 기억하고 있다.

2013년 4월에는 보수 진영의 유력한 옹호 단체인 미국보수연합ACU: American Conservative Union이 국방비와 인프라 지출 삭감을 저지하기 위해 기업 로비스트들과 연대를 형성했다는 보도도 나왔다. 이 조직은 정부 지출 삭감과 정부 규모의 제한을 위해 투쟁을 벌인 전력이 있었다.[305]

시어도어 루스벨트에 대한 크리스톨과 후쿠야마의 긍정적인 언급은 친기업적 지식인들에게 설득력 있게 다가갈 수 있는데, 왜냐하면 루스벨트 시대 정부 정책의 전환 과정에서 기업들은 적극적인 역할을 수행했고,

---

305 *New York Times*, April 6, 2013, A12.

루스벨트 자신도 반독점법으로 대기업을 분할하기보다 대기업의 '책무'를 인정하는 쪽으로 입장을 정했기 때문이다. 또 진보의 시대에 있었던 개혁들에는 노동권이나 사회복지에 관해서 별로 특별한 것이 없기도 했다. 금융자본이 당시의 변화 과정에서 주도적 역할을 했다는 점, 노동관계 또는 사회복지 제도의 측면에서 어떠한 중대 변화도 없었다는 점에서 진보의 시대를 규정했던 사회적 축적 구조가 [앞으로 있을지도 모르는] 기업 본위의 규제적 자본주의 형태의 선례라고 생각할 수도 있다.[306]

　노동계급에 아무런 힘이 주어지지 않는 형태의 규제 자본주의가 또 존재하는데, 바로 개도국의 발전 국가 모델이 그 예다. 1870년 이후 일본과 1950년대 이후의 남한에서는, 서둘러 자본주의 체제를 구축하기 위해서 국가가 경제를 선도하는 형태의 발전 국가 모델이 도입된다. 일본의 발전 국가 모델은 구체제의 봉건적 지배계급이 선택해 도입된 경우고, 나중에는 이 역할을 정부의 관료 집단이 이어받는다. 남한에서는 군사정권이 유사한 형태의 발전 국가 체제를 도입했다. 양국 경제 모두 매우 효율적으로 작동했고, 급속한 경제 발전을 가져왔다. 비록 노동은 탄압받았고, 기업은 정부를 압도하기보다 복종하는 형식이긴 했지만 말이다. 그러나 이는 초창기 개발도상국의 경우 선진 자본주의 국가들의 조건과 달리 기업가 계급이 아직 충분히 성장하지 않았기 때문이라 할 수 있다.[307]

　표 7.1은 오늘날 미국에서 기업 본위의 규제적 자본주의가 출현할 경

---

306 6장에서 봤지만, 진보의 시대는 대기업들이 수세적 입장으로 몰리면서 열리게 되었다. 대신 대기업들은 국가의 경제 개입이 그들의 이익에 부합하는 방향으로 움직이도록 유도할 수 있는 정도의 힘을 회복했을 뿐이다.

307 한국에서 개발 국가 체제가 해체되고 신자유주의적 구조 재편이 본격화한 것은 외환 위기 이

표 7.1. | 기업 본위의 규제 자본주의를 구성하는 개념[308] 및 제도들.

1. 국가주의, 개인 혹은 개별 조직에 사회 및 국가를 위한 책임을 강조하는 입장의 우위
2. 세계 경제
   a) 자유무역협정의 추구
   b) 전 세계에 걸친 천연자원 통제권 추구
   c) 미국의 군사적 우위의 유지
3. 정부의 경제적 기능
   a) 민간과 정부의 협력 관계 확대
   b) 금융 부문에 대한 정부 규제
   c) 국방 및 민수용 인프라 스트럭처를 위한 정부 투자
   d) 미국의 기술적 우위를 위한 혁신의 촉진
   e) 기업에 대한 낮은 세금
   f) 제한된 사회복지 프로그램
   g) 비용 편익 분석을 통한 사회적 규제의 지속적 위축
   h) 반독점법 적용의 제한
4. 자본-노동 관계
   a) 더욱 무력화되는 단체교섭, 피고용자의 연대를 고용주 측이 힘으로 압도
   b) 더욱 악화되는 일자리의 임시직화
5. 기업 부문
   a) 상호 존중에 기반한 경쟁으로의 복귀
   b) 기업 목적이 장기적 성과 추구로 전환
   c) 기업 내부의 관료주의적 원칙 부활
   d) 비금융 기업에 대한 신용 공여 활동으로 금융기관의 초점이 이동

후 민주 정권 때부터지만, 이미 그 이전부터 관료와 대기업 내부에서 이를 지향하는 움직임이 존재했다. 전두환 정권 당시 이미 신자유주의적 입장을 가진 경제 관료들이 급속히 영향력을 행사했고, 개발 연대를 거치면서 크게 세력을 확장한 재벌 세력은 전경련이나 재벌 기업 산하 연구소를 중심으로 정부 간섭의 배제, 시장 자유 등을 주장하는 연구, 출판물의 확산을 시도했다. 김영삼 정권은 금융 자유화 논리에 포획돼 무더기 종금사 인허가 등의 조처를 했는데,

우를 상정한 가상의 지배적 개념 및 제도들의 목록이다. 노동시장은 지금과 같은 형태로 유지되고, 자본-노동 관계는 여전히 자본가계급이 노동계급을 전적으로 지배하는 것으로 가정한다. 세계경제의 상호 의존 관계역시 특별한 변화가 없다. 그러나 기업 부문을 규정하는 주요 제도와 지배적인 개념들, 그리고 정부의 역할에는 차이가 있다. 신자유주의적 자본주의와 비교해 정부 역할의 가장 유력한 변화들은, 금융 불안정성 극복과생산적 목적에 기반을 둔 신용 창출을 위한 정부의 금융 규제, 국방 및 민수용 인프라 스트럭처의 건설을 위한 공공 투자 확대, 기술 혁신의 촉진, 그리고 민간과 정부 간 협력의 확대를 들 수 있을 것이다. 기업 부문의 경우는 제2차 세계대전 이후의 규제적 자본주의와 유사한 형태를 상정해볼 수 있다.

사회적 축적 구조를 결속시키는 지배적 사상은 국가주의와 개인의 책임을 강조하는 식이 될 수 있다.[309] 이러한 사상들은 더 강력한 국가의 역할을 정당화할 것이고, 일반 국민에게는 더 강력한 실체에 대한 귀속감을제공함으로써 그들에게 돌아가는 물질적 혜택이 줄어들더라도 이를 감수

이는 재벌의 중복 과잉 투자 및 환율 정책의 실패 등과 복합적으로 결합해 장기적으로 1990년대 말 외환 위기를 초래하는 한 원인이 되었다. 한국의 신자유주의적 재편 과정에 대해서는 지주형, 2011, 《한국 신자유주의의 기원과 형성》, 책세상을 참고하라. -옮긴이

308 원문에선 각 사회적 축적 구조를 요약 설명하는 표에서 일관되게 idea라는 단어를 사용하고 있다. 과거의 사회적 축적 구조의 출현을 설명할 때는, 제도 구조의 출현을 뒷받침하는 구체적인 사상적 움직임 및 그 실질적 내용이 있었다는 맥락에서 idea를 '사상'으로 번역했다. 7장의 경우는 앞으로의 잠재적 변화 가능성을 논하는 것으로, 아직 광범위하게 합의된 사상이 존재한다고 할 수 없고, 더군다나 그러한 사상이 특정한 제도 변화를 견인해 냈다고 할 수 없다. 따라서 아직 개념적 차원에 머문다는 맥락에서, 여기서는 idea를 개념이라고 번역했다. -옮긴이

309 2016년 미국 공화당의 기괴한 경선 및 대선 결과를 보면 아주 틀린 말이 아니다.

하도록 만들 것이다.

이와 같은 일련의 제도들은 상호 일관적인 것은 물론이고, 장기적으로 이윤 및 경제성장을 창출할 잠재력을 지니고 있다. 노동에 대한 고용자 측의 압도적 우위는 이윤의 상승을, 정부 지출의 확대는 불평등의 심화로 초래되는 수요 부족 문제를 해결할 것이다. 금융 규제는 금융 안정성은 물론이고 세계적 차원의 산업 경쟁에서 미국에 승리를 가져다줄 수도 있다.

그러나 이러한 사회적 축적 구조의 실현 가능성에 대해 미국의 높은 공공 부채에 근거한 반대 의견이 제시될 수도 있다. 긴축 옹호론자들은 이러한 모델이 미국을 파산으로 몰고 갈 것이라고 주장할 수 있다. 그러나 5장에서 살펴봤던 제2차 세계대전 후 미국 부채의 경우처럼 경제성장을 통해 GDP 대비 부채의 비중이 줄어들 수 있다는 점에서 이러한 반대 의견은 약점을 지닌다고 할 수 있다(그림 5.15를 보라). 만일 이러한 체제가 상대적으로 빠른 경제성장을 가져오는 데 성공한다면, 정부 지출의 확대 폭은 사회복지 지출의 제한을 통해 완화될 것이고, 이는 공공 부채 비율의 안정화, 어쩌면 감소로까지 연결될 수도 있다.

기업 본위의 규제 자본주의 형태는 두 가지 변종을 낳을 수 있다. 하나는 국방력 건설과 공격적 대외 정책 그리고 적대 국가에 대한 억압적 정책 수립을 강조하는 우파 버전이고, 다른 하나는 민수용 인프라 스트럭처의 건설, 국제적 유대 관계를 통해 작동하는 대외 정책, 그리고 시민적 자유 증진에 초점을 맞추는 중도파 버전이다.[310]

---

[310] 일부 유럽 국가에서 벌어지고 있는 신나치주의 운동과 정당들이 득세하는 현상은 이처럼 대단히 억압적이고 초국수주의적인 규제 자본주의 형태의 잠재적 일면을 보여준다.

그러나 이 두 가지 변종 모두 삶의 질의 정체 혹은 하락을 경험해야 하는 노동 대중 입장에서는 그렇게 반길만한 것이라고 할 수 없다. 특히 우파 버전의 경우에는 심대한 억압이 뒤따를 것이고 국가주의 이데올로기와 더불어 세계를 대상으로 한 미국 경제의 압도적 우위 추구로 인해 국지전 혹은 심지어 지구적 차원의 전쟁 위협이 발생할 수도 있다.

지금과 같은 조건에서 어떻게 이러한 형태의 자본주의가 출현할 수 있는지는 사실 명확하지 않다. 국가의 적극적인 경제 개입은 언제나 기업 측에 잠재적인 위협 요소가 된다. 왜냐하면 결국에는 국가권력이 기업이 반기지 않는 목표를 위해 사용될 우려가 있기 때문이다. 따라서 이러한 모델을 실제로 구축하는 것은 매우 복잡하고 또 어려운 과업이라 할 수 있다.

미국의 대기업들은 공동의 목표를 위해 조직적으로 행동하는 것이 매우 어려운 일임을 절감해 왔다. 모든 자본주의적 사회제도들은 기본적으로 자본가 상호 간 경쟁의 형태를 띠게 마련이고, 서로 다른 기업 분파 간 이해 상충은 기업 본위의 규제 자본주의 출현에 걸림돌이 된다. 그러나 앞에서 관찰한 것처럼, 최근 은행 부분의 급격한 집중화 경향이 이러한 사회적 축적 구조의 출현을 가능하게 만들 수도 있다. 아마 이는 오늘날의 금융 부문을 지배하는 제이 굴드의 탐욕스러운 후예들 대신, J.P.모건 같은 금융 지도자의 출현으로 이어지는 경로일 것이다.

기업 본위든 혹은 다른 형태가 되었든, 규제 자본주의의 출현을 방해하는 최대의 장애물은 바로 현저히 약화한 오늘날의 사회운동 진영의 상황이다. 개혁주의, 급진주의 여부를 불문하고, 대중운동에 기업들이 위협을 느끼지 않는다면, 기업 본위의 규제 자본주의로 넘어가는 길 자체가 존재하지 않을 것이다. 노골적으로 말하면, 자본가들은 그들의 이익에 대한 위협이 목전에 닥쳐서 당장 행동에 나서야 할 상황이 아닌 한, 자본주의를 장기적 관점에서 적극적으로 운영하는 데 그리 능숙한 계급이 아니다.

사회민주주의적 자본주의

노동운동 지도자들이나 중도 좌파 정치인들의 경우, 제2차 세계대전 후 미국의 규제 자본주의와 같은 형태의 체제로 복귀할 것을 주장하기도 한다.[311] 일부 케인시언 경제학자들 역시 그러한 전환을 지지한다(Palley, 2012). 만일 가까운 미래에 노동운동이 부활하여 널리 번져 나간다면, 이것이 경제적 변화를 만드는 계기가 될 수도 있다. 자본과 노동계급 간 타협이 중심적 역할을 수행하는 규제적 형태의 자본주의를 일컬어 '사회민주주의'라는 용어를 사용한다.[312]

3장에서 본 것처럼, 제2차 세계대전 이후의 규제 자본주의 체제는 전

---

311 미국 민주당 경선에 뛰어든 버몬트주의 무소속 상원 의원 버나드 샌더스Bernard Sanders가 이러한 경우라고 할 수 있다. 실제 그는 스스로를 민주적 사회주의자라고 칭했다. -옮긴이

312 협의의 사회민주주의는 제2차 세계대전 이후 노동자계급을 지지 기반으로 사민주의 정당들이 이룩했던 매우 관대한 사회복지 제도가 근간이 된 국가들의 경우를 말한다. 이러한 형태의 규제 자본주의는 제2차 세계대전 이후 미국에서 번성했던 규제 자본주의와는 대조가 되는 경우라고 할 수 있는데, 비록 미국에서도 자본-노동 간 타협이 작동하기는 했어도 노동자계급에 기반을 둔 사민주의 정당 자체가 부재했고, 복지국가의 역할이 더욱 제한적이었다는 차이가 있기 때문이다.

투적 강성 노동운동과 세계적 사회주의 운동이라는 심각한 위협이 낳은 시대적 산물, 즉 자본-노동 간 타협에 근거한 것이다. 대공황의 재발에 대한 공포가 엄존하는 상황에서 이러한 사태 전개는 1940년대 후반 당시의 재계 주요 지도자들이 노동계와 타협을 받아들이고 규제 자본주의를 지지하도록 만들었다. 1930년대 노동운동의 폭발은 대공황이 발발하고도 5~6년이 지난 뒤에야 시작됐다. 거대한 경제적 파국에 뒤따르는 노동계급의 즉각적인 대응은 대개 자신과 가족의 각자도생이기 마련이다. 그리고 위기가 어느 정도 지속되고 난 뒤에야 비로소 노동자들의 대응은 단체 행동으로 옮겨가게 된다. 위기 속에서 노동운동의 행동주의는 되살아날 수 있고, 실제로 이는 그리스나 스페인 등의 국가들에서 이미 현실화된 반응이다. 미국에서도 전투적인 노동운동이 촉발되어, 2012년에는 반노조 입장의 주지사와 노조가 충돌하는 과정에서 노동자들이 위스콘신주 정부 청사를 점거했고, 2013년에는 주요 패스트푸드 업체 노동자들의 유례없는 파업이 전국에 걸쳐 일어났다.

표 7.2는 사회민주주의적 자본주의로의 이행을 가정한 상태에서, 그 지배적 개념 및 제도들의 목록을 정리한 것이다. 표를 보면 이전의 규제 자본주의의 사상 및 제도를 나타내는 표 3.1과 큰 차이가 없다. 주목할 만한 변화는 3-d의 지적재산권 법의 개정과 3-f의 녹색 기술 투자의 공적 투자 확대, 그리고 4-a의 노동자 조직 운동 권리의 강화라고 할 수 있다. 이와 같은 일련의 사상 및 제도들을 통해 제2차 세계대전 이후 장기간의 고이윤 및 고도성장을 이끌어낼 수 있었음을 우리는 잘 알고 있다. 높은 최저임금, 노조 결성과 가입 권한의 보호를 비롯한 표 7.2의 제도 목록들은 이윤과 임금의 동반 성장을 촉진할 것이다. 일단 장기 경제성장의 조

표 7.2. | 사회민주의적 자본주의를 구성하는 개념 및 제도들.

1. 케인스 사상 및 경제 이론으로의 복귀
2. 세계경제
   a) 규제적 무역협정으로의 전환
   b) 금융자본의 이동을 제한하는 장벽의 설치
   c) 전 세계 천연자원 접근권의 국가 간 협의에 의한 공유
3. 정부의 경제적 기능
   a) 낮은 실업률과 수용 가능 인플레이션의 유지를 위한 케인시언 재정, 통화정책으로의 복귀
   b) 금융 부문에 대한 정부 규제
   c) 환경, 작업장 안전, 보건 및 소비자 안전 등의 사회적 규제 강화
   d) 강력한 반독점법 시행 및 지적재산권 관련 법의 개정을 통한 전반적인 시장 독점력 약화
   e) 인프라 및 공교육 등의 공공재 공급 확대
   f) 신기술 및 녹색 기술에 대한 공공 투자의 확대
   g) 최저임금 상승을 포함하는 복지국가의 확대
   h) 누진적 조세 체계로의 복귀
4. 자본-노동 관계
   a) 노동자의 조직 운동 권리의 강화를 통한 노사 간 단체교섭의 실질적 부활
   b) 장기 및 정규직 일자리 비율의 확대
5. 기업 부문
   a) 상호 존중에 기반한 경쟁으로의 복귀
   b) 기업 목적이 장기적 성과 추구로 전환
   c) 기업 내부의 관료주의적 원칙 부활
   d) 비금융 기업에 대한 신용 공여 활동으로 금융기관의 초점이 이동

건인 수요 부족 문제를 해결할 것이고, 또한, 자본 가동률의 상승은 이윤율의 상승으로 이어질 것이다. 자본-노동 간 타협과 경기 역행적counter-cyclical 재정·통화정책은 장기적인 생산적 투자에 우호적인 환경을 만들

어 경제에 안정성 및 예측 가능성을 부여할 수 있을 것이다. 인프라 및 신기술을 위한 공적 투자 역시 경제성장의 자극 요인으로 기능할 것이다.

사회민주주의적 형태의 자본주의는 신자유주의적 자본주의는 물론이고 기업 본위의 규제 자본주의보다 훨씬 더 다수에게 우호적인 경제체제다. 이는 불평등 감소, 삶의 질 향상 및 다수에게 더욱 증진된 경제적 안정의 제공을 천명하는 체제라고 할 수 있다. 일부 비판자들의 경우 이러한 규제 자본주의가 수십 년 전에는 통했을지 몰라도, 오늘날에는 세계 경제의 비가역적인 변화들로 인해 결코 가능하지 않다고 주장하기도 한다. 그러나 신자유주의 시대에 형성된 세계화의 결과들이 전적으로 변화가 불가능한 것만은 아니다. 2장에서 본 것처럼 제1차 세계대전 이전의 강력한 세계적 경제 통합의 추세는 두 차례 세계대전을 거치며 반전되어 브레턴우즈 체제를 통해 경제 통합 추세가 견제를 받게 된다. 고삐 없는 세계화 추세가 이미 한번 역전된 적이 있다면, 전적으로 불가능하다고 할 수는 없는 것이다. 국제무역은 적절한 수준에서 규제하되 금융자본 이동이 초래할 잠재적 불안정성은 강력히 통제하는 새로운 형태의 국제경제 질서를 상정해 볼 수도 있다. 만일 자본의 전 지구적 이동이 전적으로 자유롭게 이뤄질 경우, 모든 국가 노동자들의 임금은 바닥을 향한 경쟁에 내던져질 것이기 때문이다. 그러나 표 7.2가 말하는 새로운 사회민주주의적 형태의 자본주의는, 이를 뒷받침하는 새로운 국제 질서에 대한 주요 강대국들의 합의가 필수적인데, 그런 합의를 이끌어 내는 것 자체가 결코 쉬운 일이 아니다.

또 하나의 비판적 주장은 최근 수십년 간 이어진 기술 진보로 인해 새로운 형태의 사회민주주의적 자본주의 체제의 성립은 불가능하다는 것이다. 우리는 3장에서 정보 통신 기술의 발달이 기술의 효율적 실용화를 위해 신자유주의적 자본주의를 요구한다는 주장을 접한 바 있다. 하지만 사민주의적 자본주의하에서 신기술이 지속적으로 발전할 수 없다는 주장엔 그다지 설득력이 없다. 이러한 기술들이 오히려 규제 자본주의의 계획 시스템을 잠재적으로 더 효율적으로 만들 수도 있기 때문이다.

또 다른 비판은 규제 자본주의가 이미 과거에 시도된 적이 있고 결국 체제의 불안정을 초래하는 위기로 귀결되었을 뿐이라는 주장이다. 신자유주의 혹은 기업 본위의 규제적 자본주의에 비해 사회민주주의적 자본주의가 대다수 사람에게 혜택이 돌아가는 자본주의 형태임은 분명하다. 그러나 사회적 축적 구조 이론은 그 어떠한 형태의 자본주의도 구조적 위기 및 다른 형태로의 재구조화를 수반하지 않고 수십 년 이상 지속될 수는 없다고 주장한다.[313] 물론 새로운 사회민주주의 체제 옹호론자들 대다수는 이러한 비판에 동의하지 않는다. 그들은 일련의 우발적인 정치·경제적 변화들로 인해 규제 자본주의가 붕괴했던 지난 경험을 되풀이하지 않을 것이라 주장한다.[314]

사회민주주의적 자본주의는 신자유주의적 자본주의하에서 진행된 노동시장의 임시직화의 잔재를 일소하고, 직업 안정성을 복구하는 조치들을 포함할 것이다. 하지만 기업들이 이미 정규직을 임시직으로 대체하는

---

313 모든 사회적 축적 구조가 구조적 위기를 거쳐 붕괴를 맞는 것이라면, 이는 자유주의적 형태의 자본주의도 예외일 수 없다. 따라서 이러한 주장에 근거한 사민주의 비판은 결국 대안적 사유 자체를 부정하기 위해 동원되는 허수아비 공격에 불과하다. -옮긴이

314 여기서 말하는 '우발적 변화'란 급격한 인플레이션을 초래했던 1973년 아랍권의 원유 수출 제한 조치와 백인 인종주의로 인한 규제 자본주의 지지 연대의 전열이 흐트러진 것을 말한다.

것이 얼마나 수지맞는 일인지를 알아버린 상태에서 이를 실천하는 것은 실로 지난한 과업이 될 것이다. 그러나 만일 노조의 요구와 정부의 노동 시장 규제가 함께 맞물린다면 전혀 불가능한 진전은 아닐 것이다.

노동운동의 부활과 강력한 확산이 전제될 수만 있다면, 새로운 사회민주주의적 자본주의의 출현을 가로막는 정치·경제적 난관들은 충분히 극복될 수 있다. 그러나 새로운 사회민주주의적 자본주의가 설사 장기 고도성장을 다시 성공적으로 복원해 낸다고 해도, 시대가 다르고 사회가 바뀐 만큼 1940년대와는 다른 형태의 문제에 직면할 수밖에 없다. 그중 하나는 과거에는 문제가 되지 않았지만 오늘날에는 계속 진행 중인 환경적 제약이다. 인간의 경제활동이 전 세계적 기후 변화의 원인임은 이미 충분히 입증된 것이고, 현재의 추세만으로도 이미 향후 50-100년 이내에 인류에게 경제적인 재앙으로 되돌아올 것이다. 이미 경제활동에 필수적인 천연자원의 추출이 한계로 치닫는 상태에서 20여 년 혹은 그 이상의 기간에 걸친 고도성장이 미국과 주요 선진국들에서 다시 나타난다면, 이는 실로 인류 문명 그 자체에 대한 위협이 될 것이다.

일부 사회민주주의적 자본주의 옹호론자들은 심각한 환경적 제약하에서 이에 적합한 형태의 고도성장을 가져올 수 있는 것은 녹색 기술이 될 것이라고 기대한다. 물론 실제 녹색기술이 도입된다면 바람직한 일이기는 하나 녹색 기술이 고도성장으로 인한 탄소 배출의 효과를 압도할 것으로 보이지는 않는다. 물론 이 문제를 [기술적 측면까지] 엄밀히 따져보려면, 전 지구적 기후 변화의 주범인 대기 중 탄소의 제거 방안이 현재 어디까지 발전해 있는지까지 고찰해야 할 것이다. 하지만 이는 이 책의 범위를 넘어서는 기술적으로 대단히 복잡한 논의이고, [새로운 사회민주주의적 자본주의가 초래할] 수십 년에 걸친 고도성장이 전 지구적 기후 변화 추세를 막아 보려는 노력에 상당한 부담이 된다는 것은 분명한 사실이다.[315]

사회민주주의적 형태의 자본주의는 이윤뿐만 아니라 임금의 충분한 성장을 위한 체제이고, 이는 결국 경제의 산출 자체가 그에 부합할 정도로 빠르게 성장해야 함을 뜻한다. 결국 새로운 사회민주주의적 자본주의가 내포하고 있는 이러한 작동 원리에는 종국에는 환경적 파국으로 이어질 위험스러운 소지가 있다고 할 수 있다.

자본주의의 한계를 넘어선 대안

미래의 경제적 변화에 대해 고려할 때 생각할 수 있는 또 하나의 대안이 있다. 그것은 바로 자본주의를 넘어서 대안적 사회주의 체제로 이행하는 것인데, 물론 현시점에서는 가능성이 거의 없는 경로라고 할 수 있다. 그러나 자본주의 탄생 이전에 있었던 그 어떤 사회경제체제들도 결코 영원히 지속되지는 못했다. 19세기에 이미 마르크스주의 이론은 그 이전 사회경제체제들과 마찬가지로, 자본주의도 다른 형태의 체제에 의해 대체될 것이라고 봤고, 이러한 새로운 시대를 사회주의 혹은 공산주의라고 언급했다.[316] 1917년 러시아에서 혁명이 일어나자 이제 사회주의를 옹호하는

---

315 Li(2013)에 의하면 심지어 아무리 낙관적인 분석을 취하더라도, 기후 재앙을 막기 위해서는 단위 GDP 당 탄소 배출량을 매년 1%씩 감축해야 한다고 분석하고 있다.

316 19세기 이후에 보통 '사회주의'라는 용어는 자본주의를 대체할 새로운 사회경제체제라는 뜻

측과 적대하는 측 모두 사회주의를 자본주의의 가능한 대안으로 여기는 인식이 널리 확산되었다. 사회주의를 지지하는 쪽에서는 이를 가장 고등한 형태의 사회로 바라본 반면, 반대 측에서는 사회주의가 정치적 억압과 경제적 퇴보의 새로운 암흑시대를 가져올 것이라며 공포에 휩싸였다.[317] 20세기의 상당 기간 사회주의와 자본주의 간 체제 경쟁이 펼쳐졌고, 수십 년간 그 성패는 그리 명확하지 않았다. 심지어 일부 사회주의 적대자들은 사회주의가 결국 자본주의를 대체할지도 모른다며 두려워했는데, 사회주의가 창출해 내는 고도성장과 완전고용, 그리고 노동계급에게 제공되는 높은 수준의 경제적 안정성이 바로 그러한 두려움의 근거였다.[318]

그러나 1989년에서 1991년 사이 대다수의 소비에트형 사회주의 국가들이 무너지고 자본주의로 이행하면서 사회주의에 대한 다수의 관점은 급격히 변화하게 된다. 1978년부터 전통적 형태의 사회주의에서 탈피해 사영 기업 및 시장에 기초한 모델로 이행하는 경로를 택한 인구 대국 중

을 지니게 되었고, 사회주의를 옹호하는 정당들은 사회당Socialist Party 또는 공산당Communist Party이라는 명칭을 사용했다. 마르크스주의 사회주의자들은 '공산주의'라는 단어를, 자본주의 이후에도 오랜 기간의 혁명을 거쳐야만 도달할 수 있는 사회주의의 최종 단계를 지칭하기 위해 별도로 남겨두었다. 초기에는 사회당, 공산당 모두 자본주의 체제 내 개혁은 물론이고 사회주의적 대안을 통한 자본주의 체제의 대체까지도 지지했다. 하지만 나중으로 가면, 많은 사회주의 정당이 자본주의 체제 자체의 대체라는 목적을 포기하고 개혁주의 정당으로만 남게 된다. 하지만 이 책에서 쓰는 '사회주의'라는 용어는 후자, 즉 자본주의를 대체하는 사회경제 체제를 일컫는 것이다.

317 The Road to Serfdom노예의 길(1944)에서 하이에크는 사회주의란 필연적으로 인간의 자유와 창의성을 부인할 수밖에 없다고 말하고 있다.

318 1940년대에 저명한 경제학자인 하버드 대학교의 조지프 슘페터Joseph Schumpeter는 사회주의에 반감을 갖고 있었으나, 동시에 사회주의가 곧 미래의 가능성을 나타낸다는 점에서 두려워했다.

국의 사례도, 자본주의 체제에 대한 사회주의의 도전이 종언을 고하고, 자본주의가 최종적 승리를 거뒀다는 견해의 확산에 일조하게 된다.

물론 사회주의 운동의 절정기였던 1900년부터 1970년대 사이에도, 미국에서의 사회주의 운동은 유럽이나 세계 다른 지역의 광범위한 사회주의 지지와 비교하면 그리 세력이 크지 않았던 것이 사실이다. 6장에서 본 것처럼, 소위 진보의 시대에 미국의 사회당이 급격히 성장하긴 했어도, 전국적 규모의 선거에서는 극히 일부 지역구에서만 승리할 수 있었을 뿐이다. 미국사의 그다음 진보적 변화의 시기였던 1930년대와 1940년대에는 공산당이 가장 큰 사회주의 조직이 되었다. 이 시기 미국 공산당은 새로운 산업 노조들의 결성에 주요한 역할을 수행했고, 상당수 지식인과 특히 아프리칸 아메리칸African-American 사회의 지지를 얻었음에도, 공산당의 깃발 아래에 모인 지지자의 비율은 소수에 지나지 않았다. 이는 20세기 유럽에서 있었던 사회주의 혹은 공산주의 대중정당의 번성과 분명 대조되는 점이었다.[319]

오늘날 사회주의 운동은 세계 대부분 지역에서, 특히 미국에서 매우 약화한 상태다. 강성했던 소비에트 체제는 이제 몰락했고, 오늘날 미국을 포함한 대다수 국가의 사회주의 운동은 약세를 면치 못하는 것이 현실이다. 하지만 미래의 대안으로서의 사회주의가 다시금 대두될 가능성을 완전히 배제해서는 안 될 것이다. 심지어 미국의 경우에도 그렇다. 여기에

---

[319] 미국에서의 '진보의 시대'와 대공황 시기에 많은 노조 간부가 사회주의자 혹은 공산주의자가 되었지만, 전체적으로 보면 그 대오는 매우 미미한 수준이었다. 반면, 같은 시기 서유럽에서는 일반 노동자 중 많은 비율이 사회주의를 받아들인 상태였다. 미국과 유럽의 이러한 역사적 차이에 관해서는 이미 많은 관련 문헌들이 자세히 다루고 있다.

는 몇 가지 이유가 있다. 첫째, 전후 규제 자본주의가 이룬 대다수 노동자의 물질적 조건 개선은 신자유주의 시기에 다시 역전되어 정체되거나 악화되어야만 했고, 2008년 경제 위기 후에는 수백만 명이 집이나 직장을 잃어야 하는, 자본주의의 가장 참혹한 모습이 우리 앞에 똑똑히 펼쳐졌다. 미국민의 중위 소득median income은 위기 이전 수준으로 회복되지 못했고, 단지 기업들의 이윤과 상위 1% 부유층의 소득만이 치솟았을 뿐이었다. 이는 자본주의를 대체할 수 있는 온정적 형태의 대안 체제에 관심을 불러일으킬 훌륭한 기반이 된다.

둘째, 세계경제 위기가 닥치기 이전부터 이미 다수 대중의 경제 여건이 추락했던 라틴 아메리카 지역에선 '21세기형 사회주의'를 건설하기 위한 시도가 베네수엘라나 볼리비아 같은 국가들에서 이미 일어났던 점을 들 수 있다. 사회주의에 대한 불신이 광범위하게 퍼진 것은 사실이지만, 자본주의 체제가 대중에게 감내하기 어려운 고통을 가할 때마다 사회주의 사상은 자본주의를 대체할 평등주의적 대안으로서 계속 생명력을 유지해 왔다.

셋째, 심지어 미국 내에서도 생각보다 의외로 높은 비율의 인구가 사회주의에 우호적 시각을 갖고 있다는 증거들이 나타나고 있다. 경제 위기가 점점 심화하던 2009년 봄 주류 여론조사 업체인 라스무센Rasmussen은 자본주의와 사회주의에 대한 미국민들의 관점에 관한 여론조사를 시행했다. 사회주의에 대한 긍정 응답이 별로 없을 것이라는 라스무센 측 예상과 달리, 결과는 놀랍게도 절반을 겨우 넘는 53%만이 자본주의를 선호했고, 20%가 사회주의를 선호, 그리고 27%가 선호를 밝히지 않은 것으로 나타났다. 4월 9일에 주요 언론을 통해 공표된 이 조사 결과는 격렬한 논쟁을 불러일으켰다. 라스무센의 여론조사 전문가인 네이트 실버Nate Sliver 의 데이터 분석에 의하면, 사회주의에 대한 지지는 최저임금 계층에서 자본주의와 거의 동률을 이루고, 소득 분포가 올라갈수록(다만 연 소득 10만 달러 이상의 경우 미세한 추세 반전이 보이기는 하지만) 자본주의에 대한 지지가 가파르게 상승하는 추세를 보이는 것으로 나타났다(Silver 2013).

그 후에도 몇 년간 유사한 조사들이 다른 업체들을 통해 시행됐는데, 역시 여기서도 비슷한 결과들이 보고됐다. 2010년 5월 10일 공표된 퓨센터Pew Center의 조사 결과에서는 52%가 자본주의 선호, 29%가 사회주의 선호로 나타났다. 여성의 사회주의 선호는 33%였고, 18세에서 29세 사이 응답자들의 사회주의 선호도는 자본주의와 동률인 43%로, 그리고 가족의 연 소득이 3만 달러 이하 응답자의 경우는 44%가 사회주의를 선호하는 것으로 나타났다(Pew Center, 2010). 역시 퓨센터에 의해 시행된 2011년 12월의 동일 조사에서는, 18세에서 29세 사이 응답자들의 사회주의 선호도는 기존의 43%에서 46%로 상승한 것으로 조사되었다(Pew Center, 2011).

예상보다 높은 사회주의 선호도를 놓고 많은 평론가가 논쟁을 벌였는데, 그들은 응답자들이 사회주의를 낮은 불평등과 관대한 사회복지 제도를 특징으로 하는 유럽식 사민주의 시장경제로 해석했기 때문이라고 주장했다. 일부는 오바마 대통령에게 '사회주의자'라고 잘못된 딱지를 붙이는 우파 논객들의 수법 때문에 오히려 오바마 지지자들 사이에서 오바마와 사회주의라는 용어를 긍정적으로 동일시하는 경향이 늘어났기 때문이라고 지적하기도 했다. 또한, 30세 이하 계층의 경우 소련의 억압적 사회주의를 기억하지 못하기 때문이라는 점이 지적되기 했다. 그럼에도 불구하고, 이러한 조사 결과들은 분명 미국 인구의 상당수, 특히 젊은 계층과 저소득 가구들을 중심으로 그동안 그들이 알고 있던 '자본주의'에 대해 심각한 회의를 품기 시작했고 반면, '사회주의'라고 불리던 그 무엇인가를 자본주의의 대안으로서 긍정적으로 받아들이기 시작했음을 의미한다.

넷째, 2011년 9월부터 월스트리트 점거 운동이 갑작스럽게 일어났는데, 이는 미국인들의 기억으로는 사실상 최초의 공개적 반자본주의 저항 운동이라고 할 수 있다. 이와 연계된 시위가 미국 전역의 150개 도시와 해외 도처에서 벌어졌는데, 그들은 자신들이 "1%"의 권력에 맞서 "99%"를 대변한다고 주장했다(Silver, 2011). 이 운동이 비록 사회주의를 명시적으로 요구한 것은 아니었지만, 이 운동을 (비공식적으로) 주도하는 이들 대부분은 다양한 종류의 아나키즘이나 사회주의적 관점을 지닌 사람들이었다.[320] 월스트리트 점거 운동이 어떤 안정적 조직이나 명확한 요구 사항을 창출해 내지는 못하고, 결국 2012년에 대부분 해산하고 말았지만, 이 운동은 미국에서도 자본주의에 대항하는 급진주의 운동의 대중적 기반이 분명히 존재함을 보여 준 계기였다.

물론 가까운 장래에 미국에서 의미 있는 급진주의 운동이 전혀 일어나지 않을 수도 있다. 하지만 그것이 꼭 신자유주의적 자본주의에 대한 대안이 영원히 존재하지 않음을 뜻하는 징조라고 볼 수는 없다. 역사적으로 급진주의 운동은 대기업들이 규제 자본주의를 받아들이도록 자본주의

---

[320] 대부분의 무정부주의를 자처하는 이들 역시 생산 기업의 사적 소유권이 철폐된 미래에 대해 이야기하고 있고, 무정부주의를 넓은 의미의 사회주의 운동의 한 부분으로 간주하는 사람들도 있다. 하지만 무정부주의의 핵심적인 부분은 국가에 대한 비판이고, 이는 기업의 국유 자체에 대한 반대 논리로 이어진다.

체제 내 개혁의 주요한 정치적 동력이 되어 왔고, 경우에 따라서는 자본주의 그 자체를 근본적으로 넘어서는 가능성까지도 열 수 있음을 분명히 보여 줬기 때문이다.

그렇다면 자본주의에 대한 대안으로서 사회민주주의적 자본주의와 구별되는 새로운 시대의 사회주의는 어떤 모습일 것인가? 표 7.3은 '21세기 사회주의'를 상정하고, 그 주요 개념 및 원칙들의 대강을 나타낸 것이다. 표 7.3에 나타난 사회주의 버전은 민주적 정부와 대중의 참여가 전제된 계획 경제를 포함하고 있다는 측면에서, 민주적 참여 계획 사회주의 Democratic Participatory Planned Socialism라고도 일컬어진다.[321] 이는 자본주의의 한 형태가 아닌, 전적으로 다른 사회경제체제를 나타내는 것이기 때문에 표 7.3은 일반적인 원칙 수준의 언급만을 포함하고 있다.[322] 이는

---

[321] 민주적 참여 계획 사회주의에 대한 대표적인 연구로는 Devine(1988), Albert and Hahnel(1991), 그리고 Lebowitz(2010) 등이 있다. 일부 사회주의 옹호론자들의 경우에는 경제 계획보다 시장 메커니즘에 기반한 사회주의를 선호한다(Roemer, 1994; Schweickart, 2011). 저자의 관점으로는, 이론적 측면은 물론이고 시장 사회주의의 역사적 경험으로 판단할 때, 시장화된 형태의 사회주의는 결국 다시금 자본주의로의 퇴행을 내포할 것이라고 본다. 중국 지도부는 1978년 이후의 시장 사회주의로의 이행을 저개발 상태의 중국으로서는 필수적으로 거쳐야 할 과정이라고 설명한 바 있으나, 이러한 문제의식이 미국과 같은 선진 자본주의경제에서 시장 사회주의를 논의하면서 고려해야 할 점이라고 볼 수는 없다.

[322] 표 7.3의 목록을 보면 매우 이상주의적이라는 느낌을 받게 된다. 그러나 자유주의적 시장 이론이 묘사하는 이상적인 사회의 모습 또한 마찬가지다. 자유주의 시장 이론이 실재하는 참상을 외면 혹은 은폐하는 미사여구로 흐르기 쉽다면, 대안 체제에 대한 논의들은 아직 존재하지 않은 체제를 묘사하는 과정에서 불가피하게 미사여구와 같은 느낌을 주게 된다. 따라서 주목해야 할 점은, 그 체제가 어떻게 작동할 것인지에 대한 세부적 논리이고, 이에 대한 평가는 인상 비판이 아닌 관련 연구를 검토한 후에야 가능한 것이다. 참여 계획 사회주의에 대해서는 여러 가지 논의들이 있는데, 그중 가장 유명한 연구로는 마이클 앨버트Michael Albert와 로빈 한넬Robin Hahnel의 파레콘(Parecon: Participatory Economy) 모델이 대표적이다. -옮긴이

표 7.3. | 민주적 참여 계획 사회주의 Democratic Participatory Planned Socialism**의 개념 및 원칙들.**

1. 협력, 평등, 인민주권popular sovereignty, 경제적 안정economic security을 누릴 권리와 같은 원칙들의 우위
2. 생산수단의 사회적 소유
   a) 중앙national, 지역regional, 지방local 정부에 의한 소유
   b) 노동자 소유
   c) 협동조합 소유
3. 이윤이 아닌, 개인 및 집단 차원의 필요 충족을 목적으로 하는 경제활동
4. 참여 경제 계획participatory economic planning에 의해 수행되는 자원 및 소득분배
5. 사회적으로 합당한 수준의 삶의 질이 보장되는 소득분배
6. 노동 가능 연령과 능력을 충족하는 모든 이들에게 직업 보장
7. 품질을 갖춘 교육, 의료, 대중교통 등의 공공서비스를 저가 혹은 무상으로 공급
8. 민주적 정치 제도
9. 집회 및 결사의 자유 보장

[이 책에서 지금까지 검토했던 체제들처럼] 자본주의의 근본적 관계들이 전제된 상태에서, 각각의 자본주의 형태가 지니는 구체적 제도들의 목록을 제시한 것과는 맥락이 전혀 다른 것이다.

표 7.3의 각 사항에 대해서는 특별한 설명이 필요 없을 듯 보이지만, 그중 네 번째, 참여 계획 경제에 대해 좀 더 명확한 설명이 필요할 듯하다. 20세기 현실 사회주의의 성공에는 분명 배울 점도 있었지만, 부정적 측면도 엄존했던 것이 사실이다. 따라서 오늘날 새로운 사회주의 체제를 지향하는 이들은 바로 이러한 부정적 측면을 지양하려는 노력에 강하게 영향을 받았다. 이 방향을 지지하는 이들은 사회주의적 대안이 적어도 다음과 같은 요건들을 충족해야 한다고 말한다.

첫째, 사회주의 체제에서의 생산이란 이윤이 아니라 개인 및 집단 차원의 필요를 충족하기 위한 것이므로, 적절한 수준의 총수요를 유지해야 하는 문제가 발생할 수 없다. 또한 자본주의 체제하에서 고용주 측의 힘의 우위나 노자 간 어설픈 타협으로만 해결할 수 있는 두 계급 간 갈등 문제 역시 사회주의 체제에서는 발생하지 않을 것이다. 20세기의 현실 사회주의에서도 수요 부족 문제는 없었지만, 대신 양적·질적 측면 모두에서 매우 심각한 공급 부족 문제가 있었던 것이 사실이다. 새로운 사회주의를 주장하는 이들은 20세기의 현실 사회주의 체제가 지녔던 공급 측면의 문제가 의사 결정 권한을 상부에 집중시켜 일반 대중의 요구를 경제 시스템에 반영할 수 있는 경로 자체가 부재했던, 대단히 중앙 집중적이고 위계적인 형태의 계획경제였기 때문이라고 주장한다. 따라서 새로운 형태의 사회주의를 지지하는 이들은 경제 의사 결정 과정에서 노동자, 소비자, 그리고 지역 사회의 구성원들이 참여해 대표권을 행사하는 형태의 참여 계획경제를 통해 이러한 문제를 해소할 수 있다고 주장한다.[323] 수백만의 노동자, 소비자, 지역 구성원들의 참여를 통해 자원 배분을 결정하는 경제 계획이란 예전이라면 당연히 제대로 돌아갈 리 없는 구상이겠지만, 이제는 최근의 정보 통신 기술 발전에 힘입어 잠재적으로 가능하게 되었다고 그들은 주장한다.[324]

---

[323] 소련의 군부나 일부 산업 부처들처럼 상당한 의사 결정권을 휘두를 수 있는 수요처의 경우에는, 그들의 높은 품질의 요구가 실제로 통했고, 이로 인해 소련의 무기와 산업용 기계는 세계 최고 수준의 기술력을 달성할 수 있었다. 그러나 이러한 체제하에서 일반 가계는 아무런 힘이 없었고, 따라서 소비재는 종종 공급 부족이 되거나 그 품질이 매우 형편없었다.

[324] 민주적 참여 계획 사회주의가 사회 각층의 이해 충돌 그 자체를 일소할 것이라고 가정할 수 없다. 노동자, 소비자, 그리고 지역 사회 주민은 각기 다른 상황과 상이한 사회적 역할로 인해

둘째, 사회주의 옹호론자들은 새로운 사회주의 체제가 자본주의 체제 특유의 이윤 추구 행동이 끼치는 사회적 해악을 제거할 수 있어야 한다고 주장한다. 자본주의적 경제활동이 수반하는 '부정적 외부 효과'들, 예를 들어 환경 파괴나 [자본주의적 경영 의사결정에 의하여 노동자에게 대가 없이 이전되는] 작업상의 위험, 그리고 제조 상품이 소비자에게 끼치는 부작용 등의 문제점들이 참여 계획경제하에서는 응당한 비용 지출을 통해 내부화되거나, 다른 방식을 찾거나, [그럴 수 없을 경우에는 적어도 그 생산이라도 가급적] 최소화하는 방식을 취하게 할 수 있다고 주장한다. 왜냐하면 참여 계획경제하에서는 기업의 활동으로 인해 영향을 받는 모든 당사자가 기업의 의사 결정 기구에 참여하므로, 기업의 관리자들이 다른 경제 주체들에게 대가 없이 해악을 끼쳐가며 초과 이윤을 거둘 경우 보상을 받는 것이 아니라 오히려 불이익을 당하게 될 것이기 때문이다. 사회주의 체제 옹호자들은 반사회적 행위를 통해 이윤을 추구하는 기업들을 정부가 직접 개입해 규제하거나 세금을 부과하는 것보다는, 기업의 사회적인 책무를 경제활동의 성과 평가의 기준에 편입시키는 것이 훨씬 더 효율적인 결과를 가져온다고 주장한다.[325]

이해의 충돌이 있을 것이라는 점에는 의심의 여지가 없다. 하지만 민주적 참여 계획 사회주의의 옹호론자들은, 이 세 이해 당사자 집단의 대표자에 의한 협상과 타협만이 이해 충돌을 해결할 최상의 방법이라고 주장한다. 이와 관련해서는 더바인의 연구를 보라(Devine, 1988). 대신 이러한 체제 아래에서 일소되는 것은, 자본주의 체제 본연의 노동과 자본 간 근본적 충돌일 뿐이다.

[325] 그러나 사회주의 체제하에서의 의사 결정 역시 부정적 외부 효과를 초래할 것이라고 주장할 수 있다. 하지만 사회주의 옹호론자들은 적어도 이러한 시스템에서는 자본주의적 이윤 동기처럼 사회적 비용을 타인에게 전가하는 방식의 인센티브를 만들어 내지는 않을 것이라고 주장한다.

셋째, 사회주의 옹호론자들은 새로운 사회주의 체제는 일하고자 하는 모든 이에게 직업을 보장함으로써 실업이 초래하는 개인적·사회적 비용을 일소할 수 있을 것이라고 주장한다. 이는 제2차 세계대전 후 수십 년간 완전고용 상태를 달성했던 소련 경제처럼, 20세기 현실 사회주의에서도 이미 확인되는 점이다. 사회주의는 모든 시민에 대한 부양을 체제의 책임으로 가정하기 때문에 그들에게 실업수당을 지급하는 방식이 아니라 모든 이들이 생산 활동에 참여할 기회를 주는 것이 경제적으로 합리적인 접근이라고 본다. 반면, 순수 자본주의 시스템에서는 오직 자본 쪽의 이익이 예상될 때에만 노동 측에 일자리가 제공될 수 있다. 설사 유럽 일부의 사민주의적 자본주의 국가들의 경우라도 완전고용 상태가 유지되는 시기가 좀 더 길었을 뿐 이 점에서는 본질적 차이가 없었다.

넷째, 사회주의 옹호론자들은 새로운 사회주의 체제는 생산물, 즉 상품의 관점뿐만 아니라, 생산에 참여하는 인간의 관점까지 고려하여 생산 과정에서 초래되는 부수적 효과들을 평가할 수 있다고 주장한다. 인간은 인생의 많은 부분을 노동을 하며 보낸다. 따라서 그저 소비하고 여가를 즐기는 것뿐 아니라, 일하는 경험 자체에서도 많은 영향을 받을 수밖에 없다. 만약 기술 변화와 관련된 의사 결정에 노동자 대표가 목소리를 낸다면, 기술 변화가 초래하는 비용 절감이나 생산의 효율성뿐 아니라 노동자에게 끼치는 영향까지도 함께 고려할 수 있게 될 것이다. 참여 계획경제 체제에서는 이런 모든 측면을 조화시켜 노동과정의 디자인에 반영할 수 있을 것이다.

다섯째, 사회주의 옹호론자들은 새로운 사회주의의 소득분배 체계는 사회적으로 공정하다고 여겨지는 기준에 의거해 소득 차별이 존재하겠지만, 그럼에도 모든 구성원에게 쾌적하고 안정적인 삶의 질을 제공하게 될 것이라고 주장한다. 자본주의 체제에서라면 달리 선택의 여지가 없는 이들에게나 돌아갈 형편없는 임금의 직업들을 예로 들어보자. 참여 계획경제하에서는 이러한 직종에 종사해야 하는 이들에게 [자본주의 체제와는 대조적으로] 높은 수준의 보상을 지급하거나, 아니면 사회 구성원의 순환 보직을 통해 함께 감당하는 식으로 인도적인 방법으로 해결해 나갈 수 있을 것이다.

여섯째, 사회주의 옹호론자들은 비록 자본주의 체제가 확연한 기술 발전 추세를 보여온 것이 사실이지만, 투자자의 이윤이 아니라 사회적 후생을 목적으로 할 때 훨씬 우월한 기술 진보를 창출할 것이라고 주장한다. 이윤만을 목적으로 할 경우 기술 혁신을 위한 자원 분배가 왜곡되는 가장 극명한 예가 바로 의료 관련 연구들이다. 오늘날의 제약업체들은 항생제 내성을 가진 치명적 박테리아가 급속히 전파되고 있음에도 불구하고, 항생제 개발 연구에는 그리 자금을 대고 있지 않은데, 왜냐하면 단 며칠이면 환자를 치료할 수 있는 항생제의 판매 수익은 환자가 평생 복용해야 하는 약들에 비해 훨씬 낮기 때문이다. 결국 항생제 내성 박테리아 치료제 개발은 여러 국가의 정부가 연대해 제약 회사들에 대규모 보조금을 지급하는 방식으로 지속하고 있는 것이 현실이다.[326] 사회주의 체제였다면, 새로운 피부 트러블 치료제가 아니라, 후진국 국민들의 목숨을 위협하는 질병의 치료제 연구 개발에 더 많은 희소 자원이 투입되었을 것이다. 사회주의 체제하에서 기술 혁신의 목표는 단순히 사적 소

---

326 *New York Times*, June 2, 2013.

비재화의 생산만이 아니라, 공공재의 생산까지도 함께 포함하는 것이다. 오직 이윤 동기만으로 기술 혁신을 이끌어 가고 자금을 대는 방식이 워낙 많은 문제를 일으키고 있기 때문에, 심지어 자본주의 체제하에서도 국가와 비영리 기구들이 직접 기술 혁신 과정에 개입하여 많은 역할을 담당하고 있는 것이 사실이다.

사회주의 옹호론자들은 새로운 사회주의 체제가 자본주의보다 더 많은 신기술을 창출해 낼 수 있을 것이라고까지 주장한다(Kotz, 2002). 사회주의 체제에서는 원칙적으로 새로운 생산물과 서비스, 그리고 생산과정 혁신을 위해 아이디어를 지닌 개인이나 집단에 (사회적 소유 기업의) 창업 절차를 거쳐서 그에 필요한 자원 접근권이 주어질 수 있다. 비록 중앙집권적이고 권위주의적인 경제 계획 시스템 때문에 그리 효율적으로 기능하지는 못했지만, 심지어 소비에트 사회주의에서조차도, 혁신적 아이디어를 가진 개인 및 투자가들의 참여를 권고하는 제도들이 존재했었다. 참여 계획경제의 옹호론자들은 이러한 노력이 대안적 경제 계획 아래에서는 성공을 거둘 것이라고 주장한다.

일곱째, 새로운 사회주의 옹호론자들은 새로운 세계 체제가 국가 간 협력이라는 대원칙 위에 정초해야 한다는 점을 지적한다. 자본주의적 이윤 추구 행위가 더 이상 작동하지 않는다면, 자본주의 체제하 각국 정부의 가장 강력한 전쟁 동기였던 자국 자본가들의 시장 지배 및 천연자원 통제라는 목적을 일소할 수 있을 것이라고 주장한다.[327]

---

[327] 자본주의적 세계화를 통해 시장 접근권, 천연자원 통제권을 놓고 벌이는 국가 간 경쟁이 사라질 것이라는 일부 학자들의 희망은 실현되지 않았다.

여덟째, 새로운 사회주의 옹호론자들은 사회주의 체제의 도입을 통해 소련 경제가 달성했던 수준의 고도성장을 가져올 수도 있겠지만, 성장이 사회의 기본적 의제로 제도화되어서는 안 된다고 주장한다. 민주적인 사회주의 체제는 정치적 의사 결정 과정을 통해 도출된 우선순위에 따라 고성장 혹은 저성장을 선택하거나, 현상 유지 수준의 생산을 목표로 삼을 수도 있으며, 심지어 산출의 감소를 추구할 수도 있다. 즉 사회주의 경제 체제는 환경적으로 유지 가능한 방식으로 운영될 수 있음을 뜻한다. 엄존하는 지구 기후 변화의 위협하에서는 특히 선진국의 시민들을 주축으로 점진적인 노동시간 단축과 함께 재화의 생산을 줄이는 선택을 할 수 있을 것이다.

오늘날 경제적으로 이미 발전된 국가들에서는, 중단 없는 재화의 생산이 꼭 경제적 후생을 증가시키는 것이 아니라는 인식이 확산되고 있다. 자본주의적 발전의 초기 단계에서는 물론 경제성장이 바로 상당한 후생의 증가로 이어졌고, 결국 이 과실이 장기적으로 대중에게 전해졌던 것이 사실이다. 그러나 최근의 추세를 보면 경제성장과 인간이 누리는 후생의 상관관계는 그리 명확하지 않다. 만일 재화와 용역이 상대적으로 평등하게 분배되고, 개인적으로 소비되는 재화에 비해 공공재의 공급이 확대된다면, 오히려 더 적은 노동시간과 생산의 감소가 인간 후생의 증가로 연결될 수 있다. 지구의 제한된 천연자원과 폐기물 수용 능력을 고려할 때, 오직 이것만이 지속 가능한 미래의 생산방식일 것이다.

그러나 사회주의에 비판적 입장을 가진 이들은 정반대의 평가를 제시하는데, 이를 요약하자면 대략 다음과 같다. 첫째, 애초에 아무리 좋은 의도로 사회주의 체제의 문을 열었더라도, 결국에는 소수의 손에 정치경제적 힘이 집중되어 시민들의 개인적 권리와 자유가 박탈되고 그들의 지배 아래에 놓이게 될 것이다. 20세기 사회주의는 이러한 귀결을 보여준 분명한 예라고 할 수 있다. 둘째, 오직 생산수단의 사적 소유권만이 개인의 자유와 자율성을 보장할 수 있는 길이다. 셋째, 경쟁 시장에서의 판매를 목적으로 생산에 종사하는 기업과 그 소유주의 이윤 동기만이 현대 경제를 이성적이고 효율적으로 조직할 수 있다. 전통적 중앙 계획을 보면 이미 계획경제는 둔하고 비효율적이며, 혁신을 억누르고, 소비자들의 요구에 부응할 능력이 없는 것으로 판명되었다. 소위 참여적 경제 계획도 지나치게 느리고 복잡해서 결코 효율적으로 기능할 수 없으며, 오직 시장 시스템만이 효율적 자원 분배를 달성할 수 있을 것이다. 넷째, 모든 구성원에게 직업과 인간다운 삶의 질을 보장하는 것은 곧 효율성과 경제 발전을 이끌어 낼 인센티브 자체를 없애는 것과 같다.

다섯째, 기업 경영자들이 결탁해 사회적 책임에 따른 생산을 거부하기 위해 로비를 하거나, 환경 파괴와 같은 외부 효과가 사회주의 체제 아래에서 더욱 심각한 수준에 이를 가능성을 결코 배제할 수 없다. 특히 소련 체제가 환경에 끼친 처참한 영향을 고려하면 더욱 그렇다. 여섯째, 1960년대 미-중 간 국경 분쟁이나 1979년의 중국-베트남 전쟁 같은 공산국가 간의 무력 충돌을 보면, 사회주의 체제가 국제 분쟁과 전쟁을 없앨 것이라는 주장은 전혀 설득력이 없다고 할 수 있다. 일곱째, 동유럽 공산국가들에 대한 소련의 지배를 보면, 협조적 국가 관계가 사회주의 세계 체제의 규범이 될 것이라는 사회주의자들의 주장은 허위에 지나지 않는다. 여덟째, 어떠한 식이든 사회주의로의 이행은 경제의 붕괴와 유혈 투쟁이라는 비싼 대가를 치를 수밖에 없으며, 이는 사회주의자들 역시 공유하고 있는 결론이라는 것이다.

이 책에서 논의했던 미래의 다른 경로들과 달리, 민주적 참여 계획 사회주의는 전혀 새로운 형태의 사회경제체제다. 따라서 앞에서 열거한 새로운 사회주의의 원칙 중 일부가 실현된 작은 예들을 생각해 볼 수는 있지만, 아직 이러한 체제가 대규모로 실재한 적은 당연히 없다. 협동조합의 내부 조직이라든가 혹은 지역 사회에서 선출된 인물로 구성된 학교 교육위원회 같은 공공 기구들이 [이윤이 아닌] 필요의 충족을 원칙으로 자원을 분배하는 경우를 예로 들 수는 있을 것이다. 사회주의 옹호론자들은 이러한 방식의 새로운 시스템이 실제로 운영 가능한 사회경제체제라고 주장하고 있고, 비판자들은 위에서 열거한 비판에 근거해 당연히 이에 동의하지 않는 형국이다.

저자는 사회주의 비판자들이 제시하는 위와 같은 주장들이 그리 설득력을 지닌다고 보지 않는다. 그중 일부는 우리가 논의하고 있는 대안적 사회주의가 아니라, 권위주의적이고 고도로 중앙집권화된 20세기의 현실 사회주의를 겨냥한 것이고, 또 다른 일부는 인간 본성 및 사회에 대한 근거 없는 이데올로기적 가정에 입각한 것일 뿐이기 때문이다. 물론 새로운 사회주의의 가능 여부를 판단하기 위해서는 이러한 비판들을 심각하게 받아들여야 한다. 그래야 과거 현실 사회주의가 저질렀던 오류의 반복을 피할 수 있기 때문이다. 그러나 적어도 위에 열거한 주장의 경우는 사회주의적 대안 그 자체에 대한 결정적 비판이라고 볼 수는 없다. 우리가 고려하는 미래의 대안들 중 오직 새로운 형태의 사회주의만이 경제 정의, 모든 이들의 경제적 안녕, 환경적 지속 가능성, 그리고 [이윤이 아닌] 오직 인간의 복지 그 자체의 증진을 가져올 수 있는 잠재력을 지니고 있다.

결어

이 책에서 제시한 분석에 따르면 신자유주의적 자본주의 체제는 현재 탈출구를 찾기 힘든 구조적 차원의 위기 한가운데에 있다. 그런 의미에서 현시점은 인류에게 역사적인 전환점이 될 수도 있다. 지금까지 우리가 살펴본 미래의 경로들은 다음과 같다.

- **신자유주의적 자본주의의 지속:** 예정된 불황의 지속, 불평등의 증가, 다수의 삶의 질 저하, 정치적 불안의 증가 가능성. 그러나 이러한 경로가 장기간 지속될 것으로 예상하기는 어렵다.
- **기업 본위의 규제 자본주의로의 이행:** 이는 경제성장으로의 복귀를 약속하겠지만, 다수에게 돌아갈 물질적 혜택이 설사 있다 해도 미미한 수준일 것이며, 국내적으로는 시민의 자유가 제한되고 국외로는 전쟁의 위협을 가져올 수 있다.
- **사회민주주의적 자본주의로의 이행:** 상당 기간 균형 성장과 다수의 삶의 질 향상을 위한 물적 보상을 약속할 것이다. 하지만 이는 장기적으로 지구적 기후 변화로 인한 환경적 재앙이라는 비용으로 돌아올 수도 있다. 이는 앞에 두 경로에서도 발생할 비용이다.
- **민주적 참여 계획 사회주의로의 이행:** 이 경로를 옹호하는 이들은 새로운 사회주의라는 우월한 사회경제체제의 기틀 위에서 인간 복지의 향상, 지구적 환경 변화 위협의 억제, 인도적이고 환경적으로 지속 가능한 경제를 끌어낼 것이라고 주장한다. 그러나 심지어 옹호론자들마저 인정하는 것처럼 이러한 체제로의 이행에는, 경우에 따라서 상당히

높은 비용이 수반될 수 있다. 반면, 비판자들의 경우는 사회주의를 채택하는 것은 전적으로 부정적인 결과를 가져올 뿐이며, 거기에는 이러한 비용을 상쇄할 만한 어떠한 혜택도 없다고 주장한다.

앞으로 상당 기간 펼쳐질 미국의 경제적 · 사회적 변화는 어떤 사회이론이나 역사적 증거들만 가지고 예측할 수 있는 문제가 아니다. 향후 모종의 경제적 변화가 있을 수도, 혹은 없을 수도 있다. 이러한 결과는 앞으로 펼쳐질 수많은 집단과 계급 간 투쟁의 산물일 것이며, 이러한 투쟁은 사상계, 경제학계, 그리고 정치와 문화 전 분야에 걸쳐서 벌어질 것이다. 이러한 투쟁은 결코 진공 상태가 아니라 수십 년의 신자유주의적 자본주의의 작동과 위기가 낳은 결과물 위에서 벌어지는 것이다. 그리고 그 투쟁은 현 체제의 위기의 원인과 해결책을 둘러싼 투쟁에 참여하는 이들의 이해와 해석에 의해 영향을 받을 것이다.

사회적 축적 구조 이론과 신자유주의의 흥망성쇠

장시복(목포대학교 경제학과)

신자유주의를 해부하는 하나의 이론, '사회적 축적 구조 이론'

2008년 미국발 세계 대공황이 한창일 때, 신자유주의를 지지한 많은 사람조차도 신자유주의가 무너졌다고 딱 잘라 말했다. 2009년 4월 3일 런던에서 G-20 정상 회의가 끝난 뒤 열린 기자회견에서, 영국의 고든 브라운 전 총리는 "워싱턴 컨센서스로 대표되는 지난 40년 동안의 유력한 신념이 종말을 맞았다"고 말했다. 같은 해 3월 〈파이낸셜타임스〉와 인터뷰에서, 제너럴일렉트릭General Electric의 최고 경영자였던 잭 웰치Jack Welch도 신자유주의 핵심 가운데 하나인 "주주 가치는 세계에서 가장 어리석은 아이디어"라며 자본주의 방향이 바뀌어야 한다고 숨김없이 말했다. 더욱

이 2008년 3월 〈파이낸셜타임스〉의 기고문에서, 마틴 울프Martin Wolf는 베어스턴스Bear Stearns가 망한 "2008년 3월 14일 금요일을 기억하라. 자유 시장 자본주의의 꿈이 사망한 날이다"라고 슬퍼하기도 했다.

그런데, 이 떠들썩한 고해성사가 이루어진 지 10년이 지난 이제, 우리 는 신자유주의 자본주의가 아닌 새로운 자본주의나 자본주의를 넘어선 대안 사회에서 살고 있는가? 물론 그렇지는 않다. '뉴노멀'이라는 둥, '자 본주의 4.0'이라는 둥, '4차 산업혁명'이라는 둥, 많은 새말이 오늘날 뜨거 운 화두지만, 우리는 아직도 신자유주의와 헤어지지 못한 듯하다. 비록 신 자유주의라는 말을 쓰는 일이 점차 줄어들고 있지만, 신자유주의는 좀비 처럼 곳곳에서 불쑥불쑥 튀어나와 우리 삶을 흔들어 뒤틀고 있다.

그렇다면 우리는 왜 이 낡아 빠진 체계를 버리고 새로운 체계로 나아 가지 못하는 걸까? 이 물음에 답하려면, 우리는 무엇보다도 '구조'라는 개 념에 초점을 맞출 수밖에 없다. 구조라는 개념은 어떠한 체계를 가지며, 그 구성 요소가 서로 밀접하게 관련을 맺고 하나의 모둠으로 묶여 있는 것을 뜻한다. 그렇다면, 신자유주의를 하나의 구조라 보고, 이 구조가 쉽 게 깨지지도 않으며 짧은 시간에 달라지지도 않는다고 생각한다면, 우리 는 신자유주의라는 구조가 어떻게 만들어지고 발전하며, 위기를 맞고 달 라지는지를 깊이 파고들 수밖에 없다.

이와 관련해, 독자들에게는 낯설겠지만, '사회적 축적 구조 이론'은 자 본주의 구조 변화를 포착하는 데 적절한 이론이다. 왜냐하면 사회적 축적 구조 이론은 자본주의 장기 변동을 분석하려 만든 이론으로, 자본주의 발 전 단계를 포착하고 그 형성·발전·위기·전환을 풀어 밝히기 때문이다. 이 이론에서 사회적 축적 구조라는 개념은 자본주의 축적 과정에 영향을 끼치는 '외부 환경', 무엇보다도 특수한 제도 환경의 집합을 뜻한다. 사회적 축적 구조 이론은 계급 갈등, 화폐와 신용 제도, 국가의 경제 개입 양식 따위의 제도를 뽑아내서, 이를 자본주의 장기 변동에 적용해 분석하며 자본주의의 구조 변동을 밝히려는 시도라고 할 수 있다.

사회적 축적 구조 이론에 따르면, 자본주의의 장기 변동은 아주 간단한 운동 원리에 근거를 둔다. 자본가에게 이로운 배경을 제공하는 제도 환경이 주어지면, 사회적 축적 구조는 순조롭게 이어지며 호황을 지속한다. 그러다가 기존의 사회적 축적 구조의 고유하고 유익한 기회가 사라지고 동요하면, 호황이 멈추고 불황이 시작한다. 그리고 불황이 다시 호황으로 바뀌려면, 새로운 사회적 축적 구조가 형성되어야 한다. 한마디로, 이 이론에서는 사회적 축적 구조의 흥망성쇠가 자본주의 구조 변화와 장기 변동을 가져온다.

이 운동 원리는 사회적 축적 구조 이론을 구성하는 핵심이다. 따라서 이 운동 원리를 더 자세하게 풀어 간명하게 설명할 필요가 있으며, 이를 체계를 갖춰 정리하면 이렇다. 1) 호황기는 유리한 사회적 축적 구조의 형성과 안정에 기댄다. 2) 자본축적에 유리한 제도적 배경은 투자와 빠른 경제활동의 붐을 가져온다. 3) 성공한 자본축적 과정은 투자를 사회적 축적 구조에서 할 수 있는 범위까지 확장시킨다. 4) 경기 침체는 기존의 사회적 축적 구조의 분해를 더 촉진한다. 5) 축적은 둔화하고 침체기에 들어간다. 6) 경제 위기 가운데 빠른 자본축적의 회복 가능성은 새 축적 구조의 형성에 달려 있다. 7) 새 사회적 축적 구조는 결국 이전의 사회적 축적 구조와 확실히 다른데, 그럼으로써 자본주의 단계의 계통이 만들어진다. 8) 자본주의의 각 단계는 장기 팽창, 그다음에 장기 침체라는 특색을 갖는다.

사회적 축적 구조 이론에서 본 신자유주의의 부상과 미래

《신자유주의의 부상과 미래》는 1970년대 자본주의 황금기가 위기에 처하면서 나타난 신자유주의의 형성·발전·위기·전환에 주목한다. 그러면서 이 책은 아주 간명하게 이렇게 주장한다. 곧 "2008년에 시작된 경제 위기가 단순한 금융 위기이거나 정도가 심한 불황, 혹은 이 둘의 혼합 정도가 아니라 신자유주의 형태의 자본주의 그 자체의 구조적 위기라는 점이다". 이 책은 구조적 위기가 신자유주의라는 구조 자체에서 발생했으며 현재의 구조로는 이 위기를 풀 수 없다고 주장한다. 심지어 케인스주의 처방도 지금의 위기를 해결할 수 없으며, 오로지 "경제 제도 그리고 그와 연관된 사회제도 자체에 대한 근본적인 구조 변화만이 현재의 위기를 해결할 수 있는 유일한 경로를 제공한다고 할 수 있다".

사실 이 주제는 많은 마르크스주의 연구자들이 이미 다룬 것이다. 마르크스주의 연구자들은 자본주의 황금기가 어떻게 작동했고 종말을 맞았으며, 그 뒤 신자유주의가 나타났고 어떻게 위기에 처했는지를 깊이 분석했다. 한편에서는 마르크스의 이윤율 저하 경향을 강조하며 벌어진 논쟁이 있었다. 곧 자본-노동의 분배 투쟁에 주목해서 임금 상승으로 이윤율이 저하해 공황이 발생한다는 '신리카도주의자들'의 이론과 자본의 유기적 구성의 고도화를 중심에 둔 이윤율 저하 경향으로 공황이 일어난다는 '근본주의자들'의 이론이 크게 맞섰다.

다른 한편에서는 금융을 강조한 연구들이 있다. 이 연구들은 크게 증대한 금융자본의 성장에 눈을 돌리면서, 신자유주의가 금융 주도 자본주의라는 점을 부각했다. 이 연구들에 따르면, 황금기의 자본주의에서 이윤율 저하에 맞닥뜨린 자본은 금융 영역에서 활로를 찾으려 했고, 이 과정에서 황금기의 자본주의는 금융자본이 이끄는 자본주의, 곧 금융 주도 자본주의로 바뀌었다. 따라서 황금기 이후 나타난 신자유주의는 금융자본의 쿠데타, 주주 자본주의의 형성 등에 따른 금융자본이 승리한 시기다.

이 이론들은 전통 마르크스주의의 기본 이론을 굳건히 지키거나 바꾸기도 했지만, 대체로 1970년대의 구조적 위기와 그 뒤에 나타난 신자유주의를 여러 각도에서 풀어 밝히려 했다. 이런 점에서는《신자유주의의 부상과 미래》는 이들 이론과 비슷한 문제의식을 가지고 있다. 그렇지만, 이 책에서 활용한 사회적 축적 구조 이론은 기존 이론들과 달리 사회적 축적 구조라는 제도의 집합을 강조한다는 점에서 독특하며, 이를 통해 신자유주의의 흥망성쇠를 종합하는 모형을 제시한다는 점에서도 차이가 난다.

이와 관련해 이 책의 저자는 이렇게 말한다. "이 책에서 채택하는 사회적 축적 구조 이론은 자본주의를 특정 시기에 걸쳐 경제적 팽창을 거친 후 위기를 맞는 일련의 제도적 형태들의 교차로 바라보면서, 이론적 접근과 역사적 접근을 병행하는 방법론으로서, 계급 간, 그리고 계급 내 분파들의 상호 작용에 초점을 맞춘다. 이러한 접근법은 자본주의 사회의 과거, 현재, 그리고 미래에 관한 통찰을 얻을 수 있다는 점에서 여타 방법론적 접근들과 구별된다고 할 수 있다."

이 주장을 증명하려 이 책은 사회적 축적 구조 이론을 수정해 신자유주의를 해부한다. 이를 이 책의 제목과 연관 지어 설명한다면, '신자유주의의 부상'은 기존의 자본주의 황금기를 뒷받침했던, '규제 자본주의'라는 사회적 축적 구조(그 구성은 이 책 107쪽의 〈표 3.1〉을 보라)가 사라지고, 새로운 신자유주의라는 사회적 축적 구조(그 구성은 이 책 90쪽의 〈표 2.1〉을 보라)가 떠오른 것을 표현한다. 그리고 '신자유주의의 미래'는 새롭게 자리 잡았던 신자유주의라는 사회적 축적 구조가 지금은 위기에 처해 해체되고 있지만, 아직 미래는 결정되지 않고 불확실하다는 것을 상징한다.

한국에서 사회적 축적 구조 이론

유감스럽게도 한국에서는 사회적 축적 구조 이론이 체계를 갖춰 소개되지 못했고, 현실 자본주의의 분석에 제대로 활용하지는 못했다. 그럼에도 사회적 축적 구조 이론을 소개한 몇몇 글이 있다. 예를 들어 정운영의 논문, 〈사회적 축적 구조 이론: 소개와 평가〉(1995년, 《이론》, 제13호)가 사회적 축적 구조 이론을 소개하고 있으며, 사회적 축적 구조 이론을 다룬 데이비드 고든 외의 《분절된 노동 분할된 노동자》(1998년, 신서원)가 번역서로 나오기도 했다. 또한 정성진의 논문, 〈한국의 사회적 축적 구조의 계량 분석〉(2000년, 《경제학연구》 48권2호)은 사회적 축적 구조 이론을 이용해 한국 자본주의를 분석했다.

정운영의 논문은 사회적 축적 구조 이론의 배경·구조·발전·평가·한계를 체계를 갖춰 설명하고 있다. 따라서 사회적 축적 구조 이론을 이해하려는 독자들은 이 논문을 읽으며 사회적 축적 구조 이론 전체를 명확하게 살펴볼 수 있을 것이다. 또한 《분절된 노동 분할된 노동자》는 미국의 급진경제학자들이 사회적 축적 구조 이론을 활용해 미국 자본주의의 역사를 분석한 최초의 책으로, 그들의 문제의식을 이해하는 데 도움을 줄 것이다.

다른 한편 정성진의 논문은 사회적 축적 구조 이론을 한국의 자본주의에 적용해 분석한 최초의 시도다. 정성진의 분석에 따르면, 한국 자본주의의 위기는, "흔히 주장되듯이, 1997년 외환 금융 위기에서 시작된 것이 아니라, 1960년대 이후 '30년 장기 호황'을 지탱해 온 사회적 축적 구조가 1980년대 말 이후 붕괴하면서 시작된 이윤율의 저하에 기인한 장기 불황의 심화 국면이다." 그리고 1990년대 초 김영삼 정부는 신자유주의로 급진적인 선회를 통해 붕괴한 사회적 축적 구조를 재구성하려고 시도했지만, 이는 새로운 사회적 축적 구조를 수립하는 데 기여하기보다는 구조적 위기의 폭발, 곧 1997년 외환 금융 위기를 재촉했다.

사실, 사회적 축적 구조 이론이 한국에서 제대로 소개되지 못한 이유는 프랑스의 '조절 이론'과 관련이 있다. 흔히 사회적 축적 구조 이론을 '미국판' 조절 이론이라 부른다는 점은 이를 잘 보여 준다. 조절 이론은 자본주의의 장기 응집을 보장하는 힘은 무엇이고 이것은 어떻게 달라지는지를 추상 수준이 높은 경제법칙이 아니라, 제도 속에서 조직된 계급투쟁이 낳은 역사의 산물로 만들어진 복잡한 사회관계인 '조절 양식'으로 설명한다. 또한 조절 이론은 마르크스주의의 추상 이론을 현실 자본주의의 발전에 적용하려, 중범위 개념이라고 할 수 있는 '축적 체제'로 자본주의를 분석한다.

한국에서는 조절 이론이 자본주의의 장기 발전을 구체적으로 분석할 수 있는 이론으로 각광을 받았다. 그리고 조절 이론이 조절 양식과 축적 체제라는 중범위 개념을 세우고 제도 변화에 관심을 기울이면서, 비슷한 문제의식과 이론의 정체성이 겹치는 듯한 사회적 축적 구조 이론은 조절 이론에 밀려 큰 관심을 받지 못했다. 그런데, 조절 이론이 세계화와 금융화라는 자본주의의 새로운 현상을 해명하는 과정에서 조절 이론 자체의 문제의식에서 벗어나거나 관심을 바꿨다면, 사회적 축적 구조 이론은 아직까지는 굳건히 이론 틀을 이어가려 애쓰며 자본주의를 분석하려 한다.

사회적 축적 구조 이론은 신자유주의를 잘 설명하는가?

이런 점에서 《신자유주의의 부상과 미래》는 여러모로 사회적 축적 구조 이론의 알맹이를 제대로 보여주는 책이라고 할 수 있다. 무엇보다도 이 책은 기존의 사회적 축적 구조 이론이 가진 간명한 자본주의 운동 원리를 수정해, 사회적 축적 구조가 반드시 급속한 성장을 가져오지 않을 수도 있으며, 사회적 축적 구조의 형태를 더 나눠 살펴보아야 한다고 주장한다. 이와 관련해 이 책의 저자는 이렇게 말한다. "이 책에서는 사회적 축적 구조라고 간주할 수 있는, 자본주의 역사의 각 단계를 규정하는 정합적 제도 구조들이 이윤 창출과 안정적 자본축적 과정을 중심으로 작용한다는, 다소 수정된 사회적 축적 구조론의 관점을 따를 것이다."

　둘째, 이 책은 신자유주의라는 사회적 축적 구조의 형성·발전·위기·해체를 종합해서 풍부하게 설명하고 있다. 무엇보다도 이 책은 많은 역사의 사실과 통계를 활용해 '규제 자본주의'와 신자유주의를 비교 검토하며, 신자유주의의 특징을 명료하게 드러내고 있다. 또한 신자유주의 시기에 일어난 많은 역사의 사건들을 꼼꼼하게 추적하고 있다. 따라서 이 책은 사회적 축적 구조 이론의 알맹이뿐 아니라 미국 자본주의 발전의 참모습을 이해할 기회를 준다.

마지막으로 이 책은 대안 사회에 대한 희망을 버리지 않으려 한다. 이 책은 신자유주의가 걸어갈 미래는 1) 신자유주의 형태의 자본주의 지속, 2) 기업 중심의 규제 자본주의 출현, 3) 자본-노동의 타협에 근거를 둔 규제 자본주의의 출현, 4) 자본주의 경제체제의 초월이라는 가능성의 영역에 있으며, 이 가운데 하나가 현실에서 이루어질 것이라고 본다. 그러면서도, 이 책은 앞으로 사회주의의 대두를 완전히 배제할 수 없다고 주장하며, 이렇게 결론 맺고 있다. "우리가 고려하는 미래의 대안 중 오직 새로운 형태의 사회주의만이 경제 정의, 모든 이들의 경제적 안녕, 환경적 지속가능성, 그리고 [이윤이 아닌] 오직 인간의 복지 그 자체의 증진을 가져올 수 있는 잠재력을 지니고 있다."

물론, 이 책이 사회적 축적 구조 이론의 알맹이를 볼 수 있다고 하더라도, 이 책이 사회적 축적 구조 이론을 강조하는 한, 근본에서는 사회적 축적 구조 이론이 지닌 한계도 고스란히 떠안을 수밖에 없을 것이다. 무엇보다도 제도를 강조하는 이론이 드러내는 한계이기는 하지만, 사회적 축적 구조 이론은 사회적 축적 구조를 제도의 집합으로 보고 이를 뽑아내며 설명하면서, 자칫 제도의 열거로 모든 문제를 분석하려는 경향을 띨 수 있다. 따라서 신자유주의라는 사회적 축적 구조를 설명하는 변수가 많아지면 질수록, 이 설명은 이론이라기보다는 현실 묘사에 그칠 수도 있다.

둘째, 사회적 축적 구조 이론은 제도의 집합으로 자본축적 과정을 설명하다 보니, 자본축적 과정 자체의 붕괴와 이에 따른 공황을 제도의 탓으로만 돌릴 가능성이 높다. 곧 제도가 자본축적 과정의 핵심이기 때문에, 자본주의의 기본 운동의 핵심인 자본축적 자체에서 발생하는 모순이 간과되고, 제도만이 모순의 원인으로 환원될 수 있는 것이다.

마지막으로, 사회적 축적 구조 이론은 자본주의의 장기 변동을 설명하는 데 집착하느라, 자본주의 붕괴와 새로운 대안 사회로 이행을 강조하기 어려운 약점을 가질 수 있다. 사회적 축적 구조 이론에서는 사회적 축적 구조의 해체와 이에 따른 혼란이 새로운 사회적 축적 구조의 형성으로 극복된다. 그런데 이런 주장은 자본주의 발전 단계의 변화를 설명하는 데는 어느 정도 적합하지만, 자본주의를 벗어나 자본주의와 다른 작동 원리를 가진 새로운 대안 사회로 이행을 설명하기에는 모자란다. 곧 사회적 축적 구조 이론에서는 새로운 대안 사회로 이행이 단순한 사회적 축적 구조의 이행으로 여겨질 수밖에 없기 때문에, 대안 사회로 가는 데 필요한 핵심 동력을 설명하기는 쉽지 않다. 따라서 설령 이 책이 대안 사회에 대한 열망을 드러내고 있기는 하지만, 대안 사회로 이행과 사회적 축적 구조가 맺는 관계를 명쾌하게 풀어내고 있지는 못하다고 할 수 있다.

이러한 한계에도, 이 책은 우리가 아직도 버리지 못하는 신자유주의가 위기를 맞았고 새로운 구조로 바뀌고 있다는 점을 드러내 준다. 곧 이 책은 아직 사라지지 않은 신자유주의라는 구조와 아직 오지 않은 새로운 구조의 이행기에 우리가 살고 있다는 점을 분명하게 알려 준다. 또한 이 책은 이 이행기에 우리가 신자유주의 사회를 버리고 지금보다는 더 좋은 사회를 만들어야 한다고 외치고 있다. 그리고 이 책은 새로운 사회는 자본주의 이윤 논리가 지배하지 않는 사회이기를 바라고 있다. 이런 점에서 이 책은 독자들에게 자본주의에 대한 날카로운 분석과 함께 새로운 사회에 대한 전망을 경험할 좋은 기회를 제공해 줄 것이다.

언제부터인가 우리는 자본주의를 패배와 빈곤을 각오하지 않고는 그 어떤 부정이나 이탈도 할 수 없는, 균질적이고 보편적이며 유일한 체제인 것처럼 여기게 되었다. 역사 속에서 부침을 거듭하는 하나의 경제체제를 이런 식으로 바라보는 관점은, 우리 주변에서 흔히 접하는 종교적 고백들과 많은 점에서 유사하다. 눈에는 비록 안 보이지만 능치 못함이 없는 그 힘센 손에도 불구하고, 왜 세상에는 그토록 참혹한 고통과 악이 엄존하는가. 이러한 모순을 지적하는 목소리들은 교리의 수호자를 자처하는 이들에게 멸시를, 심지어는 혹독한 사상 검증을 당한다. 역사적 다양성을 거치며 아직도 형성 도상에 있는 자본주의를 마치 초역사적이고 보편적인 것으로 여기는 순간, 자본주의는 종교의 영역으로 넘어간다. 간혹 '자유'를 부르짖는 이들과 '유일신'을 외치는 종교 단체들이 '독재'를 옹호하는 이들과 함께 아스팔트 위에서 삼위일체 하는 것은, 바로 이러한 본질적 친화성 때문이라고 하면 무리한 추론일까. 특히 우리가 생각하는 미국식 자본주의는, 이러한 삼위일체가 우리 현실에서 작동하게 만드는 말씀의 육화나 마찬가지다. 성조기와 이스라엘기가 괜히 서울역에서 함께 휘날리는 게 아니다.

사실 이러한 인식은 미국의 유력 정치인이라고 과히 다를 것이 없다. 예를 들어 공화당 출신의 미 하원 의장 폴 라이언Paul Ryan은 자본주의의 폐해를 지적하는 프란치스코 교황의 행보에 대해 후진적인 아르헨티나 자본주의만 겪은 교황이 미국의 진정한 자본주의를 겪어 보지 못해서 저런다는 식으로 폄하한 바 있다. 이러한 인식은 미국식 자본주의에 역사적 균일성과 보편성의 왕좌를 부여하는 전형적인 관점으로, 서울역에서 휘날리는 성조기와 과히 먼 곳에 있다고 할 수 없다. 이 책을 읽은 독자들은 수긍하리라 생각하지만, 미국 자본주의 자체가 이미 역사적으로 불변의 존재가 아니었다. 자본주의 체제는 세계 곳곳으로 확산하는 과정에서 현지 사회의 제도적 맥락에 따라서 세부적 형태를 달리해 왔고, 역사적으로도 탄생한 지 수백 년밖에 되지 않은, 특히 경쟁 체제를 무너트리고 독존한 지는 반백 년도 되지 않은 매우 특이한 경제 시스템이다.

이 책의 저자인 데이비드 코츠 교수는 미국 비주류 경제학계에서 존경받는 원로로서 자본주의의 역사적 변천을 제도적 재편의 관점에서 파악하는 소위 사회적 축적 구조Social Structure of Accumulation 학파를 대표하는 급진 정치경제학자이다. 사회적 축적 구조 이론이나 조절 이론 Regulation Theory을 연구 방법론으로 하는 정치경제학자들은 축적과 이윤이라는 자본주의의 두 추동력을 순조롭게 작동시키고 계급 갈등을 완화하는 일련의 제도적 집합의 작동 과정에 대해서 연구한다. 따라서 이들이 바라보는 자본주의의 시간적 지평은, 자본주의의 영존이나 붕괴를 과감히 선언하는 초장기적인 것이 아니라, 역사적으로 변천을 거듭하며 실재하는 중기 시간대다. 이 책에서 코츠 교수는 신자유주의적 자본주의와 제 2차 세계대전 이후의 규제 자본주의는 물론, 그 이전에 존재했던 사회적 축적 구조들의 순환적 움직임에 관해서도 기술하고 있다. 특히 저자는 이 책의 3, 4, 5장에 걸쳐 오늘 우리가 '진정한 자본주의'와 동일시하는 미국의 신자유주의적 자본주의가 탄생했던 역사적 맥락과 작동 메커니즘, 그리고 2009년을 거치며 시작된 구조적 위기의 과정을 차례로 분석하고 있다. 아마 우파 논리에 깊이 경도된 독자들 중에서는 '신자유주의'라는 개념의 적실성 여부에 저항감을 품는 경우도 있을 것이다. 그렇다면 신자유주의라는 용어는 잠시 잊고, 자명하게 관찰되는 미국 자본주의의 역사적, 제도적 변천의 단계들에만 주목해 주기를 당부한다.

사실 이 책을 번역하면서 마음에 둔 독자들은, 전문적인 경제학 연구자들이 아니라 자본주의에 대한 일방적 견해만을 추수하는 일반 시민들이었다. 기술 진보와 같은 물적 요인과 더불어 역사의 장기적 향방을 결정하는 것은 결국 그들의 연대이고, 그것을 가능하게 하는 것은 바로 스스로 깨어나는 것, 즉 우리가 사는 세계가 유일 보편이 아니며, 그들이 조직화한다면 틀을 바꿀 수 있음을 자각하는 것이라고 역자는 생각했다. 적어도 이 책은, 우리가 생각하는 것과는 상당히 다른 형태의 사회가 자본주의 '체제 안에서' 이미 존재했음을 깨닫게 하는 좋은 자료가 되리라 믿는다. 물론 사회적 축적 구조 이론의 관점으로 한국 자본주의의 전개 과정을 분석하고, 심지어 실천의 전략을 도출하려면 상당한 관점의 수정이 필요할 것이다. 한국의 경우는 내수와 수출의 비중, 국제 간 경쟁, 산업 고도화 추세의 정체, 자본 분파 간 불평등한 위계와 생산성 등 고려해야 할 요소들이 매우 많기 때문이다. 이는 한국의 현실 위에서 꿋꿋하게 학문의 맥을 잇는 우리 정치경제학자들이 이어나갈 과제가 아닐까 생각한다.

책을 번역하며 가장 신경을 쓴 부분은 가급적 가독성을 높이는 일이었다. 원문의 문장 구조를 최대한 살려서 번역할 경우, 이 분야의 영문 서적에 익숙한 독자들은 번역문만으로 원문의 논리적 흐름을 짐작할 수 있는 장점이 있겠지만, 대신 일반 독자들에게는 생경한 영어식 번역투가 몰입을 방해할 수도 있다고 생각했다. 따라서 문장이 포함하는 정보 자체의 훼손이 없는 한, 가급적 문장을 우리식 어투에 따라 매끄럽게 번역하려고 노력했다. 물론 이 과정에서 드러난 미흡함이 있다면 이는 전적으로 번역자의 불찰임을 밝힌다.

이 책을 번역하면서 많은 분께 마음의 빚을 졌다. 저자인 데이비드 코츠 교수님과 해제를 써 주신 목포대 장시복 교수님, 추천의 말씀을 주신 리쓰메이칸 대학의 이강국 교수님과 시사인의 이종태 대기자님께 진심으로 감사드린다. 또한 출판에 동의하고 이 작업이 끝날 때까지 오랜 기간 기다려 주신 나름북스의 김삼권 공동대표께도 감사드린다. 김 대표님의 오랜 인내가 없었다면, 이 책이 한국에서 출판되는 날은 오지 않았을 것이다. 아울러 이 책의 번역을 제안해 주신 한형식 선생님께도 감사드린다. 그간 많은 일이 있었고 역자는 감히 언급할 처지에 있지 않으나, 어쨌든 두 분 모두에게 마음의 빚을 졌다. 다시 한번 감사를 드린다.

엠허스트에서,
곽세호

참고 문헌

- Ackerman, Frank. 2002. Still Dead after All These Years: Interpreting the Failure of General Equilibrium Theory. *Journal of Economic Methodology* 9(2) (July): 119–139.
- Aglietta, Michel. 1979. *A Theory of Capitalist Regulation: The U.S. Experience.* London: Verso.
- Albert, Michael, and Robin Hahnel. 1991. *The Political Economy of Participatory Economics*. Princeton, NJ: Princeton University Press.
- Arrighi, Giovanni. 1994. *The Long Twentieth Century*. London: Verso.
- Arthur Andersen & Co. 1979. *Cost of Government Regulation Study for the Business Roundtable*, Vol. I. Chicago: Author.
- Baker, Dean. 2007. *Midsummer Meltdown: Prospects for the Stock and Housing Markets*. Center for Economic and Policy Research. http://www.cepr.net
- Baran, Paul, and Paul M. Sweezy. 1966. *Monopoly Capital*. New York: Monthly Review Press.
- Barr, Michael S., and Gene Sperling. 2008. Poor Homeowners, Good Loans. *New York Times*, Op-Ed, October 18.
- Barth, James R., Tong Li, Triphon Phumiwasana, and Glenn Yago. 2008, January. *A Short History of the Subprime Mortgage Market Meltdown*. Santa Monica, CA: Milken Institute. http://www.milkeninstitute.org/publications/publications.taf?function=detail&ID=38801037&cat=ResRep
- BBC News. 2003. Buffet Warns on Investment "Time Bomb." http://news.bbc. co.uk/2/hi/2817995.stm
- ————. 2009, August 7. Timeline: Credit Crunch to Downturn. http://news. bbc.co.uk/2/hi/business/7521250.stm
- Benston, George J. 1983. Federal Regulation of Banking: Analysis and Policy Recommendation. *Journal of Bank Research* (Winter): 211–244.

- Benton, William. 1944. *The Economics of a Free Society: A Declaration of American Business Policy*. Supplementary Paper No. 1. New York: Committee for Economic Development.
- Bhaduri, A. 1998. Implications of Globalization for Macroeconomic Theory and Policy in Developing Countries. In Dean Baker, Gerald Epstein, and Robert Pollin, eds., *Globalization and Progressive Economic Policy*. Cambridge: Cambridge University Press.
- Block, Fred. 1977. *The Origins of International Economic Disorder*. Berkeley: University of California Press.
- Board of Governors of the Federal Reserve System. Various Years. http://www. federalreserve.gov/
- Bonbright, James C., and Gardiner C. Means. 1932. *The Holding Company: Its Public Significance and Its Regulation*. New York: McGraw-Hill.
- Bosworth, Barry, and Aaron Flaaen. 2009, April 14, *America's Financial Crisis: The End of an Era*. Washington, DC: The Brookings Institution. http://www. brookings.edu/research/papers/2009/04/14-financial-crisis-bosworth
- Bowles, Samuel, Richard Edwards, and Frank Roosevelt. 2005. *Understanding Capitalism: Competition, Command, and Change*, 3rd ed. New York: Oxford University Press.
- Bowles, Samuel, David M. Gordon, and Thomas E. Weisskopf. 1990. *After the Wasteland: A Democratic Economics for the Year 2000*. Armonk, NY: M.E. Sharpe.
- Business Roundtable. 1972. Membership List. Charles B. McCoy Papers, Hagley Museum and Library, Wilmington, DE.
- ———. 1973. The Business Roundtable: Its Program and Purpose (founding document of the Business Roundtable, including text and slides). Charles B. McCoy Papers, Hagley Museum and Library, Wilmington, DE.
- ———. 1977, July 7. *Business Roundtable Task Force on Taxation Proposals, "Capital Formation: A National Requirement."* Wilmington, DE: Author.
- ———. 1979, July. *Social Security Position Statement*. Wilmington, DE: Author.
- ———. 1981, July. *Policies to Promote Productivity Growth*. Wilmington, DE: Author.
- Calhoun, Charles W. 2007. *The Gilded Age: Perspectives on the Origins of*

Modern America. Wilmington, DE: Scholarly Resources.

- Carosso, Vincent P. 1970. *Investment Banking in America: A History*. Cambridge, MA: Harvard University Press.
- CED (Committee for Economic Development). 1944. *A Postwar Federal Tax Plan for High Employment*. New York: Author. http://hdl.handle.net/2027/mdp.39015020813484
- _____. 1947. *Collective Bargaining: How To Make It More Effective*. A Statement on National Policy of the Research and Policy Committee. New York: Author.
- _____. 1948. *Monetary and Fiscal Policy for Greater Economic Stability*. Statement on National Policy of the Research and Policy Committee. New York: Author.
- _____. 1964. *Union Powers and Union Functions: Toward a Better Balance*. Statement on National Policy of the Research and Policy Committee. New York: Author.
- _____. 1972, July. *High Unemployment without Inflation: A Positive Program for Economic Stabilization*. Statement by the Research and Policy Committee. New York: Author.
- _____. 1976. The *Economy in 1977–78: Strategy for and Enduring Expansion*. Statement by the Research and Policy Committee. New York: Author.
- _____. 1979. *Redefining Government's Role in the Market System*. Statement by the Research and Policy Committee. New York: Author.
- _____. 1980, September. *Fighting Inflation and Rebuilding a Sound Economy*. Statement by the Research and Policy Committee. New York: Author.
- Chang, Ha-Joon. 2002. *Kicking Away the Ladder: Development Strategy in Historical Perspective*. London: Anthem.
- Chernow, Ron. 1990. *The House of Morgan: An American Banking Dynasty and the Rise of Modern Finance*. New York: Atlantic Monthly Press.
- Chomsisengphet, Souphala, and Anthony Pennington-Cross. 2006. The Evolution of the Subprime Mortgage Market. *Federal Reserve Bank of St. Louis Review* 88(1) (January/February): 31–56.
- Clawson, Dan, and Mary Ann Clawson. 1987. Reagan or Business?

Foundations of the New Conservatism. In Michael Schwartz, ed., *The Structure of Power in America*, 201–217. New York: Holmes and Meyer.

- Collins, Robert M. 1981. *The Business Response to Keynes*, 1929–1964. New York: Columbia University Press.
- Council of Economic Advisors. 2013, February 1. *The Economic Impact of the American Recovery and Reinvestment Act of 2009*. Ninth Quarterly Report. http://www.whitehouse.gov/sites/default/files/docs/cea_9th_arra_report_final_pdf.pdf
- Cowan, Cameron L. 2003, November 5. Statement on Behalf of the American Securitization Forum before the Subcommittee on Housing and Community Opportunity, United States House of Representatives, Hearing on Protecting Homeowners: Preventing Abusive Lending While Preserving Access to Credit.
- Crotty, James. 1999. Was Keynes a Corporatist?: Keynes's Radical Views on Industrial Policy and Macro Policy in the 1920s. *Journal of Economic Issues* 33(3) (September): 555–578.
- _____. 2008, September. *Structural Causes of the Global Financial Crisis: A Critical Assessment of the "New Financial Architecture."* Political Economy Research Institute Working Paper 180. http://www.peri.umass.edu/fileadmin/pdf/working_papers/working_papers_151-200/WP180.pdf
- _____. 2009. Structural Causes of the Global Financial Crisis: A Critical Assessment of the "New Financial Architecture." *Cambridge Journal of Economics* 33: 563–580.
- Curry, Timothy, and Lynn Shibut. 2000. The Cost of the Savings and Loan Crisis. *FDIC Banking Review* 13(2): 26–35.
- Dawley, Alan. 1991. *Struggles for Justice: Social Responsibility and the Liberal State*. Cambridge, MA: Belknap Press of Harvard University Press.
- Devine, James N. 1983. Underconsumption, Over-Investment and the Origins of the Great Depression. *Review of Radical Political Economics* 15(2): 1–28.
- Devine, Pat. 1988. *Democracy and Economic Planning: The Political Economy of a Self-Governing Society*. Boulder, CO: Westview Press.
- Dube, Arin. 2013, April 17. Reinhart/Rogoff and Growth in a Time before Debt. *Next New Deal: The Blog of the Roosevelt Institute*. Guest post. http://

www.nextnewdeal.net/rortybomb/guest-post-reinhartrogoff-and-growth-time-debt

- Dumenil, Gerard, and Dominique Levy. 2004. *Capital Resurgent: Roots of the Neoliberal Revolution.* Cambridge, MA: Harvard University Press.
- _____. 2011. *The Crisis of Neoliberalism.* Cambridge, MA: Harvard University Press.
- Dwight D. Eisenhower Presidential Library. 2013. http://www.eisenhower. archives.gov/all_about_ike/quotes.html#labor
- *Economic Report of the President.* Various years. Washington, DC: U.S. Government Printing Office. http://www.gpo.gov/fdsys/browse/collection. action?collectionCode=ERP
- Edwards, Lee. 1997. *The Power of Ideas: The Heritage Foundation at 25 Years.* Ottawa, IL: Jameson Books.
- Edwards, Rebecca. 2006. *New Spirits: America in the Gilded Age,* 1865–1905. New York: Oxford University Press.
- Edwards, Richard. 1979. *Contested Terrain: The Transformation of the Workplace in the Twentieth Century.* New York: Basic Books.
- Eichengreen, Barry, and Kevin H. O'Rourke. 2009. A Tale of Two Depressions. *Vox: Research-Based Policy Analysis and Commentary from Leading Economists.* http://www.voxeu.org/index.php?q=node/3421
- Epstein, Gerald. 2005. Introduction: Financialization and the World Economy. In Gerald Epstein, ed., *Financialization and the World Economy,* 3–16. Cheltenham, U.K.: Edward Elgar.
- Federal Housing Finance Agency. 2013. *House Price Indexes.* http://www. fhfa. gov/Default.aspx?Page=87
- Federal Reserve Bank of St. Louis. 2013. *The Financial Crisis: A Timeline of Events and Policy Actions.* http://www.stlouisfed.org/timeline/timeline.cfm
- Federal Reserve Bank of St. Louis Economic Research. 2013. *Economic Data.* http://research.stlouisfed.org/fred2/
- Federal Trade Commission. Various years. *Annual Report to Congress Pursuant to the Hart-Scott-Rodino Antitrust Improvements Act of 1976.* http:// www.ftc. gov/bc/anncompreports.shtm
- Ferguson, Thomas, and Joel Rogers. 1986. *Right Turn: The Decline of the Democrats and the Future of American Politics.* New York: Hill and Wang.

- Ferris, Benjamin G. Jr., and Frank E. Speizer. 1980, July. *Business Roundtable Air Quality Project*, Vol. I, *National Ambient Air Quality Standards: Criteria for Establishing Standards for Air Pollutants*. Washington, DC: Business Roundtable.
- *Financial Times* Lexicon. 2013. "asset-bubble" entry. http://lexicon.ft.com/Term?term=asset-bubble
- Foster, John Bellamy. 2007. The Financialization of Capitalism. *Monthly Review* 58(11) (April): 1–12.
- Foster, John Bellamy, and Fred Magdoff. 2009. *The Great Financial Crisis: Causes and Consequences*. New York: Monthly Review Press.
- Freeman, Richard B., and Brian Hall. 1998, March. *Permanent Homelessness in America?* National Bureau of Economic Research Working Paper No. 2013. http://www.nber.org/papers/w2013
- Friedman, Milton, and Anna Schwartz. 1963. *A Monetary History of the United States*, 1867–1960. Princeton, NJ: Princeton University Press.
- Fukuyama, Francis. 2012. Conservatives Must Fall Back in Love with the State. *Financial Times*, July 22, 7.
- Geltner, David. 2012. Commercial Real Estate and the 1990–91 U.S. Recession. Powerpoint presentation of conference paper at Korea Development Institute Seminar on Real Estate Driven Systemic Risk, Seoul, December 13–14. http://mitcre.mit.edu/
- Goetzmann, William N., and Frank Newman. 2010, January. *Securitization in the 1920s*. National Bureau of Economic Research Working Paper 15650. http://www.nber.org/papers/w15650
- Gordon, David M., Richard Edwards, and Michael Reich. 1982. *Segmented Work, Divided Workers: The Historical Transformation of Labor in the United States*. Cambridge: Cambridge University Press.
- Gordon, Robert Aaron. 1974. *Economic Instability and Growth: The American Record*. New York: Harper and Row.
- Green, Mark, and Andrew Buchsbaum. 1980. *The Corporate Lobbies: Political Profiles of the Business Roundtable and the Chamber of Commerce*. Washington, DC: Public Citizen.
- Greenspan, Alan, and James Kennedy. 2007. *Sources and Uses of Equity Extracted from Homes*. Federal Reserve Board Finance and Economics

Discussion Series No. 2007–20. http://www.federalreserve.gov/pubs/feds/2007/200720/200720pap.pdf. Updated data from Federal Reserve pro- vided by Steven Fazzari.

- Harvey, David. 2005. *A Brief History of Neoliberalism*. Oxford: Oxford University Press.
- _____. 2010. *The Enigma of Capital and the Crises of Capitalism*. Oxford: Oxford University Press.
- Hayek, Friedrich A. von. 1944. *The Road to Serfdom*. Chicago: University of Chicago Press.
- Herndon, Thomas, Michael Ash, and Robert Pollin. 2013, April. *Does High Debt Consistently Stifle Economic Growth? A Critique of Reinhart and Rogoff*. Political Economy Research Institute Working Paper 322, http://www.peri.umass.edu/236/hash/90f39d0f04acc9078afd636c6f2f0aa6/publication/596/
- Hilferding, Rudolf. 1981. *Finance Capital: A Study of the Latest Phase of Capitalist Development*. London: Routledge & Kegan Paul.
- Hirsch, Barry. 2007. Sluggish Institutions in a Dynamic World: Can Unions and Industrial Competition Coexist? *Journal of Economic Perspectives* 22(1): 153–176.
- Hirsch, Barry, and David A. Macpherson. 2013. U.S. Historical Tables: Union Membership, Coverage, Density and Employment. 1973–2012. *Union Membership and Coverage Database from the CPS*. http://www.unionstats.com
- Historical Collections, Harvard Business School Baker Library. 2013. The Forgotten Real Estate Boom of the 1920s. *Bubbles, Panics and Crashes*. http://www.library.hbs.edu/hc/crises/forgotten.html
- Hoge, W. 1998. First Test for Britain's Camelot: Welfare Reform. *New York Times*, January 4.
- Howard, M. C., and J. E. King. 2008. *The Rise of Neoliberalism in Advanced Capitalist Economies: A Materialist Analysis*. Basingstoke, U.K.: Palgrave Macmillan.
- Immergluck, Daniel, and Marti Wiles. 1999. *Two Steps Back: The Dual Mortgage Market, Predatory Lending, and the Undoing of Community Development*. Chicago: The Woodstock Institute.

- International Monetary Fund. 2013a. *World Economic Outlook Database.* http://www.imf.org/external/pubs/ft/weo/2013/01/weodata/index.aspx
- ———. 2013b. *International Financial Statistics Database.* http://www.imf.org/external/data.htm
- Johnston, Robert D. 2011. The Possibilities of Politics: Democracy in America, 1877 to 1917. In Eric Foner and Lis McGirr, eds., *American History Now*, 96-124. Philadelphia: Temple University Press.
- Josephson, Matthew. 1962 [1934]. *The Robber Barons: The Great American Capitalists 1861-1901*. New York: Harcourt Brace Jovanovich.
- Justia U.S. Supreme Court Center. 2013. United States v. United States Steel Corp.—251 U.S. 417 (1920). http://supreme.justia.com/cases/federal/us/251/417/
- Kallberg, Arne L. 2003. Flexible Firms and Labor Market Segmentation: Effects of Workplace Restructuring on Jobs and Workers. *Work and Occupations* 30(2): 154-175.
- Keynes, John Maynard. 1936. *The General Theory of Employment, Interest, and Money.* New York: Harcourt, Brace.
- Kotz, David M. 1978. *Bank Control of Large Corporations in the United States.* Berkeley: University of California Press.
- ———. 1984. The False Promise of Financial Deregulation. In U.S. Congress, House Committee on Banking, *How the Financial System Can Best Be Shaped to Meet the Needs of the American People: Hearings on H.R. 5734*, 98th Congress, 2nd Session, 195-209. Washington, DC: U.S. Government Printing Office.
- ———. 1987. Market Failure. In Center for Popular Economics, ed., *Economic Report of the People*, 159-184. Boston: South End Press.
- ———. 1994. Interpreting the Social Structure of Accumulation Theory. In David M. Kotz, Terrence McDonough, and Michael Reich, eds., *Social Structures of Accumulation: The Political Economy of Growth and Crisis,* 50-71. Cambridge: Cambridge University Press.
- ———. 2002. Socialism and Innovation. *Science and Society* 66(1) (Spring): 94-108.
- ———. 2003. Neoliberalism and the U.S. Economic Expansion of the 1990s. *Monthly Review* 54(11) (April): 15-33.

- _____. 2008. Contradictions of Economic Growth in the Neoliberal Era: Accumulation and Crisis in the Contemporary U.S. Economy. *Review of Radical Political Economics* 40(2) (Spring): 174–188.
- _____. 2009. Economic Crises and Institutional Structures: A Comparison of Regulated and Neoliberal Capitalism in the U.S.A. In Jonathan P. Goldstein and Michael G. Hillard, eds., *Heterdox Macroeconomics: Keynes, Marx and Globalization*, 176–188. London: Routledge.
- _____. 2013. The Current Economic Crisis in the United States: A Crisis of Over-Investment. *Review of Radical Political Economics* 45(3) (Summer): 284–294.
- Kotz, David M., and Terrence McDonough. 2010. Global Neoliberalism and the Contemporary Social Structure of Accumulation. In Terrence McDonough, Michael Reich, and David M. Kotz, eds., *Contemporary Capitalism and Its Crises: Social Structure of Accumulation Theory for the Twenty First Century,* 93–120. Cambridge: Cambridge University Press.
- Kotz, David M., Terrence McDonough, and Michael Reich, eds. 1994. *Social Structures of Accumulation: The Political Economy of Growth and Crisis*. Cambridge: Cambridge University Press.
- Kotz, David M., and Fred Weir. 1997. *Revolution from Above: The Demise of the Soviet System*. London: Routledge.
- Kristol, William. 2008. Small Isn't Beautiful. *New York Times*, Op-Ed, December 8, A29.
- Krugman, Paul. 2009a. Fighting Off Depression. *The New York Times*, Op-Ed, January 5. http://www.nytimes.com/2009/01/05/opinion/05krugman.html
- _____. 2009b, February 19. Nobel Laureate Paul Krugman: Too Little Stimulus in Stimulus Plan. Interview, *Knowledge@Wharton*. http://knowledge. wharton.upenn.edu/article.cfm?articleid=2167
- Lebowitz, Michael A. 2010. *The Socialist Alternative*. New York: Monthly Review Press.
- Li, Minqi. 2013. The 21st Century: Is There An Alternative (to Socialism)? *Science & Society* 77(1) (January): 10–43.
- Luhbi, Tami. 2009. Obama: Aid 9 Million Homeowners. *CNNMoney*. http://money.cnn.com/2009/02/18/news/economy/obama_foreclosure
- Maddison, Angus. 1995. *Monitoring the World Economy*, 1820–1992.

Paris and Washington, DC: Organization for Economic Cooperation and Development.

- _____. 2010. *Historical Statistics of the World Economy, 1–2008 AD*. http://www.ggdc.net/maddison/oriindex.htm
- Marglin, Stephen A., and Juliet B. Schor, eds. 1990. *The Golden Age of Capitalism: Reinterpreting the Postwar Experience*. New York: Oxford University Press.
- Martin, Stephen. 2005. *Remembrance of Things Past: Antitrust, Ideology, and the Development of Industrial Economics*. http://www.krannert.purdue.edu/faculty/smartin/vita/remembrance1205a.pdf
- McQuaid, Kim. 1982. *Big Business and Presidential Power from FDR to Reagan*. New York: William Morrow and Company.
- Miller Center. 2013. *American President: A Reference Resource, William Howard Taft Front Page*. University of Virginia. http://millercenter.org/president/taft/essays/biography/4
- Mirowski, Philip, and Dieter Plehwe, eds. 2009. *The Road from Mont Pelerin: The Making of the Neoliberal Thought Collective*. Cambridge, MA: Harvard University Press.
- Mishel, Lawrence, Josh Bivens, Elise Gould, and Heidi Shierholz. 2012. *The State of Working America*, 12th ed. Washington, DC: Economic Policy Institute.
- Mitchell, Alison. 1995. Two Clinton Aides Resign to Protest New Welfare Law. *New York Times*, September 12.
- Mizruchi, Mark S. 2013. *The Fracturing of the American Corporate Elite*. Cambridge, MA: Harvard University Press.
- Morgenson, Gretchen. 2008. Debt Watchdogs: Tamed or Caught Napping? *New York Times*, December 7, 1, 32.
- Morris, Charles R. 2005. *The Tycoons: How Andrew Carnegie, John D. Rockefeller, Jay Gould, and J.P. Morgan Invented the American Supereconomy*. New York: Henry Holt.
- Mulligan, Casey B. 2008. An Economy You Can Bank On. *The New York Times*, Op-Ed, October 10, A29.
- Murphy, Kevin J., and Jan Zabojnik. 2007, April. Managerial Capital and the Market for CEOs. *Social Science Research Network*. http://papers.ssrn.com/

sol3/papers.cfm?abstract_id=984376

- Nasaw, David. 2006. *Andrew Carnegie*. New York: Penguin Press.
- National Bureau of Economic Research. 2013. U.S. *Business Cycle Expansions and Contractions*. http://www.nber.org/cycles/cyclesmain.html
- Office of Management and Budget. 2013. http://www.whitehouse.gov/omb/budget/Historicals
- Orhangazi, O. 2008. *Financialization and the U.S. Economy*. Cheltenham, U.K.: Edward Elgar.
- Palley, Thomas I. 2012. *From Financial Crisis to Stagnation: The Destruction of Shared Prosperity and the Role of Economics*. Cambridge: Cambridge University Press.
- Peschek, Joseph G. 1987. *Policy Planning Organizations: Elite Agendas and America's Rightward Turn*. Philadelphia: Temple University Press.
- Peters, Gerhard, and John T. Wooley. 2013. Message to the Congress Transmitting the Annual Economic Report of the President, February 10, 1982. *The American Presidency Project*. http://www.presidency.ucsb.edu/ws/?pid=42121
- Pew Center. 2010, May 4. *"Socialism" Not So Negative, "Capitalism" Not So Positive*. *Pew Center for the People and Press*. http://www.people-press.org/2010/05/04/socialism-not-so-negative-capitalism-not-so-positive/
- _____. 2011, December 28. *Little Change in Public's Response to "Capitalism," "Socialism."* *Pew Center for the People and Press*. http://www.people- press.org/2011/12/28/little-change-in-publics-response-to- capitalism- socialism/?src=prc-number
- Philippon, Thomas, and Ariell Reshef. 2009. *Wages and Human Capital in the U.S. Financial Industry: 1909–2006*. National Bureau of Economic Research Working Paper 14644. http://www.nber.org/papers/w14644
- Phillips-Fein, Kim. 2009. *Invisible Hands: The Making of the Conservative Movement from the New Deal to Reagan*. New York: W.W. Norton.
- Piketty, Thomas, and Emmanuel Saez. 2010. Income Inequality in the United States, 1913–1998. *Quarterly Journal of Economics* 118(1) (2003): 1–39. Updated data revised July 17, 2010, http://www.econ.berkeley.edu/~saez/
- Polanyi, Karl. 1944. *The Great Transformation*. New York: Rinehart.
- Public Citizen. 2013. *NAFTA's Broken Promises 1994–2013: Outcomes of the*

North American Free Trade Agreement. http://www.citizen.org/documents/NAFTAs-Broken-Promises.pdf

- Public Purpose. 2013. *U.S. Private Sector Trade Union Membership.* http://www. publicpurpose.com/lm-unn2003.htm
- Rasmussen Reports. 2009. *Just 53% Say Capitalism Better Than Socialism.* http://www.rasmussenreports.com/public_content/politics/general_politics/april_2009/just_53_say_capitalism_better_than_socialism
- Reinhart, Carmen M., and Kenneth S. Rogoff. 2010. Growth in a Time of Debt. *American Economic Review: Papers and Proceedings* (May): 573–578.
- Reuss, Alejandro. 2013. *Capitalist Crisis and Capitalist Reaction: The Profit Squeeze, the Business Roundtable, and the Capitalist Class Mobilization of the 1970s.* Ph.D. diss., University of Massachusetts, Amherst.
- Roemer, John E. 1994. *A Future for Socialism.* Cambridge, MA: Harvard University Press.
- Romer, Christina. 1986. Spurious Volatility in Historical Unemployment Data. *Journal of Political Economy* 94(1) (February): 1–37.
- Rogers, Daniel T. 2011. *Age of Fracture.* Cambridge, MA: Belknap Press of Harvard University Press.
- Roy, William G. 1997. *Socializing Capital: The Rise of the Large Industrial Corporation in America.* Princeton, NJ: Princeton University Press.
- Saez, Emmanuel. 2013. *Striking It Richer: The Evolution of the Top Incomes in the United States.* http://elsa.berkeley.edu/~saez/saez-UStopincomes-2012.pdf
- Saez, Emmanuel, Joel B. Slemrod, and Seth H. Giertz. 2012. The Elasticity of Taxable Income with Respect to Marginal Tax Rates: A Critical Review. *Journal of Economic Literature* 50(1): 3–5.
- Samuelson, Paul M. 1948. *Economics: An Introductory Analysis*, 1st ed. New York: McGraw-Hill.
- Scherer, F. M. 1980. *Industrial Market Structure and Economic Performance*, 2nd ed. Boston: Houghton Mifflin.
- Schlesinger, Arthur M. Jr. 1963. The New Freedom Fulfills the New Nationalism. In Arthur Mann, ed., *The Progressive Era: Liberal Renaissance or Liberal Failure.* New York: Holt, Rinehart and Winston.
- Schweickart, David. 2011. *After Capitalism*, 2nd ed. Lanham, MD: Rowman

& Littlefield.

- SIFMA (Securities Industry and Financial Markets Association). 2013. http://www.sifma.org/research/statistics.aspx
- Silver, Nate. 2011. The Geography of Occupying Wall Street (and Everywhere Else). *New York Times*, October 17, http://fivethirtyeight.blogs.nytimes.com/2011/10/17/the-geography-of-occupying-wall-street-and-everywhere-else/
- _____. 2013, April 9. The Have-Nots Aren't Having It. *FiveThirtyEight*, http://www.fivethirtyeight.com/2009/04/have-nots-arent-having-it.html
- Smith, Greg. 2012. Why I Am Leaving Goldman Sachs. *The New York Times*, Op-Ed, March 14, A25.
- Stiglitz, Joseph E. 2010. *Free Fall: America, Free Markets, and the Sinking of the World Economy*. New York: W.W. Norton.
- Stuckler, David, and Sanjay Basu. 2013. How Austerity Kills. *The New York Times*, Op-Ed, May 13, A21.
- Sweezy, Paul M. 1994. The Triumph of Financial Capital. *Monthly Review* 46(2) (June): 1–11.
- Uchitelle, Louis. 2013. Diminishing Expectations: 'Two-Tier' Union Contracts Have Opened a Gulf between Generations. *The Nation* 296(8) (February 25): 18–20.
- U.S. Bureau of Economic Analysis. Various years. http://www.bea.gov/
- U.S. Bureau of Labor Statistics. Various years. http://www.bls.gov/.
- U.S. Bureau of the Census. 1961. *Historical Statistics of the United States: Colonial Times to 1957*. Washington, DC: U.S. Government Printing Office.
- _____. 2013. http://www.census.gov/
- U.S. Chamber of Commerce. 2010, November 7. *Statement by Thomas Donohue*. http://www.uschamber.com/press/releases/2010/november/americans-voted-jobs-and-economic-growth-says-donohue
- U.S. Department of Health and Human Services. 2013. *Indicators of Welfare Dependence*, Appendix A, Table TANF 6. http://aspe.hhs.gov/hsp/indicators08/apa.shtml
- U.S. Department of Labor, Wage and Hour Division. 2009. *History of Federal Minimum Wage Rates under the Fair Labor Standards Act*, 1938–2009. http://www.dol.gov/whd/minwage/chart.htm

- Vogel, David. 1989. *Fluctuating Fortunes: The Political Power of Business in America*. New York: Basic Books.
- Vosko, Leah F. 2010. *Managing the Margins: Gender, Citizenship, and the International Regulation of Precarious Employment*. Oxford: Oxford University Press.
- Webster, Ben. 2005. Tube Costs 20 Times More... but It Is Still No Better. *The Times* [London], March 18, 35.
- Webster, P. 1999. Blair and Schroder Unite on Hardline Spending Cuts. *The Times* [London], June 8, 1.
- Weinstein, James. 1967. *The Decline of Socialism in America 1912–1925*. New York: Monthly Review Press
- _____. 1968. *The Corporate Ideal in the Liberal State: 1900–1918*. Boston: Beacon Press.
- Whalen, Richard J. 1963. Joseph P. Kennedy: A Portrait of the Founder. *Fortune, January*. http://features.blogs.fortune.cnn.com/2011/04/10/joseph-p-kennedy-a-portrait-of-the-founder/
- Whitten, David O. 2013. The Depression of 1893. *EH.net Encyclopedia*. http://eh.net/?s=whitten
- Wolf, Martin. 2009. Seeds of Its Own Destruction. *Financial Times*, March 9, 7. Wolfson, Martin H., and David M. Kotz. 2010. A Re-Conceptualization of Social Structure of Accumulation Theory. In Terrence McDonough, Michael Reich, and David M. Kotz, eds., *Contemporary Capitalism and Its Crises: Social Structure of Accumulation Theory for the Twenty First Century*, 72–90. Cambridge: Cambridge University Press.
- Woodward, Bob. 1994. *The Agenda: Inside the Clinton White House*. New York: Simon & Schuster.
- Yellen, Janet. 2005. Housing Bubbles and Monetary Policy. Presentation to the Fourth Annual Haas Gala, October 21, San Francisco. http://www.frbsf .org/our-district/press/presidents-speeches/yellen-speeches/2005/october/ housing-bubbles-and-monetary-policy/
- Zhu, Andong, and David M. Kotz. 2011. The Dependence of China's Economic Growth on Exports and Investment. *Review of Radical Political Economics* 43(1) (Winter): 9–32.

찾아보기

신자유주의의 부상과 미래

2018년 10월 18일 초판 1쇄 발행

지은이 _ 데이비드 M. 코츠
옮긴이 _ 곽세호
편집 _ 김삼권 조정민 최인희
디자인 _ 토가 김선태
인쇄 _ 도담프린팅
종이 _ 타라유통

펴낸곳 _ 나름북스
펴낸이 _ 임두혁
등록 _ 2010. 3. 16. 제2014-000024호
주소 _ 서울 마포구 월드컵로15길 67 2층
전화 _ (02)6083-8395
팩스 _ (02)323-8395
이메일 _ narumbooks@gmail.com
홈페이지 _ www.narumbooks.com
페이스북 _ www.facebook.com/narumbooks7

ISBN 979-11-86036-44-0 03320
값 18,000원

이 도서의 국립중앙도서관 출판예정도서목록(CIP)은
서지정보유통지원시스템 홈페이지(http://seoji.nl.go.kr)와
국가자료공동목록시스템(http://www.nl.go.kr/kolisnet)에서 이용하실 수 있습니다.
(CIP제어번호: CIP2018031677)